高职高专房地产类专业实用教材

第2版

房地产市场营销实务

栾淑梅 编著

机械工业出版社
China Machine Press

本书为高职高专房地产类专业实用教材之一。针对目前高职高专房地产类学生在未来工作中面临的问题，精选内容，突出针对性，实用性，可操作性。主要内容包括：市场与房地产市场，市场营销与房地产市场营销，房地产市场营销环境分析，房地产市场调查与市场预测，房地产市场细分与目标市场选择，房地产市场营销战略等。

本书既可作为大专院校房地产类专业的教材，也可作为房地产企业岗位培训、函授教育、资格考试用书，并可供从事房地产市场营销的人员自学参考。

图书在版编目（CIP）数据

房地产市场营销实务 / 栾淑梅编著. —2版. —北京：机械工业出版社，2010.1（2014.1重印）
（高职高专房地产类专业实用教材）

ISBN 978-7-111-29455-9

Ⅰ.房…　Ⅱ.栾…　Ⅲ.房地产－市场营销学－高等学校：技术学校－教材　Ⅳ.F293.35

中国版本图书馆CIP数据核字（2009）第243223号

机械工业出版社（北京市西城区百万庄大街22号　邮政编码　100037）
责任编辑：刘夏风　　　版式设计：刘永青
北京瑞德印刷有限公司印刷
2014年1月第2版第10次印刷
170mm×242mm · 20.25印张
标准书号：ISBN 978-7-111-29455-9
定价：35.00元

凡购本书，如有缺页、倒页、脱页，由本社发行部调换
客服热线：（010）88379210；88361066
购书热线：（010）68326294；88379649；68995259
投稿热线：（010）88379007
读者信箱：hzjg@hzbook.com

编 委 会

第2版前言

近年来，高职高专教育得到了快速的发展，社会各界越来越关注高技能人才的培养，各院校也在深化专业和课程改革方面取得了长足进展。特别是研究职业教育课程开发的专业著述，使我们有机会汲取新鲜而丰富的理论营养，开发出更加适合高职高专教育的教材。

《房地产市场营销》从2006年出版以来，深受广大读者欢迎，已多次重印，被许多学校选为教材。为了紧跟高职高专教育的改革步伐、充分体现房地产行业的发展进程，本书根据高职高专教育发展的需要及广大读者的实际需求进行了再版修订。由于修订后的教材更加注重学生的实际操练，因此将教材改名为《房地产市场营销实务》。修订后的教材内容分为12章，分别阐述了市场与房地产市场、市场营销与房地产市场营销、房地产市场营销环境分析、房地产市场调查与市场预测、房地产市场细分与目标市场选择、房地产市场营销战略、房地产产品策略、房地产定价策略、房地产分销渠道策略、房地产促销策略、房地产市场营销管理和房地产销售等问题。

在修订过程中，针对目前高职高专房地产类学生在未来工作中面临的问题，精选内容，突出针对性、实用性、可操作性，对学生就业具有一定的指导意义。在理论的论述上，做到了深入浅出、通俗易懂。

修订后的教材具有以下特点：

1. 内容适用、与时俱进。再版教材反映了最新的行业政策和法规制度，力求体现最新的研究成果，同时根据高职高专学生毕业后就业岗位群的实际需要、配合项目教学法来安排教学内容，满足学生毕业与就业的“零过渡”。

2. 注重实务、突出案例。以职业岗位知识、能力来决定课程内容，着重理论的应用，不强调理论的系统性、完整性，细化关键职业能力和课程实训。通过案例体现书本知识和实际业务之间的“零距离”，实现高职高专以培养高技术应用型人才的根本任务和以就业为导向的办学宗旨。

3. 资源丰富、方便教学。教材再版后，为教师提供了教学资源库，主要包括：主教材、习题库、模拟试卷、教学课件等，以方便教师教学。

为方便教师教学，作者结合多年的教学经验，提出如下教学安排建议，仅供各位同仁参考。

1.学时安排

章 次	内 容	理论学时	实践学时	备 注
第1章	市场与房地产市场	2		
第2章	市场营销与房地产市场营销	2	2	重点
第3章	房地产市场营销环境分析	2	2	
第4章	房地产市场调查与市场预测	4	4	重点、难点
第5章	房地产市场细分与目标市场选择	2	2	
第6章*	房地产市场营销战略	2		
第7章	房地产产品策略	2	2	
第8章	房地产定价策略	2	2	
第9章	房地产分销渠道策略	2	2	
第10章	房地产促销策略	4	4	重点
第11章	房地产市场营销管理	2	2	
第12章	房地产销售	2	4	重点
合计		28	26	54学时

注：各章节根据不同专业的要求在课时浮动范围内调整课时。带星号的章节为选修内容。

2. 学生实训安排

本课程采用项目教学法，从多年的教学效果来看，成果十分显著。教学时可将学生分为若干个学习小组，每一个学习小组选择当地的一个楼盘项目，根据教学进度，结合课堂所学知识跟踪分析该楼盘项目。注意：由于是循序渐进的跟踪研究，中途尽可能不要更换楼盘项目，以免小组研究内容脱节，影响学习效果。具体实训操作可分为三步进行：第一步赏析。学习和赏析小组研究楼盘项目自身的营销策略。第二步操练。由学生结合所学知识、根据实际情况为该楼盘制定营销策略。第三步交流。小组汇报交流，既是相互学习的过程，又是让学生了解当地更多楼盘的过程，增强学生对行业的了解。

本教材在编写过程中参阅并引用了国内外有关著作和资料，限于篇幅，书中只列出了部分主要参考文献，在此对这些作者表示衷心的感谢。

虽然作者在探索教材特色方面做了许多努力，力图使第2版做得更好，但限于作者的能力和水平，教材中的缺点和错误在所难免，敬请各位同行、专家和广大读者批评指正。

第1版前言

《房地产市场营销》是建立在一般市场营销理论基础上的一门新课程，是房地产经营与估价专业的专业必修课程。其内容包括房地产市场营销基本原理、营销实务、营销管理等，既有理论知识又有实践教学，是一门理论与实践密切结合的课程。本课程的任务是使学生通过对这门课程的学习系统地了解房地产市场，学会分析和研究房地产市场，了解房地产市场营销的基本理论、内容和方法，掌握基本的营销策略，并且通过校内、校外实训活动，强化理论与实际的结合、学习知识与开发智力的结合、动脑思考与动手操作的结合，为毕业后从事房地产方面的工作奠定良好的基础。

"工欲善其事，必先利其器"，人才的培养和学科的建设离不开适用的教材。教材建设是整个高职高专教育教学工作中的重要组成部分。近年来，在各级教育行政部门、学校和有关出版社的共同努力下，各地已出版了一批房地产市场营销教材，但从整体上看，适合房地产类专业、具有高职高专教育特色的教材极其匮乏，其教材建设明显落后于高职高专教育的发展需要，大多数院校尚在借用本科或培训教材，由于其缺乏针对性，给教与学都带来了极大的不便。

作者根据多年来从事房地产市场营销教学与实践的心得体会，吸取了项目教学法的经验，借鉴了近年来出版的国内外市场营销类书籍及来自咨询、培训机构的经验编撰而成本教材。在内容上力求理论性与实践性、实效性、适用性相结合，以实用为目的。知识的深度和广度以高职高专技术型人才培养目标为标准，优化教材结构，兼顾知识体系的完整与重点的突出，强化技术应用性。本书中营销基础理论知识本着"必需、够用"的原则做了较大精简；营销实务方面做了加强，并针对本专业未来的就业岗位，增加了房地产销售方面的技能学习，突出技术应用性；明确每章教学应达到的学习目标和技能要求。为便于教学与指导实践，在每章后设计了案例分析、思考题和实训题，目的在于培养学生的学习能力、实践能力和创新能力。

为方便教师教学，本书还配有电子课件供采用该书的教师使用。

全书共分12章，其中，第2、4、5、7、8、9、10、12章由栾淑梅编写，第6、11章由郑秀春编写，第1章由魏晓晶编写，第3章由胡晓乐编写。在编写过程中得到了众多资深教师们的帮助与支持，在此表示感谢。

本书既可以面向在校房地产相关专业的大学生，也可作为房地产市场从业人员的专业培训教材使用。

本书在编写过程中参考了大量的国内外相关文献资料及同类教材，在此谨向这些作者及编写单位表示衷心的感谢！由于编者的水平有限，书中的缺点和错误在所难免，敬请各位同行专家和广大读者批评指正。

目 录

第 1 章

市场与房地产市场

学习目标

1. 了解市场的概念；
2. 了解房地产及房地产市场的概念；
3. 掌握房地产的特征及房地产市场的特征。

技能要求

1. 能够举例说明房地产的各种特征；
2. 收集有关房地产市场的信息。

1.1 市场

1.1.1 市场的概念

市场是商品经济特有的经济范畴，是一种以商品交换为内容的经济联系形式。市场的基本经济内容是商品供求和商品买卖。市场的形成必须具备下列基本条件：存在可供交换的商品（包括有形的货物和无形的服务）；存在着提供商品的卖方和具有购买欲望与购买能力的买方；具备买卖双方都能接受的交易价格、行为规范及其他条件（如场所、信息、储运、保管、信用、保险、资金渠道、服务等）。只有具备这些条件，才能实现商品的让渡，形成有意义的现实的市场。而这样一些形成市场的现实条件，就成为企业市场营销活动的最基本的制约因素。

市场就其空间形式和经济关系等方面而言，可以从经济学和营销学两个角度对市场进行分析。

1.1.1.1　从经济学的角度分析

1. 市场是商品交换的场所　亦即买主和卖主发生作用的地点或地区，这是从空间形式来考察市场，市场就是一个地理的概念，如沈阳市场、国内市场、国际市场等。我国古代《易经》中指出："日中为市，致天下之民，聚天下之物，交易而退，各得其所。"

2. 市场是指某种或某类商品需求的总和　商品需求是通过买主体现出来的，因而也可以说，市场是某一产品所有现实买主和潜在买主所组成的群体。当人们说"北京的房地产市场很大"时，显然不是指房地产交易场所，而是指北京对房地产的市场需求量很大，现实的、潜在的买主很多。

3. 市场是买主、卖主力量的集合，是商品供求双方的力量相互作用的总和　这一含义是从商品供求关系的角度提出来的，反映的是"作为供求机制"的市场。"买方市场"、"卖方市场"这些名词反映了供求力量的相对强度，反映了交易力量的不同状况。在买方市场条件下，商品的供给量大大超过商品的需求量，整个市场对买方有利，价格下降，服务质量要求高，顾客支配着销售关系；而在卖方市场条件下，商品需求量大于供给量，市场商品匮乏，品种不全，价格看涨，改善服务态度缺乏动力，由卖方支配着市场销售关系，整个市场对卖方有利。

4. 市场是指商品流通领域，它所反映的是商品流通全局，是交换关系的总和　这是一个"社会整体市场"，也是通常所说的"广义市场"。按照这一含义的理解，首先，市场是商品使用价值和价值及其外化形式——商品和货币的关系；其次，它反映商品所有者（卖方）和货币所有者（买方）之间的关系；最后，现代商品经济的重要特征就是客观经济职能的形成，这一职能应由政府来行使，这就形成了企业、消费者和政府三要素的市场主体结构，市场所反映的经济关系就表现为三类主体的相互关系。这些关系及其性质支配着经济运行过程。

1.1.1.2　从营销学的角度分析

市场的上述四种含义对企业的市场营销活动均具有重要意义。任何企业对其产品的市场需求、销往的地区和场所、市场的供求状况以及与企业产品有关的当事人都必须考虑，必须兼顾各方的经济利益，协调彼此间的各种关系。但作为营销市场，却具有特定的含义，即从营销的角度看待市场，**市场是指具有购买欲望和购买能力的消费者**。它包含三个主要因素，即有某种需要的人、有满足这种需要的购买能力和购买欲望，用公式来表示就是：

市场＝人口＋购买力＋购买欲望

1. 人口　人口是构成市场最基本的条件，也是首要条件。凡是有人居住的地方，就有各种各样的物质和精神方面的需求，从而才可能有市场，没有人就不存在市场。

2. 购买力　购买力是消费者支付货币、购买商品或劳务的能力。消费者购买力是由消费者的收入决定的。有支付能力的需求才是有意义的市场。所以，购买力是构成营销市场的又一个重要因素，是实现购买的物质基础。

3. 购买欲望　购买欲望是指消费者购买商品的动机、愿望或要求，是消费者把潜在购买力变成现实购买力的重要条件，因而也是构成市场的基本因素。人口再多，购买力水平再高，如果对某种商品没有需求的动机，没有购买商品的欲望，也形成不了购买行为，这个商品市场实际上也就不存在。从这个意义上讲，购买欲望是决定市场容量最权威的因素。

总之，市场容量的大小，完全受上述三个因素的制约，只有当这三个因素一个不少地有机结合时，才能使观念上的市场变为现实市场，才能决定市场的规模和容量。例如，一个国家或地区人口众多，但收入很低，购买能力有限，则不能构成容量很大的市场。又如，购买力虽然很大，但人口很少，也不能成为很大的市场。只有人口既多，购买力又高，才能成为一个有潜力的大市场，但是，如果产品不适合需要，不能引起人们的购买欲望，对销售者来说，仍然不能成为现实的市场，所以，市场是上述三个因素的统一，三者既相互联系，又相互制约，缺一不可。

1.1.2　市场的类型

根据不同的分类方法，可以将市场分为不同的类型，并根据不同类型市场消费者的需求特点，制定不同的营销策略。

1.1.2.1　根据市场范围划分

根据市场范围，可以把市场划分为区域市场、国内市场和国际市场。商品在地区范围内流通形成区域市场，区域市场一般是在经济区域的基础上形成的。区域市场又可分为本地市场和外地市场、城市市场和农村市场、沿海市场和内陆及民族地区市场等。国内市场则是在主权国家的范围内建立起来的。国际市场是在国际分工的基础上形成的商品在世界范围内流通的市场。

1.1.2.2　根据市场客体划分

市场客体即进入市场流通的物质。随着商品经济的发展，按市场客体确认的市场类型是一个历史过程。在商品经济发展的初级阶段，产品的商品化使得物质产品首先进入市场，从而形成商品市场。商品市场是由生产资料市场和生活资料市场构成的。在商品生产发展的第二阶段，实现了要素商品化，从而形成了劳动力市场、房地产市场、金融市场、资本市场等。在商品经济发展的第三阶段，实现了财产的社会化，生产力得到了较快的发展，财产社会化大大丰富了资本市场的内容，其范围和机制都发生了显著的变化。生产力的极大发展使得技术和信息成为市场的重要内容，技术市场和信息市场也应运而生。

1.1.2.3　根据市场状况划分

根据市场状况，可以把市场分为买方市场和卖方市场。市场状况是由市场供求关系决定的，在商品供不应求的条件下，卖方把持市场主动权，由此形成卖方市场；在供求大体平衡或供大于求的条件下，买方具有市场主动权，从而形成了买方市场。

1.1.2.4 根据竞争程度划分

根据竞争程度，可以把市场分为完全竞争市场、完全垄断市场、寡头垄断市场和不完全垄断市场。完全竞争市场是指一个行业中有非常多的独立生产者，他们都以相同的方式向市场提供同类的、标准化的产品。这种完全竞争市场的例子并不多见，最接近的例子是粮食、棉花、西瓜、大白菜等农副产品市场。完全垄断市场是指一个行业只有一家企业，或一种产品只有一个销售者或生产者，没有或基本没有别的替代者，如电力公司、自来水公司等。寡头垄断市场是指一种产品在拥有大量消费者或用户的情况下，由少数几家大企业控制了绝大部分生产量和销售量，剩下的一小部分则由众多小企业去经营，如手表、电视机、电冰箱等。不完全垄断市场是指一个行业中有许多企业生产和销售同一种商品，每一个企业的产量或销量只占总需求量的一小部分，如食品、服装、百货、化妆品等。

1.2 房地产市场

1.2.1 房地产

1.2.1.1 房地产的概念

在我国所谓**房地产，是指土地、建筑物及固着在土地、建筑物上不可分离的部分和附着于其上的各种权益（权利）的总和**。这些固着在土地、建筑物上不可分离的部分，主要包括为提高房地产的使用价值而种植在土地上的花草、树木或人工建造的花园、假山；为提高建筑物的使用功能而安装在建筑物上的水、暖、电、卫生、通风、通信、电梯、消防等设备。它们往往可以被看做是土地或建筑物的构成部分。因此，房地产本质上包括土地和建筑物及附着于其上的权益两大部分。房地产由于其位置固定、不可移动，通常又被称为不动产。

房地产主要有三种存在形态。

1. 单纯的土地　如一块无建筑物的城市空地。对于房地产产业来说，**土地主要是指地球外壳的陆地表面及其地上空间和地下空间，其范围可以从纵、横两个方面考察**。在横的方面，土地本为连绵无限之物，无所谓范围，但人们可以用人为方法划分。一宗土地的范围即为该宗土地的疆界所围绕的面积。在纵的方面，土地可分为地面、地面以上空间和地面以下的空间。从理论上讲，一宗土地的地面以上空间是指从地球表层的该宗土地的边界向上扩展到一定高度的天空空间，其地面以下空间则是指从地球表层的该宗土地的边界呈锥形而向下延伸到地心的地下空间。

土地是重要的生产要素，“劳动是财富之父，土地是财富之母”。土地是财富的源泉，也是其他类型房地产产品中重要的组成部分。宪法规定我国现行的土地所有制为社会主义土地公有制，具有社会主义全民所有制和社会主义劳动群众集体所有制两种形式。城市土地属于国家所有，农村和城市郊区的土地，除由法律规定属于国家所有的以外，属于集体所有。

土地可分为未开发土地和已开发土地两种情况。一般分为非建设用地和建设用地，前者基本属于农村用地，后者通常属于城市用地，当然在一定条件下前者可以向后者转化。从投资的角度来说，城市土地或规划中可以转化为城市用地的农村土地是房地产投资者关注的焦点。

2. 单纯的建筑物　建筑物虽然必须建造在土地之上，但在某些特定情况下需把它单独看待。**建筑物是指人工建筑而成的物体，包括房屋和构筑物两大类。房屋是指能够遮风避雨并供人居住、工作、娱乐、储藏物品、纪念或进行其他活动的工程建筑物，一般由基础、墙、门窗、柱和屋顶等重要构件组成。构筑物则是指除房屋以外的工程建筑物，人们一般不直接在内进行生产和生活活动，如桥梁、水井、隧道、水坝、烟囱、水塔、道路等**。住宅、房屋及建筑物是不同的概念。住宅是指人们的居住用房，是房屋中的一种。房屋不仅包括居住用房，而且包括厂房、仓库和商业、服务、文化、教育、办公、医疗、体育等用房。建筑物的范围更广，不仅包括房屋还包括房屋以外的其他建筑，如码头、船坞、油库、水塔、烟囱、围墙等。

3. 房地合一，即房地产　土地与建筑物合为一体时，是房地产的完整实物形态。即把建筑物和其坐落的土地作为一个整体来考虑。房地产在物质形态上总是表现为房依地建、地为房载、房地不可分离，因此，在理论上可以对建筑物和土地分开讨论，在实践中也可以对土地进行单独营销。但是，房地产营销通常是指房地合一时的营销，此时必须综合考虑上述提到的各种因素。

在我国，就房地产开发经营来说，附着于土地和建筑物上的房地产权益包括土地使用权和房屋所有权以及在其上设置的其他项权利，如抵押权、典权等。

综上所述，我国房地产的整体概念如图1-1所示。

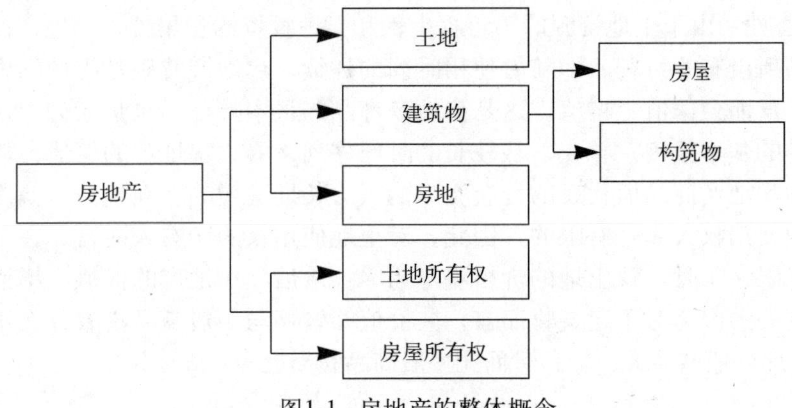

图1-1　房地产的整体概念

1.2.1.2 房地产的特征

在房地产市场营销过程中，必须考虑房地产的基本特征。或者说，房地产的特征正是房地产市场营销存在的理由。概括地说，与其他一般商品相比，房地产具有以下主要特征。

1. 不可移动性　房地产最重要的一个特性是其位置的固定性或不可移动性。每一宗土地都有其固定的位置，不可移动，这一特性使土地利用形态受到位置的严格限制。建筑物由于固着于土地上，所以也是不可移动的。因此，位置对房地产投资具有重要意义，所谓“房地产的价值就在于其位置”就说明了这一点。投资者在进行一项房地产投资时，必须重视对房地产的宏观区位和具体位置的调查研究，房地产所处的区位必须对开发商、物业投资者和使用者都具有吸引力。

房地产的位置有自然地理位置与社会经济地理位置之别。虽然房地产的自然地理位置固定不变，但其社会经济地理位置却经常在变动。这种变动可以由以下原因引起：① 城市规划的制定或修改；② 交通建设的发展或改变；③ 其他建设的发展等。当房地产的位置由劣变优时，其价格会上升；反之，价格则会下跌。房地产投资者应重视对房地产所处位置的研究，尤其应重视对其社会经济地理位置的现状和发展变化的研究。

2. 差异性　市场上不可能有两宗完全相同的房地产。一宗土地由于受区位和周围环境的影响不可能与另一宗土地完全相同，即使两处的建筑物一模一样，但由于其坐落的位置不同，周围环境也不相同，这两宗房地产实质上也是不相同的。因此，出现同一房地产的大量供给是不可能的。同时也应注意到，业主和使用者也不希望他所拥有或承租的房地产与附近的某一房地产雷同。因为具有特色的房地产，特别是某一城市的标志性建筑，对扩大业主和租客的知名度，增强其在公众中的信誉，有着重要作用。总之，每一宗房地产在房地产市场中的地位和价值不可能完全一样。从这个意义上来讲，固定位置上的房地产不可能像一般商品那样通过重复生产来满足消费者对同一产品的需求。房地产商品一旦交易成功，就意味着别的需求者只能另寻他途。差异性说明房地产市场交易的空间和时间都受到限制。

3. 升值性　由于土地资源的不可再生性和土地投资的积累性，房地产商品呈现出一般商品所没有的特征，即随着使用时间的延续，房地产特别是土地的价格非但不会降低，反而会保值、增值。这是房地产商品的根本特征，也是人们对房地产投资情有独钟的基本原因。首先，从较长的时间序列来看，房地产的保值、增值说明了一定量的房地产商品所代表的社会实际购买力长期递增的客观趋势；其次，由于我国的土地使用权大多是有限的，因此，对土地使用权的所有人而言，在土地使用权的出让年限终了时，该土地的价格将降为零；最后，房地产的保值、增值主要是由土地决定的，因为对于建筑物而言，其价值的转移与一般商品没有什么不同，只不过价值量比一般商品大、转移时间比一般商品长而已。

房地产商品的升值性特征，使房地产既可以作为消费品使用，又可以作为投资物看待。房地产商品作为消费品和投资品的目标市场不同，所要求的营销策略也会有所差异。

4. 长期使用性　这是房地产与一般商品的另一个根本区别。房地产商品长期性的特点，主要表现在开发建设的长期性和使用消费的长期性方面。土地的利用价值永不会消失，这种特性称为不可毁灭性或恒久性。土地的这种特性，可为其占有者带来连续不断的收益。建筑物一经建成，其耐用年限通常可达数十年甚至上百年。因此，作为一种商品，房地产具有长期使用性或具有较高的耐用性。房地产可为人类提供较长一段时间的房屋服务流量，满足消费者对房屋的消费需求。但值得注意的是，我国房地产的长期使用性受到了有限期的土地使用权的制约。根据我国现行的土地使用制度，公司、企业、其他组织和个人通过政府出让方式取得的土地使用权，是有一定使用期限的土地使用权，其土地使用权在使用年限内可以转让、出租、抵押或者用于其他经济活动。但土地使用期满，土地及其地上的建筑物、其他附着物所有权应由国家收回。国家规定的土地使用权一次出让最高年限根据土地用途不同而不同。居住用地为70年；工业用地为50年；教育、科技、文化、卫生、体育用地为50年；商业、旅游、娱乐用地为40年；综合用地或者其他用地为50年。

5. 昂贵性　房地产商品的价值量，无论从单位价值看，还是从总体价值看，都远远高于一般商品，每平方米房屋或土地的价格少则数百元，多则数千元或数万元。而一套住宅的价格可以从数十万元到数百万元，一个开发小区的价值量则可以是数千万元或数亿元。房地产价值量之所以大，主要是由房地产资源的有限性和资金投入的巨额性决定的。从房地产资源的有限性看，土地的不可再生性决定了土地资源自然供给的刚性和房地产供给在一定条件下的相对有限性。同时，房地产的开发建设往往受到用途、容积率、建筑密度等规划指标的限制，这些限制也在一定程度上决定了房地产供给的相对有限性。从房地产开发建设所需要投入的资金量看，其数额之大，并不是一般商品的生产所能比拟的。

6. 双重性　房地产双重性的特点体现在房地产商品消费与投资的双重性和价值构成的双重性两个方面。一方面，土地资源的稀缺性决定了房地产商品的供给弹性较小；另一方面，人口的不断增长以及社会经济的发展使人们对房地产商品的要求日益提高，从而对房地产商品的需求不断上涨。因此，从长期看，房地产商品所代表的社会购买力是不断提高的，房地产商品具有投资和消费的双重特征。同时，对于房地产商品的所有者来说，既可用于自己消费，又可用于出租，这本身也具有双重性的特征。

从房地产商品的价值构成看，房地产商品在物质形态上是由土地和建筑物有机构成的，在价值形态上也同样如此。甚至可以说，不同地段的房地产商品之所以价值截然不同，就是因为处于不同的地理位置，或者说是由其土地价值决定的。

房地产商品双重性的这一特征，要求在进行营销时必须充分考虑由地理位置而决定的土地价值对房地产商品效用发挥的影响。

7. 敏感性　房地产的敏感性体现在对周围其他房地产和社区环境的敏感性。房地产的价格不仅与其本身的用途等有直接的关系，而且往往还取决于其周围其他房地产的状况。例如，在一幢住宅楼旁边兴建一座工厂，可导致该住宅楼的价值下降；反之，如在其旁边兴建一个绿化公园，则可使其价格上升。房地产深受周围社区环境影响，不能脱离周围的社区环境而单独存在。政府在道路、公园、学校、博物馆等公共设施方面的投资，能显著地提高附近房地产的价值。从过去的经验来看，能准确预测到政府大型公共设施的投资建设并在其附近预先投资的房地产开发商，都获得了巨大的经济效益。反之，周围社区环境的衰退，必然降低房地产的价值。如上海因浦东的定位，浦西的商务地位下降，写字楼市场受到冲击。沈阳地铁的开发建设，提升了线路两侧的商品房价格。

1.2.1.3 房地产的类型

房地产营销的客体是具体的房地产。而不同类别的房地产，由于具有不同的特性和不同的目标市场，所使用的营销策略也具有相当大的差别。在房地产营销过程中，可以按用途、实物形态以及开发程度对房地产进行分类。

1. 按房地产用途分类　房地产按其用途分类，主要可分为居住用房地产、工商用房地产和其他用途房地产。

居住用房地产是指各种直接为居住使用的房地产，如普通住宅、高档住宅、别墅、廉价租屋以及集体宿舍等。

工商用房地产按其具体用途，又可进一步划分为办公用房地产、贸易用房地产以及工业用房地产。其中，办公用房地产主要包括商务写字楼、政府办公楼等；贸易用房地产包括商业用房地产、旅店用房地产、餐饮用房地产、金融用房地产以及娱乐用房地产；工业用房地产则包括各类工厂、车间、手工作坊、发电厂、仓库以及油库等。

除上述两种用途外，将其余房地产都归入其他用途房地产一类。也就是说，其他用途房地产仍可进一步划分为农业用房地产、公共设施用房地产以及军用房地产等。

2. 按房地产实物形态分类　按实物形态对房地产进行分类，主要是根据房地产的地理位置、建筑结构、建筑层数、建筑标准以及新旧程度等标准进行划分。

按房地产所处的地理位置，房地产可以划分为城市中心、城市边缘、城市郊区以及农村等房地产；按建筑结构，房地产（房屋建筑）可分为钢结构、钢筋混凝土结构、混合结构、砖结构、木结构和其他结构；按建筑层数，房地产可分为低层、多层以及高层建筑；按建筑标准，房地产可分为豪华、中等以及一般三个标准；按新旧程度，房地产可分为新建造和旧有两类。此外，居住用房地产的实物形态还可进一步按其房型和外在形态划分，如按房型可分为一室户、二室户、三室户以及四室户等，按外在形态可以分为公寓住宅以及别墅等。

3. 按房地产开发程度分类　按开发程度房地产可分为生地、毛地、熟地、在建房地产以及竣工房地产等。其中，生地是指不具有城市基础设施的土地（如荒地、农地）；毛地是指虽然具有一定的城市基础设施，但地上具有待拆迁及安置旧建筑物的土地；熟地是指已经经过“七通一平”（通水、通电、通路、通邮、通讯、通暖气、通天燃气或煤气、平整土地）具有完善的城市基础设施，能够直接在其上面进行房屋建造的土地；在建房地产是指地上建筑物尚未完全建成，还没有达到交付使用条件的房地产；竣工房地产则是指地上建筑物已经建成，可以直接使用的房地产，它可能是新的，也可能是旧的或经过装修改造的。

1.2.2　房地产市场

1.2.2.1　房地产市场的概念

同其他商品一样，房地产作为商品也只有通过市场进行出售或出租，才能最终转移到消费者手中，实现其价值和使用价值，房地产市场也因此成为社会主义市场体系中一个重要组成部分。

房地产市场又称不动产市场，与市场的含义相对应，房地产市场也可以从经济学和营销学两个角度进行定义。从经济学角度看，狭义的理解是指**房地产交换的场所**；广义的理解是指**房地产交换关系的总和**，是房地产开发、建设、经营、管理、服务和消费的内在运行机制。它将房地产的开发、建设、流通与消费等各个环节联系在一起，从而实现房地产的价值。房地产市场具有市场的一般特征，而作为市场的子系统，它是由房地产经济系统的存在所决定的，并且在房地产经济活动中起着媒介作用。也就是说，房地产市场是房地产商品交换过程的统一，是连接房地产开发、建设、经营、管理、服务和消费的桥梁，是实现房地产商品价值和使用价值的经济过程。

从基本构成要素看，房地产市场是由主体、客体和中介构成的。**房地产市场的主体是指房地产市场上的行为人，即房地产商品的供求双方**。其中，供应方通过对市场提供房地产商品而获取货币。即供应方开发、建设或经营房地产的目的，是通过出售或出租而获得收益或利润；需求方则通过向供应方提供货币而从供应方手中取得房地产商品。**房地产市场的客体是指房地产市场交易的对象，主要包括房产商品和地产商品**。在我国，地产商品主要是指土地使用权。作为市场，需要有相当数量不同品质不同类型的房屋商品、供开发建设的土地以及相应的服务，供人们选择使用和交换。此外，货币资金虽然不是房地产实体商品，但也是房地产市场的客体。房地产市场中介是指从事房地产交易活动或促成房地产交易发生的中介机构，主要包括交易中介和融资中介。交易中介是指房地产经销商、代理商、经纪人、房地产信托公司、信托投资公司以及房地产交易所等；融资中介是指为房地产的供应和需求提供资金的金融机构，如住宅储蓄银行、住房合作社以及各类商业银行等。

从房地产经济运行的角度看，市场主体、客体和中介缺一不可。但是，从营销学角度看，市场主体中的需求方是交易形成的关键。从这个意义上说，**房地产市场是由那些对房地产具有特定需要或欲望，而且愿意并能够通过交换来满足这种特定需要或欲望的全部潜在顾客群的集合。**

1.2.2.2 房地产市场的特征

房地产市场的特征是由房地产商品的特殊性所决定的。一般商品同类同质可以相互替代，但房地产商品是不可以替代的。一般商品生产有统一的标准和规格、市场信息充分、各品牌可以相互比较，信息传播畅通，但房地产市场信息复杂、隐蔽，房地产权益被各种政策、法规所约束，一般消费者难以区别。因此，房地产市场是一个特殊的市场。

房地产市场具有以下特征。

1. 房地产市场是房地产权益交易的市场　与一般商品不同，在房地产市场上交易的是相关房地产的权益，而不是房地产实物本身。这些权益包括房屋所有权、土地使用权或与其相关的其他项权益（包括占有权、使用权、收益权和处分权）。这些权益具有明确的界定，有一定的排他性，单项权益或多项权益组合形成了不同性质的、复杂的交易行为，从而形成各种不同内容的房地产市场，如转让市场或买卖市场、租赁市场等。

房地产市场交易形式也与一般商品有所不同，呈现出交易形式的多样性。多样化的交易方式则使房地产的变现能力大大增强，拓展了融资渠道，降低了投资风险。除了普通的租售方式外，拍卖、抵押、典当、股份化、证券化、互换等房地产交易方式的出现，既使权利人有多种选择机会，又能形成多样化的房地产价格序列，便于房地产价格评估与价格监控。

2. 房地产市场是典型的区域性市场　首先房地产商品是不可移动的，具有典型的区域性。其次，其区域性不仅表现在建筑风格、文化环境、生活习惯上，而且表现在区域经济水平、土地资源特点、城市基础设施、生活环境等方面上。因此，房地产权益交换的价格绝不仅仅是针对建筑物本身，更多的是上述各方面在房地产市场中的综合评价。同品质的同一用途的建筑物即使在同一城市甚至在同一条街道上都是不可替代的。

3. 房地产市场的统一性　房地产市场的统一性表现在以下三个方面。

一是房地产市场是房产市场与地产市场的统一体。房地产市场是房产市场与地产市场的有机结合体，两者各具独立的内容，但又有密不可分的联系。首先，在实物形态上，房依地建，地为房载，两者不可分离；其次，在权属关系上，土地使用权往往依附于地上建筑物的所有权之中，土地使用权伴随着房屋所有权的转移而转移；最后，在价格构成上，土地使用权转让的价格往往包含在房屋建筑物价格之中。

二是房地产市场是有形市场与无形市场的统一体。房地产市场是有形的房地产商品和无形的房地产商品的统一体。有形的房地产商品是指房地产商品实体，如住宅、办公楼、商场以及工业用房等；无形的房地产商品是指房地产服务，包括房地产开发项目的规划设计、房地产市场研究、房地产价格评估、房地产营销、房地产咨询以及房地产信息的收集和提供等。因此，房地产市场不仅包括有形房地产商品的出售或出租，也包括无形房地产商品，即劳务的交换。

三是房地产市场是投资品市场和消费品市场的统一体。房地产不仅是人们赖以生存的基本生活资料，同时具有保值增值性，可以作为投资的手段。这种特性决定了房地产市场具有投资品市场和消费品市场的双重性。

4. 房地产市场供给的稀缺性　由于土地是不可再生的稀缺性资源，房产也必然是相对稀缺的（因为如上所述房产与地产的统一性）。因此，从根本上来说，房地产市场是一个供给稀缺的市场。随着社会实践的发展，经济增长和城市化使城市人口激增，这样不论从生产角度来说，还是从生活角度来说，对土地的需求量都在日益增加。但是，土地的供给数量基本上是个恒定的常量，这就产生了供给有限和需求增加之间的矛盾，在中国这一矛盾更加尖锐，亟待妥善解决。

5. 房地产市场是不完全竞争市场　一个完全竞争的市场必须具备三个条件：商品同质，可以互相替代；某一商品的卖主和买主人数众多，且随时自由进出市场；信息充分，传播畅通。但房地产市场不具备上述三个条件。

房地产商品是绝对异质的，互相不可替代。两幢房子建筑材料、设计都可以一样，但所处的地理位置绝对不可能一样。即使是两套朝向、楼层、结构等都完全一样的居室单位，在买主看来也是完全不同、不可替代的两项商品。由于房地产商品是异质的，或者说是惟一的，所以某一房地产的卖主和买主都不可能是众多的。一项房地产只有一个卖主，其他任何人都不可能提供同样的房地产。买主欲购这项房地产就只有面对这个卖主，没有其他选择。同样，房地产卖主的选择也是十分有限的。某一项房地产往往只适应少数几个买主的要求，在房地产市场上买主和卖主的机会都不是均等的，两者都没有充分的选择权，因而在房地产市场上个别卖主或买主对房地产交易价格往往会起很大的作用。

房地产市场是一个专业化的复杂市场，人们进行房地产交易时必须求助于各种各样的专业人员和专业机构。这些专业人士通常是律师、房地产估价师、房地产营销人员及掌握建筑工程和房地产税收知识的专业人员。聘请专业人士需要支付费用，专业人士需花费一定时间来完成接受的任务。这些都降低了房地产市场转手交易的频率。

房地产是高价商品，房地产的权属转移必须按法定的程序履行各项手续，除房地产产权人的变更外，还有相关的权利、义务、责任和利益等经济关系的转移行为。为了保护有关当事人的利益，各国政府都立法管理房地产买卖及租赁活动的行为。另一方面，为保护市场的有效供给，抑制不合理的市场需求，国家需要采取强有力的干预措施，通过规划、价格、税收等宏观管理手段，引导和调控市场。因此，房地产交易活动在某些环节是受到政府严格限制的，房地产市场是受国家严格控制的不完全开放的市场。

缺乏信息是房地产市场的又一特征。许多房地产交易和定价是私下进行的，很大程度上取决于交易当事人的相互关系。因此，这种成交价往往不能反映所成交的房地产的真实价值。由于房地产交易信息不易获得，房地产市场因而不易形成竞争性的市场结构。完全竞争市场与房地产市场的比较，见表1-1。

综上所述，房地产市场是一个不完全竞争市场，有其特殊的市场规律。

表1-1 完全竞争市场与房地产市场的比较

比较项目	完全竞争市场	房地产市场
买卖双方数量	众多	极少
市场主体产品知识化程度	知识化程度高	知识化程度参差不齐
交易难易	交易简单容易	交易难
产品间的可替代性	可替代	不可替代
产品的移动性	可移动	不可移动
购买规模和频率	小而高	大而低
政府干预	少	多
价格变动	明朗	不清晰

6. 房地产市场的变化具有周期性　房地产业和国民经济一样也具有周期性，其变化的基本规律是：繁荣、衰退、萧条、复苏四个阶段。房地产市场繁荣时空置率低，租金和价格上升，开工面积、销售面积、土地出让面积增加，市场供应不断加大，市场需求增加，房地产企业利润提高。但由于房地产开发周期较长，随着市场需求的降低，市场供应不断增加，供过于求的状况必将产生，空置率上升从而导致租金和价格下调，开发面积减少，市场进入调整期。随着开发量的减少，价格的下调，需求将被刺激起来，吸引许多投资者（包括投机者）及大众消费者入市，消化市场供应，房地产市场调整结束，开始进入复苏期和繁荣期。

1.2.2.3 房地产市场的类型

从识别和把握房地产宏观市场环境的角度出发，可以按照地域、房地产的用途、等级及交易形式与目的等标准，对房地产市场进行分类。

1. 按地域范围划分　房地产的不可移动性，决定了房地产市场是区域性市场。人们认识和把握房地产市场的状况，也多从地域的概念开始。因此，按地域范围对房地产市场进行划分，是房地产市场划分的主要方式之一。地域所包括的范围可大可小，最常见的是按城市划分，例如北京房地产市场、上海房地产市场、深圳房地产市场、沈阳房地产市场等。对于比较大的城市，其城市内部各区域间的房地产市场往往存在较大差异。因此，常常还要按照城市内的某一个具体区域划分，但一般来说，市场所包括的地域范围越大，其研究的深度就越浅，研究成果对房地产投资者的实际意义也就越小。

2. 按房地产的用途和等级划分　由于不同房地产类型间从投资决策到规划设计、工程建设及面向客户的类型等方面均存在较大差异。因此按照房地产用途分类，可将其分解为若干子市场如居住物业市场（含普通住宅市场、别墅市场、公寓市场等）、商业物业市场（写字楼市场、商场或店铺市场、酒店市场等）、工业物业市场（标准工业厂房市场、高新技术产业用房市场、研究与发展用房市场等）、特殊物业市场、土地市场（各种类型用地市场）等。根据市场研究的需要，有时还可以进一步按物业的档次或等级细分，如甲级写字楼市场、乙级写字楼市场等。

3. 按房地产交易形式划分　按照《中华人民共和国房地产管理法》的规定，房地产交易包括房地产转让、房地产抵押和房屋租赁。由于同一时期、同一地域范围内，某种特定类型房地产的不同交易形式具有明显的特殊性，因此，依不同房地产交易方式，将新建成的房地产商品划分为销售（含预售）、租赁（含预租）和抵押等子市场，针对存量房屋的交易划分为租赁、转让、抵押、保险等子市场。

4. 按房地产购买者目的划分　买家购买房地产的目的主要有自用和投资两类。自用型购买者将房地产作为一种耐用消费品，目的在于满足自身生活或生产活动对入住空间的需要，其购买行为主要受购买者自身特点、偏好等方面的影响。投资型购买者将房地产作为一种投资工具，目的在于将所购的房地产出租经营或转售，并从中获得收益和收回投资，其购买行为主要受房地产投资收益水平、其他类型投资工具的收益水平以及市场内使用者的需求特点、趋势和偏好等因素的影响。根据购买者目的不同，可以将房地产市场分为自用市场和投资市场。

5. 按房地产开发、销售与消费过程特点划分　房地产市场分为土地市场（一级市场）、房地产增量市场（二级市场）和房地产存量市场（三级市场），见表1-2。在我国，一级土地市场的交易发生在投资者与政府之间，是一种典型的资源垄断市场和国家垄断市场，房地产经纪人除了给投资者或政府提供投资咨询外，难以参与市场运作。二级市场是新建商品房销售及土地使用权转让市场。三级市场则是存量房交易的市场，是消费者之间的交易活动。

表1-2　房地产市场层次结构划分

市场层次	一级市场	二级市场	三级市场
市场主体	国家或地方政府	各房地产公司	用户
市场特点	垄断竞争型	竞争型	竞争型
经营内容	总体规划设计用途、征地、拆迁、招投标地价	综合开发	房地产转让
经营方式	有期限拍卖、招标或逐年收取土地使用费	出卖或出租已开发的土地或连同其建筑物	转让或出租其建筑物
价格决定	垄断价格	价值价格	剩余年限的价格

此外，房地产市场还有其他一些划分方式。例如，按照房地产商品化程度，将房地产市场划分为商品房交易市场、经济适用房交易市场和公有房屋租赁市场等。当然，还可以从不同角度对房地产进行划分。表1-3是综合各种划分标准对房地产市场的分类。

表1-3　房地产市场的分类

划分依据	市场类型
用途	居住、写字楼、商业用房、工业厂房仓储、特殊用途等房地产市场
表现形式	房产市场、地产市场、劳动力市场、资金市场、信息市场
供需行情	卖方市场、买方市场
供货方式	现房市场、期房市场
权益转让方式	买卖市场、租赁市场、抵押市场、典当市场
区域范围	全国、区域、大城市、中小城市等房地产市场
交易场所	有形市场、无形市场
交易关系	交易主体、交易客体和交易行为
市场层次	一级市场、二级市场、三级市场
市场主体	消费房地产市场、投资房地产市场

1.3　中国房地产市场发展状况

1.3.1　中国房地产市场发展历程

中国房地产经济发展的目标模式是建立以市场机制运行为主、辅以政府宏观调控与法制监督的成熟的房地产市场经济。房地产市场是否发育成熟及其成熟度对房地产价格的形式与监控、市场主体的经济行为有很大的制约作用。因此，客观地分析房地产市场的发展现状对于未来房地产投资、交易与房地产业政策制定有重要的参考作用。

中国房地产市场产生于19世纪末20世纪初，随着社会变革和商品经济的萌芽而开始成长。

大体来说，中国房地产市场的发展经历了以下四个阶段。

1.3.1.1　萌芽阶段（1845～1949年）

1840年以前，土地和房屋作为生活和生产的基本条件是财富的主要代表，能够出租、典当、抵押和买卖，土地租佃和买卖有中介人、契约、地保等完整的约定俗成的手续和方法。但是这些活动都被约束在封建经济结构框架内，没有能够形成独立的行业。随着不平等的屈辱条约《中英南京条约》签订后，列强在广州、上海、厦门、福州、宁波等口岸获得了通商权，并各自划分了租界。它们在租界内进行土地和房屋的建设和经营活动，出现了专业性的外商房地产公司，逐步形成了较为独立的房地产业，房地产市场开始萌芽。20世纪20年代后，外国资本加大对房地产的投资，房地产业开始走向垄断并与金融业相结合，在社会经济中显示了一定的地位。此时专业性的华资房地产公司也相继成立，到20世纪30年代，专业性的华资房地产公司有20多家。但华资房地产公司规模小，起步晚，外资公司占主导地位，在这一阶段房地产市场从租界开始萌芽，房地产业主要集中于沿海的大城市，内陆城市的房地产业则较为沉寂。

1.3.1.2　休眠阶段（1949～1979年）

新中国成立以后，我国实行的是计划经济体制，推行了国有土地无偿划拨使用和房屋非商品化政策。房地产不能作为商品自由流通，房地产市场逐步萎缩。需要土地和房屋的单位或部门，不是在市场进行交易购买，而是向政府提出申请。由此形成了政府无偿、无期限划拨土地的体制。政府也通过无偿拨款由单位自己建设工作用房和职工住宅，并以行政办法分配给职工，这样就形成了政府投资、住房实行福利分配的体制。这30年的时间，房地产开发活动一直没有停止，存量房地产积累量巨大。这一阶段，房地产市场处于休眠状态，对社会经济造成了严重的负面影响：① 土地资源浪费严重，黑市交易大量存在。土地由国家无偿无期限划拨给单位后，土地实际上为部门和单位所有，形成了谁占地谁所有，谁用地多谁就获利多，因此土地浪费现象严重。由于缺乏有效的市场机制，土地资源不能流向高效率的地方，使其配置效率极为低下，黑市交易也大量泛滥，屡禁不止。② 房地产投资渠道单一，来源不足。政府包揽了房地产的建设和分配，集体和个人无权也没有动力去进行房地产的投资和开发。单一的国家无偿拨款形式，远远满足不了房地产市场发展，阻碍了人们生活水平的改善。

1.3.1.3　复苏阶段（1979～1991年）

1978年，我国确立了改革开放和以经济建设为中心的基本方针，各个方面都围绕经济体制改革探索着改革的途径。以此为契机，我国房地产市场开始复苏和发展。1980年，全国城市规划工作会议把对城镇土地征收使用费列入议事日程，并在深圳、广州、抚顺等城市开始收取城市土地使用费，规定土地使用年限。1984年5月，政府工作报告指出，城市住宅建设，要进一步推行商品化试点，开展房地产经营业务，允许按照土地在城市所处的位置、使用价值征收使用费和税。确立了土地的收益性和有偿性观点，为土地进入市场奠定了政策基础，促进了房地产市场的复苏和发展。1988年4月，七届人大一次会议修改的宪法规定“土地使用权可以依照法律的规定转让”，《土地管理法》也作了相应修改，为房地产市场的发展提供了法律依据。深圳、广州、上海、厦门、福州等城市先后开始实行土地使用权有偿出让、转让给房地产开发公司和其他土地所有者，有的甚至向外商转让，房地产市场得到了较快恢复。1984年12月，国家计委、统计局、标准局等有关部门颁发《国民经济行业分类标准和代码》，将房地产业列为独立行业。1989年，由于治理整顿和其他各种因素的影响，房地产市场受到较大影响，大幅回落。1990年《城镇国有土地使用权出让和转让暂行条例》和《外商投资开发经营成片土地暂行管理办法》的发布，改善了投资环境，增强了外商在中国投资的信心。1991年逐渐开始回升，并接近1988年的水平。国民经济宏观调整政策取得了显著成效，带动了房地产市场的发展。

1.3.1.4 快速发展阶段（1992年至今）

1992年邓小平南巡讲话成为我国房地产发展的一个历史转折点。我国加快对外开放的力度和步伐，房地产业作为第三产业成为国家培育的重点，房地产市场在有利的政治、经济条件下迅速发展：① 房地产投资快速增长。1992年全国实现房地产投资总量732亿元，比上年增长117%。其中海南省增长211%，福建、山东等省区增长率超过或接近100%。② 房地产开发公司和各类开发区纷纷成立。1992年底，全国各种形式的房地产开发公司达1 200多家，各种类型的开发区近2 000个。房地产交易额大幅度增长，1992年仅商品房销售面积就达4 288万平方米，销售额440亿元，比1991年分别增长40%和80%。1992年全年出让土地2.2万公顷，实际开发2.3万公顷，分别是上年的11倍和1.8倍。房地产开发也呈现多元化趋势，住宅、办公楼、商住楼、厂房、酒店、购物中心等得到大量发展。1993年，我国房地产市场继续保持快速发展。房地产开发企业增加近2万家，市场重心也由珠江三角洲向北移动，形成沿海、沿江、沿边到内陆开放城市的多元化区域的市场态势。以上海为龙头的苏、浙、皖等长江中下游地区，以京、津、辽、鲁为主的环渤海湾地区，苏州、武汉、大连、青岛、烟台、宜昌等城市房地产市场迅速发展，成为新的房地产投资热点。

这一阶段的快速发展，对房地产市场的发展起到了极大的推动作用。但也带来了许多亟待解决的问题，如房地产投资结构不合理，土地供应总量失控，开发规模失控，市场行为不规范，收益分配失衡等。1993年7月以后，随着《城市房地产管理法》等法规的制定和宏观调控政策的出台，使房地产市场进入理性发展时期，主要表现为：① 房地产法规体系逐步完善。《中华人民共和国城市房地产管理法》及一系列配套法规的相继颁布，有效地规范了房地产市场行为。② 投资结构趋于合理。新开和竣工的项目中，普通住宅的比例明显上升，达到80%以上，而高档宾馆、高级公寓、花园别墅、度假村等项目明显压缩。③ 房地产投资速度有所减缓，市场交易量有所下降，市场价格合理回落，房地产炒家减少，房地产市场的泡沫成分得到一定程度消除。④ 收回了2 000多万亩[⊖]不能按期开发的土地，内陆省份撤回了投入沿海地区房地产市场的大部分巨额资金。⑤ 经过合理调控，全国1/3的房地产开发公司关门，1/3的房地产开发公司缩小规模，1/3的开发区停办。

房地产市场经过这次调整步入了理性发展阶段，土地二级市场日趋活跃，土地使用权的转让、出租、抵押的规模越来越大，交易结构也发生了很大变化。房地产

⊖ 1亩＝666.7平方米。

交易管理制度基本建立，法律法规不断完善。房地产中介服务体系逐渐发展，房地产市场体系初步形成。

1.3.2　当前中国房地产市场存在的问题

近年来，我国房地产业得到快速发展。1998～2005年，房地产投资占全社会固定资产投资的比重逐年上升，房地产投资对经济增长的年均贡献率约15%，年均直接拉动GDP增长约1.2个百分点。同时，房地产业的快速发展也不同程度地带动了建筑、装潢、家电、汽车等20多个行业的发展，为我国经济持续快速增长做出了积极的贡献。目前，我国房地产投资与销售基本协调，总体供需两旺，态势良好，但随着市场经济的发展和各项改革的深入，房地产市场在发展中也存在不少问题。

1.3.2.1　结构性供需矛盾加剧，房价较高

产品结构与市场需求失衡，是企业经营失败或发展受阻的重要症结。目前，我国大部分地区的房屋开发中，高档房屋比重过高，低价位经济适用房屋的开发量不足。一些大中城市在房地产开发中忽视了供需关系，房地产开发企业为了追求高利润，热衷于高档商品房的开发，造成了高档商品房供过于求，价格虚高。

同时，市场上低价位房屋供不应求，导致出现了经济适用房销售违规操作和市场炒作现象。从市场的发展看，供给结构严重地背离需求结构，在供应总量不足的情况下，就会产生结构性泡沫。

1.3.2.2　投资增速较快，企业资产负债率高，经营风险加大

目前，我国房地产业相对其他行业是“暴利行业”，加之近几年房地产市场价格持续走高，社会资金“逐利而来”。从房地产开发资金组成看：1998～2002年，总金额、国内贷款、自筹资金和其他资金分别年均增长21.5%、19.8%、23.8%和25.8%，到2002年已分别达到9 541亿元、2 149亿元、2 720亿元和4 501亿元，分别是1997年资金额的2.5倍、2.4倍、2.8倍和2.7倍。5年累计房地产投资开发完成额26 781.5亿元，年均增长21.1%，到2002年商品房竣工面积已达3.25亿平方米，比商品房销售面积（2.49亿平方米）多三成。1998～2002年，全国房地产企业年均资产负债率约75%，远远高于国际上50%的警戒线。

1.3.2.3　市场监控力度不够，消费需求对投资的拉动作用小

目前，国家有关部门对有关房地产政策的贯彻落实和房地产市场开发经营管理的监控力度不够，政策本身也不全面和不完善，如经济适用房“价高质低”、销售违规，土地出让出现“天价”等现象，就是问题表现的一个侧面。从市场销售看，一方面，商品房的存量增加，房屋空置率增高。另一方面，出现了部分楼盘开盘前就已售空或排队、摇号认购的情况，部分地区还出现了期房销售火爆、楼市炒作和市

场冷热不均等现象。这说明，房地产市场供需结构严重失衡，市场消费需求对投资开发拉动没有发挥作用或作用很小。

1.3.2.4 房屋价格构成不透明，市场信息不对称

目前，房地产开发项目收费缺乏统一的管理，定价没有统一的标准，相应的销售管理监控工作也未跟上。当前房屋开发存在的十几项收费，出自不同部门，存在一些不合理因素。追求高利润的开发商，把这些收费追加到房价中，使房价居高不下。消费者只知道房价高，却不知房价的构成及价高的原因，无法维护自己的权益。

1.3.3 当前中国房地产市场要解决的主要问题

分析房地产市场的现状，根据市场经济发展的规律，未来我国房地产业的发展应改革创新，开拓新思路，采取新举措。

1.3.3.1 建立统一的符合市场经济运行规律的市场管理和监控体制

国家应加强对房地产市场发展的管理和监控，加快房屋建设的产业化进程，使整个市场一盘棋，发展规划与投资开发相协调，市场供需比例适度、结构合理。使规划者、投资开发者和消费者之间信息透明、互通，能根据市场的发展变化做出正确的总体规划、投资决策和适时消费。

1.3.3.2 充分利用政策的约束、引导和经济杠杆作用，加强对房地产市场的宏观调控

政府可以通过土地出让和规划来控制房地产投资开发的规模；通过金融手段来控制投资开发速度；采用科学的定价方法制定土地、建筑材料、社区配套服务等限价标准，使房价构成更趋合理；通过制定不同的税收等收费标准来控制房价；通过政策的约束、引导和经济杠杆的综合作用，使土地供应量、投资开发量、市场准入量、销售量、消费者的需求释放和消费质量等相互协调、相互平衡。

1.3.3.3 建立统一规范的房地产开发经营新秩序和标准统一的市场竞争新环境

我国房地产业要建立房地产开发经营新秩序，使土地出让、融资、开发、市场准入、销售和社区服务等整个房地产投资开发经营过程，在同一个科学有序的管理和统一标准的监控之中进行。使房地产市场价格构成透明，销售操作规范，信息渠道畅通，消费维权简便易行，且有据可依。

1.3.3.4 深化住房改革，规范房屋一级市场，加速开放房屋二、三级市场，积极发展房屋租赁业

我国的房地产业正处在起步和加速阶段，面临良好的机遇和严峻的挑战，政府和业务主管部门要深入研究房地产市场的变化，按照小康社会的居住和房屋使用标准，

分析需求结构，深化住房改革。要在规范一级市场的同时，使二、三级市场联动并积极发展房屋租赁业，使消费者可以选择购买存量房或增量房，也可以选择租赁。

1.3.3.5 采取有效措施引导和调控消费购房与投资购房

市场的发展初期应以消费需求为主要拉动力。如投资购房占房地产市场比重较大，市场监管不力，就会出现投机或炒作，使市场升温过快，后劲不足，出现价格虚高甚至泡沫。政府和有关主管部门要制订有效措施，采用经济手段，鼓励房屋消费需求释放，有效拉动内需，同时要适度控制投资购房。

1.3.3.6 加强多样化交易方式的立法建设与监督管理

房地产市场已出现多样化的交易方式，但有的交易方式缺乏法制化、规范化、程序化管理，同时亟待发展、完善新的交易方式。土地出让有拍卖、招标等方式，土地使用权转让及房产租售已很普遍，房地产抵押已是新的热点，甚至典当这种古老的方式也重新出现。多样化的交易方式使房地产的使用价值及潜在价值在多级化的市场体系中有了多种实现方式，有利于活跃市场、盘活房地产资金。但有些交易方式缺乏法律约束，交易缺乏公正、公平。例如，房地产抵押这一在国外非常普遍的融资方式，在我国则出现了不履行抵押程序，不办理抵押登记、多头抵押、重复抵押，甚至利用伪造产权证诈骗贷款等问题。因此，加强抵押、租赁、典当等交易方式的立法建设与监督管理是当务之急。

案 例 讲求邻里生活的“高层四合院”

满堂红家苑开发商邀请了规划、施工、监理、测量等部门人员，还特别邀请了满堂红家苑的业主对房屋实施“预验收”。据介绍，这家将提前向业主交房的楼盘最独到之处是其改变了一般商品房业主不相往来的建筑格局，推动了极富创意的“高层四合院”，每一层的走廊两端各设置了一个35平方米的空中花园平台。邻居们可在花园平台的绿阴花草中小坐品茗或聊天打麻将等，这为人们恢复传统的邻里生活、创造良好的睦邻关系提供了条件。此外，在每户的窗外还设有一个3.9米长、0.5米高的花池，公共花园平台与花池均由开发商免费提供。

现代人的生活水平越来越高，可是邻里关系却是越来越淡薄。一些楼盘的住户，虽说大家“熟口熟面”，但彼此间就是没有任何交往，形同陌路。

传统的邻里关系被瓦解，其中原因很多，比如现代人的生活节奏快、电视节目丰富、互联网让人流连忘返等。但其实更重要的是我们的居住条件改变了，大多数的多层或高层住宅，根本就没有邻里之间交流的地方——胡乱串门有不尊重别人隐私之嫌，不串门哪里有地方说话呢？大家总不能站在昏暗狭窄、充满回音的过道上侃一通吧？满堂红家苑的高明之处，是发现了人们心底里的需要，知道很多人——特别是中老年人都怀念那种“有事情大家聊一聊，有空闲大家乐一乐，有困难互相帮一帮”的亲切的邻里关系，并在住宅设计上充分体现出来。

请你用本章所学的知识分析案例，并说明给你的启示。

思考题

1. 如何从营销的角度认识市场？
2. 简述房地产的特征。
3. 为什么说房地产市场是不完全竞争市场？
4. 简述房地产市场的特征。
5. 试述当前中国房地产市场存在的主要问题。

实训题

1. 收集反映当地房地产市场发展状况的有关资料（供给、需求状况）。
2. 分组实训：每组选择当地某一楼盘作为以后学习研究的样板楼盘，收集该楼盘的相关资料。

第2章

市场营销与房地产市场营销

学 习 目 标

1. 了解市场营销、房地产市场营销的基本概念；
2. 掌握各种市场营销观念之间的区别与联系；
3. 了解市场营销学的发展历程与研究的主要内容；
4. 重点掌握房地产市场营销的特点。

技 能 要 求

1. 能够区分不同的市场营销观念；
2. 具有运用房地产市场营销的特点分析营销活动的能力。

2.1 市场营销

2.1.1 市场营销的概念

市场营销是由英文“marketing”一词翻译而来的。对于市场营销的概念，国内外的论述较多。

美国市场营销学会（American marketing association, AMA）在1985年给出的权威定义为：市场营销是指通过对货物、劳务和计谋的构思、定价、分销、促销等方面的计划和实施，实现个人和组织的预期目标的交换过程。目的是创造能实现个人和组织目标的交换。

菲利普·科特勒对市场营销的定义表述为：市场营销是个人和组织通过创造并同别人交换产品和价值以获得其所需所欲之物的一种社会过程。这里的产品是指能用以满足人类某种需要或欲望的任何东西；这里的价值是指消费者对于一个产品能够满足其各种需要的评估，也称为效用。

还有学者把市场营销概括为，是企业在适当的时机、适当的地点以适当的价格、适当的信息沟通和促销手段，向适当的消费者提供适当的产品和服务。

我们对市场营销的理解是，泛指与市场有关的一切人类活动。对企业而言，**是指企业通过创造和引导需求，并与其他个人或组织交换产品或服务，以实现企业目标的一切活动**。这一理解包括三个基本含义：一是市场营销是一个交换活动，交换作为一种活动，既具有社会性，又具有管理性；二是市场营销活动以满足人类各种需要和欲望为核心；三是市场营销活动形式上是在销售产品或其他可提供物，但它是为了满足各种需要和欲望进行的创造性活动，即需要不断地创造和引导需求。

市场营销不同于销售或促销。现代企业的市场营销包括为满足各种需要与欲望，实现企业经济与社会目标所开展的一系列活动，如市场营销环境研究、市场需求预测、新产品开发、定价、分销、物流、广告、人员推销、营业推广、售后服务、企业营销效果评价等。可见，销售只是现代企业市场营销活动的一部分，而且不是最重要的部分。正如美国著名管理学者彼得·德鲁克所说："市场营销的目的就是使销售成为不必要。"

为了准确把握市场营销的含义，还必须理解如下几个基本概念。

1. 需要　就社会整体来说，是指人类为了自身的生存和繁衍对物质和精神的基本要求；就个人而言，则是**指没有得到某些基本满足的感受状态**。主要是食物、衣服、房屋、安全感、归属感、尊重等。如口渴对于水的需要，饥饿对于食物的需要，孤独对于交友的需要，求美对于艺术品的需要等。这些需要不是市场营销活动所能创造的，它们早已存在于营销活动出现之前。

2. 欲望　**是指人们想得到某种基本需要的具体满足物的愿望**。可见，欲望是一个比需要包容面更广的概念，如任何人都有对食物的需要，但满足这种需要的方式不同，美国人在饥饿的时候可能想得到一个汉堡包；而中国人可能想饱食一顿米饭或饺子。人类的需要并不多，而欲望却很多。而且，各种社会力量和各种机构可以不断地激发人类形成和再形成种种欲望。

3. 需求　**是指人们有能力购买并愿意购买某个具体产品的欲望**。需求是一种特定的欲望，即一种具有购买能力的欲望。没有购买力，或没有购买欲望，都不能形成需求。如一个人可能因为没有支付能力，而对小汽车没有需求；也可能因为缺乏使用计算机的技能和知识，缺乏购买计算机的欲望，从而对计算机没有需求。企业可以创造需求，也只有具有了市场需求企业才能将产品销售出去。所以，从这个意义上看，企业的市场营销活动就是需求的创造活动。

需求的变化一般表现为：

（1）需求的多样性。因为每个消费者的收入水平、文化程度、职业、性别、年龄、民族、习惯、爱好、兴趣不同，其对房地产商品和服务的需求也就不同。

（2）需求的发展性。马斯洛的心理学理论认为人的需求总体上是无止境的，当一种需求满足了，会产生另一种新的需求。如一种房地产商品畅销一定时间后，可能会滞销。

（3）需求的弹性。消费者购买住房，在面积、楼型、功能、交通方面会随购买力而变化，随价格的高低而转移。

（4）需求的诱导性。消费需求是可以引导、调节的，通过营销人员的引导，消费者的需求能够发生变化和转移。

正是由于市场需求的这些变动性和复杂性，才要求企业的营销部门对市场进行不断的调查研究，做出准确判断。

4. 交换　具有需求和欲望时并不一定产生营销，只有当用交换这种特定方式来满足需要和欲望时，营销才会产生，而且必然产生。因此，交换是市场营销的核心概念。**所谓交换，是指个人或组织通过提供某种东西作为回报，从其他个人或组织那里取得所需之物的行为。**达成交换需要具备五个条件：一是至少要有交换双方；二是各方都要有对方所需要的、有价值的东西；三是各方都要有沟通信息和传送交换物的能力；四是各方都有对自己产品的自主支配权；五是交易的成功会为双方带来利益，这是在现代市场营销中非常重要，因为它是一种新的境界，即通过创造性的市场营销，使交换双方能够实现“双赢”。

2.1.2　市场营销观念的发展阶段

企业的市场营销活动是在特定的市场营销观念指导下进行的。**所谓市场营销观念，又称市场营销哲学，或企业经营思想，是指企业在市场营销管理过程中，在处理企业、顾客和社会三者利益关系方面所持的基本观念或指导思想。**近百年来，市场营销观念随着经济增长和市场供求关系的变化，先后经历了生产观念、产品观念、推销观念、市场营销观念、生态营销观念和社会营销观念等发展阶段。

2.1.2.1　生产观念

生产观念是一种最古老的经营观念。这种观念认为，消费者喜欢那些可以随处买得到而且价格低廉的产品。因此，企业应致力于提高劳动生产率和分销效率，扩大生产，降低成本，扩展市场。显然，这是一种重生产而轻市场营销的观念。生产观念是在“卖方市场”条件下产生的，即在资本主义工业化初期，由于经济和技术比较落后，生产效率低，物资短缺，市场上商品供不应求，企业普遍采用以生产为中心的管理办法。实行以产定销，以生产为中心，技术为生产服务，企业能生产什么产品，就销售什么产品。企业管理任务是降低成本，增加产量。如20世纪20年代，美国福特汽车公司总裁亨利 · 福特宣称“不管顾客需要什么汽车，我们只生产黑色的T型轿车”。日本企业在战后数年之内也曾一度流行这种观念。我国在高度集中的计划经济体制下，由于长期受“短缺经济”的困扰，这种指导思想在企业中长期占统治地位。

2.1.2.2 产品观念

产品观念是比生产观念稍后出现的经营观念。这种观念认为，消费者喜欢那些高质量、多功能和具有某种特色的产品。因此，企业应致力于生产高质量和高价值的产品，并不断加以改进。同生产观念相比，产品观念更为重视产品本身。因而最容易迷恋这种观念的情形，莫过于当企业研究开发出一种新产品的时候。从本质上来讲，产品观念和生产观念都属于生产或卖方导向的经营思想，仍然是以生产者为核心。

2.1.2.3 推销观念

推销观念也称为销售观念，它出现于产品观念之后，曾经为许多企业所奉行，至今仍有不少企业采用。这种观念认为，消费者通常表现出一种购买惰性或抗衡心理，如果听其自然，消费者一般不会足量购买某一企业的产品。因此，企业必须积极推销和大力促销，以刺激消费者大量购买本企业的产品。

推销观念产生于资本主义国家由“卖方市场”向“买方市场”过渡的阶段。在1920～1945年，由于技术进步，科学管理和大规模生产的推广，产品产量迅速增加，开始出现供过于求，卖主之间的竞争开始变得激烈。在这种条件下，企业开始重视销售工作。因此，当制造商生产力过剩，批发商、零售商库存过多时，往往奉行这种“推销观念”，实行强行推销。此外，企业在未寻求的货物市场营销中也奉行“推销观念”。所谓未寻求货物，指顾客不了解或了解但没有兴趣购买的货物。推销观念认为，在未寻求的货物市场营销中，企业应加强广告和推销工作，使消费者对产品或劳务了解并发生兴趣，使潜在需求变成现实的购买。

2.1.2.4 市场营销观念

第二次世界大战后，西方市场经济国家由于科学技术水平不断提高，生产飞速发展，人们消费水平大大提高。20世纪50年代中期，买方市场已经形成，在此情况下出现了对上述各种观念提出挑战的企业经营哲学——市场营销观念。这种观念认为，实现企业营销目标的关键，在于正确地确定目标市场的需要和欲望，并且比竞争对手更有效地传送目标市场所期望的产品或服务，从而比竞争对手更有效地满足目标市场的需求。从本质上说，市场营销观念是一种以顾客需求和欲望为导向的经营哲学，是消费者主权论在企业市场营销管理中的体现。

市场营销观念是企业经营思想史上的一次根本性变革，它与推销观念之间存在着根本性区别。主要体现在：第一，推销观念注重的是卖方的需求和利益；而市场营销观念强调的是买方的需求和利益。第二，推销观念以卖方需求为出发点，主要考虑如何将既有的和能生产的产品推销出去，得到收入；市场营销观念则以市场需求为出发点，通过整体营销手段以满足顾客的需求和欲望，从而获得企业的利益。第三，推销观念以生产者为主导，认为“生产什么，顾客才能得到什么”，因此，顾客应服从生产者；相反，市场营销观念以顾客为主导，认为是生产者服从消费者或顾客，"顾客就是上帝"。

许多优秀的企业因奉行市场营销观念而获得巨大成功。如日本本田公司为了在美国市场推出一种雅阁牌新车，在设计新车前派出工程技术人员到美国专门考察高速公路及行车情况，就连人们从行李箱中取放行李都做了非常仔细的了解。结果雅阁牌新车初次投放美国市场就备受青睐，被称为全世界都能接受的好车。

2.1.2.5 生态营销观念

进入20世纪70年代以后，市场营销观念已在西方发达国家中被普遍接受。但是，在实践中，有的企业片面强调满足消费者的需求和欲望，往往去追求企业并不擅长生产的产品，结果并不能达到在满足消费者需求的同时获取尽可能多的利润的目的。因此，美国的一些市场营销学者在发展上述市场营销观念的基础上，进一步提出了生态营销观念作为补充。生态学讲的是任何生物都必须保持与其生存环境协调平衡的关系，才能得到生存和发展。生态营销观念是指任何一个企业如同生物有机体一样，要同它们的生存环境相协调。根据这一观念，由于科学技术的发展，专业化更强，分工更细，社会政治和经济发展加速，企业与外部环境的相互依存关系日益密切，企业在决定其生产的产品、数量、质量，采用的技术装备、使用的原材料、确定的价格水平、交货时间及方式等一系列问题时，不仅应首先考虑市场需求，还应同时考虑企业自身的人力、物力、财力等各方面的条件和优势。企业要以有限的资源去满足消费者无限的需求，必须发挥自己的优势，去生产既是消费者需求又是自己擅长的产品，只有这样企业才能在激烈的市场竞争中占有一席之地。其观念如图2-1所示。

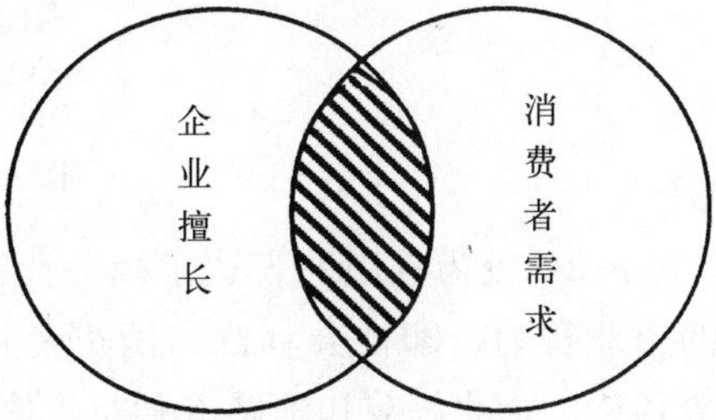

企业擅长

消费者需求

图2-1 生态营销观念

在图2-1中，两个圆圈重叠部分，就是企业的经营目标，也是企业与环境最相协调的状态。由于消费者需求和企业擅长都处于变动之中，因而企业就要在两个变数中不断发现和抓住新的机会。

生态营销观念的产生使市场营销观念得到了进一步完善，体现了产需结合和讲求经济效益的指导思想。

2.1.2.6 社会营销观念

社会营销观念出现于20世纪70年代。在西方，它的提出一方面基于"在一个环境恶化、爆炸性人口增长、全球性通货膨胀和忽视社会服务的时代，单纯的市场营销观念是否合适"这样的认识；另一方面也是基于对广泛兴起的、以保护消费者权益为宗旨的消费者主义运动的反思。有人认为，单纯的市场营销观念提高了人们对需求满足的期望和敏感，加剧了满足眼前利益和长远利益的矛盾，导致产品过早陈旧，环境污染更加严重，也损害和浪费了一部分物质资源。另一些人则指出，“消费者主义”、“顾客至上”之类的口号，对许多企业来说不过是骗人的漂亮话，它们在“为消费者谋利益”的堂皇旗号下，干着种种欺骗顾客的勾当，诸如以次充好、以假充真、广告欺骗等。正是在这样的背景下，人们提出了社会营销观念，作为对生态营销观念的进一步补充和完善。

社会营销观念的基本要求是：企业生产或提供任何产品和服务时，不仅要满足消费者的需求和欲望，符合本企业的利益，还要符合消费者和社会发展的长期利益。对于有害于社会或有害于消费者的需求，不仅不应该满足，还应该进行抵制性的反营销。近年来，不少西方发达国家的企业家提出了“现代企业的合理行为应该是努力做到满足社会发展、消费者需求、企业发展和职工利益等四个方面利益”的新理论，即社会营销观念，如图2-2所示。

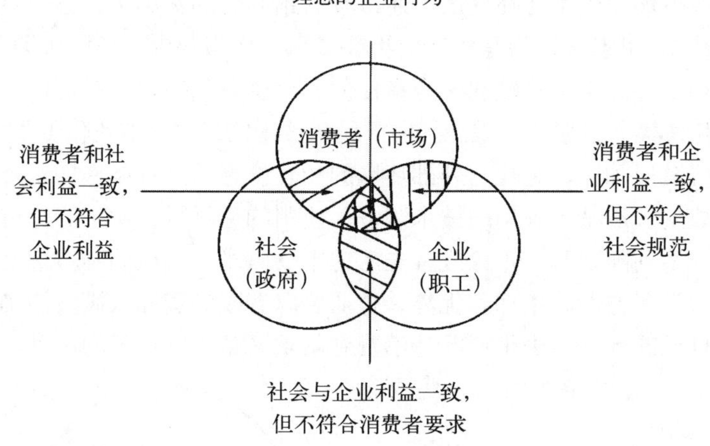

图2-2　社会营销观念

图2-2较为直观地表达了社会营销观念的内容。该图中心重叠的阴影部分为理想的企业行为，即社会利益、消费者利益和企业利益三者相互协调。企业通过协调社会利益、企业利益和消费者利益，使市场营销观念达到一个完善的水平。

以上6种市场营销观念归纳起来可分为两大类型：一类是以生产者为中心的旧观念，包括生产观念、产品观念和推销观念；另一类是以市场（顾客与消费者）为中心的新观念，包括市场营销观念、生态营销观念和社会营销观念。

市场营销指导思想由旧的生产者导向转变为新的市场（消费者）导向，是发达国家现代企业经营管理思想的一个重要变革。西方市场学者对于这种转变给予了很高的评价，称之为商业哲学的一次革命。他们认为，在新旧两种观念的指导下，企业全部工作方针、行为内容、重点及手段和效果都是截然不同的。这种区别如图2-3所示。

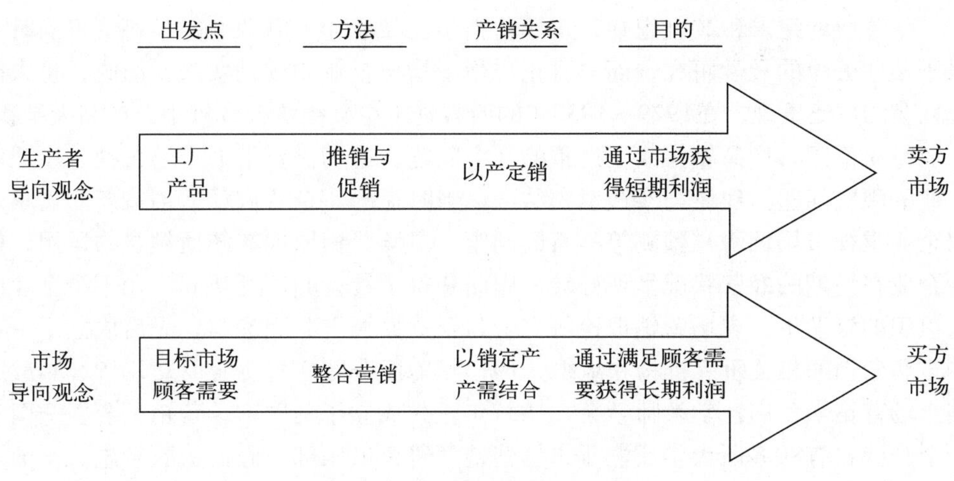

图2-3　新旧两种观念的区别

2.2　市场营销学

2.2.1　市场营销学的产生

市场营销理论作为一门学科产生于19世纪末20世纪初的美国。它是美国社会制度由自由资本主义向垄断资本主义过渡时期的产物。19世纪资本主义工业由机器生产代替了手工生产，出现了生产无限扩大的趋势，生产规模扩大与有支付能力的需求矛盾更加尖锐化，产品销售的国内外市场相对缩小。工商企业在激烈的竞争中为求生存，图发展，取得利润最大化，就必须千方百计寻求商品的销售市场。为此，美国一些经济学家开始注意研究市场上商品的销路问题，并首先从商品的销售术和广告开始研究。到20世纪初，才开始将销售中的各种问题结合起来研究，出现了"市场营销"这个词，并正式建立市场营销学这门学科。从1902年起，美国的密执安、加利福尼亚和伊利诺三所大学设立了这方面的课程，1905年在宾夕法尼亚州尼罗西讲授了"产品市场营销"，1912年，赫杰特齐编著出版了第一本《市场营销学》，1917年拉尔夫·巴特勒出版了《市场营销方法》，还成立了市场营销研究中心。所有这些，都标志着作为一门学科的市场营销学已经建立。

2.2.2　市场营销学的发展历程

市场营销学近一个世纪的发展历程可概括为三个阶段。

2.2.2.1　注重应用的初级发展阶段

从20世纪20年代到第二次世界大战结束，是市场营销学的初级发展阶段。

尽管19世纪末和20世纪初，市场营销学已经成为一门独立的学科，但当时多局限于某些大学的教学研究，而未真正应用于指导企业的营销实践，因此，也未能引起社会的广泛重视。在1929～1933年的西方资本主义经济大危机中，产品大量积压，企业纷纷倒闭，产品销售成了严重的社会问题。迫切需要借助市场营销学原理解决企业的现实问题。理论与实践紧密结合，当时提出了企业应如何创造新的需求，建议企业重视市场调研与预测等一系列问题。市场营销原理在流通领域的运用，使不少企业在短期的经营状况呈现好转，因而获得了社会的广泛认同。在不少企业或基金组织的资助下，市场营销理论研究者与企业界人士共同参与，先后成立了一系列的市场营销的相关研究机构和组织。1915年美国全国广告协会成立，1926年改为全美市场营销学和广告学教师学会，1937年正式成立了美国市场营销学会，全国有几十个分会；有80多所大学成立了市场营销学研究俱乐部，它们出版杂志，交流研究成果。

营销实践的发展，又促进了市场营销学的发展。从20世纪20年代到40年代中期，市场营销学的研究已得到学术界的普遍重视，相继出现了不同流派和不同研究方法，形成了不同的市场营销学体系。如威斯康星大学有从农产品营销和企业管理角度研究的两个学派，哈佛大学有从市场营销职能和机构研究以及从市场营销案例分析的两个学派。

2.2.2.2 市场营销理论的深化阶段

从第二次世界大战后至20世纪70年代，市场营销学的研究无论是深度，还是广度都有很大的发展。首先是市场营销理念不断革新，经历了从由生产导向→销售导向→市场导向→社会导向的演变。由此导致了市场营销的第一次革命。

第二次世界大战结束后，市场竞争范围更加广泛，那种侧重于产品推销的营销理念，已不能适应新形势发展的要求。美国市场营销专家阿尔德森（W.Alderson）和罗·科克斯（R.Cox）在《市场营销学原理》一书中对市场营销学赋予了新的概念。他们指出：广义的市场概念，包含生产者和消费者之间实现产品和服务的潜在交换的任何一种活动（潜在交换，指生产者的产品或服务要符合潜在消费者需要和欲望）。过去市场营销学认为，市场是生产过程的终点，市场营销的职能只是把已经生产出来的产品或劳务推销出去；而现在市场营销强调买方的需求、潜在的需求，市场则成为生产过程的起点，市场营销的职能首先必须调查、分析和判断消费者的需求和欲望，将信息传递到生产部门并据此提供适宜的产品和服务，使潜在交换得以实现。因而从理论上突破了只研究流通，不注重企业生产经营管理的倾向。其实质是从“以生产为中心”到“以消费者为中心”的观念转变。这一变革被西方学者誉为一次“营销革命”，并由此拉开了现代市场营销学研究的帷幕。

E. J. McCarthy是一位对现代市场营销学研究做出过重大贡献的学者，他在《基础营销学》一书中，首次提出了营销组合的4Ps（即Product、Price、Place、Promotion）理论，并论述了通过市场营销组合的实施，可以使企业适应外部环境，满足目标市场需要的基本原理。

2.2.2.3　市场营销学的创新发展阶段

进入20世纪80年代以来，世界经济社会活动发生了深刻的变化，市场营销理论的创新也日益频繁，市场营销的新概念、新原理、新方法层出不穷。这里主要介绍如下几种新的营销理论。

1. 大市场营销理论　20世纪80年代以来，国际贸易保护主义愈演愈烈。国与国之间把关设卡，即使是一流的多国公司也常常为自己的产品进入某一国家或地区市场费尽心机。针对这种现象，1984年菲利普·科特勒提出了大市场营销理论。

所谓大市场营销，是指为了成功地进入特定市场，并在那里从事业务经营，在策略上协调地使用经济的、心理的、政治的和公共关系的手段，以博得外国或者地方各有关方面的合作与支持的一种战略思想和营销策略。这里的特定市场主要指贸易壁垒很高的封闭型或保护型的市场。科特勒指出，针对这样的市场，除了实施4Ps营销组合策略外，必须加上政治权力（Political Power）和公共关系（Public Relations），形成6Ps的营销组合策略。1986年，科特勒又提出了营销组合10Ps的创新观念。即在原有6Ps基础上，增加探查（Probing）、分割（Partitioning）、选优（Prioritizing）、定位（Positioning），成为10Ps营销战略与策略组合。这一理论的出现，标志着市场营销理论从战术营销转向战略营销，被称为市场营销的第二次革命。

2. 国际市场营销与全球营销　20世纪80年代以来，随着美国企业把越来越多的精力和财力投入到国际市场，市场营销学者对国际市场营销的关注也就越来越多。1983年，菲利普·科特勒的《国际市场营销学》出版到第5版。所谓国际市场营销，就是指企业跨越国界的市场营销活动。科特勒认为，"国际市场营销是指在一个以上的国家进行的、把企业的产品和服务引导到消费者或用户中去的商业活动。"国际营销面临更加错综复杂的营销环境，给市场营销人员提出了许多新课题，如国际营销的组织、分销渠道以及营销组合等如何适应多国营销。最难的问题是进行跨国营销时如何调整营销组合，其核心问题是标准化和地方化的决策，即实行产品、广告、分销和促销等全球标准化，还是根据特定国家、地区、甚至特定民族群体制定特定的营销组合，实行地方化。1983年，西奥多·莱维特针对企业过于强调对当地市场的适应性，将导致生产、分销和广告方面规模经济的损失，从而导致了营销成本的增加，他提出跨国公司应向全球提供一种统一的产品，并采用统一的沟通手段，即实施"全球营销"战略。显然，"全球营销"是相对于"当地营销"提出来的。

3. 绿色营销　20世纪70年代以来，西方国家环境保护运动此起彼伏，消费者主权运动再度兴起，绿色消费需求旺盛。20世纪80年代末期，可持续发展观成为人类社会的共识，绿色营销就是在这样的经济社会背景之下产生的。它是指企业以环境保护战略作为其经营理念，以绿色文化作为价值观，以满足消费者的绿色消费需求为中心和出发点的一种市场营销战略。实施绿色标志是公认的21世纪企业发展的方向，是企业实施国际营销战略的大趋势。

4. 服务营销　随着人类社会进入知识经济时代，低成本、差异性、技术领先等传统的竞争优势逐渐消失，模仿性竞争日益增多。随着消费者的购买力不断增强和需求趋势不断变化，在几乎所有形式的商务活动中，服务已经成为满足顾客需要的重要方面，是企业寻求竞争优势的重要领域。正如A. 佩恩在《服务营销本质》一书中所述："传统制造领域内的需求已被拉平，国际竞争更加激烈，技术和产品的特征优势是短命的，服务代表了一个重大的潜在利润区域。"20世纪末期，国内外营销学者和企业界人士已开始十分重视服务营销的探讨，并预言世界经济开始进入了"服务营销"的时代。

5. 直复营销　随着经济的发展和科学技术的进步，生产者与分销商在利润分配方面的矛盾加剧，店铺租金、雇员工资、广告支出使成本增加，而人们的休闲方式由购物向保健娱乐方面转移，直复营销就是适应这些新的营销环境和形势而形成的一种无店铺零售方式。它既是一种分销方法，也是一种新型的市场营销系统。美国直复营销协会（American direct marketing association, ADMA）认为，直复营销是一个相互作用的市场营销系统，它使用一个或多个广告媒体以获得在任何地方的可衡量的反应和交易。

6. 关系营销　关系营销是20世纪90年代初在西方企业界兴起的一种新的营销战略思想和营销策略。它是识别、建立、维护和巩固企业与顾客及其他利益相关人的关系活动，并通过企业努力，以成熟的交换及履行承诺的方式，使活动涉及各方面的目标在关系营销中实现。直销、顾客俱乐部都是典型的关系营销。关系营销的关键在于：企业不仅要争取顾客和创造交易，而且更重要的是和顾客、中间商、供应商建立长期的、彼此信任的、互利的、牢固的合作伙伴关系。因而市场营销的核心从交换转变到关系。

关系营销扩大了营销组合，在4Ps的基础上增加了顾客服务、人员、进程等要素。关系营销还可以减少交易费用和节约时间。

7. 共生营销　20世纪90年代以来，经济全球化趋势日益明显，企业兼并浪潮风起云涌，国际商界兴起了共生营销战略。美国营销学家阿德勒将其定义为：通过两个或更多相互独立的商业组织间的资源或项目上的合作，达到增强市场竞争能力的目的。如美国运通公司和MCI电讯公司达成协议，运通卡的用户在使用MCI的长途电话时，可以享受一定的折扣；而MCI公司则凭借运通公司所掌握的1 000万户的信息资料，大大增强了自己的竞争力。

共生营销的实施方式包括：共享设施等资源；特许经营；共同提高产品的质量；共同开发和生产，以节省研究开发费用，分散高风险和共同攻克技术难题；共同销售；共同服务客户；合作创办新企业。

8. 整合营销 人类社会进入20世纪90年代以来，西方国家的生产力和科学技术飞速发展，产品差异性越来越小，消费需求多样化和传播媒体细分化，使顾客莫衷一是，几无忠诚度可言。企业的技术领先和低成本领先战略逐渐失效，市场竞争更加残酷。如何重建企业与顾客的双赢营销模式，以寻求新的竞争优势，有学者率先提出了整合营销沟通的概念，即制定一种营销沟通计划，通过控制营销沟通工具之间的相互作用，把它们有效地结合起来，以提供明确的、连续一致的信息传播，达到最大沟通效果。随后，把整合营销扩展到各种营销工具整合和营销战略整合等方面进行研究。现在，整合营销既是一种营销理念，又是一种营销战略，还是一种全新的营销模式。

9. 网络营销 20世纪90年代，现代电子技术和信息技术使人类社会步入了网络时代。互联网络技术和"信息高速公路"不仅为企业带来了市场营销手段的革命，也带来了更深层次的营销理念的变革。所谓网络营销是指企业借助互联网络、信息通讯和数字交互式媒体等现代化手段开展的市场营销活动。它以全新的手段、全新的理念对传统的营销方式和手段形成冲击，并与传统的市场营销整合，来完成各项营销功能，实现企业的营销目标。

2.2.3 市场营销学研究的主要内容

市场营销学是专门研究市场营销活动及其发展变化规律的学科。它是市场营销实践的科学总结和概括，是有关市场营销活动的指导思想、基本理论、策略、方法技巧等有机结合而成的科学体系。

市场营销是企业的一项综合的经营业务活动过程，它围绕满足消费者需求这一中心，开展市场调查和预测，进行环境分析，研究产品设计和开发，在市场细分的基础上选择目标市场和分销渠道，制定促销策略，提供销售服务，反馈市场信息等，这些都是市场营销学研究的对象。

市场营销学的结构体系由4个方面的主要内容有机组成，它们是：

1. 营销原理 由市场分析、营销观念、市场营销系统与营销环境、消费者需要与购买行为、市场细分与目标市场选择等理论组成。

2. 营销实务 由产品策略、定价策略、分销渠道策略、促销策略、市场营销组合策略等组成。

3. 营销管理 由营销战略、计划、组织和控制等构成。

4. 特殊市场营销 由直复营销、网络营销、服务市场营销和国际市场营销组成。

总之，市场营销学的研究是以了解消费者的需求为起点，以满足消费者需求为终点，通过研究，制定出营销活动战略、策略及方法技巧，以使企业在满足消费者需求的过程中实现利润目标，在激烈竞争的市场上求得生存和发展。

2.3 房地产市场营销

2.3.1 房地产市场营销的概念

房地产市场是社会主义市场体系的重要组成部分，房地产市场营销是市场营销的一个重要分支。**房地产市场营销是通过房地产市场交换，满足现实的或潜在的房地产需求的综合性的经营销售活动过程。**从上面的概念中，我们可以看到房地产市场营销蕴涵着以下几层含义。

（1）房地产市场营销的目的是满足消费者对房地产商品和劳务的需求。明确了企业应以需求为导向，以市场为导向，取代计划经济体制下的以企业为导向，以生产为导向的观念。需求变被动为主动，成为左右房地产开发企业一切生产经营活动的出发点，企业只有通过市场了解消费者对房地产商品和劳务的需求，并且通过开发适时地满足他们的需求。

（2）作为市场营销目的的需求，既包括现实需求也包括潜在需求。现实需求是已经存在的市场需求，它表现为消费者既有欲望又有一定购买力，并通过实际购买行为来满足需求，形成现实市场；潜在需求是指消费者对市场上现实不存在的产品或劳务的强烈需求。随着科学技术的发展和人们消费水平的提高，潜在需求的层次和内容将不断变化，善于发现和了解市场的潜在需求是房地产市场营销者的重要任务，也是企业的机会所在。一个有战略眼光的经营者不仅应该积极满足消费者现实的需求，实现商品交换，更应该着眼于潜在需求，针对需求的紧迫性结合企业的条件，果断决策、锐意开发新产品，并积极引导消费者购买使用新产品，将顾客的潜在需求转化为现实需求。

（3）房地产市场营销的中心是实现商品的交换，完成销售活动。因此企业的一切营销活动、营销策略必须紧紧围绕交换展开，通过交换的顺利进行实现企业产品的价值、再生产的良性循环。房地产市场营销的手段是开展综合营销，要求企业既进行外部市场营销，又进行内部市场营销。在外部营销上应尽量把产品策略、定价策略、销售渠道策略、促销策略等四大要素在时间与空间上协调一致，实现最佳的营销组合，以达到综合最优的效果。同时企业内部其他部门均应在增进企业整体利益的前提下积极配合营销部门争取顾客，很好地服务于顾客，强化全局营销意识，提高全员营销素质，以实现整体营销。

房地产市场营销还可以进一步从微观与宏观两个角度予以区分，微观的房地产市场营销的出发点是独立的企业，它是指企业如何通过市场媒介获得最大经济效益的各种营销活动。宏观的房地产市场营销的出发点是整个房地产产业，它是指通过房地产市场的流通，系统地、有序地运作以实现全社会范围内的房地产供需平衡。

2.3.2　房地产市场营销的特点

2.3.2.1　房地产市场营销是市场营销的分支

房地产市场营销与一般市场营销一样，是个人和集体通过创造，与其他个人或集体交换产品或价值，获得所需物品的社会过程。

房地产市场营销的实质是以消费者对各类房地产商品的需求为出发点，房地产企业通过有效地提供住宅、办公楼、商业楼宇、厂房等房地产商品和服务满足消费者生产或生活、物质或精神的需求，并获取利润的商务活动。

因此，市场营销的一般原理及其策略能在房地产领域得到很好的运用。同时，房地产市场营销又区别于一般市场营销而成为市场营销的一个分支，这是由房地产商品具有其独特经济特征及运行规律所决定的。

2.3.2.2　房地产商品的独特性

房地产商品的经济特征决定了房地产市场营销对象——房地产商品的差异性、独特性特征十分明显。

在房地产市场上，没有两种完全相同的产品，同一房地产类型，相同建筑设计和造价的产品，只要是处于不同的区位，由于其地域经济发展水平和周围环境配套等的差异，它们在使用功能，保值增值的潜力上都是不同的。

房地产市场只有相似的房地产，没有完全相同的房地产，与其他一般匀质性的工业产品有着显著的差别。在市场营销中，每个楼盘之间在营销方法和策略上都会有差别。

房地产商品的固定性，决定了在营销中，其不能像其他消费品那样，通过运输直接与消费者见面，或者带到不同地方的市场上进行交易，一般市场营销的仓储和运输渠道对房地产就没有什么关系，而中介渠道对其则显得特别重要。在其他方面，诸如价格定位和促销等，也都具有房地产行业的种种特征。

2.3.2.3　大营销观念

大营销观念是指在房地产项目早期开发时，导入营销的观念，组织和实施产品的生产和供应。

因为，房地产企业对自身楼盘营销地位的认识，直接关系到该房地产企业营销业绩。选址开发的目的是尽快实现销售，从选址、设计、施工、竣工、销售、售后管理，房地产市场营销的主线贯穿全过程。

过去房地产前期开发与房地产市场营销无关，盲目进行投资开发。曾经有一个总面积在几十万平方米的房地产，取得预售许可证后才导入房地产市场营销观念，造成了房地产产品的大量空置。而另一家房地产企业重视市场，在开发期就导入房地产市场营销的观念和机制，开盘时就产生两星期销售近万平方米的轰动效应。房地产企业的开发、经营、管理均可纳入市场营销的框架，关键是有没有市场这根弦。

2.3.2.4 房地产市场营销与法律制度密切联系

房地产商品的产权观念特别重要。房地产商品因使用周期长，同一商品在其生命期内，产权可能多次转移，房地产市场营销中存在增量与存量房产同时在市场上流通的情况。在法律上房地产的使用权和所有权可以分离，所有权者可将使用权以出租的形式让第三者使用，因此，房地产市场营销在流通形式中，除买卖外，租赁也是常见的形式。此外，在房地产经济活动中，房地产商品的使用权和所有权还可用于抵押、典当、信托等，在房地产权属登记、转移等方面，都需要法律提供保障，所以房地产市场营销与法律制度有密切的联系。

2.3.2.5 房地产市场营销独特的经济运作方式

房地产市场营销具有独特的经济运作方式，因为它是在一个不完全竞争的市场环境下进行的。

房地产经济运行往往缺乏及时、准确的信息。房地产市场的交易需要权属上的转移，在购买时要经过产权产籍登记，还有手续的办理，交易从开始到完成需要一段时间，交换后的数据处理时间上的滞后，有许多房地产交易是不公开的，因此，房地产市场交易的信息很难完全掌握，从而影响到房地产市场信息的准确性。

在房地产经济运行过程中，与其他行业相比，投资者和消费者进出房地产市场难度更大。投资者因房地产投资额大，资本回收期长，进入市场之前，要作大量的市场调查和研究。在确定了目标市场之后，还要筹措资金，组织人力，工程招标，增加了进入市场的难度。而进入市场后，一方面建设周期较长，另一方面资金的回收周期长，用于租赁的房地产商品，资金回收时间更长，遇到市场情况不景气时，房地产难以脱手，难以在短期内离开市场。消费者因购买房地产资金较大，有较长的使用周期，在购买时十分挑剔房地产的质量、价格、配套、环境、物业管理等。在出售或出租时，往往经多方面的分析比较，因此，消费者进出市场也比较艰难。因投资者和消费者进出房地产市场困难，形成房地产经济运行时间上的滞后，为房地产市场营销在时间上的把握带来困难。

2.3.2.6 房地产市场上政府的政策作用明显

在任何国家或地区，对房地产的使用、支配都会受到某些限制。由于房地产业的兴衰对国民经济的发展有着重要的影响，我国的土地政府拥有最后的支配权，在房地产经济运行中政府干预较多。房地产的消费中，住宅等房地产关系到国家的社会安定和经济发展，政府通过各种形式，对房地产的市场交易进行调控，从而减弱了房地产市场上的自由程度。因此，房地产经济在运行过程中的政府的政策导向，是房地产市场营销活动中应密切注意的要素。

房地产及其经济运行规律的特殊性，决定了房地产市场营销本身的特点和相对独立性。因此，有必要对市场营销进行不断地、深入地研究。

2.3.3 房地产市场营销在房地产市场中的作用

房地产市场营销是一门新兴的科学，是一门实践性很强的应用科学，研究房地产市场营销对于提高房地产企业的营销素质，增强企业的活力和竞争力，健康、稳步地发展我国房地产业，更好地满足人们生产以及生活的需要，具有现实意义。

2.3.3.1 有助于提高房地产企业的营销素质和竞争力

市场营销的研究对房地产企业的发展起到重要的作用。近年来一些房地产企业一味追求高利润，热衷于开发高档次、豪华型的房地产产品。由于没有很好地分析市场需求结构和需求容量，没有分析企业自身的资源条件，盲目开发，结果导致资金周转困难，产品销售不畅，企业亏损甚至破产，最终被市场无情地淘汰。如1995年全国房地产开发企业亏损面达52%，仅京、津、沪、浙、桂、粤等地税后有利润，利润也仅为124.47亿元。造成以上问题的重要原因之一，就是因为没有市场观念和市场意识，没有进行市场营销理论的研究。

房地产市场营销的研究，可以指导房地产企业寻找最佳的投资方向、选择最佳的市场运作方式及树立良好的企业形象等。

市场营销的研究能在以下几个方面为房地产企业服务：通过市场营销的研究为企业寻找市场机会；为企业进入某一目标市场提供市场研究；为企业制定详细的营销计划，综合组织企业的每一部门和员工的力量：为企业提供详细的产品、定价、分销和促销等策略；及时根据市场情况的变化修改营销计划和内容。市场营销的研究，不论是对于房地产企业开拓市场，获取更多的利润或及时实现产品的销售价值，还是对于房地产企业树立良好的社会形象，都具有举足轻重的作用，使房地产企业在房地产热中能够审时度势，客观地分析市场，抓住机遇，占领市场。从而能提高房地产企业的营销素质，增强房地产企业的竞争力，更好地促进房地产企业的发展。

2.3.3.2 有利于房地产市场的发展和完善

学习和研究房地产市场营销有利于解决房地产产品市场的现实问题。房地产市场存在的问题对房地产市场的进一步发展造成障碍，体现在房地产开发与消费在空间、时间、价格、数量、产权、质量诸方面，由此造成市场上商品房的大量积压，形成较高的空置率，造成巨额资金的持久沉淀，如1992年全国房地产业总投资731亿元，竣工商品房7 145万平方米，而同期积压商品房达1 836万平方米，但在以后的几年中我国的商品房开发势头更甚，形成超过正常值的较高的空置率。这就表明对房地产这种特殊的商品的市场营销缺乏认识。学习、研究并应用房地产市场营销理论，通过了解消费者需求，开发适销对路的商品，能够加速房地产产品由商品形态向货币形态转化，缩短房地产商品流通周期，加速资金周转，降低房地产生产的盲目性，逐步减少乃至消除市场上商品房的积压，有利于房地产市场的发展和完善。

2.3.3.3 有利于消费者需求的满足

房地产市场营销观念强调以市场为导向，以消费者需求和利益为中心，按市场需求组织产品的生产和供应，促进资源的优化配置和产品结构的合理调整。房地产市场营销从消费者的需求出发，并把如何满足消费者的需求作为其归宿。由于消费者需求的多样化、层次性、复杂性的特点，房地产企业不可能完全、及时把握市场需求的脉搏。运用房地产市场营销的理论，通过正确的市场调查和市场预测，能够及时地了解消费者的需求，并把握市场需求进行房地产开发，以进一步满足各种消费者对房地产商品的不同需求。

2.3.3.4 有利于房地产业作为新经济增长点的培育

房地产业是我国国民经济的先导性和支柱性产业，在我国国民经济建设中占有重要地位，房地产业的健康稳步发展对我国国民经济建设，人们生活水平的提高都有着极其重要的意义。

研究房地产市场营销，能够认识市场机制的调节、价值规律的作用，合理地配置土地、资金、劳动力等资源，提高房地产企业的经营管理水平和经济效益，促进我国的住房制度改革，促进房地产业成为国民经济新的增长点。

案　例　两个开发商

两个开发商，一个在城东十里开发圆梦花园，一个在城西十里开发凤凰山庄。城东的聘请了最好的设计师，使用了一流的施工队，城西的也是如此。

一年后，总投资10亿元的圆梦花园建成了。60栋楼房环湖排列，波光倒影，清新雅静，曲径回廊，处处花草，置身其中，真如在花园中一般。不久，凤凰山庄也竣工了，真像一座山庄，60栋楼房依山而筑，青砖碧瓦，绿树掩映，清风徐徐，松涛鸟鸣，确实是理想的居住地。

圆梦花园首先在电视台打出广告，接着是报纸和电台，它们打算投资1 000万元做宣传，让圆梦花园成为购房者真正圆梦的地方。凤凰山庄建好后，也拿出1 000万元，不过它们没有交给广告公司，而是给了公交公司，让它们把跑西线的车由每半小时一班增加到每5分钟一班。

一个月后，凤凰山庄售出的房是圆梦花园的10倍。一年后，凤凰山庄开始清盘，圆梦花园开始降价。

现在去凤凰山庄的车每两分钟就有一班，坐这条线路上的车，人们可以得到一张如公园门票大小的彩色车票，它的正面是凤凰山庄的广告，反面是一首四言绝句，这种车票每周一换。据说，凤凰山庄有个孩子已在车上背了四百多首唐诗，最少的也背了五十几首。

前不久，圆梦花园申请破产，凤凰山庄借势收购。从此，市区又多了一条车票上印有宋词的线路。

你如何评价两个开发商的不同做法？

思考题

1. 如何理解市场营销的概念？
2. 推销观念与市场营销观念有何区别？
3. 简述社会营销观念的核心思想。
4. 试述市场营销学的发展阶段。
5. 如何理解房地产市场营销的概念？
6. 房地产市场营销具有哪些特征和作用？

实训题

1. 有四家公司，其经营决策是：

   A. 公司生产手表，认为只要生产走时精确，造型优美，价格适中的名牌产品，即能获得经营成功。

   B. 公司生产汽车，致力于扩大汽车规模生产，加强企业管理力图降低成本扩大销售。

   C. 公司生产电子仪器，认为自己的产品不会主动变成现金，因此只要派出人员大力推销就能取得经营成功。

   D. 公司生产汉堡包，其宗旨是顾客是上帝，要尽量努力使顾客购买汉堡包的每一块钱都能买到十足的价值、质量和满意。

   请你按市场营销学观点，分析上述四家公司分别属于哪种经营观念，各观念具体内容是什么？你认为在现代市场营销中应坚持哪种观念。

2. 分组实训：收集本组所选楼盘的有关市场营销资料。

第 3 章

房地产市场营销环境分析

学 习 目 标

1. 了解房地产市场营销环境的概念和特点；
2. 基本掌握影响房地产市场营销的宏观环境因素和微观环境因素；
3. 掌握房地产市场营销环境的SWOT分析法。

技 能 要 求

1. 能够区分不同类型的竞争者；
2. 善于运用所学方法对房地产市场营销环境进行分析。

3.1 房地产市场营销环境概述

3.1.1 房地产市场营销环境的概念

房地产市场营销环境是指影响房地产企业生存和发展的各种内部条件和外在因素的总和。房地产企业的营销环境由宏观环境和微观环境构成。

宏观环境是指间接影响房地产企业市场营销活动的各种环境因素，包括人口环境、经济环境、政治法律环境、技术环境、自然环境和社会文化环境。宏观环境对企业的营销活动虽有间接影响，但它却是给企业造成市场机会和环境威胁的主要因素，它对房地产企业营销活动的影响是广泛而深远的。

微观环境是指直接影响房地产企业服务其目标市场能力的各种因素，包括企业本身、消费者、供应商、中间商、竞争者以及社会公众等。微观环境对房地产企业的营销活动具有直接影响，微观环境中的各种行为者都是在宏观环境中运作并受其影响的。

3.1.2 房地产市场营销环境的特点

房地产市场营销环境的特点概括起来包括以下几个方面。

3.1.2.1 关联性和相对分离性

关联性是指房地产市场营销环境的各种构成要素之间不是孤立存在的，而是相互联系、相互影响的，一个因素的变化会导致许多因素的变化。例如，一个国家的体制、政策与法律会影响该国经济和科学技术的发展速度和方向，继而会改变社会的某些风俗习惯；同样，科技和经济的发展又会引起政治和经济体制的相应变革，或促使某些法令和政策的相应变更。因此，它们对企业的营销活动并非单独产生影响，而是综合发挥作用的，这种复杂的相互影响也使企业的外部环境更加难以把握。

同时，在某一特定时期，营销环境中的某些因素又彼此相对分离。各因素对房地产企业营销活动的影响大小不同。如在和平时期，经济、科技和自然因素对企业营销活动的影响大，而在战争时期，政治和军事因素对营销活动的影响大。这种相对分离性为房地产企业分清主次环境因素提供了可能性。

3.1.2.2 变化性和相对稳定性

房地产市场营销环境中各因素都是不断变化的。一方面，各种环境因素自身是不断变化的；另一方面，某一环境因素的变化又会引起相关环境因素的变化。但每种因素变化的速度不同，相对而言，人口、社会和自然环境的变化相对缓慢一些，而科技、经济、政治与法律的变化则快一些，其中，科技因素变化最快，它推动了企业的技术进步和产品创新。

同时，市场营销环境诸因素在一定时期内具有相对稳定性，这种相对稳定性为房地产企业预测环境变化并采取相应对策提供了可能性。

3.1.2.3 环境的不可控性与企业的能动性

按照与房地产企业营销的密切程度和企业对这些因素的可控程度，可以把环境因素分为三类：第一类是企业不可控制的因素，即宏观环境因素，包括人口环境、经济环境、政治法律环境、自然环境、技术环境和社会文化环境。对于这些因素，企业不能改变它，只能了解它、适应它。第二类是企业可以施加影响，使其尽可能地朝着有利于开展市场营销活动的方面转化的因素，包括市场、社会公众、竞争者、供应商和中间商。第三类是企业可以控制的因素，如企业本身。企业要根据环境因素的可控程度采取不同的对策。

3.2 房地产市场营销宏观环境分析

宏观环境是由那些间接影响房地产企业市场营销活动的因素构成，包括人口环境、经济环境、政治法律环境、自然环境、技术环境和社会文化环境。

3.2.1 人口环境

市场是由具有购买欲望和购买能力的人所构成的，房地产企业营销活动的最终对象是购买者。因此，人口因素是影响房地产市场规模及其结构，从而影响企业营销活动的一个重要因素。人口环境包括人口数量、人口增长率、人口构成等。研究人口环境，对房地产企业准确选择目标市场、进行市场定位有着重要的指导意义。

3.2.1.1 人口数量及其增长率

人是市场的主体，人口数量及其增长率与市场规模有着密切的关系。在购买力一定的情况下，人口数量越多、增长率越快，则市场规模和市场容量越大，企业的营销机会越多。因此，房地产企业在某一地区开展营销活动时，首先要了解该地区的人口总量，它是房地产需求的上限。

但是，人口数量及其增长率对房地产企业营销活动的影响是双向的。如果人口增长速度过快，会导致消费者的购买力水平下降，也会导致消费结构的变化，消费者家庭收入中的大部分就要用于食物等基本需求方面的支出，从而减少或延缓住房的消费。

3.2.1.2 人口结构

人口结构包括人口的年龄结构、性别结构、民族结构、文化结构和职业结构等。

不同年龄的消费者因其心理和生理特征、经济收入、购买力水平不同，对住房的需求存在较大差异。青年消费者在购买住房时，受其经济能力限制，往往购买小户型的住房；成年消费者事业有成，经济收入较高，购买力较强，往往购买舒适、宽敞的住房；老年消费者在购买住房时，往往购买环境安静、有配套医疗设施的住房。

此外，人口的民族结构、文化结构等因素对房地产消费需求、消费方式和购买行为也有较大影响，房地产营销者也应予以重视。

3.2.1.3 家庭规模及结构

房地产是以家庭为单位进行消费的，研究房地产市场需求的变化，需要研究家庭的变化。目前，世界各国家庭变化的一个共同趋势是家庭规模小型化，即家庭的平均人口减少，而家庭户数增加。以北京为例，20世纪60年代初，居民家庭平均人口为5.51人；20世纪70年代末为4.32人；20世纪90年代初下降到3.21人；2004年下降到2.61人。家庭规模的变化，导致商品住宅总需求量的增加，同时也对住房的户型、面积、结构、内部装修等方面提出了新的要求。房地产企业应根据消费者需求的变化，及时提供适销对路的房地产。

3.2.2　经济环境

房地产市场规模的大小，不仅取决于人口数量的多少，还取决于社会购买力的大小。在人口数量既定的情况下，社会购买力越强，则房地产市场的规模越大。购买力是构成房地产市场和影响市场规模的一个重要因素。社会购买力的大小又受到国民经济发展水平、国民收入水平、消费者收入水平、价格水平、储蓄与信贷、消费者支出模式等一系列经济因素的影响，社会购买力是这些经济因素的函数。因此，房地产企业在进行经济环境分析时，要对这些问题给予格外关注。

3.2.2.1　国民经济发展水平

房地产企业是在国民经济大环境中生存和发展的，其发展不可避免地要受到国民经济发展水平的制约和影响。国民经济发展速度快、国民收入水平高，则消费者的人均收入高、社会购买力强，房地产企业的营销机会则多；反之，国民经济的发展陷入低谷，市场疲软，社会购买力下降，房地产市场首当其冲要受到影响。

3.2.2.2　通货稳定情况

社会购买力的大小与通货稳定情况有着密切的关系。一般说来，通货膨胀使物价水平上涨，货币贬值，购买力下降，从而恶化房地产企业的营销环境；如果发生通货紧缩，则物价水平下降，购买力上升，购买活动比较频繁。

3.2.2.3　消费者收入

消费者收入水平是影响社会购买力的主要因素，也是影响房地产企业市场营销活动的重要因素。

消费者收入是指消费者个人从各种来源所得到的货币收入，通常包括消费者个人的工资、奖金、其他劳务收入、红利、租金、馈赠、遗产等。消费者收入大部分转化成消费资料购买力，是社会购买力的重要组成部分。

由于消费者收入并不是全部用于购买商品，对房地产企业营销而言，有必要区别“可支配的个人收入”和“可随意支配的个人收入”。**可支配的个人收入是指个人收入中扣除直接负担的各种税款（如个人所得税）和非税性负担（如工会会费）之后的余额。**这部分收入可用于个人消费和储蓄，它是影响消费者购买力和消费者支出的决定性因素。**可随意支配的个人收入是指可支配的个人收入减去消费者用于购买生活必需品的支出和固定支出后所剩下的余额。**这是消费者可任意投放的收入，因此，它是影响消费者需求结构最活跃的因素。这部分收入越多，人们的消费水平越高，房地产企业的营销机会就越多。各种奢侈品、汽车、旅游等商品的销售主要受这部分收入的影响。

房地产营销者不仅要分析消费者的平均收入，还要分析研究不同阶层、不同地区、不同时期的消费者收入。例如，北京、上海、广州等大城市及东南沿海开放地区的收入水平较高、购买力较强，这是这些地区房地产业得以迅速发展的一个重要因素。

3.2.2.4 消费者支出模式

随着消费者收入的变化，消费者支出模式也会发生变化，从而影响房地产企业的营销活动。

德国统计学家恩斯特·恩格尔（Ernest Engel）提出了著名的恩格尔定律，其主要内容是：一个家庭的收入越少，其总支出中用于食物支出的比重就越大；随着家庭收入的增加，用于购买食物的支出占总支出的比重下降，而用于其他方面的开支（通信、交通、娱乐等）和储蓄的支出比重将会上升。恩格尔定律阐述了消费者收入水平和消费者支出模式的内在关系。

消费中用于食品方面的支出与家庭消费总支出的比率称为恩格尔系数。用这个系数来衡量生活水平，大体可作如下划分：59%以上称为绝对贫困；50%～59%称为勉强度日；40%～49%称为小康水平；20%～39%称为富裕；20%以下称为最富裕。我国的恩格尔系数1990年是46%；2000年是44%；2003年是39%。

随着中国经济的发展、居民生活水平的提高，中国的恩格尔系数在不断下降，住房消费占总支出的比重将大幅度提高，这为房地产企业的市场营销活动提供了极好的机会。

3.2.2.5 消费者储蓄和信贷情况

消费者的购买力还要受储蓄和信贷的直接影响。储蓄来源于消费者的收入，是一种推迟了的潜在购买力，属于滞后消费，最终目的还是为了消费，但在一定时期内，储蓄的多少会影响消费者的购买力和消费支出。在收入不变的情况下，储蓄增加，则购买力减少；储蓄减少，则购买力和消费支出增加。据统计，中国城市居民目前的储蓄存款余额高达10多万亿元，这对房地产企业来说，无疑是良好的市场营销机会。

消费者不仅可以用其货币收入购买房地产，还可以借助个人信贷买房，因此，消费者信贷也是影响消费者购买力的一个重要因素，是一种超前消费。**所谓消费者信贷就是消费者先借助贷款取得房屋所有权，然后按期还本付息。**例如，消费者可以利用商业贷款或公积金贷款购买商品房。

实行消费信贷，可以刺激和创造需求。随着中国消费信贷业务的不断发展，它会为房地产企业提供越来越多的营销机会。

3.2.3　政治法律环境

政治法律环境是指影响房地产企业市场营销活动的法律、政府机构、产业政策、公众团体等因素。任何一个房地产企业都是在一定的政治法律环境中运行的，企业的营销活动不可避免地受到它的管理、制约和影响，这种影响主要表现在以下几个方面：

3.2.3.1　政治体制、经济管理体制、政府与房地产企业的关系

政治体制是指国家政权的组织形式及其有关的制度，包括国家结构、政治组织形式、政党体制及相关的制度体系。在中央集权制的国家中，政策法律较为统一，房地产企业在开展经营活动、制定营销决策时对此容易把握；反之，在复合制国家中，各种政策法规琐碎繁多，地方间的政策法规差异较大，这在一定程度上加大了房地产企业的营销难度。

经济体制是一个国家组织整个经济运行的模式，是一国经济制度的具体表现形式，也是该国制定和调整宏观经济政策的依据，它由所有制形式、管理体制和经济运行方式组成。

政府与企业的关系取决于国家的政治体制和经济体制。例如，中国城市土地归国家所有，因此，与其他行业的企业相比，房地产企业受政府的制约和影响更大，这也是房地产开发乱收费产生的主要原因。当前，与房地产企业密切相关的突出问题在于规范政府行为，转变政府职能，实行政企分开，建立现代企业制度，使企业真正成为市场主体。

3.2.3.2　法律法规

为了建立和维护一定的社会经济秩序，保护正常的社会竞争，保护消费者利益和社会长远利益，政府十分重视法律法规的颁布和调整，而每一项新的法律法规的颁布或原有法律法规的调整都会影响到企业的营销活动。房地产营销者必须熟悉有关的法规条例，在法律法规允许的范围内开展营销活动。

目前，中国的房地产法律制度建设已经取得显著成绩，形成了一个比较健全的法律体系。这个体系主要由五个层次构成：一是房地产法律，主要有三部，即《中华人民共和国土地管理法》、《中华人民共和国城市规划法》、《中华人民共和国城市房地产管理法》；二是国务院颁布的房地产管理条例，主要有《城市房屋拆迁条例》、《城镇国有土地使用权出让和转让暂行条例》、《外商投资开发经营成片土地暂行管理办法》等；三是国务院相关部委颁布的行政规章：《城市房地产中介服务管理规定》、《城市房地产转让管理规定》、《城市房屋租赁管理办法》、《城市房地产开发管理暂行办法》、《城市商品房预售管理办法》、《城市新建住宅小区管理办法》、《城市房地产开发企业资质管理规定》、《城市房屋拆迁单位管理规定》、《城市房屋修缮管理规定》、《城市房屋产权产籍管理暂行办法》、《城市公有房屋管理规定》、《商品房屋购销合同示范文本》和《房地产租赁契约》、《房地产买卖契约》规范文本等；四是与房地产

营销有关的其他法律，主要包括：《中华人民共和国合同法》、《中华人民共和国公司法》、《中华人民共和国商标法》、《中华人民共和国广告法》、《中华人民共和国大气污染防治法》、《中华人民共和国中外合资经营企业法》、《中华人民共和国中外合作经营企业法》、《中华人民共和国反不正当竞争法》、《中华人民共和国质量法》、《中华人民共和国消费者权益保护法》、《中华人民共和国企业所得税暂行条例》、《中华人民共和国营业税暂行条例》、《中华人民共和国价格法》、《中华人民共和国劳动法》等；五是地方政府颁布的法令、法规。

3.2.3.3 政府的方针政策

政府的法律法规是相对稳定的，而政府的方针政策则有一定的可变性，它随着国家政治经济形势的变化而调整。在市场经济条件下，政府对宏观经济的调控、对企业行为的干预主要是通过制定各种经济政策、运用经济杠杆来实现的，这些政策包括财政政策、货币政策、产业政策、区域发展政策、土地政策、住房政策、房地产开发和销售政策等，房地产企业的营销活动只能在政策允许的范围内进行。任何一项政策的出台，都会对房地产企业产生直接或间接的影响。

3.2.4 自然环境

房地产企业的营销活动不仅需要一定的社会经济条件，还需要一定的自然条件，这种自然条件就是企业所面临的自然环境。自然环境是不断发展变化的，当代自然环境的主要动向是某些原料的短缺、能源成本上升、环境污染严重、政府加强对自然资源和环境保护的干预，所有这些都会给房地产企业带来威胁或机会。

自然资源的短缺和环境污染的加剧给房地产企业的营销活动带来了相当大的负面影响。自然资源的短缺，导致土地、建筑材料、能源价格的上涨，从而导致房地产企业营销成本上升，加重了房地产企业的负担。自然资源短缺和环境污染加剧，也导致了政府对自然资源管理和环境保护的干预日益加强，这对房地产企业造成相当大的压力，迫使企业投入更大的营销努力。但是应该看到，人们对自然资源的合理开发和利用，寻找新材料、新能源，对生态环境的保护等也为房地产营销提供了机遇。

3.2.5 技术环境

科学技术是生产力，是企业和社会发展最重要的动因，每一次科学技术的创新都会给社会生产和人民生活带来深刻的变化。技术创新给房地产企业带来的好处：一是可以促使企业开发新产品，满足顾客新的需要；二是可以降低成本，增强企业的竞争力；三是为市场营销管理提供先进的物质基础，如电子计算机、传真机、办公自动化等有利于提高企业管理水平；四是影响企业营销策略的制定。新材料、新工艺、新设备、新技术的发展，使房地产生命周期缩短，企业需要不断研制和开发新产品；电子商务技术的发展，使新的传播方式得到应用；科技的进步，也使房地产企业的分销方式发生了变化。

但是，技术创新和其他事物一样，也具有两面性。"技术是一种创造性的毁灭力量"，它既会创造新产品、新企业、新行业，也会摧毁传统企业和传统产品。一旦企业的产品跟不上技术创新的步伐，企业就要被市场所淘汰。因此，房地产营销人员要了解和掌握与企业发展相关的技术，了解其发展变化的趋势，及时开发和利用新技术，淘汰旧技术，跟上技术进步的步伐，充分利用技术进步给企业带来的机遇而避开技术进步给企业造成的威胁。

3.2.6　社会文化环境

文化是人类在社会发展过程中所创造的物质财富和精神财富的总和，包括价值观念、伦理道德、宗教信仰、风俗习惯等因素。这些因素都会影响消费者的需求和购买行为，从而间接地影响房地产企业的营销活动。因此，企业在进入目标市场时，必须分析和了解消费者的文化程度、价值观念、宗教信仰、偏好和禁忌及其对消费者购买行为的影响，避免和减少营销过程中的盲目性，在产品设计、广告促销等活动中，投其所好，避其所忌，更好地满足消费者的需要。

我国企业常以"物美价廉"为自己的产品进行宣传，但如果把"价廉"直接翻译成英文"CHEAP"，外国人会理解为"劣质货"，从而影响消费者的购买行为。又如"可口可乐"、"奔驰"、"佳能"等品牌的中文译名以及"车到山前必有路，有路必有丰田车"的广告语，充分体现了外国公司对中国语言文化及中国人审美情趣的理解，又朗朗上口，使企业或产品深入人心。

3.3　房地产市场营销微观环境分析

房地产市场营销活动的主要目标是从满足顾客需要中获取利润。为了实现这一目标，企业首先要从供应商那里获取生产所需要的建筑材料、建筑设备等生产要素，然后通过企业内部各部门和建筑商的协作，开发出房地产，再通过中间商将产品销售给顾客，从而形成了"供应商—企业—营销中介—顾客"这一企业核心营销系统。同时，房地产企业能否成功地开展市场营销活动，还要受到竞争者和公众等环境因素的影响，它们共同构成了房地产企业微观环境的全部内容。

微观环境是由那些直接影响房地产企业市场营销活动的因素构成，包括企业、供应商、营销中介、消费者、竞争者以及公众等。

3.3.1　企业

企业包括市场营销管理部门、其他职能部门和企业最高管理层。房地产企业的市场营销活动主要是由营销管理部门负责的，营销部门主要负责市场研究、制定企业的营销计划、新产品开发、品牌的制定和管理、广告、产品销售及售后服务等工作。营销部门在制定营销决策时，不仅要考虑外部环境力量，还要考虑企业内部环境的影响。一是要考虑企业最高管理层的意图，要以最高管理层制定的企业任务、目标、战略和政策为依据制定营销计划，并呈报最高管理层批准执行；二是要与企业的其他职能部门（如研究与开发部门、制造部门、采购部门、计划部门、财务部门等）密切配合，相互协调，共同制定企业的年度计划和长期计划，使营销管理工作得到内部的大力支持，整合各种资源，从而形成强大的合力，使各项营销管理决策和营销方案得以顺利实施。

3.3.2 供应商

供应商是指为房地产企业提供建筑材料、建筑机械设备、能源和劳动力等资源的企业和个人。供应商是企业经营活动的直接影响和制约力量，与房地产企业形成协作关系。他们对房地产企业营销活动的影响主要体现在以下几个方面：

首先，资源供应的可靠性直接影响到房地产企业的生产能否顺利进行。

其次，资源供应的价格及其变化趋势直接影响房地产的成本，最终影响房地产企业产品在市场上的竞争力。

再次，供应资源的质量水平直接影响到房地产企业产品的质量。

由于资源供应对房地产企业营销活动有着重要的影响，因此，企业要处理好与供应商之间的关系，重视与供应商之间的合作。一是坚持“双赢原则”，与优秀的供应商建立长期稳定的合作关系，从而获得稳定可靠的物资供应，降低外部交易成本，避免两败俱伤；二是加强双向信息沟通，协调双方立场；三是采取多渠道采购策略，避免过分依赖一个或少数几个中间商，使企业在市场中始终处于主动地位；四是采取后向一体化策略，自己经营某些建筑材料，降低建筑开发成本，从而获得竞争优势。

3.3.3 营销中介

营销中介是指协助房地产企业将产品销售给最终购买者的中介机构，包括中间商和辅助商。

中间商是指在销售渠道中参与交易活动或者协助交易活动完成的中间机构，中间商按其是否拥有商品所有权分为经销商和代理商。经销商对其经营的房地产商品拥有所有权，他们从房地产企业购进商品房后再转售，从中赚取差价。代理商对其经营的房地产商品不拥有所有权，只是为房地产企业寻找买主或协助房地产企业签订合同，从中赚取佣金。

辅助商不直接经营房地产商品，但对房地产商品的经营起促进和服务作用，包括房地产价格评估事务所、公证处、广告代理商、市场营销研究机构、市场营销咨询企业、律师事务所等。房地产企业必须借助营销中介的协助才能有效地开展市场营销活动。

3.3.4 消费者

消费者是房地产或其他服务的购买者，是房地产企业的服务对象。消费者可以是个人、家庭，也可以是组织机构。为此，我们可以将房地产市场细分为四个子市场：

1. 消费者市场　**消费者市场是指为了个人生活消费而购买和租用房地产的个人或家庭所构成的市场。**

2. 生产者市场　**生产者市场是指为了进行再生产、取得利润而购买或租用房地产的个人和企业所构成的市场。**

3. 中间商市场　**中间商市场是指为转卖、获得利润而购买或代理房地产的中间商所构成的市场。**

4. 政府市场　**政府市场是指为了履行职责、提供公共服务而购买房地产的政府机构所构成的市场。**

消费者是房地产企业市场营销的对象，是房地产市场营销中起决定作用的力量。企业必须了解其目标顾客的需求及其需求变化的趋势，为其提供适销对路的优质产品和服务，满足目标顾客的需要。

3.3.5 竞争者

在商品经济条件下，房地产企业在目标市场上开展营销活动时，不可避免地会遇到竞争对手的挑战。竞争对手的营销策略及营销活动都将直接对企业造成威胁。企业必须对其竞争对手进行研究，了解竞争对手的规模、生产设计能力、经营管理水平、营销策略和企业信誉等情况并制定出相应的对策，以求在竞争中取胜。

房地产企业的竞争对手主要包括四种类型：

1. 愿望竞争者　**这是指提供不同房地产以满足消费者不同需要的竞争者。**如商业用房、工业用房、娱乐用房、住宅的开发商之间就是愿望竞争者。

2. 一般竞争者　**这是指提供能满足消费者同一种需求的不同房地产的竞争者。**如普通住宅、高级公寓、别墅的开发商之间就是一般竞争者。

3. 产品形式竞争者　**这是指生产同一种房地产，但不同户型、面积、设计风格的竞争者。**如同是开发普通住宅，但其开发的面积、户型设计及配套设施等方面均有所不同的开发商之间就是产品形式竞争者。

4. 品牌竞争者　**这是指生产同种房地产，而且其产品的户型、面积、配套设施也相同，但品牌不同的竞争者。**谁的产品形象好、品牌知名度高，谁就能在竞争中占据有利地位。

3.3.6 公众

公众是指对房地产企业实现其经营目标有实际或潜在影响力的群体。

公众主要包括以下七种。

1. 金融公众 **金融公众是指影响房地产企业取得资金能力的财务机构**，如银行、投资公司、保险公司、证券交易所等。企业要处理好与金融公众之间的关系，从而获得资金支持。

2. 媒介公众 **媒介公众是指报纸、杂志、广播、电视、互联网等具有广泛影响力的大众媒体**。新闻媒介信息传递迅速、影响力大、威望度高，因而被某些西方国家称为除立法、司法和行政三大权力之外的“第四权力”，又被称为“无冕之王”。

新闻媒介对房地产企业经营业绩的报道能提高企业的知名度，树立良好的企业形象，扩大企业产品的销售；相反，媒介公众对企业经营管理中存在问题的曝光会使企业信誉降低，形象受损，从而影响产品的销售。因此，房地产企业在努力搞好生产经营活动的同时，要与大众传媒建立良好的关系，促使传媒做出对企业有利的宣传。

3. 政府公众 **政府公众是指负责管理房地产企业经营活动的各有关政府机构**。主要有土地管理局、房地产管理局、工商行政管理局、税务局、物价局和审计局等。政府公众是房地产企业营销活动的一个重要环境因素。政府之所以重要，因为它是拥有权力的公众，是宏观调控、综合协调的权力机构。房地产企业要遵纪守法，在生产活动中要取得良好的经济效益，要承担社会责任，积极参加各种公益事业，经常与政府沟通信息，以此赢得政府的信任与支持。

4. 市民行动公众 **市民行动公众是指各种消费者权益保护组织、环境保护组织和其他团体组织**。市民行动公众可能会对房地产企业的某些经营行为提出质疑，企业要给予及时的解释或解决，赢得这些组织的理解和好感。市民行动公众对企业的赞扬胜于企业的广告。

5. 地方公众 **地方公众是指房地产企业或项目工程所在地附近的居民和社团组织**。因为地理位置相邻，企业不可避免地要与当地公众发生接触，企业要协调和处理好与当地公众的关系，取得他们对企业的理解、支持和好感，避免与当地公众发生冲突。

6. 一般公众 **一般公众是指与房地产企业经营活动无关的公众**。虽然一般公众不能以有组织的方式对企业采取行动，但他们对企业产品及其生产经营活动的态度却会影响企业在公众心目中的形象，因此，房地产企业要力争在一般公众中树立良好的形象。

7. 企业内部公众 **企业内部公众包括股东、经理、职工等**。员工和顾客同是企业的上帝，企业只有采取各种物资激励和精神激励手段，使职工心情舒畅，努力工作，服务周到，最终才能使顾客这个上帝满意。

3.4 房地产市场营销环境分析的常用方法

市场营销环境分析常用的方法为“SWOT”法，即对企业进行strength（优势）、

weakness（劣势）、opportunity（机会）和threats（威胁）分析。优势是企业相对于竞争对手而言所具备的技术能力、资源及其他特殊强势因素，有助于企业增强自身的市场竞争力；劣势是严重影响企业经营效率的技术能力、资源、设施、管理能力以及营销水平等限制因素，需要企业在相应的领域进行变革；机会是指企业所处环境的有利形势，企业应加以充分利用；威胁是指企业所处环境的不利因素，这些因素是企业发展的约束和障碍，企业应努力使其负面影响降至最低。其中，机会和威胁是影响企业的外部因素，优势和劣势是影响企业的内部因素。

3.4.1　房地产企业市场机会分析

所谓“房地产企业市场机会”，是指某种特定的营销环境条件，在该营销环境条件下，房地产企业可以通过一定的营销活动创造利益。市场机会的产生来自于营销环境的变化，如新的房地产业政策的出台、竞争对手的失误以及新技术的采用等，都可能产生新的待满足需求，从而为企业提供市场机会。

环境机会的实质是指市场上存在着“未满足的需求”。它既可能来源于宏观环境，也可能来源于微观环境。环境机会对不同企业是不相等的，同一个环境机会对一些企业可能成为有利的机会，而对另一些企业可能就造成威胁。环境机会能否成为企业的机会，要看此环境机会是否与企业目标、资源及任务相一致，企业利用此环境机会能否比其竞争者带来更大的利益。

3.4.1.1　市场机会的特点

市场机会作为特定的市场条件，具有针对性、利益性、时效性以及公开性四个特征。

1. 针对性　特定的市场营销环境条件只对于那些具有相应内部条件的企业来说是市场机会。因此，市场机会是具体企业的机会，市场机会的分析与识别必须与企业具体条件结合起来进行。确定某种环境条件是不是企业的市场机会，需要考虑企业所在行业及本企业在行业中的地位与经营特色。前者需要分析该房地产企业在行业中是市场领导者还是处于市场挑战者、市场跟随者或市场补缺者的地位，后者则包括企业的产品类别、价格策略、销售渠道以及企业信誉等。例如，折扣销售方式的出现，对大量开发中低档住房的房地产企业来说是一个可以加以研究利用的市场机会；对在顾客心目中一直是开发、建设高档住房或别墅的房地产企业来说，就不能算是一个市场机会。

2. 利益性　可以为房地产企业带来经济或社会效益，是市场机会的又一特性。市场机会的利益特性意味着房地产企业在确定市场机会时，必须分析该机会是否能为企业真正带来利益、能带来什么样的利益以及能带来多少利益。

3. 时效性　市场机会的价值具有与时而变的特点，这便是市场机会的时效性。对现代房地产开发企业来讲，由于其营销环境的发展变化越来越快，企业的市场机会往往稍纵即逝。同时，环境条件与企业自身条件最为适合的状况也不会维持很长时间，在市场机会从产生到消失这一短短的时间里，市场机会的价值也快速经历了一个价值逐渐增加、再逐渐减少的过程。

4. 公开性　市场机会是某种客观的、现实存在的或即将发生的营销环境状况，是所有房地产开发企业都可以去发现和共享的。与企业的特有技术、产品专利不同，市场机会是公开的，是可以为整个营销环境中所有企业所共用的。市场机会的公开化特性要求企业尽早去发现那些潜在的市场机会。谁发现并利用了市场机会，谁就能在房地产市场竞争中取胜。

3.4.1.2　市场机会的价值分析

不同的市场机会可以为企业带来的利益大小也不一样，即不同市场机会的价值具有差异性。为了在千变万化的营销环境中找出价值最大的市场机会，房地产开发企业需要对市场机会的价值进行具体的分析。

市场机会的价值大小由市场机会的吸引力和可行性两方面因素决定。

1. 市场机会的吸引力　市场机会对房地产企业的吸引力，是指企业利用该市场机会可能创造的最大利益，它表明房地产企业在理想条件下充分利用该市场机会的最大极限。反映市场机会吸引力的指标主要有市场需求规模、利润率以及发展潜力等。

2. 市场机会的可行性　市场机会的可行性是指房地产企业把握市场机会并将其转化为具体利益的可能性。从特定企业角度来讲，具有吸引力的市场机会并不一定能成为本企业实际的发展良机，具有大吸引力的市场机会必须同时具有较强的可行性，才能成为企业高价值的市场机会。

市场机会的可行性是由房地产开发企业所面临的内部环境条件、外部环境状况两方面决定的。

房地产企业的内部环境条件是企业能否把握市场机会的主观决定因素，它对市场机会可行性的决定作用体现在三个方面：首先，市场机会只有适合企业的经营目标、经营规模与资源状况，才具有较大的可行性。同时，即使是同一行业的企业，该市场机会对经营规模大、实力强的企业与对经营规模小、实力弱的企业的可行性也不一样。一个吸引力大的市场机会很可能会导致激烈的竞争，所以，它对实力较差者来说，可行性程度并不高。其次，市场机会必须有利于企业内部差别优势的发挥，才具有较大的可行性。所谓“企业内部差别优势”，是指该房地产企业具有比市场中其他企业更优越的内部条件，如大量的土地储备、良好的员工素质、雄厚的资金实力、良好的企业声誉等。企业应对自身的优势和弱点进行正确分析，了解自身的内部差别优势所在，并据此更好地分析市场机会的可行性大小。此外，企业还可以有针对性地改进自身的内部条件，创造出新的差别优势。再次，房地产企业内部的协调程度也影响着市场机会可行性的大小。市场机会的把握程度是由房地产企业的整体能力决定的，针对某一市场机会，只有企业的组织结构及所有各部门的经营能力都与之相匹配时，该市场机会对企业才会有较大的可行性。

企业的外部环境状况从客观上决定着市场机会对企业可行性的大小。外部环境中每一个宏观、微观环境要素的变化，都可能使市场机会的可行性发生很大的变化。例如，某房地产开发企业已经进入一个吸引力很大的市场，在前一段时间里，由于该市场的产品符合企业的经营方向，并且企业在该房地产产品的开发建设方面具有开发规模以及营销策划上的优势，企业由此也获得了相当可观的利润。然而，企业当前许多外部环境要素已发生或即将发生一些变化。比如，随着原来的竞争对手和潜在的竞争者逐渐进入该产品市场，并采取了相应的工艺革新，使该企业的差别优势正在减弱，市场占有率在下降；经济适用房的大量建造，使顾客因此对原产品的定价已表示不满，但降价意味着利润率的锐减；政府即将通过的关于发展钢铁工业及其相关制造业的产业政策可能会使房地产开发所需的钢材价格上涨，这也将意味着利润率的下降。针对上述情况，该企业决定逐步将一部分资金转投其他产品，即部分撤出该产品市场。这表明，尽管企业的内部条件没变，但由于决定市场机会可行性的一些外部因素发生了重要变化，也使该市场机会对企业的可行性大为降低。同时，利润率的下降又导致了市场吸引力的减弱。吸引力与可行性的减弱最终使原市场机会的价值大大减小，导致企业部分放弃了当前市场。

3.4.1.3　市场机会价值的评估

确定了市场机会的吸引力与可行性，就可以综合这两个方面对市场机会进行评估。按吸引力大小和可行性强弱的不同组合，可构成市场机会的价值评估矩阵如图3-1所示。

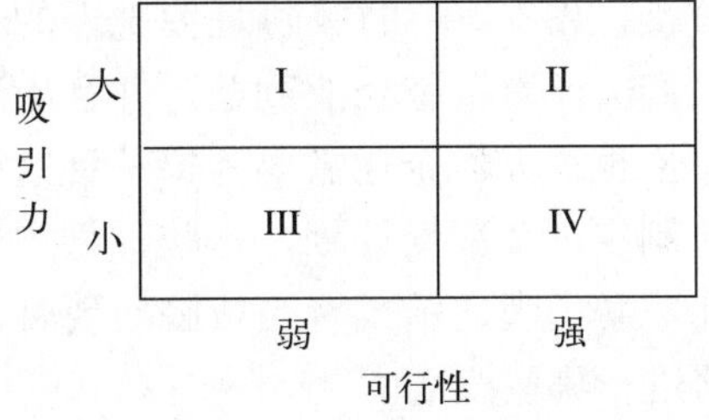

图3-1　房地产开发企业市场机会价值评估矩阵

在图3-1中，区域I为吸引力大、可行性弱的市场机会。对房地产企业而言，该市场机会的价值不会很大。除了少数爱冒风险的企业外，一般企业不会将主要精力放在此类市场机会上。但是，企业应时刻注意决定其可行性大小的内、外环境条件的变动情况，并做好当其可行性变大、进入区域II时迅速反应的准备。

区域II为吸引力、可行性俱佳的市场机会，该类市场机会的价值最大。通常，此类市场机会既稀缺，又不稳定。房地产企业的一个重要任务就是要及时、准确地发现有哪些市场竞争者进入或退出了该区域。该区域的市场机会是企业营销活动最理想的经营内容。

区域III为吸引力、可行性皆差的市场机会。通常，房地产企业不会去注意该类价值最低的市场机会。该类市场机会不太可能直接跃居到区域II中，它们通常需经由区域I、区域IV，才能向区域II转变。当然，有可能在极特殊的情况下，该区域市场机会的可行性、吸引力突然同时大幅度增加。企业对这种现象的发生也应有一定的准备。

区域IV为吸引力小、可行性强的市场机会。该类市场机会的风险低，获利能力也小。通常，稳定型或实力薄弱的房地产企业应以该类市场机会作为其常规营销活动的主要目标。对该区域的市场机会，企业应注意其市场需求规模、发展速度以及利润率等方面的变化情况，以便在该类市场机会进入区域II时可以立即有效地予以把握。

需要注意的是，该矩阵是针对特定企业而言的。同一市场机会在不同企业的矩阵中出现的位置是不一样的。这是因为对不同经营环境条件的企业来说，市场机会的利润率、发展潜力等影响吸引力大小的因素以及可行性程度均会有所不同。

3.4.2 房地产企业环境威胁分析

环境威胁是指环境中一种不利的发展趋势所形成的挑战。如果不采取果断的营销行动，这种不利趋势将导致房地产开发企业原有的市场地位被侵蚀。对房地产企业而言，环境威胁主要来源于房地产行业在国民经济中的地位以及房地产行业市场结构的变化两个方面：一方面是环境因素直接影响着企业的营销活动。如政府颁布某种法律，诸如《中华人民共和国环境保护法》，它对造成环境污染的企业来说，就构成了巨大的威胁；另一方面，企业的目标、任务及资源同环境机会相矛盾。

房地产企业应在其营销计划中通过威胁矩阵（如图3-2所示）把企业所面临的威胁识别出来，并按其严重性和出现的可能性分类。图3-2中I的威胁是关键性的，因为它们会严重危害企业利益，并且出现的可能性也最大。企业需要为每一种这样的威胁制定一个应变计划，这些计划主要阐明在威胁出现之前或者当威胁出现时，企业将进行哪些改变。

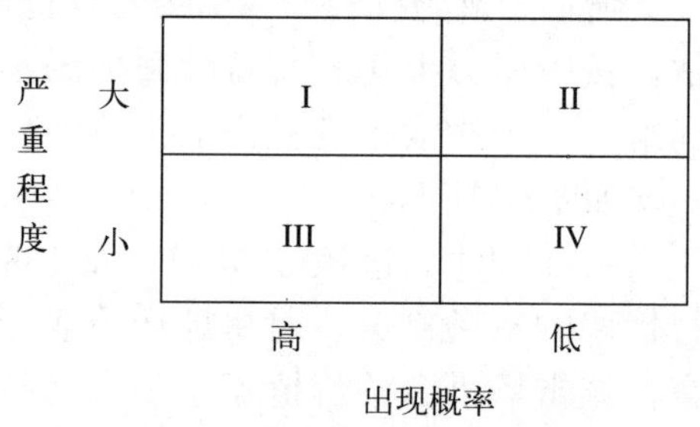

图3-2 房地产开发企业威胁矩阵

企业对面临的威胁有3种可能选择的对策：

（1）反抗，即试图改变或扭转不利因素的发展。

（2）减轻，即通过调整市场营销组合等来改善环境适应能力，以减轻环境威胁的严重性。

（3）转移，即决定转移到其他盈利更多的行业或市场。

把某个特定房地产企业所面临的威胁和机会集中图解，就能勾勒出四种可能的结果（如图3-3所示）。第一种是指理想的业务，即指拥有很多有利的机会，而很少甚至可以避免威胁；第二种是指投机性的业务，即机会和威胁的出现概率同样高；第三种是指成熟的业务，即机会和威胁都很少；第三种是麻烦的业务，即机会很少，威胁却很大。

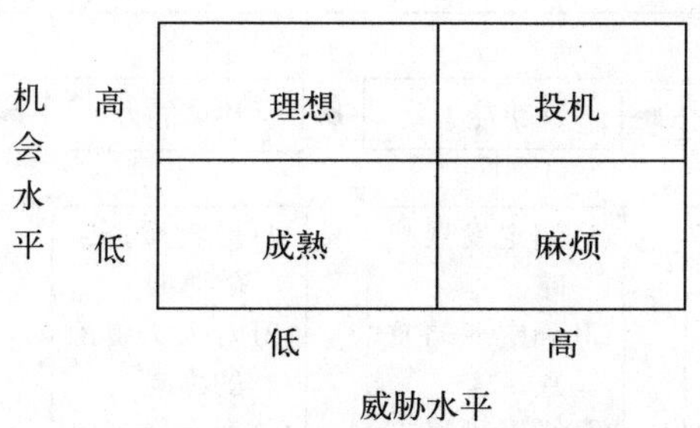

图3-3　房地产开发企业机会–威胁矩阵

3.4.3　房地产企业内部环境分析（优势 / 劣势分析）

房地产企业不仅需要识别环境中有吸引力的机会，更重要的是拥有在机会中成功所必需的竞争能力。因此，企业必须定期检查自己的优势与劣势。对任何一个房地产企业而言，不应试图去纠正它的所有劣势，但也不是对其优势不加利用。而是应该清楚，它究竟是应只局限在已拥有优势的机会中，还是去获取和发展一些优势，以找到更好的机会。

竞争优势从根本上说是企业自身的一种能力，因此，它根源于企业内部。从企业内部来看，竞争优势是企业一系列政策措施执行的结果，而这些政策措施的制定与执行都源于企业审时度势、运筹帷幄的能力。企业能力的大小决定了制定与执行的水平，也因此决定了企业在市场上的竞争地位。从企业经营活动的过程来看，这种能力不仅包括对所处环境的认识能力，以及在此认识基础上进行战略决策的能力，而且还包括在执行战略与策略过程中对企业资源的调动与协调能力，以及对环境变化的应变能力。竞争优势最终在市场上直接表现为更大的市场份额、较高的消费者忠诚度、超过行业平均水平的利润率以及在媒体上的综合排名靠前等。

由图3-4可见，房地产企业在分析、获取和发展自身优势时，应抓住认识能力、决策能力、协调能力以及应变能力这四个重点。

在产业结构稳定的前提下，房地产企业的竞争优势取决于企业在产业中的相对地位。而企业要获取有利的竞争位置，就要实施基于价值链的正确战略。房地产开发企业为了能在竞争中获胜，并不需要在从原料来源到售后服务的每一个环节都明显地占有优势。企业只要在某个关键性环节占绝对优势，就一定可以在其他方面逐渐走到竞争者前面。竞争优势战略的关键在于选择战略重点，即企业向市场提供某种价值，同时也必须决定放弃某些业务，以便在关键性职能上占有明显的优势。

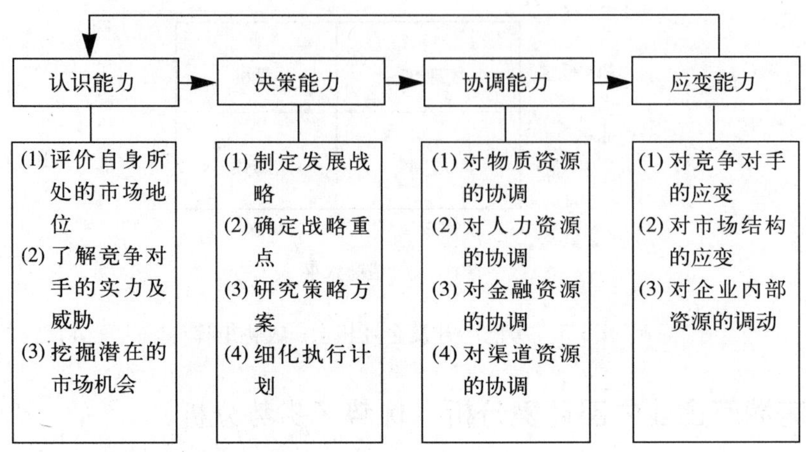

图3-4 企业优、劣势分析的四个重点环节

3.4.4 项目SWOT分析方法

3.4.4.1 项目SWOT分析方法的概念

SWOT是优势（strength）、劣势（weakness）、机会（opportunity）和威胁（threats）的总称。**SWOT分析是对房地产项目内外部条件的各方面内容进行综合和概括，进而分析项目的优势和劣势、机会和威胁的一种方法。**其中，优势和劣势分析主要是着眼于项目自身的实力及与竞争对手的比较；而机会和威胁分析主要是指外部环境的变化及对项目的可能影响，两者之间有着紧密的联系。分析方法如图3-5所示。

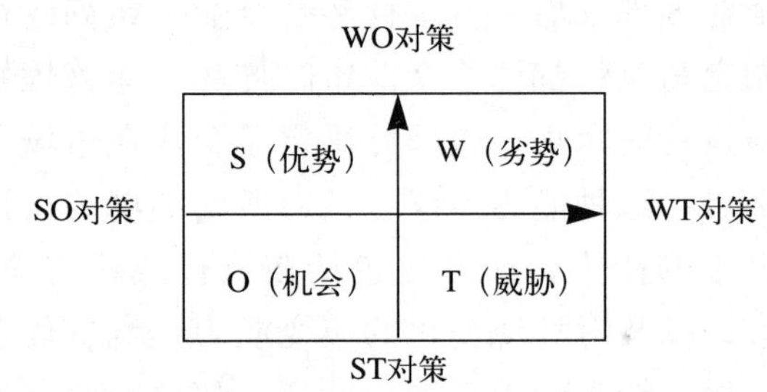

图3-5 SWOT分析方法示意图

1. 内部环境分析（优势与劣势） 当两个房地产项目处在同一竞争市场或者说它们都有能力向同一消费群体提供产品和服务时，如果其中一个项目有更高的市场潜力，那么，就认为这个项目比另外一个项目更具有竞争优势。反之，则为竞争劣势。

2. 外部环境分析（机会与威胁） 房地产项目的外部环境主要由两部分构成：宏观环境，如人口统计的、经济的、技术的、政治的、法律的、社会的、文化的环境因素；微观环境的因素有消费者、竞争项目等。

3.4.4.2 构造项目SWOT分析矩阵

将调查得出的各种因素根据轻重缓急或影响程度等用排序方式，构造SWOT矩阵。

在此过程中，将那些对项目发展有直接的、重要的、大量的、迫切的、久远的影响因素优先排列出来，而将那些间接的、次要的、少许的、不急的、短暂的影响因素排列在后面，如图3-6所示。

S（优势）	W（劣势）
地段：属商业与居住两相宜的成熟地段 交通：处于次干道路口，交通便利 配套：紧临家乐福商厦，生活配套完备 教育：重点小学形成了强大支撑 产品：楼盘外立面形象良好 工程形象：楼盘处于准现楼状态 户型：布局合理	规模：项目规模较小，难与大盘抗衡 自身配套：单体建筑，缺乏目前市场上流行的小区环境和小区花园 户型：主力户型以三房为主，就本区而言面积偏大 卖场：目前卖场形象较差 片区：旧区地段，不属于目前的热点片区，不利于吸引区外人士的目光
O（机会）	**T（威胁）**
商业配套：大型超市将极大地吸引客户的关注度，增加居住氛围 教育配套：可通过对重点小学的强化宣传而扩大客户群 营销：通过卖点重新整合、完善包装和销售手段来激活销售	区外竞争：巨大的住宅推出量将使规模较小的楼盘面临巨大的竞争压力 区内竞争：区内项目的即将推出将直接冲击本项目 销售时机：项目主销期仅剩下两个月，销售压力大

图3-6 某项目SWOT矩阵分析

3.4.4.3 制定行动对策

1. WT对策（最小与最小对策） 当企业处于最不利方面，只能采取“避短”战略，寻找环境中的其他机会。即考虑劣势因素和威胁因素，目的是努力使这些因素影响都趋于最小。

2. WO对策（最小与最大对策） 当企业本身缺少内部实力来利用这种机会时，企业将面临“避短”和“补短”两种战略选择。即着重考虑劣势因素和机会因素，目的是努力使劣势影响趋于最小、机会趋于最大，使劣势不成为机会的障碍。

3. ST对策（最大与最小对策） 当企业虽有长处，但外部环境不利时，企业应避开这种威胁，寻找外部环境中的有利机会。即着重考虑优势因素和威胁因素，目的是努力使优势因素影响趋于最大，使威胁因素影响趋于最小，用优势抵消威胁。

4. SO对策（最大与最大对策） 当外部环境机会与企业长处正好相一致时，可以制定最有利的战略，发挥企业长处，取得优势。即着重考虑优势因素和机会因素，目的在于努力使这两种因素都趋于最大。

可见WT对策是一种最为悲观的对策，是处在最困难的情况下不得不采取的对策；WO对策和ST对策是一种苦乐参半的对策，是处在一般情况下采取的对策；SO对策是一种最理想的对策，是处在最为顺畅的情况下十分乐于采取的对策。

案例 新调控政策出台后消费者将获更多实惠

国务院《关于调整住房供应结构稳定住房价格的意见》（简称“国六条”）的出台引发了全社会对房地产的再次关注，此次出台的新调控政策可以说是对过去出台的《关于切实稳定住房价格的通知》（简称“国八条”）的延续和提升。综合新调控政策，可以看出本次调控的目标更为明确，措施更为细致，针对性更强，调控手段也从过去的土地和金融两个领域扩大到运用更多综合手段。

从沈阳房地产市场来看，沈阳一直是中小户型、大众楼盘热销的市场，因此市场导向与中央的政策是一致的。新调控政策的进一步显效会使沈阳下半年的房地产市场呈现出供销两旺的形势。预计2009年的成交量会突破去年，销售速度加快，开发商利润下降，老百姓享受到更多的实惠。

“国六条”对于沈阳的消费者最现实的意义是解决了消费需求问题。其中“今后新建的单套面积90平方米以下住房必须占项目总面积的七成以上”，意味着未来市场上中小户型将持久地成为供应主力。而更多从前只能够买中低档小楼盘和购买二手房的普通百姓将能享受到品牌开发商的精品楼盘。

新的住房消费群体的涌入对于未来品牌开发企业将是一个挑战。如何在控制开发成本的同时，将产品做得更好。实践大众精品是品牌开发商的共同课题。在物业管理方面，针对相对低收入人群如何做好服务也是考验。

针对新调控政策将要出现的市场变化，沈阳新湖房产是乐观积极的。新湖·北国之春房产的建设之初，对产品的定位就是大众精品，建造普通消费者买得起的精品楼盘。在物业管理方面，新湖房产将通过降低基础物业费、增加增值服务进行分层次管理，实现不同人群的针对性服务。

新调控政策的出台无论对市场影响如何，开发企业的应对之道还是要集中在产品上。在任何市场形势下，产品做不好，企业难以生存。万科作为全国房地产行业的领跑者，它的强大就在于广义上的产品，包括建筑、景观、规划、物业管理。广义上产品的强大才树立起万科的品牌。在新的市场形势下，新湖房产把精力集中到产品的提升上，在北国之春的三期产品中，开发商加入了很多新的元素，促使铁西区的居住条件提升一个新的高度。

结合案例，谈一谈新调控政策的出台对房地产市场的影响。

思考题

1. 房地产市场营销环境有哪些特点？
2. 什么是宏观环境和微观环境？二者的关系是什么？
3. 宏观环境分析的内容有哪些？
4. 微观环境分析的内容有哪些？

5. 解释四种不同类型的竞争者。
6. 什么是SWOT？如何进行房地产市场营销环境分析？

实训题

1. 每人分别从宏观环境、微观环境两个方面，选择三个对小组所研究的楼盘有影响的因素并说明原因及影响程度。
2. 小组汇总。选择对小组研究楼盘有较大影响的因素，利用SWOT分析法分析小组研究的楼盘其营销环境的现状。

第4章
房地产市场调查与市场预测

学习目标

1. 了解房地产市场调查的类型和程序；
2. 掌握房地产市场调查方法和调查技巧，能够完成市场调查问卷设计及竞争楼盘的调查工作；
3. 了解房地产市场预测的作用、内容和程序；
4. 了解房地产市场预测的基本方法。

技能要求

1. 掌握搜集资料的途径、方法和技巧；
2. 学会合理地设计市场调查问卷并进行实地调查；
3. 熟悉市场调查报告的格式，能够运用调查资料撰写市场调查报告。

4.1 房地产市场调查概述

4.1.1 房地产市场调查的概念

《孙子 · 谋攻篇》说：“知彼知己，百战不殆；不知彼而知己，一胜一负；不知彼，不知己，每战必殆。”作为房地产企业，首先要知己，了解自己的优势和劣势，做到扬长避短；其次要知彼，了解环境提供给企业的机遇和带来的威胁，以便把握机会而避开威胁。而要做到知己知彼，必须开展市场调查。

房地产市场调查就是运用科学的方法和手段，有目的、有计划、全面系统地收集、整理和分析相关的房地市场信息，为房地产企业进行市场预测和经营决策、制定战略、编制计划等提供科学可靠的依据。

准确理解房地产市场调查应把握以下几个要点：

（1）房地产市场调查要系统全面地收集、记录、分析和报告有关房地产市场营销方面的信息资料，以便认识房地产市场的本质，把握房地产市场发展变化的规律性；

（2）房地产市场调查必须客观求实，努力提供能反映真实情况的信息，避免调查者和管理者的主观偏见；

（3）房地产市场调查必须采用科学的方法，依据不同的客观情况，有计划、有目的、有针对性地进行，做到高效率并能解决实际问题；

（4）房地产市场调查是房地产企业进行市场预测、经营决策、制定战略和计划的前提；

（5）房地产市场调查既服务于房地产市场营销，又监控房地产营销管理过程。

4.1.2　房地产市场调查的作用

市场调查是房地产企业最基本、最重要的一项工作。企业只有开展市场调查，才能掌握有关信息资料，才能据此做出正确的市场预测和经营决策。房地产市场调查的作用主要表现在以下6方面，即有利于房地产企业进行正确的市场定位；有利于房地产企业制定正确的营销战略和策略；有利于房地产企业开发新产品，开拓新的目标市场；有利于房地产企业在竞争中占据有利地位；有利于房地产企业做出正确的决策，提高经营管理水平；有利于房地产企业预测未来的市场发展。

4.1.3　房地产市场调查的类型

房地市场调查按照不同的标志可以分为几十种类型。这里，仅按房地产市场调查的目的，将其分为四种类型。

4.1.3.1　探索性调查

探索性调查是房地产企业对市场情况很不清楚或感到对调查的问题不知从何处着手时所采用的方法。通过探索性调查，收集并分析有关资料，可以弄清企业或市场的实际情况，找出问题的实质和关键，为描述性调查和因果性调查做好准备。它要解决的是“做什么”的问题。

4.1.3.2　描述性调查

描述性调查就是对已经找出的问题做出如实的反映和具体的回答。它要解决“是什么”的问题。

4.1.3.3　因果关系调查

因果关系调查是在描述性调查的基础上，进一步分析问题发生的原因，弄清因果之间的数量关系。它要回答的问题是“为什么”。因果关系调查一般采用实验法来收集市场变化的实际资料，并通过分析和推理，探明哪些因素是因，哪些因素是果，其因果相关程度如何等问题。

4.1.3.4 预测性调查

预测性调查是在收集整理资料的基础上，运用科学的方法，分析未来一段时间内房地产市场的需求状况及其发展变化趋势。回答“今后会怎么样”的问题。预测性调查的目的是估计房地产的未来需求状况，把握市场机遇，做出及时有效的决策。

上述四种调查是相互联系、逐步深入的。探索性调查主要是发现和提出问题，描述性调查主要是说明问题，因果性调查主要是分析问题的原因，预测性调查主要是估计问题的发展趋势，为企业的经营决策提供依据。

4.1.4 房地产市场调查的内容

房地产市场调查的内容十分广泛，凡是与房地产企业生产经营活动有关的信息资料，都是市场调查的内容。

4.1.4.1 市场环境调查

市场环境调查主要是对影响房地产企业生产经营活动的不可控制的外部宏观环境的调查，主要包括：

（1）人口环境调查；

（2）经济环境调查；

（3）政治法律环境调查；

（4）技术和自然环境调查；

（5）社会文化环境调查。

4.1.4.2 房地产市场需求调查

（1）房地产市场的需求潜量；

（2）房地产市场对本企业产品的需求总量；

（3）房地产市场对某类房地产的供求状况；

（4）房地产市场需求的影响因素；

（5）房地产市场的发展变化趋势。

4.1.4.3 消费者调查

（1）消费者的数量及地理分布；

（2）消费者的构成、收入状况及消费支出模式；

（3）消费者的需求状况，包括现实需求和潜在需求；

（4）消费者的购买动机，包括消费者的购买意向、影响消费者购买动机的因素、消费者购买动机的类型；

（5）消费者的购买行为，包括消费者购买行为类型及其影响因素。

4.1.4.4　竞争者调查

（1）对竞争企业的调查；
（2）对竞争产品的调查。

4.1.4.5　市场营销策略的调查

（1）产品调查；
（2）价格调查；
（3）销售渠道调查；
（4）促销调查。

4.1.5　房地产市场调查的程序

房地产市场调查是一项复杂而细微的工作，为了提高调查工作的效率和质量，市场调查必须有计划、有步骤地进行。房地产市场调查一般可分为四个阶段：调查准备阶段、正式调查阶段、结果处理阶段和跟踪调查阶段。

4.1.5.1　调查准备阶段

调查准备阶段的重点是明确调查目标、确定调查项目、制定调查计划，为实质性的调查做好准备工作。

1. 确定调查目标，拟定调查项目　开展市场调查，首先要确定调查目标，拟定调查项目。确立调查目标应弄清以下几个问题：

（1）为什么要调查？
（2）调查中想了解的内容是什么？
（3）谁想知道调查结果？
（4）调查结果对企业有什么用？

2. 确定资料来源和调查方法　房地产市场调查的目标和项目确定以后，调查人员就要考虑资料的来源问题。要弄清楚：

（1）需要哪些资料？
（2）什么地方可以获得这些资料？
（3）通过什么方法能获得这些资料？
（4）调查对象是谁？

资料来源主要有两大类：原始资料和二手资料。**原始资料是房地产企业从实地调查中收集到的资料，又叫一手资料。二手资料是指经他人收集、整理所积累起来的资料。**二手资料来源于企业内部和外部。内部资料主要有企业内部的统计资料、会计资料、技术资料、供销资料和以往的市场调查资料，这些资料可以从房地产企业的各种报表、原始凭证、生产销售报告中获得，已建立营销信息系统的房地产企业可从该系统中获得。

房地产市场调查方法确定以后，调查人员就要设计调查表。调查表是市场调查的一项重要工具，调查表设计得好坏，直接影响市场调查的结果。

3. 制定调查计划　调查计划是房地产市场调查的行动纲领。调查计划应包括以下内容：

（1）调查目的；

（2）调查对象；

（3）调查方法；

（4）调查的时间和进度；

（5）调查人员；

（6）调查经费预算。

4. 培训调查人员　房地产市场调查人员素质的高低直接影响市场调查的质量。房地产企业在开展市场调查之前，必须确定合适的人选，并采取有效的方法对其进行培训，使之胜任调查工作。

4.1.5.2 正式调查阶段

正式调查是房地产企业按照调查计划，一边收集整理二手资料，一边开展一手资料的实际调查工作。

1. 查询文字资料阶段　这一阶段的主要工作是对现有的文字资料进行调查和收集。企业可以从内部的各种报表、原始凭证中获得内部资料，也可以从政府部门、统计部门等查询外部资料。在查询两类资料的过程中，要考虑还欠缺哪些资料需要补充，最后确定哪些资料需要实地调查。

2. 实地调查阶段　实地调查可以获取调查对象对调查项目的反应，弥补二手资料的不足。企业在实地调查中既可以采用询问的方式，也可采用观察和实验的方式来获取信息。在调查的过程中，调查人员有必要对调查情况定期进行汇总，以了解调查工作是否顺利进行。

4.1.5.3 结果处理阶段

结果处理是把市场调查收集到的资料进行整理、统计和分析，去粗取精、去伪存真，以保证资料的系统、完整和真实可靠，这样才能揭示问题的本质和各种市场现象间的因果关系。

1. 整理分析资料　资料整理分析的具体步骤如下。

（1）编辑整理。在资料的编辑整理过程中，首先，要检查调查资料的误差，即对收集到的资料加以筛选，以保证资料的完整性、系统性和可靠性；其次，要对情报资料进行评定，即审核资料的根据是否充分，推理是否严谨，观点是否正确，以保证调查资料的真实与准确。

（2）分类。将经过编辑整理的资料进行分类并编上适当的号码，以便于查找、归档、统计、分析和使用。分类包括预先分类和事后分类两种。预先分类就是在设计调查表时，对被调查者的职业、收入、家庭规模等因素进行分类，以便于资料的整理和分析。对于某些事先不便于分类的问题，可以采取事后分类的办法。分类有助于资料的整理和分析，有助于提高市场调查效率。

（3）统计。将已经分类的资料进行统计计算，并制成各种计算表、统计表，以便于分析和利用。

（4）分析。运用调查得出的有用数据和资料进行分析并得出结论。

2. 编写调查报告　调查报告是对调查成果的总结和调查结论的说明，也是房地产市场调查的最终成果。编写调查报告是房地产市场调查的最后一个环节，市场调查人员要重视调查报告的编写，并及时提供给有关部门或领导使用，作为决策的依据。

调查报告的内容应包括：

（1）调查的目的、对象和范围；

（2）调查所采用的方法；

（3）调查结果；

（4）得出的结论；

（5）对策建议；

（6）必要的附件。

编写调查报告的原则是：

（1）回答调查计划中提出的问题；

（2）用调查数据说明问题，数据力求准确；

（3）文字简明扼要，重点突出；

（4）分析问题力求客观，避免主观臆断；

（5）提出解决问题的具体意见，避免空谈。

撰写并呈交调查报告后，市场调查工作基本告一段落。但是，为了了解调查意见是否正确，调查结果是否被采纳，还应该进行跟踪调查。

4.1.5.4　跟踪调查

跟踪调查要了解调查报告中所提建议是否符合实际，调查数据是否准确，调查结果是否适用，调查报告是否被采纳。在执行期间，若市场环境发生了变化，调查人员可以根据情况对原调查报告提出修改补充意见。

4.2　房地产市场调查的方法

房地产市场调查的方法很多。按照调查对象的多少，可将其分为全面普查、典型调查和抽样调查；按照获取资料的方法，可将其分为询问法、观察法和实验法。

4.2.1 按调查对象划分

房地产市场调查按照调查对象可以分为全面普查、典型调查和抽样调查三种类型。

4.2.1.1 全面普查

全面普查是指对调查对象总体中所包含的个体逐一进行调查。全面普查可以获得系统全面的数据，准确性高。缺点是调查周期长，工作量大，调查费用高。全面普查只适合在小范围内使用，或者是为了了解市场的一些至关重要的基本情况，以便对市场状况做出全面、准确的描述，从而为制定市场有关政策、计划提供可靠的依据时使用。

4.2.1.2 典型调查

典型调查又叫重点调查，就是在对被调查总体进行分析的基础上，有计划、有目的地选择其中具有代表性的典型单位进行调查，通过对典型单位进行调查的结果推出一般结论。典型调查是一种非全面调查，它只是对总体中的部分个体进行调查。但它不是随便选择一部分个体进行调查，而是选择总体中有代表性的个体进行调查。典型调查的目的是通过对典型单位的调查来认识同类市场现象总体的规律性及其本质。

采用这种调查方法，由于被调查的对象数量少，可以节省人力、物力和财力；可以迅速地取得调查结果，节省时间。缺点是典型单位是根据调查者的主观判断选择的，不能完全避免主观随意性；对于调查结论的适用范围，只能根据调查者的经验判断，无法用科学的手段做出准确的测定；利用典型调查往往难于对总体进行定量研究；由于所调查的对象并非全部，调查结果难免存在误差。随着外部环境的变化，所选择的典型调查对象也会发生变化，可能就不具有代表性了。在这种情况下，房地产市场调查人员应该重新选取调查对象，保证调查结果的准确可靠。

4.2.1.3 抽样调查

抽样调查就是从调查的总体中抽取一部分单位作为样本进行调查，以样本的调查结果来推断总体情况。和全面普查、典型调查相比，抽样调查具有时间短、收效大、可靠性强、费用省、易推广等特点。因此，是房地产市场调查中最常用、最基本的方法，尤其适用于量大面广、被调查对象数目多的房地产项目的调查。但是，由于抽样调查的对象只是调查对象的一部分，所以，抽样调查存在误差也在所难免。但是，抽样误差可以通过合理地选择抽样单位、抽样方式和样本数目来克服。

按照抽样方式的不同，可将抽样调查分为随机抽样和非随机抽样。

4.2.2 按调查方法划分

房地产市场调查按照调查方法可以分为询问法和观察法两种类型。

4.2.2.1　询问法

询问法是房地产市场调查人员以询问的方式向被调查者提出问题而收集所需资料的一种调查方法。通常应事先设计好调查提纲或调查表，以便有的放矢、高效率地进行调查。

询问法按照询问方式的不同，又可以分为以下几种方法：

1. 面谈调查　**面谈调查是调查人员与被调查者面对面地交谈，提出有关问题，从而获得有关信息资料的方法。**

面谈调查的优点是大多数人都愿意说而不愿意写，所以回答率比别的方式要高；面对面地交谈有助于深入了解情况；面对面交谈可以直接观察到被调查者的反应。缺点是调查成本高、费用大；调查受调查者主观偏见影响较大。面谈调查适合于调查比较复杂的问题。

2. 电话调查　**电话调查是由房地产市场调查人员通过电话向被调查者提出问题而收集资料的一种方法。**

电话调查的优点是收集资料快；调查成本低；不受地区限制；可按事先拟定的调查表进行询问，便于统一处理。缺点是不能询问较为复杂的问题；不易取得被调查者的合作；不能观察被调查者的真实反应；对没有安装电话的被调查者不能采用此法。该法适用于不易被接触到的调查对象。

3. 邮寄调查　**邮寄调查就是房地产市场调查人员将事先设计好的市场调查表邮寄给被调查者，请他们按要求填写好后寄回以获取资料的方法。**

邮寄调查的优点是调查区域广，调查成本低，被调查者有充分的考虑时间，因而资料较为真实可靠；可以避免调查人员的主观偏见。缺点是问卷回收时间长，回收率低；被调查者可能因误解问卷的含义而影响调查结果。

4. 留置问卷调查　**留置问卷调查是由房地产市场调查人员将市场调查表当面交给被调查者，说明回答问题的要求，留给被调查者自行填写，然后由调查人员收回的方法。**

留置问卷调查的优点是回收率高；被调查者有充分的时间思考和回答问题，有利于提高所回答问题的质量。缺点是所需费用较高，时间较长。

4.2.2.2　观察法

观察法是由房地产市场调查人员直接或通过仪器在现场观察被调查对象的行为并加以记录而获取信息资料的一种方法。

运用观察法进行调查时，调查人员不许向被调查者提问题，也不需要被调查者回答问题，只是通过观察被调查者的行为、态度和表现来收集资料。

常用的观察法如下：

1. 直接观察法　**直接观察法是房地产市场调查人员直接到现场进行观察以收集资料的方法。**

2. 实际痕迹测量法 **实际痕迹测量法指房地产市场调查人员不是直接观察被调查者的行为，而是观察其行为发生后的痕迹，据此收集所需资料的方法。**

3. 行为记录法 **行为记录法就是在取得被调查者同意后，在调查现场安装某种仪器设备，观察并记录被调查者的行为，以获取所需资料的调查方法。**

观察法的优点是被调查者不知道或者不介意自己的行为受到了观察，因此表现十分自然，这样收集到的资料比较客观真实。但它存在明显的缺点：

（1）费用较高，时间较长。观察的时间可能间断或者持续很长，因此要花很多的时间和费用，用仪器观察更是如此。

（2）难以观察到事物的内在因素。观察法只能观察被调查者的外部行为，而难以观察到其内在因素，如原因、动机、态度等思想变化。

（3）当人们知道被观察时可能会改变他们的行为，从而导致观察结果失真。

（4）对调查人员素质要求较高。因为有时观察者容易被表面现象所迷惑，主观理解非常重要，否则，也会使结论失真。

以上两种市场调查方法各有优缺点，调查者要根据调查问题的性质和要求进行选用，也可将两种方法结合起来使用。

4.2.3 问卷调查法

问卷调查法是房地产企业进行各种调查时最常用的一种方法。它是询问调查法的发展和延伸，在各种调查中具有广泛的用途，发挥着重要的作用。

4.2.3.1 问卷调查法的概念与优缺点分析

问卷，又称调查表，是调查者根据市场调查的目的和需求设计出来的，由一系列问题、备选答案及说明等组成的，向被调查者收集资料的一种工具。

问卷调查法，简称问卷法，是调查者运用统一设计的调查问卷，由被调查者填写，向被调查者了解市场有关情况，以收集有关资料的方法。

问卷调查法的优点是：调查范围广；节省人力、费用和时间；具有匿名性的优点；避免干扰、减少误差；便于整理和分析资料。

问卷调查法的缺点是：回收率低；对被调查者的文化程度要求高；被调查者可能因误解问卷的含义而影响调查结果。

4.2.3.2 调查问卷的基本结构

问卷是问卷调查法的基本工具，了解问卷的基本结构，对问卷的设计和应用都是必需的。

调查问卷一般由卷首语、正文和结束语三部分组成。

1. 卷首语 卷首语包括问候语、填表说明和问卷编号。

（1）问候语。问候语的目的是引起被调查者的重视，消除他们的疑虑，激发他们的参与意识，争取他们的合作。因此，语气要诚恳、亲切、礼貌，文字要简洁、准确。在问候语中要说明调查者的身份以消除被调查者的疑虑；要说明调查的目的和意义，以使被调查者了解此次调查的重要性，激发他们的参与意识；要表明对调查结果的保密原则以消除被调查者的防备心理，鼓励他们如实填写问卷；还可以提出奖励措施，调动被调查者的参与热情。

(2) 填表说明。填表说明主要是指导被调查者正确填写问卷。这部分内容有时可以集中在一起，有时也可以分散到各有关问题的前面。填表说明要详细清楚，避免因误解题意而引起回答错误或偏差。

(3) 问卷编号。问卷编号主要用于识别问卷、调查者和被调查者，以便于分类归档或由计算机处理调查结果。

2. 问题和答案　问题和答案是问卷的主体，是问卷最核心的组成部分，包括需要调查的问题和备选答案。这部分内容在设计问卷时必须认真推敲，问题和答案的质量如何，直接关系到调查结果的质量。

3. 结束语　结束语放在问卷的最后。一方面向被调查者表示诚恳的感谢；另一方面，还应向被调查者征询对市场调查问卷设计的内容、对问卷调查的意见和看法。

4.2.3.3　调查问卷问题的设计

1. 问题的类型　对问卷中的问题，可以从多个角度进行分类。

(1) 开放式问题和封闭式问题。

开放式问题是指问卷上没有事先拟好的答案，回答者可以自由回答的问题。

调查问卷中如果采用开放式问题，应在问题的后面留下空白，以便被调查者填写自己的答案。所留空白的大小必须合适，空白太大会增加问卷的篇幅，太小又限制了被调查者提供更多的信息。

例如：您在购房过程中最需要哪些服务？

____

____

____

开放式问题的优点是被调查者可以充分表达自己的意见和看法，有利于发挥被调查者的主动性和想象力；很可能收集到调查者自己忽略的问题的答案、资料或建设性意见；防止固定答案对被调查者的诱导。缺点是标准化程度低，调查结果不易处理；要求被调查者有一定的文字表达能力；在汇总处理调查结果时，因文化素质较高的人发表的意见较多而形成调查偏差；回答率较低，需要的时间较长。

开放式问题适于询问那些潜在答案很多，或者答案比较复杂，或者尚未弄清各种可能答案的问题。

封闭式问题是指答案已事先由调查者拟定，由被调查者从中选择答案的问题。

例如：

您认为住宅本身哪些条件最重要？

楼层□　朝向□　采光□　通风□　位置□　室内布局□　配套设施□　户型□　视野□（请用阿拉伯数字选出三项）

封闭式问题主要有两种类型：

1）二项选择题。即要求被调查者在预先给定的、相互对立的两个答案中选择一个答案。

例如：

您是否购买了住房？

买了□　未买□

2）多项选择题。即问卷中给出的答案在两个以上，由被调查者根据自己的情况从中选择一个或多个答案。这种方法在问卷调查中使用得较多。

例如：

您对所购买的住宅哪些方面不满意？

地点□　环境□　设计□　质量□　价格□　建材□　其他□（请用阿拉伯数字选出三项）

封闭式问题的优点是便于回答，节省时间；结果易于处理；有利于提高问卷的回收率和有效率。缺点是对制作答案要求高，有时很难把答案设计周全，可能被调查者的意见不在拟订的答案中；给定的答案可能会对被调查者产生诱导；对被调查者来说，回答封闭式问题很方便，即使不了解的问题也可以任意填答，这会降低回答的可靠性。

开放式问题和封闭式问题各有利弊，采用哪种问题提问应考虑答案的分散程度。如果问题可能的答案很多，又很分散，应采用开放式问题，反之宜采用封闭式问题。

（2）事实性问题、行为性问题、动机性问题和态度性问题。

事实性问题是要求被调查者回答一些关于客观存在的情况的问题。

例如：

您现在的住房产权是谁的？

自己所有□　租的□　借的□　单位的□

行为性问题是对被调查者的行为进行调查。

例如：

您以前是否购买过住房？

买过□　没买过□

动机性问题是了解被调查者行为的原因或动机。

例如：

您购买住宅的主要原因是什么？

想有自己的房子□　现有住房太小□　现有住房地点不好□　现有住房功能不

全□ 想住更舒适的房子□ 想投资房地产□ 其他□

态度性问题是关于被调查者的态度、评价意见等方面的问题。

例如：

就住宅本身而言，您认为哪点最重要?

质量□ 朝向□ 户型□ 室内设计□ 楼层□ 环境□

2. 问题设计的原则 设计问题应注意以下几个方面。

（1）问题要明确具体、避免笼统抽象。抽象的问题使被调查者难以表达具体意见，也使调查者难以得到有意义的资料。因此，调查者应针对某些特定的问题提问。

（2）用词要简短、确切、通俗。问卷中的用词要简短，以便于被调查者回答，避免被调查者厌烦；用词的含义要明确，不要使用模棱两可或含混不清的词；用词要通俗，避免使用过于专业化的术语。

（3）避免诱导性提问。问卷中的提问不能带有倾向性，应保持中立。词语中不能暗示出调查者的观点，不能向被调查者提示答案方向。

（4）避免否定形式的提问。在日常生活中，人们往往习惯于肯定的提问而不习惯于否定的提问。否定的提问会影响被调查者的思维，易造成相反意思的回答或选择。

（5）避免敏感性问题。敏感性问题是指被调查者不愿让别人知道答案的问题。尽管在填表说明中调查者已经申明保密原则，但被调查者仍可能会拒绝回答敏感性的问题，或者采取虚报、假报的方法应付这类问题，从而影响调查结果的质量。在调查问卷中应尽量避免提出敏感性的问题。

（6）避免使用假设性问题。假设性问题就是调查者先假设一种情况，然后要求被调查者回答在假设的情况下将采取何种行动。问卷调查中要避免使用假设性问题，因为既然问题是假设的，被调查者的回答就不会认真，从而影响调查结果。

3. 问题顺序的设计 为了提高问卷的回收率，调查者在设计问卷时，应站在被调查者的角度，顺应被调查者的思维习惯，使问题易于回答。在问卷的设计过程中，安排好问题的顺序是非常重要的，同样的若干个问题，顺序排列得合理，就能收到良好的调查效果；顺序排列得不合理，就会影响调查的质量和问卷的回收率。因此，设计问题的顺序应注意以下几点。

（1）问题的排列应具有逻辑性。设计问卷时，应把同一性质和同类别的问题排列在一起，以便被调查者按照一定的思路连贯地回答问题。

（2）先易后难。设计问卷时，应把比较容易回答的问题放在前面，比较难回答的问题放在后面；把被调查者熟悉的问题放在前面，不熟悉的问题放在后面；把被调查者比较感兴趣的问题放在前面，把比较严肃的问题放在后面。

（3）问题的排列应考虑时间顺序。时间顺序的安排，可采取由过去到现在，也可采取由现在到过去的顺序，使被调查者按照连贯的思路回答问题。

（4）问题的排列应考虑被调查者的心理承受能力。在市场调查中，往往无法回避一些敏感性问题的调查。在设计问卷时，应考虑被调查者的心理承受能力，把敏感性问题放得靠后一些。

4.2.3.4 调查问卷答案的设计

在封闭式问题中，答案的设计与问题的设计同等重要。因此，答案的设计要经过周密细致的考虑，要符合以下要求：

1. 答案要穷尽　所谓答案要穷尽就是问题所有可能的答案都要列出来，以供被调查者选择。

例如：

您家每月的收入是：1 000元以下□　1 000～2 000元□　2 000～3 000元□　3 000～4 000元□　4 000元以上□

穷尽性原则要求将可能的答案都列出来，而许多问题难以做到这一点。对此，设计答案时最常采用的办法是将问题的主要答案列出来，最后把其他也作为一种答案，由“其他”来包括主要答案中没有列出的情况。

2. 答案要互斥　答案要互斥是指同一个问题的若干个答案之间的关系是互相排斥的，不能有交叉、重叠和包含等情况。对每一个回答者来说，只能有一个答案适合他，如果有两个或两个以上的答案适合他，这个问题的答案就不是互斥的。

例如：

您的职业是什么？

工人□　农民□　商业人员□　售货员□　教师□　医生□　其他□

在所列的答案中，商业人员和售货员就不具有互斥性。

4.3 房地产市场预测概述

4.3.1 房地产市场预测的概念

市场预测是房地产市场营销活动的重要组成部分，是企业制定营销战略的前提和基础。房地产企业不仅要通过市场调查了解市场需求的现状，还要通过市场预测了解未来市场需求的变化趋势，及时调整企业的营销战略和策略，掌握市场变化的主动权。“凡事预则立，不预则废”。预测可以最大限度地减少预测对象未来发展的不确定性，使企业在经营中立于不败之地。

房地产市场预测就是对影响房地产市场需求的诸因素进行调查研究，在掌握大量信息资料的基础上，运用科学的方法和手段，对未来一定时期内房地产市场的需求变化及发展趋势，进行分析、预见、估计和判断，为房地产企业经营决策提供科学依据。

科学的市场预测是以市场调查为基础的，市场预测和市场调查既有联系又有区别。

4.3.2 房地产市场预测的种类

4.3.2.1 按市场预测的范围分类

按照市场预测的范围，房地产市场预测可以分为宏观市场预测和微观市场预测。

1. 宏观市场预测　宏观市场预测就是从宏观角度，对整个房地产市场需求的发展变化及其趋势所进行的预测。

2. 微观市场预测　微观市场预测又叫地区性预测，就是从房地产企业的角度，对房地产企业所在地区房地产市场的需求状况及发展趋势进行的预测。

4.3.2.2 按市场预测的时间分类

1. 长期预测　长期预测一般是指5年及5年以上的预测。它适用于房地产市场长期趋势的分析，是房地产企业制定长远规划的依据。

2. 中期预测　中期预测一般是指1年以上、5年以下的预测，它是对政治、经济、社会、技术等影响房地产市场发展的、长期起作用的因素所做的未来发展趋势的预测。

3. 短期预测　短期预测一般是指1年及1年以下的预测。短期预测目标明确，不确定因素少，预测性强，能为房地产企业近期安排市场、制定营销决策、解决近期内市场中出现的突出问题提供依据。

4.3.2.3 按市场预测的性质分类

1. 定性预测　定性预测就是根据预测者的知识、经验和分析判断能力，对收集到的资料进行综合分析，对市场未来发展变化趋势做出推测和判断，因此又叫经验判断法。

2. 定量预测　定量预测是在预测者掌握充足统计资料的基础上，借助数学方法，建立数学模型，用来分析市场发展变化趋势的预测。

4.3.3 房地产市场预测的内容

房地产市场预测的内容十分广泛，凡是直接或间接影响企业营销活动的因素都在市场预测的范围之内。概括起来，主要包括以下八方面的内容：国民经济发展趋势预测；国家方针政策预测；房地产市场需求预测；产品生命周期预测；市场占有率预测；价格预测；技术发展预测；房地产市场供给预测。

4.3.4 房地产市场预测的程序

4.3.4.1 确定预测目标

确定预测目标是进行市场预测的首要问题。确定预测目标，就是明确为什么要进行市场预测，要解决什么问题。只有明确预测目标，才能有针对性地选择预测对象、内容和方法，制定预测工作计划。否则，市场预测将是盲目的。

市场预测的目标应尽量具体、明确和详尽，不能抽象含糊。预测目标的确定，应包括预测对象、内容、范围、要求、期限、参加人员等内容。

4.3.4.2 收集分析资料

任何预测都要从现有资料出发，收集和整理资料是科学预测的基础。收集资料主要通过调查方法取得。一般来说，市场预测所要利用的数据资料可以按时间分为历史资料和现实资料；按空间分为企业内部资料和企业外部资料。

预测者在收集到有关资料后，还要对这些资料进行认真审核，对不完整和不适用的资料进行必要的筛选和调整，保证资料的准确性、系统性、完整性和可比性。对经过审核和整理的资料还要进行初步分析，观察资料结构的性质，作为选择预测方法的依据。

4.3.4.3 建立预测模型，选择预测方法

收集资料是为了利用有关信息，构建一个有关预测对象的模型。预测模型也叫数学模型，是用以描述经济现象之间关系的一个或一组数学方程式。

市场预测模型大致有三类：一是表示预测对象与时间之间相互关系的时间关系模型；二是表示预测对象与其影响因素之间相互关系的相关关系模型；三是表示预测对象与其他预测对象之间相互关系的结构关系模型。

预测者在选择预测方法时，要考虑以下几方面因素：

1. 预测目的　不同的预测目的，要选用不同的预测方法。

2. 预测时间的长短　预测时间的长短不同，选用的方法也不同。例如，短期的销售预测，一般采用各种平均法、指数平滑法。中长期预测一般采用直线或曲线趋势法。

3. 拥有历史统计资料的多少及其完整程度　如果占用的历史统计资料完整，可采用定量方法进行预测；反之，适合采用定性方法进行预测。

4. 产品寿命周期阶段　产品寿命周期阶段不同，要选择不同的预测方法。

4.3.4.4 分析、评价、确定预测值

市场预测只是对未来市场供求状况及其变化趋势的一种估计和推测，由于预测模型和预测方法选择不当，历史统计资料的不完整或虚假因素，外部政治、经济、技术条件发生了重大变化等原因，导致预测值同未来的实际值总是有差距。这就需要分析、评价和确定预测值，即对初步预测结果的可靠性和准确性进行验证，估计预测误差的大小。预测误差越大，预测的准确度就越小。而预测误差过大，便失去了预测的意义。因此，要分析预测误差产生的原因，修改预测模型，在分析评价的

基础上，修正初步预测值，得到最终的预测结果。

4.3.4.5　提出预测报告

经过预测后，预测者要及时写出预测报告。预测报告要把历史和现状结合起来进行比较，既要进行定性分析，又要进行定量计算，尽可能利用统计图表和数学方法予以精确描述。要做到数据真实准确、论证充分可靠、建议切实可行。还要对预测结果进行判断和评价，重点要进行预测误差分析。

预测报告是对预测工作的总结，用来向使用者汇报预测结果。预测报告除了预测结果以外，还应包括资料收集与处理的过程，选用的预测技术，建立的预测模型以及对预测模型的评价和检验，对未来条件的分析，对预测结果的分析和评价以及要说明的问题。

4.4　房地产市场预测的方法

房地产市场预测的方法种类繁多，可以概括为定性预测法和定量预测法两大类。每种方法都有自己的优缺点和适用范围，企业应根据实际情况选择适宜的预测方法，并将有关方法结合起来运用，取长补短，提高市场预测的准确性。

4.4.1　定性预测法

定性预测法又称作经验判断法，定性预测就是根据预测者的知识、经验和分析判断能力，对收集到的资料进行综合分析，对市场未来发展变化趋势做出推测和判断。

定性预测法的优点是有利于发挥预测者的主观能动性，有利于对房地产市场的未来做出深入、细致、具体、符合客观实际的预测。定性预测法还具有简便易行、费用较低、时间较短、灵活性强的优点。缺点是缺乏客观标准，预测结果受到预测者知识经验和分析判断能力的局限，带有一定的主观片面性。

定性预测法适用于缺乏数据资料、影响因素复杂、预测对象牵涉的领域比较广泛、预测期较长的情况。

定性预测法主要有以下几种。

4.4.1.1　集合意见法

集合意见法又叫集体判断法，它是利用集体的经验、智慧，通过思考分析、判断、综合，对房地产市场未来的发展趋势进行估计、推测和判断。

集合意见法根据参与预测的人员不同，可以分为经理人员集合意见法和销售人员集合意见法。

经理人员集合意见法能集中企业高层管理者的智慧和经验，避免个人判断的局限性，得出比较可靠的预测结果；成本低，速度快，易于组织。但是主观随意性大，易受到讨论气氛的影响，悲观估计的可能性较低，而乐观估计的可能性较高；易受权威人士的影响；易受当时市场形势的影响，进而产生过分乐观或过分悲观的倾向。

销售人员集合意见法速度快、成本低。此外，由于销售人员直接接触市场和顾客，对本人负责地区的市场非常熟悉，对市场需求变化趋势看得比较清楚，因此，预测结果比较准确。但是销售人员受其工作范围的限制，不易把握总体形势和总趋势。另外，预测结果受到销售人员心理因素影响较大，如将预测值估计得过高，完不成会对个人利益产生影响等。

对于上述两种预测方法，预测结果既可通过讨论的形式直接得出，也可以使用“三点法”，即由每个人列出最高销售额、最可能销售额、最低销售额及其发生的概率，然后通过计算得出预测值。

例如：某房地产开发公司为了预测明年本公司某商品的销售量，特召集了营销经理、开发经理和财务经理对此进行预测。各位经理对销售量的估计如表4-1所示：

表4-1 经理预测表

预测者	销售量/m^2	概率	销售量×概率	权数
营销经理				
最高销售量	8 000	0.2	1 600	
最可能销售量	7 000	0.5	3 500	
开发经理				
最高销售量	9 000	0.2	1 800	
最可能销售量	7 000	0.6	4 200	
最低销售量	4 000	0.2	800	
财务经理				
最高销售量	8 000	0.3	2 400	
最可能销售量	6 000	0.6	3 600	
最低销售量	5 000	0.1	500	

解：预测值=6 600×0.5+6 800×0.3+6 500×0.2 = 6 640（m^2）

答：本公司明年某商品的销售量为6 640m^2。

由于预测者对市场的了解程度和经验等因素不同，他们每个人的预测结果对最终预测结果的影响和作用也不相同，可分别给予不同的权数表示他们预测结果的差异，最后采取加权平均法进行处理。若每位预测者的重要性相同，则可采用算术平均法进行处理。在此例中，采用的是加权平均法。

4.4.1.2 专家意见法

专家意见法又叫德尔菲法，就是采用征询意见表，利用通信方式，向一个专家小组进行调查，将专家小组的判断预测加以集中，利用集体的智慧对预测的问题做出推断。

德尔菲法是在20世纪40年代由美国的兰德（RAND）公司首创，现在已经成为广泛应用的一种预测方法。德尔菲相传是古希腊神话中的神谕之地，德尔菲城中有一座阿波罗神殿可以预见未来，为了表示这种预测方法的权威性，故以德尔菲来命名。

1. 专家意见法的程序

（1）确定预测目标。

（2）设计调查表。

（3）选聘专家。

（4）反复征询专家意见。

（5）得出预测结论。

2. 专家意见法的特点

（1）匿名性。

（2）反馈性。

（3）收敛性。

（4）统计性。

4.4.1.3 市场因子推演法

所谓市场因子，就是能明显引起某种产品市场需求变化的实际因素。市场因子推演法就是通过分析市场因子与销售量之间的相关关系预测某种房地产未来的销售量。

例如，某房地产企业通过对历年的统计资料进行分析得知：在新婚家庭中有60%需要购买商品住宅。因此，新婚家庭数就是商品住宅销售量的市场因子。若某地新婚家庭数为10万户，则商品住宅的需求量为100 000 × 60%=60 000（户）。

4.4.2 定量预测法

定量预测法是预测者在掌握充足的统计资料的基础上，应用数学方法，建立数学模型，对预测对象的发展变化趋势进行预测的方法。

应用定量方法进行预测，要求具有完整的历史统计资料。在预测对象的发展变化比较稳定、偶发性因素影响较小的情况下，可以得到较为准确的预测结果。但实际上，影响预测对象的因素很多，不可能把所有的因素都考虑进去，因此，定量预测的结果出现误差在所难免。

定量预测的方法很多，下面主要介绍时间序列预测法和回归分析法。

4.4.2.1 时间序列预测法

时间序列预测法就是将历史资料和数据，按照时间顺序排成一个系列，根据时间序列所反映的经济现象的发展过程和发展趋势，将时间序列外推或延伸，以预测经济现象未来可能达到的水平。

时间序列也叫动态数列，就是将过去的历史资料和数据，按时间顺序加以排列所形成的数字系列，时间可以是年、季度、月、周等。

下面介绍几种常用的时间序列预测法。

1. 简单平均法　简单平均法也叫算术平均法，是把过去时期的时间序列数据全部相加，再除以资料的期数，求得平均值，把这个平均值作为下一期的预测值。

设有n期资料，分别为X_1，X_2，X_3，…，X_n，则简单平均法的计算公式为：

$$Y_{n+1}=\frac{1}{n}(X_1+X_2+X_3+\cdots+X_n)=\frac{1}{n}\sum_{i=1}^{n}X_i$$

式中　Y_{n+1}——第$n+1$期的预测值；

X_n——第n期的实际值；

n——期数。

例如：某房地产企业2004年7～12月份商品住宅的销售额如表4-2所示，试用简单平均法预测2005年1月份的销售额。

表4-2　某房地产企业商品住宅销售状况　（单位：万元）

月份	7	8	9	10	11	12
实际销售额	480	500	490	520	530	550

解：$Y=\frac{1}{n}\sum_{i=1}^{n}X_i=\frac{480+500+490+520+530+550}{6}=512$（万元）

答：2005年1月份该房地产开发公司的商品住宅销售额为512万元。

简单平均法的优点是简便易行，但这种方法没有考虑不规则的、季节性的变化。如果历史资料本身变化不大，大致沿着一条水平线上下波动，用这种方法预测确实简单可靠。如果历史资料起伏较大，有明显的季节性变动或具有长期的增减趋势，使用此法得出的预测结果误差就会较大。

2. 加权平均法　加权平均法是指在计算平均数时，根据观察期每期资料的重要性分别给予不同的权数，然后再加以平均计算的方法。这个加权平均值即为下期的预测值。

在加权平均法中，对权数的赋值是近期数据的权数大，远期数据的权数小。因为越是近期数据对预测结果的影响越大，越是远期数据对预测的结果影响越小。权数可以是整数，还可以是小数。若权数为小数，则权数之和等于1。

加权平均法预测值的计算公式为：

$$Y=\frac{\sum_{i=1}^{n}W_iX_i}{\sum_{i=1}^{n}W_i}$$

式中　Y——预测值；

X_i——第i期的实际值；

W_i——第i期的权数；

n——期数。

例如：某房地产企业2004年3～6月商品住宅销售额如表4-3所示，考虑到实际值与预测期愈近对预测值影响愈大，令3～6月各月权数分别为0.20、0.25、0.25、0.30，用加权平均法预测7月份的销售额。

表4-3　某房地产企业商品住宅销售状况　（单位：万元）

月份	3	4	5	6
销售额	460	500	540	580

解：$$Y=\frac{\sum_{i=1}^{n}W_iX_i}{\sum_{i=1}^{n}W_i}=\frac{460\times0.20+500\times0.25+540\times0.25+580\times0.30}{0.20+0.25+0.25+0.30}=526\text{（万元）}$$

答：预计该企业7月份的销售额为526万元。

3. 移动平均法　移动平均法是在简单平均法的基础上发展起来的一种预测方法。移动平均法就是对历史数据按顺序逐点分段移动，以反映出预测对象的长期发展趋势。

移动平均法分为一次移动平均法和二次移动平均法。

（1）一次移动平均法。一次平均法就是对原始数据逐点分段移动的方法，其计算公式为：

$$Y_{t+1}=M_t^{(1)}=\frac{1}{n}(X_t+X_{t-1}+X_{t-2}+\cdots+X_{t-n+1})$$

式中　$M_t^{(1)}$——第t期的一次移动平均值；

X_t——第t期的实际值；

n——移动跨期数。

用一次移动平均法进行预测，本期的移动值就是下一期的预测值，即$Y_{t+1}=M_t^{(1)}$。

例：某房地产企业2004年1～12月份商品住宅的销售额如表4-4所示，分别以3期和4期为移动期，预测2005年1月份的销售额。

表4-4　某房地产企业商品住宅销售状况　（单位：万元）

月份	销售额	3个月的移动平均预测值（n=3）	4个月的移动平均预测值（n=4）
1	200		
2	210		
3	230		
4	240	(230+210+200)/3=213	
5	250	(240+230+210)/3=226	(240+230+210+200)/4=220
6	270	(250+240+230)/3=240	(250+240+230+210)/4=233
7	260	(270+250+240)/3=253	(270+250+240+230)/4=248
8	250	(260+270+250)/3=260	(260+270+250+240)/4=255
9	260	(250+260+270)/3=260	(250+260+270+250)/4=258

（续）

月份	销售额	3个月的移动平均预测值（n=3）	4个月的移动平均预测值（n=4）
10	280	(260+250+260)/3=256	(260+250+260+270)/4=260
11	270	(280+260+250)/3=263	(280+260+250+260)/4=263
12	290	(270+280+260)/3=270	(270+280+260+250)/4=265
05.1		(290+270+280)/3=280	(290+270+280+260)/4=275

由表4-4的计算可以看出，当n = 3时和n = 4时，得到的预测值是不一样的。把它们同实际值比较一下就会发现，n = 4时的移动平均预测值比n = 3的移动平均预测值误差大，即灵敏度低。移动平均法预测误差的大小取决于n的取值，n值越大，对实际值的修匀作用越强，预测线越平滑，灵敏度也就越差，其结果只能反映预测对象的发展方向和趋势；反之，n值越小，预测线越接近实际值，灵敏度越高。但是，n值太小，又不能剔除某些随机因素引起的变化。因此，用一次移动平均法进行预测，n的取值是关键。

n的取值可以参考以下几条原则：

1）在资料期数较多时，n值可取大些；而资料期数较少时，n值要取小些。

2）如果希望反映历史资料的长期变化趋势，n值应取大些；如果要求反映近期数据的变化趋势，n值应取小些。

3）在历史资料具有比较明显的季节性变化或周期性变化时，n应等于季节周期或循环周期。

（2）二次移动平均法。二次移动平均法是在一次移动平均法的基础上，再做一次移动平均。主要是由于一次移动平均法求得的移动平均值存在滞后偏差。

二次移动平均法并不直接用于预测，而是为了求出平滑系数，建立移动平均模型，以克服一次移动平均值的滞后现象。

二次移动平均值的计算公式是：

$$M_t^{(2)} = \frac{1}{n}[M_t^{(1)} + M_{t-1}{}^{(1)} + \cdots + M_{t-n+1}{}^{(1)}]$$

式中 $M_t^{(2)}$——第t期二次移动平均值；

$M_t^{(1)}$——第t期一次移动平均值；

n——移动跨期数。

利用二次移动平均法进行预测的基本公式是：

$$Y_{t+T} = a_t + b_t T$$

式中 Y_{t+T}——第$t+T$期的预测值；

T——第t期至预测期的时期数；

a_t、b_t——平滑系数。

平滑系数a_t、b_t的计算公式为：

$$截距 a_t = 2M_t^{(1)} - M_t^{(2)}$$

$$斜率 b_t = \frac{2}{n-1}[M_t^{(1)} - M_t^{(2)}]$$

在求得a_t、b_t的值以后，就可以用$Y_{t+T} = a_t + b_t T$来进行预测。

例如：某房地产企业2004年1～12月份的商品房销售额如表4-5所示，以3期为移动期，试用二次移动平均法预测2005年1、2、3月份的销售额。

表4-5　某房地产企业商品房销售状况　（单位：万元）

月　份	销 售 额	一次移动平均值$M_t^{(1)}$ $(n = 3)$	二次移动平均值$M_t^{(2)}$ $(n = 3)$
1	200		
2	210		
3	230	213.33	
4	240	226.67	
5	250	240.00	226.67
6	280	253.33	240.00
7	260	260.00	251.11
8	250	260.00	257.78
9	260	256.67	258.89
10	280	263.33	260.00
11	270	270.00	263.33
12	290	280.00	271.11

应用表4-5中移动平均值的计算结果，求a_t和b_t的值。选$t = 12$，则$T = 1, 2, 3$。

$$a_t = 2M_t^{(1)} - M_t^{(2)} = 2 \times 280.00 - 271.11 = 288.89$$

$$b_t = \frac{2}{n-1}[M_t^{(1)} - M_t^{(2)}] = \frac{2}{3-1} \times (280.00 - 271.11) = 8.89$$

则预测方程为：$Y_{12+T} = a_{12} + b_{12} T = 288.89 + 8.89T$

分别把$T = 1, 2, 3$代入，求得该房地产企业1、2、3月份的销售额分别为：

$Y_{13} = 288.89 + 8.89 \times 1 \approx 298$（万元）

$Y_{14} = 288.89 + 8.89 \times 2 \approx 307$（万元）

$Y_{15} = 288.89 + 8.89 \times 3 \approx 316$（万元）

答：2005年1、2、3月份的销售额分别是298、307、316万元。

4. 指数平滑法　在运用移动平均法预测时，由于需要较多的统计数据，应用有局限性，因此在预测中又发展了一种运用较小储存数据的方法，即指数平滑法。指数平滑法就是对各期数据按照发生的先后次序，分别给出具有指数变化规律的不同权数，求出加权平均值，以此为基础对时间序列问题进行预测。此方法是移动平均法的改进发展，它采用指数加权的办法进行预测，所取的指数又叫平滑系数。

采用这一方法，可以不需储存大量的历史数据，只需很少数据，就可计算。同时，它以时间顺序对各期数据加权，使近期的数据较之远期的数据对未来的预测影响更大，这符合事物的发展规律。因此，它是目前国内外短期预测和近期预测中普遍使用的一种方法。

采用这一方法，是以本期实际值和本期预测值为基数，分别给予不同的权数，然后计算出指数平滑值，作为下期预测值。其计算公式为：

$$Y_{t+1} = S_t = \alpha X_t + (1-\alpha)\ S_{t-1}$$

式中 Y_{t+1}——第$t+1$期的预测值；

S_t——第t期的平滑值；

X_t——第t期的实际值；

S_{t-1}——第$t-1$期的平滑值；

α——平滑系数，$0 \leqslant \alpha \leqslant 1$。

在运用指数平滑法进行预测时，要注意两个问题：一是平滑系数α的取值；二是初始值S_0的确定。

α取值的大小，对预测结果有重大影响。如果已知的时间序列长期变化趋势比较平稳，说明历史数据对平滑值影响较大，α取值应小些；如果已知的时间序列有迅速而明显的变化倾向时，说明近期的数据对平滑值影响大，α取值应该大些；当遇到不容易判断的情况，可选用不同的α值进行测算，从中选择预测误差小的α值。

初始值的确定。通常，在原始数据较多时，就直接将第一期的实际值X。当作初始值S_0；在原始数据较少时，用前三期实际值的算术平均值作为初始值。

例如：某房地产企业2004年1～6月份商品房的销售额如表4-6所示，试用指数平滑法预测2004年7月份的销售额。

表4-6 某房地产企业商品房销售状况 （单位：万元）

月 份	X_t	$S_t(\alpha=0.8)$	月 份	X_t	$S_t(\alpha=0.8)$
1	300	326.67	4	370	365.17
2	330	329.33	5	380	377.03
3	350	345.87	6	400	395.41

答：预测7月份的销售额为394.41万元。

4.4.2.2 回归分析法

回归分析法是利用事物发展变化的因果关系进行预测的一种方法。它是通过对预测结果有重要影响的因素进行分析，找到预测量和影响因素之间的因果关系，从而推测预测对象随影响因素的变化而变化的状况，回归分析法因此又叫因果分析法。

回归分析是对具有因果关系的现象，根据数据资料，用数理统计的方法，建立数学模型，近似地表达变量之间的变化关系。在回归分析中，引起预测对象变化的原因叫自变量，预测对象为因变量。因变量受一个自变量或多个自变量的影响。回归分析反映了事物发展变化中一个因变量对一个或多个自变量的关系，它分为一元回归分析和多元回归分析、线性回归分析和非线性回归分析。

案 例 沈阳市商品住宅市场调查问卷

尊敬的先生/女士：

您好！

为了更好地了解我市居民购买商品房的真实意向，配合在校期间的专业课学习，我们特组织了本次调查，希望能得到您的帮助与支持。调查采用不记名方式，对您的回答予以保密，仅作为在校学习的参考资料。

对您的帮助与支持表示衷心感谢！

辽宁商贸职业学院房地产经营与估价专业

基本资料

1. 性别：男□ 女□

2. 年龄：25岁以下□ 26岁～30岁□ 31岁～35岁□ 36岁～40岁□ 41岁～50岁□ 50岁以上□

3. 职业：工人□ 专业技术人员□ 公务员□ 科教文卫□ 公司职员□ 个体户□ 退休□ 其他□（请注明）

4. 家庭人口：1人□ 2人□ 3人□ 4人□ 5人□ 5人以上□

5. 家庭月总收入：2 000以下元□ 2 000元～3 000元□ 3 000元～5 000元 □ 5 000元～8 000元□ 8 000元以上□

调查项目：

1. 您现在的住房是：

平房□ 多层□ 小高层□ 高层□ 别墅□ 其他□

2. 您现在的住房面积是：

50m²以下□ 50～80m²□ 80～100m²□ 100～150m²□ 150m²以上□

3. 您现在住房的产权性质？

个人所有□ 私产租赁□ 公产租赁□ 借他人住宅□ 其他□（请注明）

4. 近两年内，您是否打算买房子？（若回答不买，跳至第10题）

买□ 不买□

5. 您购买住房的目的是什么？

居住□ 保值增值□ 投资□ 从事经营□ 其他□（请注明）

6. 您打算购买多大的房子？

50m²以下□ 50～80m²□ 80～100m²□ 100～150m²□ 150m²以上□

7. 您打算购买哪种类型的房子？

多层□ 小高层□ 高层□ 别墅□ 其他□（请注明）

8. 您打算购买哪种户型的房子？

一室一厅□ 二室一厅□ 二室二厅□ 三室一厅□ 三室二厅□ 四室一厅□ 四室二厅□ 四室二厅以上□

9. 您打算购买什么价位的房子？

1 500元/m^2以下□ 1 500～1 800元/m^2□ 1 800～2 000元/m^2□ 2 000～2 500元/m^2□ 2 500～3 000元/m^2□ 3 000～4 000元/m^2□ 4 000～4 500元/m^2□ 8 000元/m^2以上□

10. 您购买住房最先考虑的因素是：(请列出前三项)

质量□ 价格□ 地段□ 舒适□ 安静□ 美观□ 气派□ 安全□ 方便□ 宽敞□ 其他□

11. 您觉得下列哪种房间最需要宽敞？

客厅□ 餐厅□ 卧室□ 卫生间□ 阳台□ 其他房间□

12. 就住宅本身而言，您认为下列哪些条件最重要？ (请列出前三项)

户型□ 楼层□ 朝向□ 通风□ 采光□ 视野□ 室内设计□

外观□ 工程质量□ 配套设施□

13. 就住宅小区环境而言，您认为下列哪几点最重要？(请列出前三项)

交通便利□ 购物方便□ 绿化□ 附近中小学质量□ 离工作单位近□

文化娱乐□ 其他□

14. 您购房的信息主要来源于：(请列出前三项)

网络□ 房交会□ 房屋中介□ 朋友介绍□ 户外广告□ 报纸□

电视□ 电台□ 其他□

15. 央行加息对您购房的影响：

没有影响□ 影响不大□ 不清楚□ 有一点影响□ 影响很大□

16. 您经常看的报纸是：(可多选，请排列顺序)

辽宁日报□ 辽沈晚报□ 沈阳日报□ 沈阳晚报□ 晨报□ 今报□ 其他□

非常感谢您对此次调查的大力支持！

调 查 者：____________

调查时间：____________

调查地点：____________

补充材料

如何调查竞争楼盘

销售前对竞争楼盘的调查，是销售人员的一项基础工作，是为了让销售人员详细了解竞争楼盘的情况，分析他们的优点，寻找他们的弱点，从而在销售洽谈中占据有利位置。此外，对竞争楼盘的市场调研，还可以帮助销售人员学习其他楼盘销售人员的一些销售方法和技巧，从而提高自己的销售水平。

1. 选择竞争楼盘的标准

进行竞争楼盘的市场调研时，首先要对区域市场的整体楼盘概况有所了解，如区域市场内有多少个楼盘、分别是什么样的楼盘、其位置分布情况、各个楼盘的产品概况和价格情况等基本内容。

其次，要从区域市场内找出重点项目、可类比楼盘进行更为详尽的市场调研分析。重点项目是指在区域房地产市场中，具有较大影响力的某个或某些楼盘，如某区域的楼盘，在住宅、价格和品质基本相同的情况下，其中的一个楼盘卖得相当好，这就是区域应该着力分析的地方。可类比项目，是指与本楼盘具有可比性的楼盘，如周边同类楼盘等。可参考一下选择竞争楼盘的标准：

（1）周围2～3km以内的房地产项目。

（2）价格相差10%～15%之间的其他现卖或潜在项目。

（3）本城区最好卖的前20名项目。

（4）知名开发商现正在发售或即将发售的项目。

2. 确定调查内容

在对重点项目、可类比项目进行市场调研时，通常应着重把握以下六大项内容：

（1）分析楼盘的地理位置。一方面是分析竞争楼盘所处区域的历史沿革、区域特性，如商业中心、工业中心、学院等；了解区域交通状况，如公交、地铁、高架桥、轻轨、省市级公路、区县级公路等；了解公共配套设施，如水、电煤等市政配套；公园、学校、医院、影剧院、商业中心、超市、宾馆、图书馆、体育场馆、集贸市场等生活配套和人文环境等。另一方面就是竞争楼盘地块的大小形状、所处位置，它东西南北的邻居是谁，它的进出道路如何，是否临街等。和其他商品不一样，楼盘的地理位置是楼盘不可分离的关键因素，它的优劣与否，往往决定了楼盘的大部分价值。

（2）分析产品。这是竞争楼盘市场调查的主体部分，重点在于了解竞争楼盘的占地面积、总建筑面积、产品类别与规划、建筑设计与外观、总建套数与房型、面积、格局配比、建筑用材、公共设施和施工进度等。

（3）剖析价格组合。即剖析竞争楼盘的单价、总价和付款方式。在房地产市场营销活动中往往有许多价格方面的促销活动，但万变不离其宗，其最终归结于价格组合的三个方面。剖析价格组合并了解其运用策略是市场调查最重要的地方。

（4）了解广告策略。广告策略是指广告的主要诉求点、媒体选择、广告密度和实施效果等。了解竞争楼盘的广告策略，可以进一步了解竞争楼盘的市场定位以及宣传重点。

（5）了解销售执行情况。这是最关键的地方，一方面是指调查竞争楼盘销售点的选择、人员的配置、业务执行等，另一方面则是调查竞争楼盘什么样的房型最好卖？什么样的总价最为市场所接受？吸引客户最主要的地方是什么？购房客户群有什么特征？……所有的这一切都是市场调查所应该了解的。其中的销售状况是果，其他几个方面都是因，了解因果，分析其中的缘由，是单个楼盘，也是整个市场调研工作的全部内涵。

（6）学习其他楼盘销售人员的销售方法与销售技巧。在做市场调研时，应该认真观察这些楼盘的销售人员是如何进行销售的，他们如何接待客户，如何与客户洽谈，如何守价等。

3. 选择调查方法

销售人员作竞争楼盘的市场调研，可采取的方法有很多，如查阅相关资料、现场实地调查搜集资料等。

（1）查询相关资料。是对现有的与竞争楼盘相关的资料进行调查和收集。可以从竞争企业内部的各种报表、宣传材料中获得相关资料，也可以从政府部门、统计部门等查询外部资料。在查询该类资料的过程中，要考虑还欠缺哪些资料需要补充，最后确定哪些资料需要实地调查。

（2）实地调查。也叫“踩盘”，是销售人员进行市场调研的最常见方法。市场调研人员直接进入竞争楼盘的销售现场，通过索取楼盘资料、倾听售楼人员介绍、实地观察等手段，获取想要的相关资料。

在“踩盘”时，要注意分析所获取的楼盘资料和销售人员的介绍是否有夸大和不全面之处，不要为其表象所迷惑，应尽可能通过参观楼盘、施工现场及其他途径，从侧面、从其内部人员和一些已购房人士作深入的调查，增大调查结果的可靠程度。

1）“踩盘”的最佳时间。“踩盘”的时间选择是个学问。一般来说，到售楼处“踩点”时，有几个时间段要避开：

一是上午9点以前不要去，一般来说，此时售楼处刚刚开始上班，很多销售人员要打扫卫生和开每天的清晨例会。

二是中午午休和就餐的时间不要去，这个时间段是销售人员最疲惫的时刻。

三是下午5：30点以后不要去，在这个时间段销售人员要么忙于填写当天的各种分析报表，要么就是在开销售总结会议。

2）“踩盘”身份。以什么身份去“踩盘”效果最好？这是很多销售人员在做市场调研时关注的问题。总体来说，“踩盘”身份不外乎两种：一是明着去，直接表明同行身份；二是暗着来，以客户的名义去踩盘。是选择明着去还是选择暗着来，必须根据不同的情况而定。

一般来说，假扮客户最好是一男一女扮成情侣或者“夫妻”，这样二人既可以互相配合又不至于引起事故。

3）“踩盘”的工具。“踩盘”是为了获取必要的信息。在条件允许的情况下，可以自我准备或向公司申请配备一些基本工具。例如，一支微型录音笔、一个手提袋或皮包、带有大容量摄像功能的手机、微型数码相机等。

在做完市场调研工作后，要及时把所获得的信息记录下来，整理填写“竞争楼盘市场调查表”，其样式可参考表4-7竞争楼盘市场调查表。

表4-7　竞争楼盘市场调查表

<table>
<tr><td>项　　目</td><td colspan="4"></td><td>项目地址</td><td></td></tr>
<tr><td>市场类别</td><td colspan="6">□别墅　□高层　□小高层　□多层　□写字楼　□其他说明</td></tr>
<tr><td>项目档次</td><td colspan="6">□高档　□中档　□低档</td></tr>
<tr><td>开发商</td><td colspan="4"></td><td>企划公司</td><td></td></tr>
<tr><td>设计单位</td><td colspan="4"></td><td>物管公司</td><td></td></tr>
<tr><td>占地面积</td><td colspan="4"></td><td>总建筑面积</td><td></td></tr>
<tr><td>容积率</td><td colspan="4"></td><td>绿化率</td><td></td></tr>
<tr><td>施工进度</td><td colspan="4"></td><td>完工日期</td><td></td></tr>
<tr><td>开盘日期</td><td colspan="4"></td><td>交房日期</td><td></td></tr>
<tr><td>付款方式</td><td colspan="4"></td><td>按揭办法</td><td></td></tr>
<tr><td>目前销售率</td><td colspan="4"></td><td>物业管理费</td><td></td></tr>
<tr><td>价格情况</td><td>起价</td><td></td><td>均价</td><td></td><td>层差</td><td></td></tr>
<tr><td rowspan="8">户型面积及销售情况</td><td>户型</td><td>面积</td><td>数量</td><td>销售数量</td><td colspan="2">销售数量占项目总套数比例</td></tr>
<tr><td>一房一厅</td><td></td><td></td><td></td><td colspan="2"></td></tr>
<tr><td>二房二厅</td><td></td><td></td><td></td><td colspan="2"></td></tr>
<tr><td>三房二厅</td><td></td><td></td><td></td><td colspan="2"></td></tr>
<tr><td>四房二厅</td><td></td><td></td><td></td><td colspan="2"></td></tr>
<tr><td>复式</td><td></td><td></td><td></td><td colspan="2"></td></tr>
<tr><td>别墅</td><td></td><td></td><td></td><td colspan="2"></td></tr>
<tr><td colspan="6"></td></tr>
<tr><td>主销户型</td><td colspan="6"></td></tr>
<tr><td>物业配套</td><td colspan="6"></td></tr>
<tr><td>客源分析</td><td colspan="6"></td></tr>
<tr><td>购买动机</td><td colspan="6"></td></tr>
<tr><td>购买抗性</td><td colspan="6"></td></tr>
<tr><td>项目卖点</td><td colspan="6"></td></tr>
<tr><td>广告评论</td><td colspan="6"></td></tr>
<tr><td>项目成功点</td><td colspan="6"></td></tr>
<tr><td>项目失败点</td><td colspan="6"></td></tr>
<tr><td>值得借鉴处</td><td colspan="6"></td></tr>
</table>

调查人：　　　　　　调查时间：

表4-8　楼盘指标衡量标准一览表

定级因素及权重	指　标	分　值
位置0.5	a. 距所在片区中心的远近；b. 商业为临街或背街；c. 写字楼为临街或背街；d. 住宅为距所在片区的远近	a. 最差(远)1；b. 很差(远)2；c. 一般3；d. 很好(近)4；e. 最好(近)5
价格0.5	a. 百元以上为等级划分基础；b. 商铺、写字楼、豪宅、普通住宅等级依次减少；c. 价格是否有优势	a. 最高(远)1；b. 很高(远)2；c. 一般3；d. 很低(近) 4；e. 最低(近)5

（续）

定级因素及权重	指　标	分　值
配套0.4	a. 城镇基础设施：供水、排水、供电；b. 社会服务设施：文化教育、医疗卫生、文娱体育、邮电、公园绿地	a. 最完善(远)1；b. 最不完善(远)2；c. 一般3；d. 很完善(近)4；e. 最完善(近)5
物业管理0.3	a. 保安；b. 清洁卫生；c. 内墙；d. 绿化率及养护状况；e. 物业管理费(月／元)；f. 是否人车分流；g. 物业管理商资质	a. 最差1；b. 很差2；c. 一般3；d. 很好4；e. 最好5
建筑质量0.3	a. 是否漏雨漏水；b. 门窗封闭情况；c. 内墙；d. 地板；e. 排水管道	a. 最差1；b. 很差2；c. 一般3；d. 很好4；e. 最好5
交通0.3	a. 大中小巴线路数量；b. 距公交站远近；c. 站点数量；d. 大中小巴舒适程度	a. 最少(远)1；b. 很少(远)2；c. 一般3；d. 很多(近)4；e. 最多(近)5
城市规划0.3	a. 规划期限(远中近期)；b. 规划完善程度；c. 规划所在区域重要性程度；d. 规划现状	a. 最完善(远)1；b. 最不完(远)2；c. 一般3；d. 很完(近)4；e. 最完善(近)5
楼盘规模0.3	a. 总建筑面积(在建或及未建)；b. 总占地面积；c. 户数	a. 最小1；b. 很小2；c. 一般3；d. 很大4；e. 最大5
朝向0.3	a. 按方向；b. 按山景；c. 按海景；d. 视野	a. 西(西北，西南)1；b. (东南，东北)2；c. 北(东北，西)3；d. 南(东南，西南)4
外观0.1	a. 是否醒目；b. 是否新颖；c. 是否高档；d. 感官舒适程度	a. 最差1；b. 很差2；c. 一般3；d. 很好4；e. 最好5
室内布置0.2	a. 高档；b. 实用；c. 功能是否完善；质量是否可靠	a. 最差1；b. 很差2；c. 一般3；d. 很好4；e. 最好5
环保0.2	a. 空气；b. 噪音；c. 废物；d. 废水	a. 最差1；b. 很差2；c. 一般3；d. 很好4；e. 最好5
发展商信誉0.1	a. 资质及资质；b. 开发楼盘多少；c. 楼盘质量；d. 品牌	a. 最差(少)1；b. 很差(少)2；c. 一般3；d. 很好(多)4；e. 最(多)5
付款方式0.2	a. 一次性付款；b. 分期付款；c. 按揭付款；d. 其他	a. 最差1；b. 很差2；c. 一般3；d. 很好4；e. 最好5
户型设计0.1	a. 客厅和卧室的结构关系；b. 厨房和厕所的结构关系；c. 是否有暗房；d. 实用率大小	a. 最差1；b. 很差2；c. 一般3；d. 很好4；e. 最好5
销售情况0.1	a. 销售进度；b. 销售率；c. 盘尾状况	a. 最差1；b. 很差2；c. 一般3；d. 很好4；e. 最好5
广告0.1	a. 版面大小；b. 广告频率；c. 广告创意	a. 最差(少)1；b. 很差(少)2；c. 一般3；d. 很好(多)4；e. 最(多)5
停车位数量0.1	a. 停车位数量；b. 住房方便程度	a. 最差(少)1；b. 很差(少)2；c. 一般3；d. 很好(多)4；e. 最好(多)5
合计		

表4-9　竞争楼盘调查汇总表

项目名称 因素及权重	序号	楼盘名称	楼盘名称	楼盘名称	备注
位置0.5	1				
价格0.5	2				
配套0.4	3				
物业管理0.3	4				
建筑质量0.3	5				
交通0.3	6				
城市规划0.3	7				
楼盘规模0.3	8				
朝向0.3	9				
外观0.1	10				
室内布置0.2	11				
环保0.2	12				
发展商信誉0.1	13				
付款方式0.2	14				
户型设计0.1	15				
销售情况0.1	16				
广告0.1	17				
停车位数量0.1	18				
合计					

思考题

1. 房地产市场调查有哪些类型?每类调查重点要解决什么问题?
2. 房地产市场调查的内容有哪些?
3. 房地产市场调查的方法有哪些?每种调查方法的优缺点是什么?
4. 什么是开放式问题和封闭式问题?它们各有哪些优缺点?
5. 定性预测和定量预测分别有哪几种预测方法?
6. 简述专家意见法的特点及程序。

计算题

1. 某房地产开发公司2004年1～7月份商品房的销售额如下表，分别以3期和5期为移动期预测8月份的销售额（用一次移动平均法）。

（单位：百万元）

月份	1	2	3	4	5	6	7
销售额	350	365	378	385	400	410	425

2. 就上题资料，采用直线趋势延伸法预测8月份和9月份销售额。

3. 某房地产开发公司2004年1～6月份商品房销售额如下表所示，以第一期的实际值为初始值，平滑系数$\alpha = 0.3$，试用指数平滑法预测该公司7月份商品房的销售额。

（单位：百万元）

月份	1	2	3	4	5	6
销售额	48	50	51	54	56	61

实训题

1. 某企业要对消费者购买住宅的动机进行市场调查，请你设计一个询问调查表。
2. 以小组为单位，对本组研究楼盘的竞争楼盘进行调查，收集竞争楼盘的相关材料。

附录4A 竞争楼盘市场调查实训指导

1. 实训目的

通过对竞争楼盘的市场调查，能够独立完成市场调查表的设计，掌握市场调查的基本方法和技巧，科学地收集有关的市场资料，合理地进行资料的整理、分析，并撰写市场调查报告。通过本次实训，巩固课堂所讲授的理论知识，提高学生分析问题和解决问题的能力，为以后走向社会更快地适应工作打下良好的基础。

2. 实训形式

校内实训与校外实训相结合，独立设计与分组调查相结合。

3. 考核要求

（1）以每组选择的楼盘为样板，每人设计一份竞争楼盘市场调查表。

（2）实地调查分组进行。按照分工调查不同的竞争楼盘。

（3）以全组调查资料的汇总为基础，每人撰写一份市场调查报告。调查报告要求简明扼要，论据充足，重点突出，语言准确，结论客观公正。

（4）实训结束后，每位学生完成一份自己设计的调查表、一份调查报告、一份实训报告；每组完成一份调查汇总表。

4. 实训步骤

（1）划分小组，分配任务。由小组长安排时间、分配任务。

（2）每人设计一份竞争楼盘市场调查表。

（3）个人设计的调查表上交。领取统一的市场调查表。

（4）由小组长分配任务、组织实地调查。

（5）调查资料的汇总、整理、分析。

（6）撰写调查报告。

5. 实训报告题目

竞争楼盘市场调查报告

附录4B　实训报告

1. 实训项目
2. 实训目的
3. 实训过程
4. 实训小组名单及任务分配
5. 本人承担任务及完成情况
6. 实训小结

第5章

房地产市场细分与目标市场选择

学习目标

1. 了解房地产市场细分的概念及细分的依据；
2. 了解房地产市场细分的方法和程序；
3. 掌握影响选择目标市场及产品定位的主要因素；
4. 掌握目标市场定位策略。

技能要求

1. 按照市场细分程序，运用市场细分方法对房地产市场进行细分；
2. 基本掌握选择目标市场和目标市场定位的方法技巧。

5.1 房地产市场细分

5.1.1 房地产市场细分概述

5.1.1.1 房地产市场细分的概念

市场细分的概念是由美国市场营销学家温德尔·史密斯（Wendell Smith）于1956年首先提出的，它是现代市场营销观念的一个重大突破，是一个选择目标市场的策略思想，是顺应新的市场态势应运而生的产物。

市场细分是指按照消费者在市场需求、购买动机、购买行为和购买能力等方面的差异，运用系统方法将整个市场划分为若干不同的消费群（子市场），然后选择合适的子市场作为企业服务的目标市场的过程。市场细分的结果是形成不同的消费者群，每个消费者群便是一个细分市场，亦称“子市场”、“分市场”或“亚市场”。不同的细分市场之间，需求差别比较明显；每一个细分市场内部，需求差别比较细微。

需要注意的是，市场细分和市场分类是两个不同的概念。尽管市场细分和市场分类都是把整体市场划分成不同的部分，但这两个概念的含义完全不同。第一，市场细分和市场分类在“市场”概念的运用上不同，前者使用的“市场”指消费者，后者使用的“市场”可以不是消费者；第二，市场细分的营销主体是指企业，而市场分类可以有不同的行为主体；第三，市场细分的对象是消费者，即把消费者按照不同的标准进行划分，而市场分类则可以有其他划分标准；第四，市场细分要求被划分后的市场具有营销意义，便于企业制定营销决策，而市场分类则不一定要具有营销意义；第五，市场细分是对特定的产品市场进行划分，而市场分类不一定是针对特定产品的，既可按产品划分，如消费品市场、工业品市场、技术市场；也可以按管理体制划分，如自由市场、国家市场等。

房地产市场需求者的数量庞大，其购买要求又各不相同，因此任何房地产开发企业都不可能为所有需求者提供他们所需要的房地产商品，这就需要对房地产市场进行市场细分。所谓**房地产市场细分，是指为了更好地满足消费者的需求、进行目标市场选择和制定营销决策，从房地产市场需求者的差别出发，根据房地产市场需求者行为的差异性，按照一定的标准把整个房地产市场划分为若干个不同子市场的过程。**

5.1.1.2　房地产市场细分的作用

1. 有利于房地产企业发现和利用市场营销机会，开拓新市场　市场营销机会是指客观存在于市场但尚未加以满足的潜在需求。房地产市场是一个容量大、品种多、配套服务强、需求标准多的市场，任何一个房地产企业都不可能完全独立地满足整个房地产市场的需求。这就需要通过房地产市场细分，掌握市场上的现实购买量、潜在购买量、购买者的满足程度及竞争状况等，以发现尚未满足的市场需求，并从中寻找适合本企业开发的需求，从而抓住市场机会，使企业赢得市场主动权，抢先拓展并占领目标市场。

2. 有利于房地产企业集中利用资源，提高竞争力　每一个房地产企业的市场营销能力总是有限的，通过房地产市场细分，把自己的优势力量集中在目标市场上，做到有的放矢，就能取得更大的经济效益。尤其是小规模及新入市的房地产开发企业，如果能发现一类特定的房地产购买者的需求未得到满足，细分出一个小市场，集中优势力量，开发出相应的房地产产品，就往往比较容易占领市场，从而在竞争日趋激烈的房地产市场中找到自己的立足点。

3. 有利于房地产企业制定和调整营销策略，增强针对性　首先，市场细分后，每个市场都变得小而具体，房地产开发企业就可以了解和把握消费者的需求，增强市场调研的针对性，从而把有限的资源集中投入在目标市场上，根据消费者的需要，以需定产，开创出适合自身企业的、有特色的房地产开发经营之路，提高企业的知名度和市场占有率。然后，在细分房地产市场的情况下，房地产企业比较容易察觉和估计顾客的反应，当房地产市场情况发生变化时，也有比较灵活的应变能力，从而及时地调整营销决策，实现开发经营活动的可持续性发展，而尚未得到满足的消费需求又成为房地产企业新的市场机会。

4. 有利于房地产企业满足不断变化的消费需要　市场细分有利于房地产企业了解和分析消费者的现实需要和潜在需要的有关信息，发现目标消费者群的需求特征，及时、准确地调整产品结构，增加产品特色，使产品适销对路，更好地满足消费需要。

5.1.1.3　房地产市场细分的原则

1. 可衡量性　**可衡量性原则是指市场细分的标准和细分以后的房地产市场必须是可以识别和可以衡量的。**

首先，消费者的需求要有明显的差异性。市场细分后的各个子市场之间应有明显的区别，而同一个子市场内部却要有共同的基本特征，表现出大体相同的购买行为。

其次，对消费者需求特征的信息易于获取和衡量。如一些带有客观性的变数，年龄、性别、收入、教育、地理位置、民族等就易于确定，而且，有关他们的信息和统计数据也易于获得；相反，一些主观性的数据，如心理和性格方面的变数就难以确定。

再次，经过细分后的市场范围、容量、潜力等也必须是可以衡量的，这样才有利于确定目标市场。

2. 可进入性　**可进入性原则是指房地产企业对细分后的房地产市场能够有效进入和为之服务的程度。**也就是指房地产市场的细分和选择必须适应企业本身的营销力量和开发能力，必须是房地产企业可以进入并占有一定市场份额的。否则，就没有现实意义。

3. 可盈利性　细分后的房地产市场不仅要保证房地产企业在短期内盈利，还要使企业在较长时期内获得良好的经济效益；不仅能保持稳定的收益，还必须有一定的发展潜力；而且，有时不仅要有经济效益，还要有社会效益、生态效益，以确立良好的企业形象。这也是房地产市场细分时必须依据的重要原则。

4. 稳定性　市场细分的目的在于正确选择目标市场，集中力量开拓经营，扩大销售，增加企业盈利。这就要求细分的市场不但要有一定的市场容量和发展潜力，而且要有一定程度的稳定性，即占领市场后的相当长时间内不需要改变自己的目标市场。因为目标市场的改变必然带来企业经营设施和营销策略的改变，而这种变动过快给企业带来的风险和损失也会随之增加。因此，一般来说，目标市场越稳定，越有利于企业制定长期的营销战略和策略，越有比较稳定的利润。但是，这种稳定是相对的，房地产企业要根据客观环境的变化相应地调整自己的营销策略。

5.1.2　房地产市场细分的标准

房地产市场细分的基础是消费者需求的差异性，形成消费者需求差异性的主要原因是由于消费者的社会经济地位、生理特征和心理性格等因素各不相同，这就引出了市场细分的各种标准。通常可以从住宅市场和生产营业用房市场两个方面来确定市场细分标准。

房地产购置主体不同，对产品的要求和购买行为等也会有很大的差别。

5.1.2.1　住宅市场的细分标准

住宅市场的细分标准可归纳为四类：地理因素、人口因素、心理因素和行为因素。

1. 地理因素　地理因素是按消费者所处的地理环境作为标准对住宅市场进行细分。地理因素包括很多内容，主要有城市状况、区位和环境、地形地貌、气候特点等。

（1）城市状况。消费者所在城市的状况属于大城市还是小城市，沿海城市还是内地城市，对消费需求影响较大。大城市、沿海城市经济发达，土地资源紧缺，人口密度大，住房紧张，对住宅需求量大且较为紧迫。相比之下，中小城市、内地城市经济发展缓慢，人口密度也低，对住宅的需求相对减弱。此外，对外开放程度、城市的市场繁荣程度、交通便利程度、文化娱乐设施等都会影响住房需求层次的变化。

（2）区位和环境　房地产是不动产，具有地理空间上的固定性，人们对区位和环境的需求直接影响到对住宅的需求。住宅区位于城市中的繁华程度不同（如繁华区、偏僻区、边远区），功能分布不同（如商业区、工业区、文化区、教育区、行政区、旅游区），自然景观和人文环境等因素的不同，都会造成住宅区规模、交通、地价、设施的不同，消费者需求也会表现出明显的差异。比如教育区的住宅往往能满足注重小孩教育的家庭的需要，商业区的住宅常常是喜爱都市繁华的家庭的理想选择，旅游区的住宅则大多是偏爱自然风光的家庭的好去处。

2. 人口因素　按人口因素细分房地产市场，是指根据年龄、性别、收入、职业、教育水平、家庭规模、家庭生命周期阶段、国籍、种族、民族、宗教等因素对整个房地产市场进行细分。

（1）年龄。不同年龄的消费者，对房地产的需求不同。例如，老年消费者在购买住房时，倾向于购买环境安静、楼层较低、朝向好、医疗设施完备地区的住宅。

（2）收入。不同收入水平的消费者对住宅的需求数量和质量是不同的。低收入的消费者群体主要是对基本住房的需求，对住房的挑选性不强，对住房的标准、质量、档次要求不高，主要要求中、低档住房。高收入的消费者对住房的要求趋于复杂多样，他们在购买住房时，不仅要求居住宽敞，还要求住宅功能齐全、设备高档、外部环境优美、物业管理健全，主要是需要中高档住房。

（3）家庭。住宅是以家庭为单位而购买和消费的商品，因而家庭是住宅市场细分的一个重要标准。

1）家庭规模。家庭规模是指家庭人口的多少。随着中国社会经济的发展，中国的家庭规模逐渐趋于小型化，二口之家的核心家庭已经成为中国家庭的主体。家庭规模的小型化，导致了家庭户数的增加，从而导致了对住宅需求量的增加，也导致了对住宅单元面积和房间数的要求降低。

2）家庭生命周期阶段。家庭生命周期分为单身期、新婚期（无子女）、满巢期（子女未独立）、空巢期（子女另住）和孤独期（单身老人）等几个阶段。处于不同生命周期阶段的消费者对住房的需求不同。单身阶段，消费者大多是与父母同住，积蓄为购买住房做准备；结婚后，需要有独立的住房，从而形成一定的购买力；子女成家立业，老年人希望与子女分开居住，又会形成新的购买力。

3. 心理因素　由于住宅是一种特殊的商品，它价值量高，心理因素在房地产购买中虽然不及普通商品影响大，但仍然具有不可忽视的作用。进行住宅市场细分的心理因素标准，包括消费者的购买动机、生活方式以及个性等。虽然家庭的每个成员在心理状况上也许各不相同，但他们会相互作用最终融合成一个以家庭面貌呈现的心理倾向，影响消费者对住宅的需求。

心理因素是根据消费者所处的社会阶层、生活方式、个性以及购买动机等来细分房地产市场。

（1）社会阶层。社会阶层是指在某一社会中具有相对同质性和持久性的群体。处于同一阶层的成员具有类似的价值观、兴趣爱好和行为方式，不同阶层的成员则在上述方面存在较大的差异。很显然，识别不同社会阶层的消费者所具有的不同特点，对于房地产市场的细分将提供重要的依据。

（2）生活方式。通俗地讲，生活方式是指一个人怎样生活。是指人们对消费、工作和娱乐的特定的习惯和倾向性的方式。人们追求的生活方式各不相同，从而对房地产商品及其服务的需求也有区别。比如人们由过去偏爱大卧小厅到现在追求大厅小卧，主要是由于人们生活水平的提高，余暇时间的增多，家庭娱乐形式日益丰富。因此，房地产企业不仅要了解人们现有的生活方式，更好地满足消费者现实需求，还要把握它的发展趋势，更好地满足消费者潜在需求。

（3）个性。每个人、每个家庭都有它的独特的个性特征，对住宅的需求上主要表现在他们对住宅的式样、装修、室内平面布局、区位、环境等方面的心理偏好，其中突出表现在室内装修和平面布局的不同选择上。现在有的房地产企业为了让个性得到充分展示，推出简易房，给消费者发挥其个性留下了充分的空间，因而受到部分消费者的欢迎。

（4）购买动机。动机是购买行为的原动力，不同的动机对商品的着眼点、兴趣有所不一样。消费者购买住宅其动机也不尽相同，其中大多数消费者是为了满足自己居住的需要，因而他们关注的是住宅的实用价值。有的是为了保值、增值，当作一项投资，以而他们关注是住宅的获利性。有的是为了显示殷实的经济实力，他们关注的则是住宅的高档豪华。

按照消费者购买房地产产品的动机来细分，可分为实惠型、求新型、求廉型以及豪华型四种。其中，实惠型顾客追求质量可靠、结构合理和实用性强的房地产产品；求新型消费者追求样式时髦、新颖的楼盘；求廉型消费者追求价格低廉的楼；而豪华型消费者则追求价格昂贵、质量卓越、装潢华丽的房地产产品。

4. 行为因素 根据消费者对房地产产品的了解程度、态度、使用情况以及反应等因素，将他们划分成不同的群体，叫做行为细分。一般地，行为因素能更直接地反映消费者的需求差异，因而也就成为市场细分的最佳标准。按行为因素细分房地产市场，主要包括：

（1）购买时机。根据消费者产生购买意愿、收集信息到形成购买决策的不同时间，可以将消费者划分成不同的群体。例如，春秋季节，由于气候宜人，是消费者购买住房的大好时机；而在炎热的夏天，住房的销售就会由于购买者的减少而降低。此外，节日对房地产商品的销售也有一定的影响。例如，在我国传统的春节期间，由于人们都忙于家庭团聚，一般不会进行购房决策；而“五一”或“十一”长假期间，进行购房的家庭会大量增加。

（2）追求利益。消费者购买某种产品总是为了解决某类问题，满足某种需要。然而，产品提供的利益往往并不是单一的，而是多方面的。消费者对这些利益的追求是有侧重的，如住宅的购买者有的追求经济实惠、价格低廉；有的追求交通便利、周围设施齐全；还有的则偏向于社会地位的显示等。

（3）使用者状况。一般地，根据顾客是否使用和使用程度，通常可将消费者分为经常购买者、首次购买者、潜在购买者和非购买者。但是，房地产商品使用周期长、价值量大的特点，决定了房地产商品的购买往往是一次性的。对住宅而言，有些消费者一辈子可能就购一次房。但是，在房地产市场中，同样也存在多次购买者，特别是对于那些将房地产作为投资对象的消费者来说，尤其如此。

（4）购买数量或面积。根据消费者购买房地产商品的数量大小对市场进行细分，通常可分为大量购买者、中度购买者和少量购买者。大量购买者在居住房地产市场并不多见，但如果购买房地产商品的目的不是使用而是投资的话，就往往会出现大批量购买房地产商品的情况。这一群体尽管不多，但应为房地产企业营销的重点之一。因为根据“二八”定律，20%的顾客所提供的购买额和利润往往占总额的80%。

（5）品牌忠诚程度。房地产企业可以根据消费者对产品的忠诚程度细分市场。在一般消费品领域，品牌的忠诚度对市场营销决策的影响相当大。例如，有些消费者经常变换品牌，而另外一些消费者则在较长时期内专注于某一或少数几个品牌。尽管目前我国房地产企业的品牌意识还不强，但房地产企业的实力和信誉等品牌信息对消费者的购房决策具有很大的影响。

（6）购买的不同阶段。消费者对房地产产品的了解程度往往因人而异。有的消费者可能对某一产品确有需要，但并不知道该产品的存在；还有的消费者虽然已经知道产品的存在，但对产品的质量、物业管理等还存在疑虑；另外一些消费者则可能正在考虑购买。这就需要房地产开发企业针对处于不同购买阶段的消费群体进行市场细分，并采用不同的营销策略。

（7）态度。房地产企业还可以根据消费者对房地产产品及营销策略的了解情况、喜好程度、购买意向、追求效用以及企业及产品形象等方面，对整个顾客群体进行细分。从喜好程度讲，不同消费者对同一产品的态度可能有很大差异，如有的很喜欢持肯定态度，有的持否定态度，还有的则处于既不肯定也不否定的无所谓态度。所以，房地产市场营销在针对持不同态度的消费群体进行市场细分的同时，在广告、促销等方面也应当有所不同。

5.1.2.2 生产营业用房市场的细分标准

生产营业用房市场除了使用住宅市场的细分标准外，还要根据生产营业用房的特点，补充最终用户、用户规模作为细分生产营业用房市场的标准。

1. 最终用户 **最终用户是指最终使用生产营业用房的用户**。按照这一细分标准，可将生产营业用房市场分为加工制造业、商业、金融业、宾馆业、文化娱乐业等几个细分市场。不同的细分市场对房地产及其配套服务项目的要求各不相同，所以，房地产企业提供的产品和营销策略也不相同。按照最终用户的要求细分生产营业用房市场是房地产企业经常使用的市场细分方法。

2. 用户规模 **用户规模是指最终用户对生产营业用房需求量的大小**。按照用户规模，可将生产营业用房市场细分为大客户、中客户和小客户市场。大客户数量少，但购买力大；中客户其次；小客户数量多，但购买力小。生产营业用房的购买和租赁主要集中于大客户，这是房地产企业营销的重点对象。但是，中国中小企业也在迅速发展，这一市场也不容忽视。

房地产市场细分是一项复杂的工作。细分市场需要运用以上标准，但又不是僵化不变的，要针对企业和消费者需要的具体情况，用动态的观点来选择某些因素作为细分的标准，根据分析的结果确定企业的目标市场。

5.1.3 房地产市场细分的程序

按照美国市场学家麦卡锡提出的细分市场的一整套程序，房地产市场细分包括七个步骤，一般称其为“细分程序七步法”。

1. 根据需要选定产品市场范围　即确定进入什么行业，生产什么产品。企业在确定经营目标之后，就必须确定产品市场范围，这是市场细分的基础。对于确定产品市场范围，房地产企业应以顾客的需求，而不是以产品本身的特性来确定。企业必须开展深入细致的调查研究，分析消费者需求变化的动向。在选择产品市场范围时，应考虑到自己所具有的资源和能力，这一范围不宜过大，也不至过于狭窄。

例如，某一房地产开发企业拟在城郊结合部开发建设某住宅小区，若只考虑产品特征，该企业可能认为此小区的出售对象是低收入消费者。但是，从市场需求角度看，高收入者也可能是该房地产产品的潜在顾客，因为高收入者喜欢的正是该小区所特有的宁静环境。

2. 列举潜在顾客的基本需求　产品市场范围确定之后，营销人员可以从地理、人口、心理等方面列举影响产品市场需求和消费者行为的各项因素，为市场细分提供可靠的依据。

比如，企业通过调查，可以了解潜在消费者对上述住宅小区的基本需求。这些需求可能包括遮风蔽雨、安全宁静、交通方便、设计合理以及工程质量好等。

3. 分析潜在用户的不同需求，初步细分房地产市场　通过对各类消费者典型特征的了解，分析他们的不同需求及其需求的具体内容，并找出消费者需求类型的地区分布、人口特征、购买行为等方面的相关信息，做出估计和判断，对房地产市场进行初步的细分。

对于所列举的基本需求，不同顾客强调的侧重点可能会存在差异。比如经济、安全、遮风蔽雨是所有顾客共同强调的，但有的用户可能特别重视交通的方便，另外一些用户则对环境的安静、内部装修等有很高的要求。通过这种差异比较，即可初步识别不同的顾客群体。

4. 进行细分市场的初步筛选，舍去共同需求　确定细分市场时应考虑的因素，并对初步细分的市场加以筛选。企业应分析哪些需求因素是重要的，并将其与企业的实际条件进行比较。然后，删除那些特点不突出的一般性消费需求因素，同时总结特征相似的消费需求因素，重点分析目标消费者群的特点。

在对细分市场进行初步筛选时，应当抽掉潜在顾客的共同需求，而以特殊需求作为细分标准。潜在顾客所具有的共同特征固然重要，但不能作为市场细分的基础。例如遮风蔽雨、安全是每位用户的要求，就不能作为细分市场的标准，因而应该剔除。

5. 划分房地产市场，为市场暂时取名　根据潜在顾客基本需求方面的差异，将其划分为不同的群体或子市场，并赋予被划分的市场一定的名称。例如房地产开发企业可以把购房的顾客分为好动者、老成者、新婚者、度假者等多个子市场，并据此采用不同的营销策略。

6. 分析市场营销机会，认识各子市场的特点　即分析整体市场和每个子市场的竞争情况，并根据市场研究和对需求潜力的估计，确定整体市场和子市场的营销收入和费用情况，以估计潜在利润量，作为最后选定目标市场和制定营销决策的经济分析依据。在此基础上，进一步分析每一细分市场需求和购买行为的特点，以便决定是否可以对这些细分市场进行合并，或作进一步细分。

7. 确定可进入的细分市场，设计市场营销组合策略　通过分析，房地产开发企业可能发现若干个有利可图的细分市场。这时，应根据企业的经营目标和资源优势，从中选择一个或几个细分市场作为目标市场。同时，估计每一细分市场的规模，即在调查基础上，估计每一细分市场的顾客数量、购买数量等，并对细分市场的产品竞争状况及发展趋势做出分析。此外，企业需要有针对性地对不同的细分市场分别制定市场营销组合策略，以保证企业有效地进入已选择的目标市场。

5.1.4 房地产市场细分的方法

对房地产市场进行细分的方法主要有单一变量因素法、综合变量因素法和系列变量因素法三种。

1. 单一变量因素法 **单一变量因素法就是根据影响购房者需求的某一项重要因素划分房地产市场**。比如通过用途、业主、购买力、地域和销售方式等不同因素划分市场。如表5-1所示。

表5-1 根据不同要素对房地产市场进行细分

	人口因素
收入（每月）	1 000元以下、1 000~2 000元、2 000~3 000元、3 000~5 000元、5 000~10 000元、10 000元以上
文化程度	小学、初中、高中、大专、本科、研究生以上
职业	会计师、律师、医生、教师、企业高级主管、政府高级官员、技术人员、熟练工人等
国籍	本国人、外国人
年龄	18岁以下、18～34岁、35～49岁、50～64岁、65岁以上
性别	男性、女性
家庭规模	1人、2~3人、4~5人、6人以上
家庭状况	年轻、单身；年轻、结婚、尚无子女；年老、已婚、有子女；年老、已婚、子女已独立；年老、单身
	心理因素
自发性	独立消费者、依赖性强的消费者
领导欲	主导型、服从型
个性	外向、内向
思想	保守型、自由型、激进型
置业心理	经济型、理智型、地位型
	地理因素
居住区	乡村、近郊、都市
区域	东、西、南、北、中部
	对营销组合的反应
不同营销因素的敏感度	品质、特性、用途、利益、替代品
价格	高价、中价、低价；价格弹性大、小
营销渠道	便利型、选购型
推广	感情型、理智型、冲动型、经济型

2. 综合变量因素法 **综合变量因素法就是根据影响购房者需求的两种或两种以上的因素对房地产市场进行细分**。如房地产开发企业可以根据购房者的家庭规模、年龄结构以及家庭收入等来细分市场。例如可以按照收入水平和家庭规模两个因素对房地产市场进行细分。如图5-1所示。

家庭人数 \ 年收入	10万元以下	10万～30万元	30万元以上
1人	细分市场1	细分市场2	细分市场3
2~3人	细分市场4	细分市场5	细分市场6
3人以上	细分市场7	细分市场8	细分市场9

图5-1　根据综合变量因素法细分市场

3. 系列变量因素法　**系列变量因素法就是根据房地产企业经营的特点，按照影响消费者需求的诸因素，由粗到细进行市场细分。**这种方法可以使目标市场更加明确而具体，有利于企业更好地制定相应的营销决策。如图5-2所示。

房地产企业在运用细分标准进行市场细分时，必须注意以下三个问题：

第一，市场细分的标准是动态的。市场细分的各项标准不是一成不变的，而是随着社会生产力及市场状况的变动而不断变化，如年龄、收入、家庭规模、购买动机等都是可变的。

第二，不同的企业在市场细分时应采用不同的标准。由于各企业的生产技术条件、资源、财力以及可提供的产品不同，因此，所采用的标准也应有所区别。

第三，企业在进行市场细分时，可采用一项标准，即按单一变量因素细分；也可采用综合变量因素或系列变量因素进行市场细分。

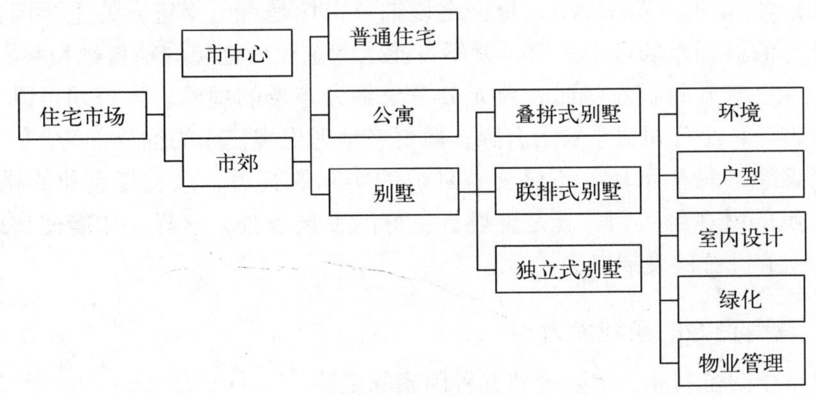

图5-2　系列变量因素法

5.2 房地产目标市场的选择

5.2.1 房地产目标市场的概念

房地产市场细分的目的在于有效地选择并进入目标市场。目标市场选择的正确与否，关系到企业营销活动的成败。

房地产目标市场是指房地产企业在市场细分的基础上，经过评价和筛选后决定要进入的那个市场部分，也就是房地产企业准备用其产品或服务来满足的一组特定消费者。

目标市场的选择与市场细分既有区别又有联系。市场细分是按照消费者购买欲望和需求的不同，将整体市场分割成若干个子市场的过程；而目标市场的选择则是从细分后的各个子市场中选择一个或几个子市场作为房地产企业营销活动的目标市场。因此，市场细分是目标市场选择的前提和基础，没有有效的市场细分，就没有科学的目标市场选择；而目标市场的选择又是市场细分的目的所在，没有对目标市场的选择，市场细分也便失去了实际意义。

5.2.2 房地产目标市场选择的条件

目标市场选择是企业一项重要的经营决策活动，它决定企业的营销策略，直接影响企业的经营效果，必须谨慎行事。在进行市场细分后，对目标市场进行分析评估，便成了目标市场选择的必备环节。其实质也就是用目标市场的基本要求综合评价每一个子市场的过程。目标市场应当具有的基本条件主要有以下几个方面。

5.2.2.1 有足够的规模和良好的发展前景

细分市场预期规模的大小，是决定该细分市场是否值得进入的主要因素。如果企业所选择的目标市场过于狭窄，就不可能达到企业所期望的销售额和利润。因此，房地产企业在选择目标市场时，要充分考虑细分市场的规模。大公司可以考虑规模大的细分市场，小公司由于实力有限，应更多地考虑规模小的细分市场。

一个理想的目标市场，不仅要有足够的实际购买力，以实现企业的销售目标，还要有足够的潜在购买力，就是说要有良好的发展前景，这样，才能使房地产企业在该市场上有充分的发展潜力。

5.2.2.2 具有良好的盈利能力

细分市场的盈利能力主要受到五种因素的威胁。

一是房地产市场内现有竞争对手的威胁。现有竞争对手越多，企业之间的竞争就越激烈。这就意味着房地产企业必须付出更多的努力，才能获得一定的市场份额，这样的目标市场就不具有太大的吸引力。理想的目标市场最好没有或者很少有竞争对手，或者虽有竞争但竞争不激烈。然而，在市场竞争日趋激烈的今天，这样的市场难以寻找。因此，房地产企业至少应选择那些自身处于相对竞争优势的市场为目标市场。

二是新加入的竞争者的威胁。新加入的竞争者会增加新的生产能力并争夺市场占有率，因而会降低原有企业的利润。如果细分市场的进入壁垒很低，新的竞争者能轻易地进入这个市场，这个细分市场就缺乏吸引力。

三是替代产品的威胁。替代产品会限制细分市场内的价格和利润的增长，如果某个细分市场已经存在着替代产品或有潜在的替代品，该细分市场就失去了吸引力。

四是购买者讨价还价的能力。该细分市场的购买者讨价还价的能力越强，越能压低该房地产的价格，从而减少房地产企业的利润，这样的细分市场也缺乏吸引力。

五是供应商讨价还价的能力。供应商讨价还价的能力越强，越会提高建筑材料、建筑设备等价格，提高房地产企业的成本，降低企业的利润，从而降低该细分市场的吸引力。

5.2.2.3　符合房地产企业的目标

即使某个房地产细分市场有一定的规模和盈利能力，但如果不符合企业的长远发展目标，也应该放弃。

此外，无论哪个细分市场，企业要在其中取得成功，必须具备某些条件。如果房地产企业在某个细分市场上缺乏一个或者更多的能力且无法获得，该细分市场就应放弃。房地产营销者必须记住一点：如果他要真正赢得该细分市场，就需要发展其压倒竞争对手的优势。如果不能制造某些优势，就不应该进入该市场或细分市场。

5.2.3　房地产目标市场的范围选择

通过对不同的细分市场进行评估，房地产企业会发现一个或若干个值得进入的细分市场。为此，企业必须决定进入哪个或哪几个细分市场。

可供房地产企业选择的目标市场范围有五种模式（见图5-3）。

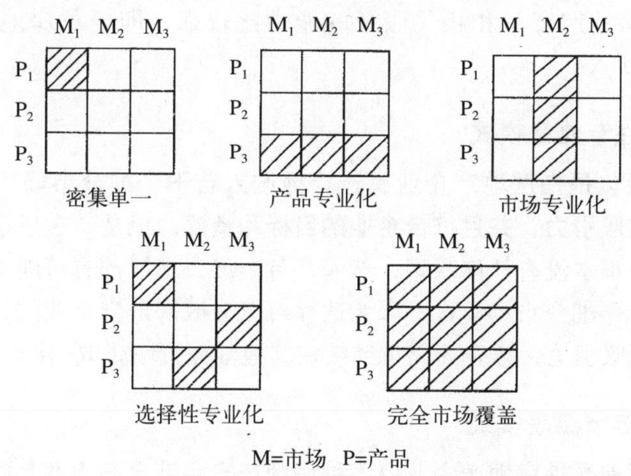

图5-3　房地产目标市场范围选择

5.2.3.1 密集单一模式

密集单一模式，即房地产企业在众多的细分市场中只选择其中的一个细分市场作为目标市场，针对某一特定的消费者群体，只生产一种房地产，以此开展市场营销活动。实行密集单一市场策略的，通常是资源有限的小型房地产企业，或是初次进入新市场的大型房地产企业。

这种策略的优点是企业可以扬长避短，发挥优势；集中使用有限的资源，充分发挥资源优势；节省各种费用开支；提高房地产企业及其产品的知名度。缺点是有较大的潜在风险。因为企业把生存和发展的全部希望都集中在一个特定的产品和市场上，一旦目标市场情况变坏，如消费者的偏好发生变化或出现了更强大的竞争对手，企业就会陷入困境或全军覆没。因此，很多房地产商把目标市场分散在多个细分市场上以分散风险。

5.2.3.2 产品专业化模式

产品专业化，即房地产企业只开发经营一种房地产，并向各类顾客销售这种产品。

该策略的优点是对房地产企业的资源要求较低，能降低开发商的开发成本，增加利润。这种模式虽然在某个产品（如单身公寓）的开发建设方面容易树立很高的声誉，但是风险很大，一旦消费者需求偏好发生变化或相关技术发生变化，企业将陷入经营困境。

5.2.3.3 市场专业化模式

市场专业化是指专门为满足某个顾客群体的各种需要而提供各种房地产产品及其相关服务。这种模式可以提高这一细分市场消费者的忠诚度，但一般要求房地产企业提供房地产产品和相关服务的能力比较强，即要求房地产企业具备一定的实力。

5.2.3.4 选择性专业化模式

选择性专业化是指房地产企业有选择地进入若干个细分市场，因为这些细分市场在客观上都有吸引力，并且符合企业的目标和资源。但是，在所选择的各细分市场之间很少有或者根本没有任何联系，然而，每个细分市场都有可能盈利。这种多细分市场模式优于单一细分市场模式，因为这样可以分散房地产企业的经营风险，即使某个细分市场失去吸引力，该企业仍可继续在其他细分市场获取利润。

5.2.3.5 完全市场覆盖模式

完全市场覆盖是指房地产企业以各种房地产产品满足各类顾客群体的需求。只有实力雄厚的大公司才能采用这种战略。房地产企业是通过无差异市场营销和差异市场营销两种方法来达到覆盖整个市场的。房地产目标市场模式类型，见表5-2。

表5-2　房地产目标市场模式类型

序号	目标市场模式	说　明
1	密集单一模式	企业决定只生产某一种产品，只供应某一个客户群。小企业通常选择这种战略
2	产品专业化模式	企业决定向各类客户群提供同一类型而规模不同的产品系列。对提供某种产品有专门特长的企业通常选择这种战略
3	市场专业化模式	企业决定向某一客户群提供他所生产的各种产品。选择这种战略的企业一般具有较强的营销配套能力，并对某一客户群的利益追求有透彻的了解
4	选择性专业化模式	企业决定同时进入互不相关的子市场，因为这些子市场都能为企业提供有利的市场机会。追求市场机会不断增长的企业往往选择这种战略
5	完全市场覆盖模式	企业决定为所有不同的客户群提供它所生产的各种产品。这通常是谋求行业市场领导地位的集团公司采取的战略

需要说明的是，房地产企业在选择目标市场时，应综合考虑企业、产品和市场等多方面的因素，根据企业的资源或实力、产品的同质性、市场的通知信、产品所处生命周期的不同阶段、竞争者的市场营销策略以及竞争者的数目等因素综合权衡。

5.2.4　房地产目标市场策略

房地产企业在确定目标市场时，有三种可供选择的策略。每种策略都有其优缺点和适用条件，企业应根据自身的资源、产品特点、市场特点以及竞争状况进行选择。

5.2.4.1　无差异性市场营销策略

无差异性市场营销策略就是房地产企业着眼于消费者需求的同质性，只推出一种产品，运用一种市场营销组合，吸引尽可能多的顾客，为整个市场服务。

该策略的优点是房地产企业提供的商品的品种、规格、式样比较单一，有利于标准化和大规模开发建设，有利于企业提高工效，降低开发成本和销售费用，以便用低价争取更广泛的消费者。它的不足是不能使房地产各类顾客的需要得到最大满足，同时这种策略缺乏弹性，难以适应消费者需求的变化。例如，在经济发展较为缓慢的地区人们的居住水平比较低，尚处于满足基本生活需要的阶段，虽然也存在多种特殊的需求，但房地产企业可以以满足消费者基本生活需要这一共性为目标开发一些普通住宅，通过降低成本来吸引消费者。但随着经济发展，家庭收入水平的提高，人们的特殊需求越来越强烈，企业则不能再固守这种策略。

5.2.4.2　差异性市场营销策略

差异性市场营销策略就是房地产企业将产品的整体市场划分为若干个细分市场，并针对每一个细分市场的需求特点制订出不同的营销组合方案，分别满足不同消费者的需要。

差异性市场营销策略面对的仍是整体市场，但它是以市场细分为基础，重点考虑各个子市场的需求差异，针对每个子市场的需求特点，分别设计不同的产品，采取不同的营销方案。

该策略的优点是能更好地满足顾客的不同需要，提高产品竞争力，有利于扩大房地产企业的销售额；如果房地产企业在几个不同的细分市场上都取得较好的经营成果，能树立企业的形象，提高消费者对企业的信赖程度和购买率；有利于分散经营风险。缺点是实行差异性市场营销策略，为不同的消费者群提供不同的产品和不同的营销组合，会大幅度增加房地产企业的生产成本、销售费用和管理费用。因此，销售额的扩大所带来的收益，必须大于总营销成本费用的增加。实施这种策略会受到企业资源条件的限制，使那些资源缺乏的房地产企业难以采用该策略。

有些房地产企业在实际经营中实行“超细分战略”，即房地产市场被过度地细分，从而导致成本上升，价格不断提高，影响企业的销售量和利润规模。为此，出现了“反细分战略”。“反细分战略”不是反对市场细分，而是反对将市场分得过细，是将许多过于狭小的子市场组合起来，以使企业能以较低的价格去满足这一市场的需求。

5.2.4.3 集中（密集）性市场营销策略

集中（密集）性市场营销策略就是房地产企业将整体市场细分后，选择一个或少数几个细分市场为目标市场，制订一套营销方案，集中力量在目标市场上开展营销活动。

这种策略也是以市场细分为基础，但它不是面向整个市场，不是把力量分散在若干个细分市场上，而是集中力量进入一个或少数几个细分市场，实行专业化经营。采用这种策略的指导思想是追求较小的细分市场或少数几个细分市场上的较大份额，而不是追求较大市场上的较小份额，既不是追求市场范围，而是追求市场占有率。

该策略的优点是可以准确地了解顾客的需求，有针对性地采取营销策略；有利于房地产企业集中使用有限的资源，充分发挥企业的资源优势；由于经营范围小，可以作深入的了解；节省各种费用开支。缺点是经营风险大，犹如“把鸡蛋都装进了一只篮子里”，如果消费者的偏好发生转移或市场的情况发生变化，会立即使企业陷于困境；而且由于市场区域小，企业发展受到限制。因此，该细分策略适合于资源有限的小型房地产企业。

上述三种目标市场策略如图5-4所示。

上述三种策略中，无差异性市场营销策略与差异性市场营销策略都力图覆盖整个市场。前者以一种产品、一种营销组合策略面对整个市场，后者则是生产多种产品，采用多种营销组合策略以开拓各个细分市场，而集中（密集）性市场营销策略则是以少数几个甚至一个细分市场作为目标市场。房地产企业在选择策略时绝不可随心所欲，必须从企业自身的实力、产品特点、市场特点、竞争对手策略等方面综合考虑，慎重选择适合于本企业的策略。

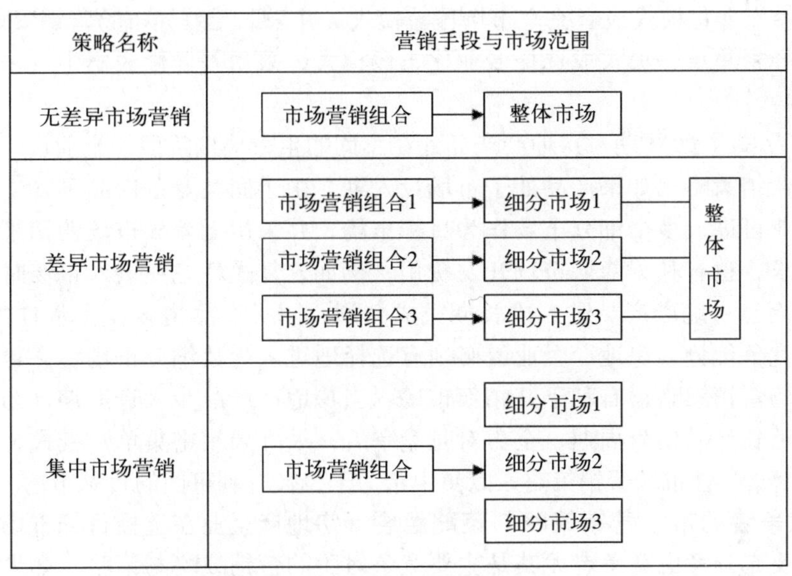

图5-4 目标市场策略示意图

5.2.5 目标市场策略的选择

房地产企业在选择目标市场时，需要综合考虑企业自身、产品和市场等多方面的因素。

1. 企业资源 如果房地产企业资源条件好，经营实力和营销能力强，管理水平高，可把整个市场作为目标市场，也可以选择多个细分市场，采用选择性专业化或完全市场覆盖模式，运用差异性或无差异性市场营销策略。而在房地产企业资源有限、实力不强时，则可考虑采用密集单一模式、产品专业化模式或市场专业化模式，并运用集中（密集）性市场营销策略，以取得在小市场上的优势地位。

2. 产品的同质性 异质性是房地产产品的重要特征。这里所讲的房地产产品的同质性是指在消费者眼里，不同企业所提供的房地产产品的相似程度。比如，不同房地产开发企业在两个相邻或相似地段开发小区规划、房型等都接近的房地产产品，则其相似程度就较高。一般来说，相似程度高，则同质性高。反之，则同质性低。相似程度高的房地产产品，企业之间的竞争将主要集中在价格上。这样的产品适合采用无差异市场营销策略，房地产企业就可以运用市场专业化模式或完全市场覆盖模式。相反，如果房地产产品在地段、房型、式样以及环境等方面存在较大差别，产品选择性强，同质性较低，则更适合于采用差异性或集中（密集）性市场营销策略。

3. 市场的同质性 所谓市场的同质性，是指各细分市场在顾客需求、购买行为等方面的相似程度。市场同质性高，意味着各细分市场的相似程度高，不同顾客对同一营销方案的反应大致相同。此时，房地产开发企业可以考虑选择产品专业化模式、选择性专业化模式或者完全市场覆盖模式。并采取无差异市场营销策略。反之，则适宜选择密集单一模式或选择专业化市场模式，采用差异性或集中（密集）性市场营销策略。

4. 产品的生命周期　房地产产品处在不同的生命周期阶段，企业应采取不同的目标市场营销策略。如果产品处于市场投入期，由于同类竞争产品不多，竞争不激烈，则企业可进入多个细分市场作为目标市场，并采用无差异市场营销策略。以探测市场需求，也有利于降低市场开发费用。例如，复式住宅在进入市场时就属于这种情形。而当房地产产品进入成长期或成熟期，同类产品增多，竞争日益激烈时，为了确立竞争优势，房地产企业就必须有选择地进入少数细分市场，并可考虑采用差异性市场营销策略，有利于开拓新市场；当房地产产品步入衰退期，为了保持市场地位，延长产品生命周期，全力对付竞争者，最好采用密集单一模式，并考虑采用集中（密集）性市场营销策略，以集中精力于少数有利可图的目标市场。

5. 竞争者的市场营销策略与策略组合　房地产企业在选择目标市场营销策略时，一定要充分考虑竞争者尤其是主要竞争对手的营销战略与策略。如果竞争对手采用差异性市场营销策略，则该房地产企业就应采用差异性或集中（密集）性市场营销战略与之抗衡。若竞争者采用无差异市场营销策略，则企业可采用无差异或差异性市场营销策略与之对抗。

6. 竞争者的数量　当市场上提供同类或相似房地产产品的竞争者较少、竞争不激烈时，对市场细分的要求并不高，同时可选择市场专业化模式或完全市场覆盖模式，采用无差异性市场营销战略。反之，当竞争者多、竞争激烈时，就应该仔细评估各细分市场，有选择地进入一个或少数几个细分市场，并选择密集单一模式或选择专业化市场模式，采用差异性市场营销策略或集中（密集）性市场营销策略。

5.3 房地产市场定位

5.3.1 房地产市场定位的概念

目标市场选定以后，房地产企业必须进行市场定位，为自己或者产品在市场上树立一定的特色，塑造预定的形象，并争取目标顾客的认同，它需要向目标市场说明，本企业与现有的及潜在的竞争者有什么区别。

市场定位是现代市场营销学的一个十分重要的概念。1972年美国的两位广告经理阿尔·赖斯和杰克·物鲁塔提出了产品定位的概念，并认为现代市场已经进入了“定位时代”。

在市场营销学中，市场定位和产品定位往往交替使用。我们可以从广义和狭义两个角度来区分。广义的市场定位，是指通过为自己的企业、产品、服务等创立鲜明的特色或个性，塑造出独特的市场形象，从而确定本企业的市场位置。产品定位，即狭义的**市场定位是对产品所施行的市场定位行为，是根据企业现有产品在市场上做出的位置，塑造本企业产品与众不同、有鲜明个性或特色的形象，以适合目标顾客的需要或偏好**。这种特色和形象可以通过产品实体方面体现出来，如“价廉”、“优质”、“物业管理优良”，也可以从消费者心理方面反应出来，如“舒适”、“豪华”、“气派”，或者是二者兼顾的。

从更广义的角度来看，企业形象识别系统（corporate identity system，CIS）也可以看做市场定位的延伸，其实质是通过理念识别（MI）、行为识别（BI）和视觉识别（VI）来进行企业整体形象的市场定位。

无论从哪个角度理解市场定位，实质都在于取得目标市场的竞争优势，确定企业及其产品在顾客心目中的适当位置并留下值得购买的印象，以便吸引更多的顾客。因此，市场定位是企业市场营销战略体系中的重要组成部分，对于提升企业市场形象，提高企业市场竞争力具有重要意义。市场定位有利于建立企业及其产品的市场特色，树立良好的市场形象，从而在顾客心目中留下深刻印象，形成一种特殊的偏爱，使产品更具吸引力，从而扩大产品的销售；市场定位有利于采取与之相适应的市场营销组合。比如一家采用“优质、高档”定位的房地产企业，必须为此推出优质产品，制定较高售价，通过高档次的中间商分销以及精美的广告，才能树立持久而令人信服的优质形象。

5.3.2　房地产市场定位的步骤

市场定位的实质就是企业取得在目标市场上竞争优势的过程。竞争优势是房地产企业定位的基础。因此，房地产企业在市场定位时面临的任务包括三个方面，即明确企业潜在的竞争优势，选择相对的竞争优势和显示独特的竞争优势。

5.3.2.1　寻找企业潜在的竞争优势

竞争优势一般有两种基本类型：一是价格竞争优势，即在相同条件下比竞争对手定价更低；二是偏好竞争优势，即能提供一定的特色来满足顾客的特定偏好。房地产企业在寻找竞争优势时要明确三个问题：一是目标顾客对某种商品属性有何需要以及欲望满足程度如何？二是竞争对手的产品是如何定位的？三是针对竞争对手的市场定位和潜在顾客真正需要本企业能做什么？回答这些问题，营销人员必须通过营销调研，系统地收集资料、分析有关资料，得出相应研究结果，从中把握和明确本企业的潜在竞争优势。

5.3.2.2　选择企业的相对竞争优势

即准确地选择房地产企业能够胜过竞争对手的现有的或潜在的某种能力，这是一个比较、评价企业各方面实力与竞争者实力的过程。通常可以从经营管理、技术开发、营销能力、资本财务、产品属性等方面进行分析和比较，准确地评价和选择出最适合本企业的优势项目。

选择竞争优势就是从房地产企业的竞争优势中找出可用于产品定位的竞争优势。所选择的用于市场定位的竞争优势必须符合以下条件：

1. 所选择的竞争优势必须能吸引更多的顾客　市场定位的目的是吸引追求相应定位的顾客购买产品，并为房地产企业带来更多的经济利益。如果企业的产品定位不是顾客所关心的，对顾客没有吸引力，这种定位难以达到真正的目标。

2. 所选择的竞争优势必须是竞争者没有的，或是竞争者通过努力也难以达到的　市场定位是市场竞争的重要手段，如果房地产企业所选择的竞争优势容易被竞争者赶上，企业在市场上这种竞争优势便难以建立，这种定位便失去了意义。

3. 所选择的竞争优势必须与房地产企业的目标一致　房地产企业的市场定位必须力求有助于企业目标的实现。如果企业的市场定位与企业的目标不一致，则可能造成消费者对企业产品认识上的混乱，损害企业的整体形象。

5.3.2.3 显示独特的竞争优势

房地产企业选定用于产品定位的竞争优势以后，还必须通过相应的沟通手段向顾客显示自己的竞争优势，以使顾客深刻了解企业的市场定位。即企业通过一系列的营销工作，尤其是宣传促销活动，使其独特的竞争优势准确地传递给潜在顾客，并在顾客心目中形成独特的企业及其产品形象。为此，企业首先应使目标顾客了解、认同、喜欢和偏爱本企业的市场定位；其次，要通过一切努力稳定和强化目标顾客的态度，以巩固市场定位；此外，企业还应密切关注目标顾客对市场定位理解出现的偏差，或由于营销工作上的失误而造成的市场定位的模糊和混乱，及时矫正与市场定位不一致的形象。

在显示企业竞争优势时，要避免犯三种错误：一是定位过低。这样做容易使顾客把企业理解为一般企业，失去应有的特色。二是定位过高。这样做会使顾客过高地估价企业，对产品有较高的期望值，一旦接触到本企业的产品，可能会对企业及其定位产生怀疑。三是定位混乱。这样会使企业的形象在顾客心目中混乱不清，无法形成共识，也不利于企业独特竞争优势的显示。

5.3.3 房地产企业市场定位的策略

房地产企业市场定位的策略主要有以下几种。

5.3.3.1 根据产品特色定位

以房地产产品特色进行定位，如某办公用房强调所处的区域优势和优良的物业管理，住宅小区则突出结构合理、设施配套、功能齐全、环境优雅。

5.3.3.2 根据利益定位

利益定位，即根据房地产能给消费者带来的利益进行定位。这种定位方法注重强调消费者的利益。如有的房地产产品定位侧重于“经济实惠”、“价廉物美”，有的侧重于“增值快速”、“坐拥厚利”，而有的强调“名流气派”、“高档享受”。

5.3.3.3 根据使用者定位

不同的消费者，其性别、年龄、职业、收入、社会阶层、生活方式都不相同，其购买行为也会存在着明显的差异。因此，房地产企业可以根据销售对象进行定位。例如，企业可以专门为高收入消费者开发高档住宅；把普通住宅定位于“工薪阶层理想的选择”。

5.3.3.4 根据竞争需要定位

如果企业所选择的目标市场已有强劲有力的竞争对手，则可以根据竞争需要进行定位，一般有两种策略。

1. 与现有竞争者并存 就是将自己的产品位置确定在现有竞争产品的旁边，从实践看一些实力不太雄厚的中小房地产企业大多选用。采用这种策略必须具备两个条件：其一，目标市场区域内有一定量还未得到满足的需求；其二，企业开发的产品要有一定的竞争实力，要能与竞争对手相抗衡。

2. 逐步取代现有竞争者 就是将竞争者赶出原有位置并取而代之，占有它们的市场份额。主要为实力雄厚的房地产大企业所选用。同样必须具备两个条件：其一，新开发的产品必须明显优于现在产品；其二，企业必须作大量的宣传推销工作，以冲淡对原有产品的印象和好感。

5.3.3.5 重新定位

房地产企业的市场定位不是一劳永逸的。当企业外部环境和自身条件发生变化时，需要重新定位。例如，当竞争者将市场定位于本企业附近，侵占了本企业产品的市场，使本企业产品市场占有率下降或消费者的偏好发生了转移，则本企业需要重新定位。重新定位时，企业要考虑重新定位的费用和收入的多少，只有在收入大于费用的前提下重新定位才是可行的。

事实上，许多房地产企业进行市场定位的策略往往并不只是一个，而是多个结合使用，因为作为市场定位所体现的企业及其产品的形象必须是一个多维的、丰富的立体。

案例1 开发商细分市场用心营销——借婚宴抢占婚房市场

近日，××地产推出凡在2008~2009年登记的新人可享受购房赠送婚房、婚宴、庆典、家具等费用的婚庆一条龙服务。

地产总经理向记者表示了开展此优惠政策的初衷，“过去开发商销售把不同阶层的客户‘大把搂’，如今在竞争的市场大环境下，我们也要将客户群体细分，转变思想‘一对一’做营销。”

此举在市场引发了不同的声音。

“从2009年前3个月成交数据来看，80%是购买婚房或是准备在1～2年内结婚的。”营销总监吕先生指出，去年年末市场调整使婚房市场在今年初释放。

“这个促销政策挺好，应该能吸引一部分想要近期购买婚房的消费者，同时，也表示开发商应对市场新环境的积极态度。”某公司副总经理向记者分析。

新郎小李表示，买房还能赠送婚宴，结婚负担减轻了，不但有人帮着忙乎了，还相当于节省了一笔钱。

虽然不少消费者、营销人员认为购买婚房赠婚庆一条龙政策不错，但是也有人质疑，该政策会不会受众面太小，毕竟开发商的房子不光是卖给想要结婚的人。

“在我们看来，优惠应该给所有的消费者，如果只给某一客户群，难免会影响另一部分有买房需求的消费者。”有些人士对此比较担心。认为“折现”应该是一种不错的平衡方法，会吸引更多的消费者。

虽然开发商还是没有完全跳出“让利”的传统销售模式，但是，买房送婚庆一条龙可以看出开发商做营销用心了。

谈一谈你对细分市场的认识。

案例2 定位与机会

北京南城的嘉业物业原定位是住宅，是海归派设计的，处于路边、交通便利。销售了一年多，到入住前只销售了10%，可以确定为死盘。作为住宅，5 500元的价格市场不接受。户型偏大，南城大多是拆迁户，超出了他们的经济承受能力。而且在它周围经常有一些价格在4 800～4 900元的楼盘的销售人员在发传单，这是它面临的威胁。价格高、外观生活化差、紧邻路边这是它的劣势。

要解决这个问题只有改变原来的定位，将名字改为“嘉业大厦”，定位成写字楼公寓。对于已经卖出去的10%房子，客户如果觉得入驻的公司办公扰民可以退。此时，周围住宅发单子的威胁消失了，因为这里是写字楼；位置在路边对于住宅来说是劣势，但作为商务用途就很方便；不够生活化对于住宅是劣势，但对于办公楼而言是优势；价位5 500元成为了优势。我们当时的广告语是“同样在三环，同样做商务，不同的只是价位”。结果在接手半年多的时间，100%销完。其实这只是“让林妹妹穿回了自己的衣服”。

结合案例，谈一谈对市场定位的认识。

思考题

1. 进行有效的市场细分应遵循哪些原则？
2. 住宅市场细分的标准有哪些？

3. 试说明五种目标市场覆盖模式。
4. 房地产企业选择的目标市场必须具备哪些条件?
5. 房地产企业的目标市场策略有哪些?每种策略的利弊是什么?
6. 房地产企业在选择目标市场策略时应考虑哪些因素?
7. 房地产市场定位的策略有哪些?
8. 简述房地产市场定位的步骤。

实训题

分析小组研究楼盘的市场定位。说明其定位是否合适，明确你对该楼盘的市场定位。

第6章

房地产市场营销战略

学习目标

1. 了解房地产市场营销战略的基本概念、内容和特点；
2. 掌握房地产市场发展战略和房地产市场竞争战略；
3. 掌握识别企业竞争者的基本方法。

技能要求

具有识别房地产市场发展战略、市场竞争战略的能力。

6.1 房地产市场营销战略概述

6.1.1 房地产市场营销战略的概念

房地产市场营销战略是对企业营销活动所进行的全局性和长远性的谋划，它涉及企业发展中的全局性、长远性和根本性的问题，营销战略的正确与否关系到企业的成败。因此，制定和实施市场营销战略，是房地产企业营销活动的一项最重要的内容。

房地产市场营销战略是房地产企业在分析企业外部环境和内部条件的基础上，确定企业营销发展的目标，做出营销活动总体的、长远的谋划，以及实现这样的谋划所应采取的重大行动措施。

房地产市场营销战略包括两层含义，即确定企业的长远目标和实现目标的手段，后者也称市场营销策略或战术。企业在某一时期的发展中，总有一个最终要达到的结果，这就是企业目标。企业在营销活动中往往有多种可供选择的目标，但企业必须依据资源供应、利用状况以及环境情况，在一定时期内确定一个对自己最有利的目标。选择一个适当的目标，是市场营销战略包含的一层意思。市场营销战略的另一层意思是指企业为达到一个目标所要采取的方法、步骤。对于一个既定的企业目标，往往有许多可借以达到或实现的方法或路线，但其中必有一个方法或一条路线被企业认为是最适宜、最恰当的。例如，一个企业想使自己的产品成为市场名牌产品，可以通过最优的产品质量来求得，也可以借助于长期的广告攻势来达到，还可以凭优质服务来谋取等，经过筛选，最后选择了通过可靠和上乘的产品质量去实现目标的途径，这便是该企业确定的市场营销策略或战术。在市场营销战略的所述两层含义中，第一层是第二层的基础和主旨，第二层是实现第一层的手段。

6.1.2 房地产市场营销战略的内容

战略源于军事，古今中外，有很多成功的军事战略可供企业借鉴。《三国演义》中的“隆中对”描述的就是一个成功的战略。诸葛亮在对当时的主、客观条件进行科学分析的基础上，首先，为刘备确定了一个基本的战略目标——“三分鼎”；其次，确定了实现这一目标的战略方针——“联吴抗曹”；最后，制定了具体的战略对策——“先取荆襄后取川，待机而动争中原”。这一战略的前半部分——“先取荆襄后取川”已经实现了，但是，由于刘备未能始终如一地贯彻“联吴抗曹”的方针，使得“待机而动争中原”成为泡影。

从上述实例中可以看出，任何一个市场营销战略都应该包括三项最基本的内容：战略目标、战略方针和战略对策。

6.1.2.1 战略目标

战略目标是企业在市场营销战略思想的指导下，在一定时期内，房地产营销活动所要达到的目的。战略目标规定着企业全部市场营销活动的总任务，决定着企业的发展方向。战略目标规定着企业全部市场营销活动的总任务，决定着企业的发展方向。市场营销战略目标主要包括市场占有率目标、销售额及销售增长目标、利润目标、贡献目标和发展目标等。

6.1.2.2 战略方针

战略方针是在一定时期内，房地产企业市场营销活动的指导原则和行动纲领。它是实现企业战略目标的保证。没有正确的战略方针，就不能实现企业的战略目标。因此，如果把战略目标比做过河，战略方针就是解决桥和船的问题。

6.1.2.3 战略对策

战略对策是指房地产企业为了实现市场营销战略目标而采取的方法、措施和策略。房地产企业只有制定正确的战略对策，才能实现其战略目标。

房地产企业在制定战略对策的同时，还要选择好战略重点，安排好战略步骤。战略重点是指那些事关战略目标能否实现的关键或薄弱环节。抓住关键或薄弱环节，才能带动和保证企业战略目标的实现。为了有计划、有步骤地实现企业的战略目标，还需要正确地划分战略阶段或战略步骤，因为战略目标的实现，不是一蹴而就的事，必须经过若干个战略阶段，才能完成整个战略目标。

6.1.3 房地产市场营销战略的制定与控制

房地产市场营销战略的制定和控制就是分析环境、制定、实施和调整战略的过程。其具体步骤如下：

6.1.3.1 战略环境分析

房地产市场营销战略是针对战略环境制定的，有什么样的营销环境，就制定什么样的营销战略。企业制定营销战略的目的，就是为了适应环境的变化和要求，使企业的目标和资源与迅速变化的环境之间保持动态协调。因此，对战略环境进行分析和研究，是房地产企业制定营销战略的前提和基础。

战略环境分析包括两方面内容：一是企业所处的外部环境分析；二是企业内部条件分析。

1. 企业外部环境分析　企业外部环境分析包括宏观环境分析、行业环境分析和微观环境分析。宏观环境分析主要是对企业外部的政治法律、经济、科技、社会文化、自然等因素进行分析；行业环境分析主要是对行业的现状及发展前景、行业结构、行业的技术状况及竞争状况进行分析；微观环境分析主要是对顾客、供应商、经销商、竞争者和公众等进行分析。外部环境对于企业来说都是不可控制的因素。企业进行外部环境分析的目的，是为了弄清企业所处的外部环境正在发生或即将发生哪些变化，这些变化会给企业带来哪些影响，即外部环境的变化，会给企业带来哪些机会和威胁，以便抓住机会，避开威胁，使企业更好地生存和发展。

2. 企业内部条件分析　企业内部条件分析主要是对企业地位和企业能力进行分析，它包括：

（1）企业地位分析。对房地产企业的地位进行分析，就是分析市场对本企业产品的需求前景如何；本企业产品的独特之处是什么；本企业的产品是否适销对路，其发展方向是什么；本企业产品定价是否合理，如何使本企业产品定价具有竞争力；本企业的销售渠道是否通畅，拓宽销售渠道的方法有哪些；本企业的促销措施是否得力，还有哪些好的促销手段。通过对企业地位进行分析，弄清企业是属于市场主导者、市场挑战者、市场追随者还是市场利基者，以便根据自己的市场地位制定正确的营销战略。

（2）企业能力分析。能力分析主要是对房地产企业组织的效能、管理现状、资源状况和营销能力进行分析。通过对企业能力进行分析，可以了解企业自身的优势和劣势，从而做到扬长避短、发挥优势。

6.1.3.2　战略的制定与选择

通过对战略环境进行分析，决策者对企业的外部环境和自身的资源条件有了比较清楚的认识，就可以在此基础上制定企业的营销战略了。

制定营销战略，首先要确定企业的战略目标。房地产企业必须在确定市场营销发展机会的基础上，根据企业的宗旨和使命，来制定切实可行的战略目标。因为，战略目标是企业宗旨和使命的具体化。

企业在确定市场营销战略目标时，应考虑以下六个方面的问题：① 我们从事的业务是什么？② 谁是我们的顾客？③ 我们将满足顾客什么要求？④ 我们拥有的资源和能力是什么？⑤ 我们怎样能最有效地满足顾客的要求？⑥ 对哪些环境力量以及变化应予以考虑?

1. 制定战略目标的要求　不同的房地产企业制定的营销目标各不相同，但从战略制定的角度出发，战略目标应符合以下要求：

（1）突出重点。企业在确定未来较长时间内要取得的成果时，往往会发现，它有不止一个方面的欲求，诸如提高市场占有率，提高盈利能力，提高企业或产品的声誉，扩大企业规模等。这些欲望之间，有时可能是相互冲突的，即“熊掌与鱼不可兼得”，因此，企业必须确定一个重点目标，其他方面的目标要服从这一目标的完成，亦即采取“有所得必有所失”的思维方式，来解决何者相对优先的问题。

（2）一致性。战略目标涉及企业营销活动多方面的要求，这些要求互相协调或一致。如果一方面的要求与另一方面的要求相抵触，就无法完成战略目标。例如，若企业确定要使某一产品（或品牌）树立高质量形象，那么，就不能再要求这种产品或品牌价格偏低，因为偏低的价格不论是对现有的还是潜在的顾客，都可能产生质量一般的印象。

（3）可测量性。战略目标应可以有效测量，并尽可能具体化、定量化。目标过于笼统或模糊，既无法判断战略执行情况，又会造成企业内部管理混乱。如“本企业未来5年的战略目标是大幅度提高市场占有率”，这一目标就含糊不清，而“本企业未来5年的战略目标是将市场占有率提高到20%”，这一目标就具有可测量性。

（4）可行性。战略目标对于企业管理人员和职工来说既要有一定的挑战性，又要有可行性，不能是“空中楼阁”，可望而不可及。这种兼具挑战性和可行性的目标应是企业及职工经过努力能够达到的、鼓舞士气的未来业绩成果。

2. 战略目标的具体表现　不同的企业，由于所处的市场环境不同，其战略目标也不同，同一企业在不同的发展阶段，其战略目标也有所不同，但是，无论是什么性质的企业，其中心目标（本质目标或最终目标）只有一个，那就是长远利润最大化。实际上，这也是企业战略目标的第一层次。企业为了实现其中心目标，必须通过某一个阶段，即实现第二层次目标。我们所说的市场营销战略目标，就指的是第二层次的目标，它主要包括以下几种形式：

（1）市场占有率目标　**市场占有率是指企业某一产品的销售量占整个市场产品销售总量的百分比**。企业制定市场占有率目标，就是确定这个百分比的大小。一般情况下，市场占有率的高低标志着企业市场地位的高低。较高的市场占有率不仅意味着企业销售额和利润率的增长，而且意味着企业对该产品的价格、式样、创新等的控制权。但是，当销售成本大幅度增加，并且带来的是利润绝对增长而不是相对增长时，这种市场占有率的提高就没有意义了。就是说，企业市场占有率的提高只有在销售成本不大幅度增加的前提下，才能真正带来其市场地位的提高和利润的增长。在激烈的市场竞争中，企业维持已有的市场占有率难，扩大市场占有率更难。但那些具有开拓意识的企业，总是不满足于既得的市场占有率，它们总是率先向潜在市场进发，以便谋求更高的市场占有率。

（2）贡献目标。贡献目标既表现为企业向社会提供的产品品种、质量、税金等，也表现为企业对自然资源的合理利用，降低能源消耗以及环境保护等目标（这里所讲的贡献，强调的是企业对社会的贡献，而不是企业利润）。一般情况下，企业对社会所作的贡献越大，企业形象就越好，其声誉就越高，因此，在现代社会里，企业对社会的贡献是企业树立良好形象的有力保证，也是企业生存和发展的重要力量源泉。

（3）发展目标。发展目标主要表现为企业实力的增强，包括人力、物力、财力的数量增加，人员素质的提高，生产能力的扩大，技术与管理水平的提高，专业化协作、经济联合的发展等。

3. 战略方案的选择　战略目标确定以后，房地产企业就要制订战略方案。战略方案是完成企业使命、实现企业战略目标的途径。企业在制订战略方案时，要尽可能多地列出可供选择的方案，以扩大选择的范围。

战略方案提出以后，管理人员应根据一定的标准对它们进行分析、评价和比较。评价的标准就是各个方案实现战略目标的程度，通常是选择实现目标程度大、风险较小的方案。事实上，每个方案都有利弊，因此，战略选择本质上是一个对各方案进行比较权衡，从中选择比较满意方案的过程。

6.1.3.3 战略的实施与调整

战略的实施就是将战略变成行动。再好的营销战略，如果不实施，也只能是一纸空文。在战略的实施过程中，为了使战略达到预期的目的，实现既定的战略目标，房地产企业必须对战略的实施进行控制，因为战略在实施的过程中常会出现两方面的问题：一是战略实施的过程与战略的要求不一致；二是在战略的实施过程中，发现战略本身出现问题。企业在对战略的实施过程进行控制时，要将战略的实际执行情况与预定的战略目标进行比较，如果产生了偏差，就必须采取措施加以纠正，如果战略本身出现问题，就要对战略进行修改和完善。

房地产企业之所以需要对战略进行修改和完善，一是由于当初制定战略时，对一些问题分析不周或判断不准，需要在战略的执行过程中，根据实际情况对战略进行修订；二是外部环境发生了变化，使原有的战略失去了指导作用；三是外部环境发生了重大变化，使原有战略无法继续执行下去，因此需要制定新战略，真正发挥战略的指导作用。

6.2 房地产市场发展战略

发展是企业经营永恒的主题，企业只有不断发展，才能适应不断变化的市场需要，才能应付激烈的市场竞争，为企业赢得更大的生存空间。房地产企业制定市场发展战略的通常思路是：首先，在现有业务范围内进一步寻找发展的机会；其次，增加某些与现有业务相关的新业务；再次，考虑开发与现有业务无关但是有较强吸引力的业务。这样，就形成了密集性发展战略、一体化发展战略和多角化发展战略，见表6-1。

表6-1 房地产市场发展战略

发展战略	发展方式
密集性发展战略	市场渗透 市场开发 产品开发
一体化发展战略	后向一体化 前向一体化 水平一体化
多角化发展战略	同心多角化 水平多角化 集团多角化

6.2.1 密集性发展战略

密集性发展战略又称集约发展战略，是指房地产企业在现有业务中寻找迅速提高销售额，增长发展机会的战略。该战略包括三种类型，如图6-1所示。

	现有产品	新产品
现有市场	市场渗透	产品开发
新市场	市场开发	多角化

图6-1 产品—市场发展矩阵

6.2.1.1 市场渗透

市场渗透就是房地产企业利用在市场上的已有优势，积极扩大现有产品在现有市场上的销售量和市场份额。主要措施是通过提高房地产质量、降低产品价格、加强物业管理、加强广告宣传等措施争取顾客。

市场渗透有三种主要方法：第一，尽量使原有顾客再次购买本企业的现有产品；第二，把竞争者的顾客吸引过来，使之购买本企业的现有产品；第三，寻找新的顾客，即把产品卖给从未用过本企业产品的顾客。

6.2.1.2 市场开发

市场开发就是以现有产品去开发新市场，从而实现利润额增长的战略。主要途径有：第一，要设法发现当前销售区域中有哪些潜在顾客，可以刺激他们产生兴趣；第二，企业可在现有销售区域内寻求其他分销渠道，如果过去仅仅通过代理商销售，则可增加销售渠道来销售；第三，企业还可考虑向新地区甚至向国外销售。

6.2.1.3 产品开发

产品开发就是房地产企业以改进老产品或开发新产品的办法，增加企业产品在现有市场上的销售量。这就要求企业增加产品的品种、式样，使产品具有新的功能和用途，以满足顾客不断变化的需求。通过产品开发更好地满足现有市场的需求，实现销售额增长。可以开发不同质量、风格及档次的产品面向各种消费者。

从某种意义上来说，产品开发战略是企业发展战略的核心，因为对于房地产企业来说，市场是企业不可控制的因素，而产品开发却是企业可控制的因素。

但企业尚未完全开发现有产品的潜在市场和没有充分利用现有市场机会时，则可考虑采取密集性发展战略。

6.2.2 一体化发展战略

如果房地产企业的基本业务很有发展前途，那么，房地产企业就应**在供应、产销方面的“业务链”上拓展业务领域，以增强企业的优势和竞争力，这种发展战略叫一体化发展战略**，又称一贯性发展战略。这一战略依据企业在“业务链”上延伸的方向不同，分为后向一体化、前向一体化和水平一体化三种类型（见图6-2）。

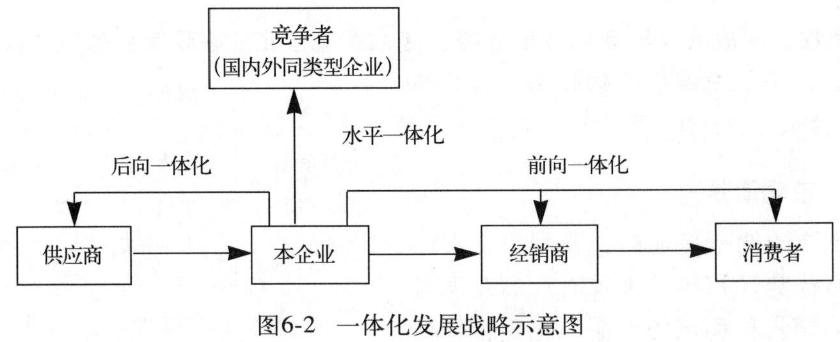

图6-2 一体化发展战略示意图

6.2.2.1 后向一体化

后向一体化就是房地产企业发展上游产品业务，拥有可靠的建筑材料供应系统，实行供产一体化。如房地产企业通过自建、收购或兼并建材厂，自行生产建筑材料。

后向一体化有利于房地产企业对其生产所需的建筑材料的成本、质量及其供应情况进行有效地控制，以便降低成本，保证生产正常、稳定地进行。

6.2.2.2 前向一体化

前向一体化就是房地产企业通过建立销售机构，拥有并控制其分销系统，实行产销一体化。

前向一体化使房地产企业能够控制销售系统，有助于企业更好地掌握市场信息和市场的发展趋势，了解顾客的意见和要求，不断改进产品，使其更符合顾客需要。

6.2.2.3 水平一体化

水平一体化就是房地产企业通过收购、兼并竞争者、同类型企业或在国内外与其他同类型企业合资生产经营等，获得更大的发展。

水平一体化的优点是可以迅速扩大企业规模，增加产品品种和产品销量，促进资源和能力的合理流动，避免设施重置，减少竞争对手。

6.2.3 多角化发展战略

多角化发展战略就是房地产企业尽量增加产品种类，跨行业生产经营多种产品和业务，扩大企业的生产范围和市场范围，使企业的人力、物力和财力等资源得到充分利用，从而提高企业的经济效益。

多角化发展战略分为三种类型：同心多角化、水平多角化和集团多角化。

6.2.3.1 同心多角化

同心多角化就是房地产企业利用原有技术、特长和经验，增加新业务，发展新产品，从同一圆心向外扩展业务范围。如某房地产企业原来专营民用住宅，现在增加工业用房和商业用房，这种营销战略就是同心多角化。

6.2.3.2 水平多角化

水平多角化就是房地产企业利用原有市场，采用不同的技术发展新产品，扩展业务范围。如某房地产企业在继续开发经营民用住宅的同时，又开展室内装修业务，就属于水平多角化。

6.2.3.3 集团多角化

集团多角化就是房地产企业把业务扩展到与原有的技术、市场完全无关的行业中去。如某房地产企业在开发经营房地产的同时，又开发经营家用电器、家具、从事商贸活动等。

实行多角化发展战略，可以提高房地产企业对环境的适应性，获得更多的发展机会；可以分散经营风险，增强企业经营的稳定性；可以充分利用企业的人力、物力和财力等资源，提高企业的经济效益。但是，企业实行多角化经营需要具备多方面的条件，如拓展新业务的实力、具有足够的资金支持、具备相关专业人才、具备管理更大规模企业的能力等。因此，房地产企业不能盲目地实行多角化经营，必须在把主业做大、做强的基础上，再谨慎地把触角伸向其他经营领域。

6.3 房地产市场竞争战略

房地产市场竞争战略是房地产企业通过对竞争者分析和本企业在市场中的竞争地位分析而采用的相应策略。制定房地产市场竞争战略，首先要对房地产市场竞争者进行分析。

6.3.1 房地产市场竞争者分析

“知己知彼”是市场竞争的重要原则。房地产企业参与市场竞争，不仅要了解自己的顾客是谁？还要了解自己的竞争对手是谁？竞争对手的目标是什么？采取的战略是什么？竞争对手的优势和劣势是什么？竞争对手对市场竞争的反应模式是什么？房地产企业只有准确掌握竞争者的有关情况，才能有针对性地制定本企业的竞争战略。因此，竞争者分析是企业制定竞争战略的前提和基础。

6.3.1.1 识别企业的竞争者

房地产企业的竞争者是指那些与本企业提供的房地产相类似，并且所服务的目标顾客也相似的其他房地产企业。

识别企业的竞争者并不是件容易的事，房地产企业的现实竞争者和潜在竞争者的范围很广。通常，一个企业被潜在竞争者吃掉的可能性比被现有竞争者吃掉的可能性要大得多。因此，房地产企业要从更广的范围来界定自己的竞争者。

根据竞争产品的替代程度，可以把竞争者分为三种类型。

1. 行业内现有的竞争者　这是指房地产行业内部提供相同或相似的房地产的企业。行业内的竞争者主要是采取提高质量、价格竞争、广告战、产品开发、增加服务项目等措施争夺市场份额，提高竞争地位。行业内现有竞争者争夺市场的激烈程度取决于房地产业的发展速度、房地产行业内竞争者的数量、实力的对比、产品差异、产品需求状况等。如果房地产业发展缓慢、竞争者数量多、实力相当、产品差异小、产品供过于求，行业内的竞争则激烈。

2. 新加入的竞争者　新加入的竞争者会给房地产业带来新增的生产能力，并要求一定的市场份额，从而导致房地产价格水平下降，成本上升，降低整个行业的获利水平。新企业对原有企业威胁的大小和可能性，取决于新企业进入房地产业入侵障碍的大小和新企业实力的强弱。入侵障碍主要有规模经济、产品差别化、资本需求、转换成本等。入侵障碍越低，原有房地产企业面临的威胁越大；新企业的实力越强，对原有房地产企业的威胁越大。

3. 相关行业的竞争者　相关行业竞争者是指所有与房地产企业争夺同一市场购买力的企业。房地产企业可以将生产耐用消费品的企业、汽车企业和旅游企业看做是自己的竞争者。因为在一定的时期内，房地产消费者的购买力是一定的，消费者若购买了汽车或外出旅游或购买了其他耐用消费品，就要推迟购买房地产。相关行业产品价格越低，争夺房地产企业顾客的能力就越强，对企业的威胁就越大。

6.3.1.2　确认竞争者的目标

房地产企业在确定了谁是企业的主要竞争者之后，还要进一步掌握主要竞争者在市场上追求的目标是什么。确认竞争者的目标，可以帮助企业预见竞争者的战略，从而尽可能避开竞争者的战略目标，减少竞争者的威胁，更好地实现企业的战略目标。

每个竞争者都有侧重点不同的目标组合，如获利能力、市场占有率、现金流量、技术领先、服务领先、质量领先、形象领先等。企业要了解每个竞争者的重点目标是什么，才能正确估计他们对不同的竞争行为将如何反应。当竞争者的重点战略目标受到攻击时，他便会做出强烈的反应。例如，某房地产企业的重点目标是“成本领先”，那么，该企业对其他企业在降低成本方面的反应就较为强烈。

6.3.1.3　判别竞争者的战略

各房地产企业采取的营销战略越相似，他们之间的竞争就越激烈。在房地产业中，根据竞争者所采取的主要战略的不同，可将竞争者划分为不同的战略群体。战略群体就是在某一目标市场上采取同一战略的一组企业。房地产企业首先要确认自己所处的战略群体。

划分战略群体可以帮助房地产企业做出正确的决策。首先，可以确定企业的位置。企业最近的竞争者就是那些用与自己相同的战略服务于同一目标市场的企业，即同一个战略群体内部的企业，企业之间的战略越接近，他们之间的竞争就越激烈；其次，当企业决定进入某一个战略群体时，首先要明确谁是主要竞争对手，他们的战略是什么，然后再决定自己的竞争战略。

除了在同一战略群体内存在激烈的竞争外，在不同的战略群体之间也存在竞争。这是因为：① 某些战略群体可能具有相同的目标顾客；② 顾客可能分不清不同战略群体的产品的区别；③ 属于某个战略群体的企业可能改变战略，进入另一个战略群体。

房地产企业还必须不断监控竞争者的战略。因为随着时间的推移，竞争者会根据企业内外环境的变化修正他们的战略，从而对本企业产生影响。

6.3.1.4　评价竞争者的优势和劣势

房地产企业在了解了竞争者的目标和战略以后，还要了解竞争者的优势和劣势，了解竞争者战略的执行情况，是否达到了预期的战略目标。为此，企业需要搜集过去几年中关于竞争者的情报和数据，如销售额、利润额、市场占有率、投资收益、新产品开发等信息资料。但收集竞争者资料不是件容易的事，通常要通过间接的方式取得，如通过别人的介绍、别人的经验等。房地产企业还可以对中间商和顾客进行调查，以问卷的形式请顾客给本企业和竞争者的产品在一些重要方面分别打分，通过分数可以了解竞争者的优势和劣势，也可以了解自身的长处和短处。

在对竞争者进行分析时，还要辨别竞争者的假设。竞争者的假设分为两大类：一是竞争者对自己的假设；二是竞争者对市场、对房地产业、对其他房地产企业的假设。例如，有些竞争者自以为“自己的产品是一流的”、“自己是产业领袖”、“是低成本生产者”等。这些假设可能是正确的，也可能是错误的。那些错误的假设便是竞争者的劣势，也是本企业的战略契机。因此，房地产企业在寻找竞争者的劣势时，要注意发现竞争者对市场和对他们自己判断上的错误，利用竞争者这种不切合实际的错误观念，对其发起进攻。

例如，当某竞争者相信自己是低成本生产者，自己产品的价格已经最低，而实际并非如此的话，本企业就可以以更低的价格去抢占竞争对手的市场，当竞争者发现自己无力降价、市场已经丢失很多时，才可能认识到自己的假设是错误的，但是为时已晚。

6.3.1.5 估计竞争者的反应模式

估计竞争者在遇到攻击时可能做出什么反应，采取什么行动，有助于企业正确地选择攻击对象，确定攻击的力度，实现竞争的预期目标。竞争者的反应除了受竞争者的目标、战略、优势和劣势的影响外，还要受其经营指导思想、企业文化和某些起主导作用的信念的影响。因此，房地产企业在估计竞争者的行动和反应时，还要深入了解竞争者的心理状态。竞争者的心理状态不同，对进攻者的反应模式也不相同。常见的反应模式有以下四种：

1. 从容不迫型竞争者　这类竞争者对其他企业的行动不迅速做出反应或反应不强烈。其原因可能是相信顾客是忠实于自己的；可能是因缺乏资金无法做出相应的反应；也可能是对竞争者的进攻重视不够。房地产企业必须弄清竞争对手从容不迫的原因。

2. 选择型竞争者　这类竞争者对某些方面的攻击反应强烈，而对其他方而攻击却不予理睬。这种竞争对手对自己优势和劣势有一定的了解，因此，并不对所有的竞争行为都做出反应，当竞争对手的策略对其构成较大威胁时，才做出强烈的反应。

3. 凶猛型竞争者　这类竞争者对所有的攻击都做出迅速而强烈的反应。他们一般都是实力雄厚的大企业，这种反应主要是向其他企业表明最好不要向自己发动进攻，否则，会战斗到底。

4. 随机型竞争者　这类竞争者的反应模式不可预料，它可能采取反击行为，也可能不采取反击行为。

6.3.1.6 选择企业应采取的对策

房地产企业在明确了谁是自己的主要竞争者以及主要竞争者的目标、战略、优势、劣势和反应模式以后，就要决定自己的对策了。

企业在选择进攻对象时，首先，要考虑竞争者的强弱。把较弱的竞争者作为进攻对象，可以节约时间和资源，但获利较少。相反，选择实力雄厚的竞争对手较量，虽然难度大，但却能使企业得到锻炼和提高，增强企业的整体实力。况且，再强大的竞争对手也有自己的弱点，只要企业进攻措施得当，也会取得成功。其次，要考虑竞争者与本企业的相似程度。把相近似的竞争者作为进攻的对象，获胜的可能性较大。但是，摧毁相似的竞争者有时可能对企业更为不利。如果那些失败的竞争者被并入实力更强的房地产企业，会使本企业面临更大的竞争者。因此，既要与相近似的竞争者竞争，有时又要避免摧毁他们。最后，要考虑竞争者表现的好坏。竞争者的存在有时对房地产企业是有益的。竞争者可以增加市场总需求，分担市场开发和产品开发的成本，开发和推广新技术，促进产品的差异化。但并不是所有的竞争者都能给企业带来益处，竞争者有好坏之分。那些表现良好的竞争者按照房地产经济运行的基本规则开展经营活动，并以合理的生产经营成本定价，保持合理的市场份额和利润水平，有利于房地产业的稳定和健康发展。而那些具有破坏性的竞争者不遵守行业规则，采用不正当手段进行竞争，扰乱市场秩序。作为房地产企业，应该攻击那些具有破坏性的竞争者，保证房地产业的健康发展。

6.3.2　房地产市场竞争战略

企业的经营环境是一个充满竞争的环境。房地产企业在识别和评价主要竞争者之后，还要根据自己的竞争地位、企业目标、发展机会和资源优势，制定行之有效的竞争战略。

简单地说，竞争战略就是如何取得竞争优势的战略途径，主要有总成本控制战略、差别化战略和集中战略。

6.3.2.1　总成本控制战略

1. 总成本控制战略的概念　**总成本控制战略是通过对成本控制的不懈努力，使本企业的产品成本成为同行业中最低者**。从行业分析看，尽管行业内存在激烈竞争，但具有低成本的企业却可以获得高于行业平均水平的收益。它的低成本地位使其能够抗衡来自竞争对手的攻击。

同样地，低成本可以强有力地抵御买方和供应方力量的威胁。买方和供方的讨价还价能力使得行业内企业的利润减少，正如低成本企业可以抵御竞争对手的威胁一样，当由于行业内利润下降使得其他对手都无利可图时，低成本企业仍然可以有相当的利润维持生存和发展。

最后，低成本也可以抵御来自替代品的威胁。人们购买替代品无非是看好替代品的性能或价格。替代品若是创新性的，那么整个行业被替代都在所难免，但若不是这样，而只是从价格上考虑，那么总成本低的企业就可以同替代品展开成本和价格上的竞争。

2. 控制和降低成本的途径　总成本控制战略是以降低成本为目标，任何一家企业都要控制成本，而且以把成本降低到同业最低点为目标。为此，总成本控制战略的实施应注意两方面的成本因素：首先，深入研究价值链构成的结构性因素，并与竞争对手相比较，探寻重新优化价值链结构的可能性；其次，控制每一项具体的价值活动及其联系。当价值链结构确定以后，企业还要对每项具体活动的成本进行控制。

3. 实施成本控制战略应注意的问题　总成本控制战略并不是只顾成本。总成本控制战略也是有顾客导向的，侧重于通过降低顾客成本来提高顾客价值。但也要注意，对低成本的长期追求也可能产生方向迷失的问题。老福特执掌的福特公司就曾犯过这样的错误，其领导地位最后被通用汽车取而代之。

总成本控制不应是只注意大块成本的。在企业中最不容易觉察的成本增长常常是那些小的和分散的成本因素。实际上，为加强成本控制，企业有必要建立一套新型的成本归类和核算体系，国外称之为以“价值活动为基础的成本管理”（activity based costing，ABC）。

6.3.2.2 差别化战略

1. 差别化战略的概念　**是提高竞争能力的另一种思想，是设法向顾客提供具有独特性的产品、服务或企业形象，并且同其他竞争对手区分开来，这种战略称之为差别化战略。**

差别化的核心是向顾客提供独特价值，而这些独特价值的来源则存在于企业价值链的构成之中。然而。要提高差别化优势也要付出成本，因此权衡差别化所得与所耗成本是差别化战略中的重要问题。此外，如何选择差别化战略，如何警惕差别化的误区，也是制定差别化战略应当注意的问题。总之，研究顾客心目中的价值，以及如何评判这些价值，都是建立差别化战略的途径。

2. 建立差别化战略的途径

（1）降低顾客成本。这里的顾客成本不只是顾客直接的购入成本，而应是更为广义的顾客成本，应当考虑时间上的、体力上的和地位形象等。

如果企业的某种做法可以降低顾客的总成本，那么这种做法就是差别化的潜在基础。

（2）提高买方效益。降低顾客成本可以为顾客实行总成本控制战略提供条件，提高买方效益可以为顾客实行差别化战略奠定基础。因此，企业必须理解顾客的需要并应采用与顾客相同的价值分析方法。

（3）通过促销提高价值。顾客对影响价值的知识的不完备性，为企业提供了差别化的机会。为了使顾客能够增加对实际价值的有关知识的了解，以促销（广告、推销、产品介绍、包装、公关）为主要手段的沟通就非常重要。通过促销活动，不仅可以提高顾客对实际价值的认识，而且，可以提高顾客的期望价值，即顾客对产品价值的主观判断。期望价值越高、购买欲望越强，企业就可以得到较高的溢价。在这里充分显示了促销对企业活动、特别是对奉行差别化战略的企业的重要性。但也应当注意，期望价值不能高于实际价值太多，否则在顾客购买之后就会产生巨大反差，而有上当受骗的感觉。

3. 差别化战略误区

（1）无意义的独特性。独特性并非就是差别化，关键是要看顾客是否接受你的独特性。片面的追求独特性而忽视了对顾客价值的研究，是营销近视症的表现，这种独特性不仅是毫无意义的，而且是很危险的。

（2）只重视产品而忽视整个价值链。有些企业只注意从产品形态上寻找差别化的机会，而没能从更广泛的价值链中去挖掘差别化的机会。实际上，价值链的每个环节都可以形成差别化优势。

（3）不能正确地细分买方市场。顾客的购买标准和对标准的重要性的排序是各不相同的。因此，必须要对买方市场进行细分。

（4）忽视促销。“好酒不怕巷子深”是差别化战略的大忌。“酒好”，说明你在产品上已具有差别化优势，但酒香能飘出去多远呢？只有配合促销宣传才能使酒香飘得更远。

6.3.2.3 集中战略

1. 集中战略的概念 **集中战略就是在细分市场的基础上，选择恰当的目标市场，集中为目标市场服务。**

集中战略的核心是集中资源于目标市场，取得在局部区域上的竞争优势。至于目标市场的大小、范围，既取决于企业的资源，也取决于目标市场中各个方面内在联系的紧密程度。如产品的接近性、顾客的接近性、销售渠道的接近性和地理位置的接近性。

集中战略可以说是总成本控制战略，即在目标市场上比竞争对手更具成本优势；也可以是差别化，即在目标市场上形成差别化优势；或是二者的折衷结合。

2. 集中战略的应用 选择集中战略的另一个问题是这种战略的持久性。它是由三个因素决定的：第一，相对于目标广泛的竞争者的持久性；第二，相对于模仿者的持久性；第三，相对于替代品的持久性。

相对于目标广泛的竞争者的持久性，主要取决于一个目标市场广泛的竞争者在服务其他市场的同时又服务于实行集中战略的细分市场的能力。实行集中战略的企业的价值链与服务于其他细分市场所要求的价值链的差别越大，集中战略的优势就越持久。

相对于模仿者的持久性，可以应用行业分析模型将模仿者看做是潜在的新加入者。模仿者的进入障碍主要来自细分市场内的企业所拥有的规模经济性、差别化、销售渠道，或对实行集中战略有利的其他障碍的独特性。

集中战略对来自替代品的威胁最为敏感。对一个细分行业而言，其被替代的威胁要比整个行业大。因为对一个行业的替代过程是渐变的，目标市场广泛的企业可以有较长时间，较大的回旋余地，而奉行集中战略的企业对这种替代过程则可能束手无策。因此，实行集中战略的企业必须时刻关注其赖以生存的细分市场的结构变化和发展潜力。

6.3.2.4 三种基本战略的关系

总成本控制战略、差别化战略和集中战略，是企业应付日益严峻的竞争环境的基本战略。正如前面所说，总成本控制战略主要凭借成本优势进行竞争；而差别化战略则强调被顾客认识的惟一性，通过产品、形象、服务等与众不同的特色形成竞争优势；集中战略则强调市场的集约和目标、资源的集中，以便在一个特殊市场上形成优势。

选择何种战略，既有主观能动性的作用，同时又受到内、外条件的制约。表6-2列出了采用不同战略所应具备的内部条件。

表6-2 三种竞争战略需要的内部条件

通用战略	所需的技能和资源	组织要求
总成本控制战略	大量的资本投资和良好的融资能力 大量开发的能力 所设计的产品易建造	严格的成本控制，详细的控制报告 组织严密、责任明确 以定量目标为基础的奖励
差别化战略	强大的营销能力 产品制造的创造性 在质量或技术开拓上声誉卓著 技术部门与销售渠道的高度协调合作	研究与开发和市场营销部门之间的协作关系良好
集中战略	针对具体战略目标，由上述各项组合构成	针对具体战略目标，由上述各项组合构成

对每一种战略的追求都要付出代价，而且要承担风险。在总成本控制与差别化之间徘徊可能既得不到总成本领先的好处，又难以真正形成差别化；在广泛目标和集中目标之间徘徊有可能失去安身之地。

6.3.3 房地产企业竞争战略

根据房地产企业在市场上的竞争地位，将其分为市场主导者、市场挑战者、市场跟随者和市场利基者四种类型。不同类型的房地产企业在市场竞争中采用不同的竞争战略。

6.3.3.1 市场主导者战略

市场主导者是指在某一行业中拥有最大的市场占有率，在价格变动、新产品开发、分销渠道的覆盖面和促销力量等方面都起主导作用的某一大企业。一般来说，每个行业都有一家企业被公认为市场主导者。由于房地产业具有地域性特征，因此，房地产业的市场主导者是指在一定的地理范围内，在相关的房地产商品市场上，市场占有率最高的房地产企业。

房地产市场主导者是市场竞争的众矢之的，它既是其他房地产企业效仿或回避的对象，也是其他企业挑战和攻击的对象。因此，市场主导者必须保持高度警惕，否则，就很可能丧失领导地位而降到第二位或第三位。为了保持自己在市场上的领先地位，市场主导者都会围绕着扩大市场需求总量、维护和提高市场占有率来参与竞争。具体的竞争战略有三种类型：

1. 扩大市场需求总量　当房地产的市场需求总量扩大时，受益最大的往往是市场主导者，因为它占有最大的市场份额。因此，促进产品需求总量的不断扩大是市场主导者积极采取的措施。扩大市场需求总量的主要措施有寻找新用户和开发产品的新用途。

（1）寻找新用户。每类房地产都有其潜在的购买者，这些潜在的购买者由于根本不知道有这种产品或因价格不合理等原因而拒绝购买。房地产企业可针对具体情况采取相应的措施，将潜在的购买者变成实际的购买者。

（2）开发产品的新用途。有些房地产的用途不止一种，当新的用途被消费者认可时，则可扩大市场总需求量。

2. 保持市场占有率　房地产市场主导者在扩展市场的同时，还必须采取措施保持现有的市场占有率，保卫自己的阵地。

保持市场占有率最有效的办法是不满足现状，不断增强自身的实力。企业必须不断提高产品质量、开发新产品、降低产品成本、开辟新的销售渠道，使自己真正处于行业的领先地位。同时，企业还要抓住竞争对手的弱点，主动出击。市场主导者如果不发起进攻，就要严守阵地，采取防御战略。

（1）阵地防御。阵地防御就是房地产企业为了维护原有的市场地位，以现有的产品和市场防御竞争者的进攻。阵地防御是种静态防御，是防御的基本形式。但是，如果企业将所有力量都投入这种防御，最后很可能导致失败。对于房地产企业来说，采用消极的静态防御，只保卫自己目前的市场和产品，是一种“市场营销近视症”。

（2）侧翼防御。侧翼防御是指企业通过改进薄弱环节，防止竞争对手乘虚而入或者开展一些次要业务作为防御的前沿阵地。市场挑战者在向市场主导者发起进攻时，往往攻击对方的薄弱环节或劣势。采取侧翼防御战略，能保护企业要害部位市场，防止竞争对手打开缺口。

（3）以攻为守。这是一种“先发制人”的防御策略，即在竞争者来攻击之前，就主动攻击它。该战略的指导思想是“进攻是最好的防御”，与其坐等别人进攻，不如主动出击。

（4）反攻防御。这是指当房地产市场主导者受到攻击时采取的反击行动。市场主导者可根据具体情况，选择正面反攻、侧翼反攻或钳形反攻等战略。

（5）运动防御。这是指市场主导者不仅防御目前的阵地，还要扩展到新的市场阵地，作为未来防御和进攻的中心，市场扩展可以通过市场扩大化和市场多角化来实现。

（6）收缩防御。市场主导者在所有的市场阵地上全面防御，有时会顾此失彼，得不偿失。在这种情况下，最好采取收缩防御，即放弃某些较弱的市场阵地，把资源集中于实力较强的市场阵地。

3. 提高市场占有率　有关研究表明，市场占有率与投资收益率成正相关关系，市场占有率越高，投资收益率越大。因此，提高市场占有率也是市场主导者增加企业收益、保持市场领先地位的一个重要途径。

但是，通过提高市场占有率增加企业的收益是有条件的，一是房地产的单位成本随市场占有率的提高而降低。房地产企业提高市场占有率是要付出代价的，当市场占有率达到一定水平后，再提高市场占有率就要付出很大代价，其结果可能是获得的报酬小于成本，得不偿失。二是企业在提供优质产品时，销售价格的提高要大大超过为提高产品质量所投入的成本。

6.3.3.2 市场挑战者战略

市场挑战者是指在房地产市场上仅次于市场主导者的企业。它们在房地产业中也有很强的实力，经常在产品更新、降低成本价格、促销等方面向市场主导者或其他小企业进行挑战。

市场挑战者要赢得市场，首先要确定自己的战略目标和挑战对象，然后确定适当的进攻战略。

1. 确定战略目标和挑战对象

（1）攻击市场主导者。攻击市场主导者的风险大，但吸引力也大。市场挑战者在向市场主导者发起进攻时，必须清醒地认识到市场主导者通常在保卫自己方面享有优势，而且会对挑战者进行持久的、杀伤力很强的报复。因此，挑战者要成功地进攻主导者，必须具备三个条件：一是拥有一种超过主导者的、明显的、持久的竞争优势。如挑战者可以凭借低成本优势降低价格而抢占市场份额，或者在价格不变的基础上提高产品质量。二是挑战者在其他方面要与主导者接近。如果挑战者采用差异化战略，它还必须能够部分地抵消主导者的低成本优势或其他优势。否则，挑战者的差异化优势会被主导者的低成本优势或其他优势所抵消。三是挑战者必须具备阻挡主导者报复的办法，使主导者不愿或不能对挑战者实施旷日持久的报复。

在攻击市场主导者之前，挑战者必须进行调查研究，掌握市场主导者的弱点和失误，把他们的弱点和失误作为进攻的目标。只要战略得当，就可以争夺主导者的市场份额，甚至取而代之。

（2）攻击与本企业实力相当者。房地产企业可以选择一些与自己实力相当，但经营不善或财务困难的企业作为攻击对象，直接夺取其市场份额。

（3）攻击地方性小企业。对于一些地方小企业中经营不善或财务困难者，可夺取他们的顾客，甚至将其收购或兼并以壮大自身的实力。

2. 选择进攻战略　市场挑战者根据进攻的对象和目标，可以选择适当的进攻战略。

（1）正面进攻。正面进攻就是集中力量攻击竞争对手的强项而非弱点。这种战略要求进攻者的实力要大于竞争对手，否则不能采取这种战略。

（2）侧翼进攻。侧翼进攻就是集中力量攻击竞争对手的弱点，它充分体现了“避实击虚”的原则，因此，成功的概率较大，是一种较为有效的进攻战略。

（3）包围进攻。包围进攻是一种全方位的进攻战略，企业从几个方面同时进攻，迫使竞争对手同时防御它的正面、侧翼和后方。包围进攻包括产品包围和市场包围。产品包围是指房地产企业为市场提供各种质量、特点各异的房地产，以此在市场上掩盖竞争对手的产品。市场包围是指进攻者努力扩大销售区域来攻击竞争对手。

（4）迂回进攻。迂回进攻是一种最间接的进攻战略，进攻者完全避开对于现有的市场，去争夺新市场。主要措施是发展与目前产品系列无关的产品，实行产品多元化；以现有产品进入新市场，实行市场多元化；在竞争对手已占领的市场上运用新技术，开发新产品。

（5）游击进攻。游击进攻指对竞争对手的不同市场领域或部位采取小规模的断断续续的进攻。它通常适用于那些规模较小的挑战者。

6.3.3.3 市场追随者战略

市场追随者是指那些仿效市场主导者的市场行为，从中获得发展的企业。

美国管理学专家李维特指出：“产品模仿有时像产品创新一样有利。”因为新产品的开发者需要花费大量的人力、物力和财力，并且冒很大的风险才能取得成功，而其他从事仿制或改良这种产品的企业却不需要大量投资也可以获得很高的利润。因此，很多房地产企业采取市场追随者战略。

市场追随者战略有以下几种。

1. 紧密追随　这是指追随者在各个细分市场和营销组合方面，尽可能仿效市场主导者。这种跟随者有时好像是挑战者，但它避免侵犯主导者的地位，避免与主导者发生直接冲突。

2. 有距离追随　这是指追随者在市场营销的各主要方面，如目标市场、产品创新、价格水平、销售渠道、促销方式等方面追随市场主导者，但在其他次要方面又与主导者保持一定的距离。

3. 有选择追随　这是指追随者在某些方面紧跟主导者，而在另一些方面，又保持独立性。这类追随者既学习竞争者的长处，又发挥自己的创造性。在这类追随者中，有些可能成为挑战者。

6.3.3.4 市场利基者战略

市场利基者是指那些专门为被大企业所忽略或不屑一顾的小市场提供服务的小企业。这些小企业不是追求整个市场，也不追求较大的细分市场，而是专门寻找那些被大企业所忽略的某些细小市场。在这些小市场上，通过专业化经营获取最大限度的利润，即在大企业的夹缝中寻求生存和发展。

市场利基者关键要找到细分市场里的空缺位置——市场利基。市场利基应具备以下特征：

（1）有足够的市场潜量；

（2）利润有增长的潜力；

（3）对主要竞争者不具有吸引力；

（4）企业的资源和能力能有效地服务市场；

（5）企业在顾客心目中建立了良好的信誉，能抵御进攻者的攻击。

市场利基者由于实力有限，因此，其采取的主要战略是专业化市场营销。具体方案有以下几种：

（1）最终用户专业化。企业专门为某类最终用户服务。如房地产企业专门为低收入者生产普通住房或经济适用房；

（2）顾客规模专业化。企业专门为某一规模的客户服务。如房地产企业只为购买小户型的客户服务；

（3）地理区域专业化。企业专门为某一地区的顾客服务；

（4）产品类型专业化。企业专门开发一种或少数几种类型的产品。如房地产企业只开发标准工业厂房；

（5）质量和价格专业化。企业专门开发某种质量和价格的产品，如房地产企业只开发低标准、低价格的住宅；

（6）分销渠道专业化。企业只通过一种销售渠道向市场销售产品。如房地产企业只通过现场销售的方式销售商品房。

案　例　“资源”与“能力”牵手

2004年4月，万通和泰达曾宣布结成战略联盟，联手打造中国地产界“第一航母”，该合作被媒体盛赞为“城市运营商和地产运营商”的天作之合。时隔半年，这一战略联盟再次高调驶入人们的视线：在12月3日的中国住交会上，万通、泰达以“战略决定未来，城市引领中国”为主题，共同举办了“战略选择与城市运营——2004中国房地产企业发展模式论坛”，万通地产董事长冯仑、泰达控股董事长刘惠文、泰达集团总经理孟群轮番登场，对这一战略联盟模式进行了深入剖析。

1. 泰达的“3+1”模式

孟群强调，城市运营是一个复杂的系统工程，因此城市运营商的战略选择及其运营模式就显得尤为重要。2004年，泰达集团按照天津滨海新区及开发区、泰达投资控股公司的发展战略，确定了“以土地为核心资源，对接国内外资本市场，实现股权多元化，力争成为中国最具实力的城市运营商之一”的产业定位和企业经营目标。并根据这一经营目标和自身的实际情况，确定了“3+1”模式。所谓“3”，就是把城市运营的核心业务分成三个层次：第一个层次是以土地资源为主的成片土地开发和以环保、绿化产业为代表的城市运营；第二层次是在土地资源基础上，包括住宅及商业开发的房地产业；第三层是对城市运营中的专业经营性业务，实现专业领域专业经营的目标。所谓“1”就是要在城市运营的实践过程中，充分发挥合作伙伴的专业作用。孟群强调：“这一模式的目的，就是最大化实现土地资源的利用，谋求土地价值的再次增值，形成土地经营的集约化发展模式，通过我们的项目为当地政府创造新的税收来源，有效改善当地的生活环境和人文环境，形成一个‘与各级政府合作、与地方经济互动、与资本运作结合、与战略伙伴共赢’的新经济平台。泰达选择万通作为合作伙伴，正是基于这种考虑。”

2. 好的合作是互为资源的

泰达集团城市运营商的战略定位已经明确，万通地产“专业房地产投资公司”的战略定位也已经明确。很显然，按照双方的发展战略，万通地产与泰达存在明显的战略互补关系：泰达集团依据自己的土地资源和金融资源，进行城市运营；而万通地产以其专业的地产开发与运营能力，从事高端住宅与商用物业开发。“资源”与“能力”的结合，使得这一“混合经济结构”焕发出强大的经济活力。

“我们与万通合作是把万通作为一种资源。”刘惠文直言不讳。而冯仑则把这一观点进一步展开：“一个好的合作，是互为条件，互为补充，互为资源的。万通和泰达正是这样的一个合作，所以我们是战略合作，也就是大家着眼于长远的目标和特定的发展方向，各自提供各自的资源，然后采取各自认为合适的方法，比如说我们要进入天津这个市场，泰达作为城市运营需要专业的房地产公司进行合作，可以说我们是一拍即合，泰达有他们的土地和资源，我们有专业的团队和在北京开发的经验，我们是合作开发比较大的综合性的住宅和商业等大型的社区，可以说这个合作是非常成功的。”

这是何种营销战略？谈一谈你对这种营销战略的看法？

思考题

1. 简述房地产市场营销战略的内容。
2. 如何制定房地产市场营销战略？
3. 房地产市场发展战略的有哪些类型？
4. 如何识别房地产企业的竞争者？
5. 房地产市场竞争者分析的步骤是什么？
6. 简述取得竞争优势的战略途径。
7. 确定差别化竞争战略的误区有哪些？
8. 房地产企业选择不同的竞争战略应具备的内部条件是什么？

第 7 章
房地产产品策略

学 习 目 标

1. 了解产品、整体产品和产品组合的概念；
2. 了解产品市场生命周期理论；
3. 掌握产品市场生命周期各阶段的特点及市场营销策略；
4. 了解品牌的构成及类型；
5. 掌握品牌策略及设计要求。

技 能 要 求

1. 基本掌握产品生命周期不同阶段的特征及据此制定营销策略的技巧；
2. 了解品牌设计的基本原则，初步掌握品牌设计的要领及选择品牌策略的能力。

7.1 房地产产品概述

7.1.1 房地产产品的概念

研究房地产产品策略，必须明确产品的概念。通常人们将产品理解为具有某种物质形状，能提供某种用途的物品。这是狭义的产品概念。现代市场营销理论认为产品是一个广义的、整体的概念，**即产品是指能够提供给市场，用于满足人们某种欲望和需要的任何东西**。包括实物、服务、场所、设计、软件、意识、观念等各种形式，亦称产品的整体概念。它包含核心产品、形式产品和延伸产品三层含义，如图7-1所示。

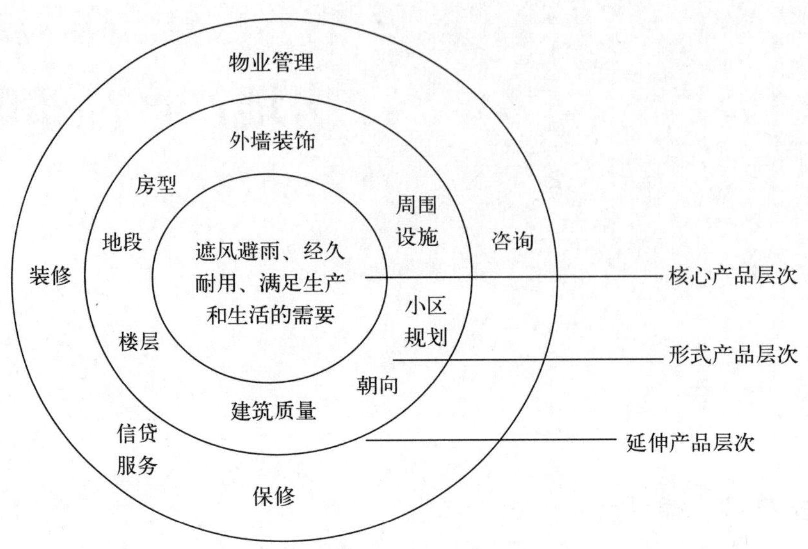

图7-1 房地产产品的构成层次

7.1.1.1 核心产品

房地产核心产品是指能满足消费者的基本利益和使用功能的房地产产品。它是房地产产品最基本的层次，是满足消费者需要的核心内容。顾客购买某种产品并不是为了获得产品本身，而是为了满足某种特定的需求。比如，人们购买住宅并不是为了买到钢筋水泥的堆积物，而是为了实现其居住的功能。顾客愿意支付一定的费用来购买产品，首先就在于购买它的基本效用，并从中获得利益。房地产产品的核心产品包括以下几方面内容。

（1）生活居住需要；

（2）办公及生产经营需要；

（3）投资获益的需要；

（4）获取资本增值的需要；

（5）保值的需要；

（6）为后代积累财富的需要；

（7）炫耀心理需要；

（8）分散投资风险的需要。

7.1.1.2 形式产品

形式产品是房地产产品的第二层次，是房地产核心产品的基本载体，是指核心产品所展示的全部外部特征，即向市场提供的实体和服务的形象。一般包括以下几个方面：房地产的区位、质量、外观造型与建筑风格、建筑材料、色调、名称、建筑结构与平面布局、室外环境等。形式产品是消费者识别房地产产品的基本依据。

顾客购买某种产品，除了要求该产品具备某些功能，能提供某种核心利益外，还要考虑产品的品质、造型、色彩以及品牌、声誉等多种因素。产品的基本效用必须通过某些具体的形式才能得以实现。因此，企业进行产品设计时，应着眼于顾客所追求的核心利益，同时也要重视如何以独特的形式将这种利益呈现给顾客。

房地产产品的基本效用都是通过形式产品得以体现的。

7.1.1.3　延伸产品

延伸产品又称附加产品，是房地产产品的第三层次。它是指消费者通过房地产产品的购买和使用所得到的附加服务以及附加利益的总和，也就是房地产产品所包含的所有附加服务和利益。一般表现为房地产产品销售过程中的信息咨询、房地产产品说明书、按揭保证、装修、代为租赁以及物业管理等。因此，延伸产品能给消费者带来更多的利益和更大的满足感。

在竞争日益激烈的环境条件下，延伸产品已经成为房地产企业展开竞争的重要手段。延伸产品层次的发展要求营销人员必须正视深入研究消费者需求的综合性和多层次性。同时，必须注意因延伸产品的增加而增加的成本以及消费者是否愿意承担的问题。这是指消费者在购买房地产时所得到的附加服务或利益，主要是物业管理服务。不同企业提供的同类产品在核心产品和形式产品层次上越来越接近。企业要赢得竞争优势，应着眼于比竞争对手提供更多的附加利益。

核心产品、形式产品和附加产品作为产品的三个层次，是不可分割并紧密相连的，它们构成了产品的整体概念。其中，核心产品是基础、是本质。核心产品必须转变为形式产品才能得以实现。在提供产品的同时，还要提供广泛的服务和附加利益，形成附加产品。

产品整体概念的提出，对企业的营销活动有重要意义。首先，它向企业昭示，明确顾客所追求的核心利益十分重要。企业如果不明白这一点，顾客的需求不可能真正满足，企业也不可能获得成功。其次，企业必须特别重视产品的无形方面，包括产品形象、服务等。顾客对产品利益的追求包括功能性和非功能性两个方面，前者更多地体现了顾客在物质方面的需求，后者则更多地体现了在精神、情感等方面的需要。随着社会经济的发展和人民收入水平的提高，顾客对产品非功能性利益越来越重视，在很多情况下甚至超越了对功能性利益的关注。由此要求企业摆脱传统的产品概念，重视非功能性利益的开发，以更好地满足顾客的需要。最后，企业在产品上的竞争可以在多个层次上展开。对于成熟产品，在功能、品质上极为接近，难以制造大的差异，是否意味着企业间只有在价格上互相厮杀呢？产品整体概念的提出，给企业带来了新的竞争思路，那就是可以通过在房型、包装、品牌、服务等各个方面创造差异来确立市场地位和赢得竞争优势。

7.1.2 房地产产品的类型

7.1.2.1 土地

土地是重要的生产要素，“劳动是财富之父，土地是财富之母”。土地是财富的源泉，也是其他类型房地产产品中重要的组成部分。宪法规定我国现行的土地所有制为社会主义土地公有制，具有社会主义全民所有制和社会主义劳动群众集体所有制两种形式。城市的土地属于国家所有，农村和城市郊区的土地，除由法律规定属于国家所有的以外，属于集体所有。

土地可分为未开发土地和已开发土地两种情况。一般分为非建设用地和建设用地，前者基本属于农村用地，后者通常属于城市用地，当然在一定条件下前者可以向后者转化。从投资的角度来说，城市土地或规划中可以转化为城市用地的农村土地是房地产投资者关注的焦点。

土地按用途分类，可分为居住用地、工业用地、仓储用地、商业金融业用地、市政用地、公共建筑用地、交通用地、特殊用地和农用地等。

7.1.2.2 居住物业

居住物业是指供人们生活居住的建筑，它包括普通住宅、公寓、别墅等。居住物业作为满足人类居住需要的建筑物，在城市建设中所占比重最大。它经常以居住区、居住小区的形式被成片开发建设。

1. 普通住宅　普通住宅主要用于解决我国城市居民的居住需要。我国普通住宅的市场潜力大，市场需求旺盛，投资风险相对较小。国家鼓励面向大众的普通住宅的建设。

2. 高层公寓　高层公寓也称高层住宅。我国1983年公布的《高层民用建筑设计防火规范》（以下简称《规范》）中明确规定10层及10层以上的住宅为高层住宅。《规范》按重要性和高度将高层建筑分为两类，10～18层住宅为二类高层住宅，19层及19层以上的住宅为一类高层住宅。

根据建筑形式分，我国的高层公寓可分为塔式公寓、板式公寓和墙式公寓三类。

3. 别墅　别墅是一种在自然环境好、风景优美的地方修建的低楼层豪华住宅，它是一种高档居住物业。别墅一般有讲究独立的庭院、景色怡人的视野、别致的外观造型、特殊设计的生活空间，其建材和配套设备均较高档。别墅的基本目的是满足人们恬静悠闲的生活需求，它是富有个性特色的居住物业。别墅有住宅型和休闲型两种。住宅型别墅多见于郊外的住宅区，而休闲型别墅则多见于山清水秀的风景区。在建筑形式上，别墅一般分为独立式、毗连式和联排式三种类型。

（1）独立式别墅。独立式别墅一般是指独户居住的单幢住宅，房屋四周临空，有围墙圈出固定范围的庭院，或有明确归本户使用的周围用地。

（2）毗连式别墅。由两个独立住宅合为一幢建筑，每户的出入口各自独立，这种组合形态的别墅称为毗连式别墅。

（3）联排式别墅。将许多独户住宅成排（或成组）拼接，每户有单独的出入口或独立的院落形成联排式别墅。

7.1.2.3 写字楼物业

写字楼是一种供机关、企事业单位等办理行政事务和从事业务活动的建筑物，也称办公大楼。写字楼一般由办公用房、公共用房和服务用房三部分组成。

写字楼从结构看可分为两种类型。一种是商住两用写字楼，这种写字楼内的办公室是固定的，办公室内配有盥洗室、厨房等设施，具备单独生活的基本条件，故称为商住两用型。另一种是纯商业性的写字楼。这种写字楼本身并未建成固定的办公室，从结构上看它仅仅是分割成十几或几十个甚至上百个楼层。纯商业用写字楼的各层楼面可以任意分割组合，业主和承租户是按实际需要或使用面积购买和租赁的。

7.1.2.4 商业物业

商业物业是进行商品交换和流通的建筑物和场所，包括商店、商场、百货大楼、超级市场、购物中心、地下商业街等。

1. 专卖商店　专卖商店建筑种类繁多，形式多样，规模不一。如服装店的商品多为开架陈列，营业厅宜宽敞明亮，人工照明应尽量接近日光色，以利顾客挑选商品花色。钟表、首饰商店因商品贵重、小巧，多采用多用柜台陈列，营业厅不必过大，但要装修考究，以示贵重。门市部专门销售某生产部门的产品，经营的商品比较单一，规模也不大。一般还设有修理部，为顾客提供修理服务。

2. 商场　商场是由若干专业商店组成的建筑群，其经营范围比百货商店小。商场中各商店有一定的独立性。要合理安排各商店的位置，组织好顾客的流动路线和货物进出路线。有些是集购物、休闲、娱乐为一体的多功能场所。

3. 百货商店　大型百货商店集中经营成千上万种商品，规模大，顾客多，一般都设计为多层营业大楼，建筑面积可达上万平方米。中型百货商店，主要经营日用百货和热门商品，这类商店除营业大厅外，还需配备仓库、管理、加工等用房。

4. 批发商店　批发商店一般顾客不多，但营业额较高。一般设有营业厅、洽谈用房和仓库。营业厅面积通常不大，但设有营业柜台和商品陈列柜。

5. 商品交易中心　商品交易中心主要是从事看样、洽谈订货业务，有的设零售部。商品交易中心一般设置大面积的商品陈列大厅，分设若干洽谈用房。出于商业保密的要求，各洽谈用房需有良好的隔音设施。还有参加交易会厂商的业务办公用房和主办单位的办公服务设施。大规模的商品交易中心还有接待国外客商和外地客商的旅馆、餐厅、俱乐部等配套建筑，形成一组设施完善的商业建筑群，例如中国广州进出口交易会展览馆。

6. 超级市场　超级市场主要经营日用百货、食品、农副产品、生产资料等。商品大多采用规格包装和开架售货方式，由顾客自由选购，在出口处结账付款。超级市场的营业厅宽敞明亮，路线便捷，多采用大空间的底层建筑形式，一般超级市场设置有停车场地、办公用房、仓库和电子监视中心控制室等辅助设施。

7. 地下商业街　由于城市用地紧张、昂贵，一些城市结合地下铁道和交通枢纽的建设，兴建地下商业物业，形成地下商业街。这种商业物业形式在日本、香港发展最快，仅东京就已建成10多条地下商业街，面积达20万平方米。有的深入地下五六层，与地面的大型建筑、车站广场、港口、机场等联成一个整体，并形成一个商业、交通中心。地下商业街一般采用自动扶梯和环形汽车道与地面联系。地下商业街强调环境的美化，常进行人工绿化，利用艺术化的人工照明和商品陈列，创造富有魅力的气氛，吸引顾客，消除人们进入地下商业街时的压抑感。

8. 购物中心　西方发达国家的购物中心可以从两个方面定义。从市场营销角度看，购物中心是一个配有相当规模停车场，以各种零售商店为主体，包括其他各种商业、服务、金融机构的商业群体。从房地产经营角度看，购物中心是一种配有相当规模停车场，能够同时为众多零售及其他商业、服务机构提供经营空间的大型收益型的房地产。

购物中心应当具有像样的规模，但从现状来看，目前，只要具备如下条件者，就可视为购物中心。①该购物中心的零售业店铺面积总和在政府指定的都市为3 000平方米以上，在其他地区为1 500平方米以上。②有店铺租赁开发商，并统一进行广告宣传，共同举办展销、教育等商业活动。③在基本租用者之外的租用者之中，应包括10家店铺以上的零售店。④在有基本租用者的场合下，其中从事饮食、服务业的所占有的面积应当不超过该购物中心总面积的70%。

7.1.2.5 工业物业

工业物业是为工业生产提供活动空间的物业，它包括厂房、仓库、堆场等。工业物业是工业生产重要的条件。工业物业中的工业厂房包括重工业厂房、轻工业厂房和近年来迅速发展起来的高新技术产业用房。一般来说，重工业厂房由于其建筑物的设计建造需要符合特定的工艺流程要求和设备安装需要，通常只适合特定用户使用，因此不容易转手交易。高新技术产业（如电子、计算机、精密仪器制造等）用房与之相比，则有较强的适应性。轻工业厂房介于上述二者之间。标准厂房（工厂大厦）是工业物业中非常重要的一种形式，香港的工厂大厦发展的最为典型，目前在我国各工业区流行的标准厂房，多为轻工业用房。

7.1.2.6 旅馆、酒店

旅馆、酒店是为旅客提供住宿、饮食服务以及娱乐活动的公共建筑，主要建在城市中或旅游点。旅游旅馆、酒店最简单的只有客房，而设备齐全的则有各类餐厅、游泳池、健身房、舞厅、酒吧、蒸汽浴室、保龄球馆以及出租汽车站、银行、商店、洗衣房、医务所、车库等。假日旅馆、酒店大多建在海滨、风景区，主要为度节假日或周末的旅客服务。这类旅馆、酒店设备较简单，服务项目较少，有较强的季节性。会议旅馆、酒店是专门作为开会之用的。设有大、小型会议室，有的还备有国际会议所需要的设施，如展览、新闻报道、录音录像、同声翻译、复印等设施。汽车旅馆多建在公路干线附近，供自己驾驶汽车的旅客住宿之用。主要设施为客房和餐厅，客房都带有停放汽车的地方，位置大都紧靠客房。餐厅对住客提供膳食，也为不住宿的客人服务。这类旅馆在公路交通发达的国家较多，近年有向城市发展的趋势。

7.1.2.7 高层建筑综合体物业

目前房地产开发建造的高层建筑往往是综合体物业。所谓综合体物业，又称"建筑综合体"，是由多个功能不同的空间组合而成的建筑。根据组织形式的不同，可分为两种类型，即单体式与组群式。单体式综合体建筑只有一幢建筑，它可以是各层之间使用功能不同，也可以是一层内各个房间之间使用功能不同。一般由既有联系又有分工的部分组成，有时也由并无联系的各部分组成。许多超高建筑中，常将许多种不同使用性质的房间纳入一幢大楼内。

7.1.2.8 特殊物业

特殊物业主要有娱乐中心、赛马场、高尔夫球场、汽车加油站、停车场、飞机场、车站、码头等物业。特殊物业的经营内容通常要得到政府的许可。特殊物业的市场交易很少，因此，对这类物业的投资多属长期投资，投资者靠日常经营活动的收益来回收投资，赚取收益。

7.1.3 房地产产品策略

房地产产品策略，是房地产企业为了实现企业的经营目标和营销目标，根据消费者需求为市场开发、建设房地产产品所采取的所有对策和措施。

在理解房地产产品策略的概念时，需要把握以下几点：

（1）消费者需求是制定房地产产品策略的依据；

（2）房地产产品是房地产产品策略的对象；

（3）制定房地产产品策略的主体是房地产企业；

（4）制定和实施房地产产品策略的目的，是为了实现企业的经营目标和营销目标。

产品策略是房地产市场营销组合的核心，也是房地产价格策略、销售渠道策略和促销策略的基础。从社会经济发展的过程看，产品的交换是社会分工的必要前提，企业生产与市场需要的统一是通过产品来实现的，企业与市场的关系也主要是通过产品或服务来联系的。从企业内部而言，根据消费者的需求研究、开发、建设和经营房地产产品是房地产企业经济活动的中心。因此，产品策略是房地产开发企业市场营销活动的支柱和基石。

7.2 房地产产品生命周期策略

7.2.1 房地产产品生命周期理论

房地产产品生命周期理论是房地产企业制定产品决策的重要依据。研究产品生命周期，可以使房地产企业更好地了解本企业产品的发展趋势，适时开发新产品，淘汰老产品，进行产品的更新换代；可以使房地产企业根据产品生命周期各阶段的特点，有针对性地制定营销策略，使企业在动态的市场营销环境中求得生存与发展，从而赢得有利的市场地位。

房地产产品生命周期是指房地产产品从进入市场开始，直到退出市场为止所经历的全部过程。主要指一种产品在市场上的销售情况以及获利能力随着时间推移而变化的过程。这种变化的规律正像人和其他生物的生命一样，从诞生、成长到成熟，最终走向衰老死亡。产品生命周期指的是产品的市场寿命，不是使用寿命。使用寿命是指房地产产品从开始使用到报废为止所经历的时间。

房地产产品生命周期的长短受诸多因素的影响，包括产品本身的性质和特点，市场竞争的激烈程度，科学技术的发展速度，消费需求的变化速度以及企业营销的努力程度。从总的趋势看，产品的生命周期正在日趋缩短。

典型的房地产产品生命周期分为四个阶段，即投入期、成长期、成熟期和衰退期。产品生命周期如图7-2所示。

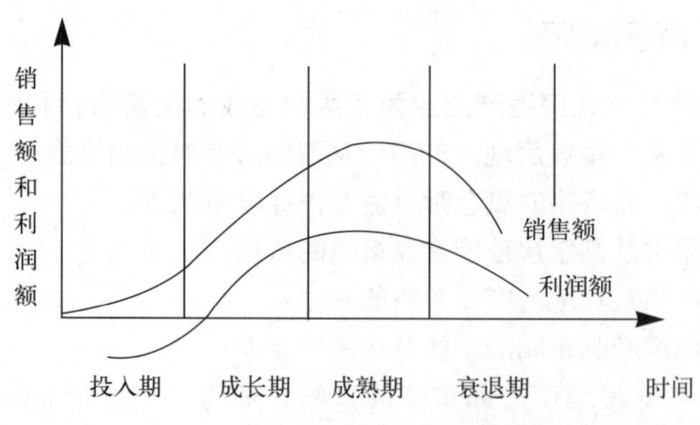

图7-2 典型的产品生命周期曲线

产品生命周期各阶段的划分是相对的，一般来说，各阶段的分界是以产品销售额和利润额的变化为根据的。在投入期，产品销售额和利润额增长缓慢，利润多为负数；当销售额迅速增长，利润由负变正并快速上升时，进入成长期；但销售额增长放慢，利润增长停滞时，则进入了成熟期；当销售额快速递减，利润也较快下降时，说明产品已经进入衰退期。

不同的产品，其生命周期常常是各不相同的。各种产品的生命周期曲线也各有差异。有的产品已进入市场就快速成长，迅速跳过投入期；有的产品可能越过成长期，直接进入成熟期；还有的进入投入期后，未成长起来，直接迈向衰退期。

在产品生命周期变化的过程中，企图严格确定曲线上的各个阶段的划分点是不现实的。因为产品生命周期各阶段的划分并无严格的标准，带有较大的随意性，基本上属于定性判断。要想完整地描绘产品的生命周期曲线，应等待产品完全被淘汰后，才能根据历史资料整理出来，但这时对企业营销已无实际意义。判断产品处于市场生命周期的哪一个阶段，一般采用的方法有两种：一是采用类比的方法，比照类似产品发展情况来分析判断。二是以销售增长率来划分产品生命周期的各阶段。国外的一些营销学者提供了界定各阶段的经验数据：在投入期，销售增长率不稳定；当增长率大于10%时进入成长期；增长率在−10%～10%之间为成长期；如果销售增长率小于−10%时，则进入衰退期。当然国情不同、行业不同，经验数据不一定相同。

7.2.2 房地产产品生命周期各阶段的特点及其营销策略

房地产产品处于不同的生命周期阶段，其特点不同，企业要对其采取不同的策略。

7.2.2.1 投入期

投入期的主要特点是消费者对该产品不太了解，销售量小；单位产品生产成本和促销费用较高；企业利润少，甚至亏损；产品本身不够完善；市场竞争者较少。因此，在这个阶段，企业的经营风险最大，市场预测的失误可能使得投资的项目夭折。

这一阶段的策略要突出一个“短”字，即尽可能地缩短投入期，使房地产产品在短期内能迅速进入和占领市场。尽快进入成长阶段，以获取较高的利润。这一时期的营销策略主要有以下几方面：

1. 快速掠取策略　这种策略采取高价格、高促销费用，以求迅速扩大销售量，取得较高的市场占有率。采取这种策略必须有一定的市场环境，如大多数潜在消费者还不了解这种新产品，已经了解这种新产品的消费者急于求购，并且愿意按价购买；企业面临潜在竞争者的威胁，应该迅速使消费者建立对自己产品的偏好。

2. 缓慢掠取策略　以高价格、低促销费用的形式进行经营，以求得到更多的利润。这种策略可以在市场面比较小，市场上大多数消费者已熟悉产品，购买者愿意出高价，潜在竞争威胁不大的市场环境下使用。

3. 快速渗透策略　实行低价格、高促销费用的战略，迅速打入市场，取得尽可能高的市场占有率。在市场容量很大，消费者对这种产品不熟悉，但对价格非常敏感，潜在竞争激烈，企业随着销售量扩大可以降低成本的情况下适合采取这种策略。

4. 缓慢渗透策略　这种策略是以低价格、低促销费用来推出产品。这种战略适用于市场容量很大、消费者熟悉这种产品但对价格反应敏感，并且存在潜在竞争不激烈的市场环境下使用。

7.2.2.2 成长期

成长期的主要特点是销售量迅速增加；单位成本大幅度下降；利润增加；竞争者纷纷加入，市场竞争较为激烈。

这一阶段的策略要突出一个“好”字，重点放在创立名牌、提高偏爱度上。即抓好产品质量，树立良好的企业形象，扩大产品销售量，取得较高的市场占有率。从我国房地产市场特征来看，房地产产品的成长阶段是市场销售量迅速放大的时期，是房地产企业销售的最佳时期，企业要采取正确的营销策略把握住这一时期。在产品成长阶段，企业可以采取的策略有以下三种。

1. 改进产品质量 赋予产品新的特性，力求创出新的特色；根据消费者需求与建议，不断改进规划、设计，修正缺陷，提高产品质量，使整体产品优于同类产品。

2. 广告重心的转移 企业将广告穿插的重心从介绍产品、建立产品的知名度转移到说服消费者接受产品和实施购买上来。加强企业形象和品牌的宣传，介绍产品的独特性和相对优点，提高消费者对本企业产品的信赖程度，培养消费者对本企业产品的偏爱感，以促进销售的成长。

3. 适时变相降价 企业在适当的时机，可以采取变相降价策略，以激发那些对价格比较敏感的消费者产生购买动机和采取购买行为。同时，降低价格还能防止竞争者的加入，利于企业保持并扩大市场占有率。

7.2.2.3 成熟期

成熟期的特点是销售额和利润额的增长达到顶峰后开始缓慢下降；竞争者增多，竞争最激烈。

这一阶段的策略要突出一个“改”字，即积极地改进产品、市场和营销组合，延长产品的成熟期。这时采取的策略主要有以下两种。

1. 市场改进和产品改进，寻找新的消费者 企业可以通过进行市场细分，寻找新的细分市场，将产品引入新的目标市场；或者是对房地产产品进行改造，即改进产品质量、产品结构、产品设计等，改变或扩大原有产品的用途和使用功能，吸引新的消费者。

2. 营销组合改进 通过改进营销组合的一个或几个要素来刺激销售，延长产品的市场成长和成熟期。在价格、渠道、促销、服务等营销组合工具上进行适当匹配。

7.2.2.4 衰退期的营销策略

衰退期的特点是销售量急剧下降；利润低甚至为零；大量竞争者退出市场；消费者的消费习惯发生转移。

这一阶段的策略要突出一个“转”字，即要积极地、有计划地淘汰老产品，将企业的生产销售力量转向下一代新产品。在这一阶段，很多竞争者已纷纷退出市场，如果该产品在市场上还有一定的需要，有条件的企业可以适当地保留一部分老产品；反之，就要及时投放新产品、淘汰老产品。

7.3 房地产新产品开发策略

7.3.1 房地产新产品的概念

随着科学技术的飞速发展和消费者需求的不断变化，市场上新产品层出不穷，产品寿命周期不断缩短，新产品开发直接关系到房地产企业的生存和发展。美国学者彼得·德鲁克认为：“任何企业只有两个基本功能，就是贯彻市场营销观念和创新。因为它们能创造顾客。”其基本含义也指明任何企业都应积极开发新产品，以推动整个社会经济的发展。

在研究新产品开发策略之前，应首先明确新产品的含义。在这里新产品的含义与科技领域新产品的含义有所区别，并不一定都是新的发明创造。营销中所谓的房地产新产品只要产品整体概念三个层次中任何部分的创新，改革或改进等，都属于新产品之列，即**房地产新产品是指房地产整体产品概念中任何一部分的创新或改变而形成的新产品**。大体上包括全新产品、革新产品、改良产品和仿制产品四类。

1. 全新型新产品　在房地产产品建造过程中采用新观念设计，用新结构、新技术、新材料、新工艺生产的前所未有的产品。如1979年以后我国大量建造的高层住宅和高层办公楼。

2. 更新型新产品　亦称换代型新产品。在房地产产品建造过程中部分地采用新工艺、新技术、新材料，使其使用功能有了很大改进。如“错层房型”大受欢迎，其原因：一是突破传统的房型平面布局，提高了住宅的舒适性与生活情趣；二是派生出“多余空间”，有底层的车库、储藏室和顶层的阁楼、晒台，在功能与感觉上均展现全新的特色。

3. 改良型新产品　是在原有产品的基础上对其作部分改进或稍加改良而形成的新产品，在样式、形状、色彩、材料、房型等方面进行部分改进的新产品。例如，某住宅区融住、行、休闲于一体，多层房平面设计上全明布局，引进了新加坡住宅的底层架空结构，每户配备了独立车位。特别是其配备设在底楼的独门独户的多功能室，其面积为5～20平方米不等，方便了客户的多种使用需求。

4. 模仿型新产品　模仿市场上旺销的其他房地产企业生产的产品。开发某种模仿型房地产新产品的房地产企业面临着产品定位问题。营销者要决定在产品质量或价格上，其产品应定位于何处。就新产品质量和价格而言，房地产企业有多种可供选择的策略。如优质高价策略、优质低价策略、低质高价策略、低质低价策略等。

如果市场领导者正采取优质高价策略，模仿者应该采取其他策略。

7.3.2 房地产新产品开发的原则

房地产企业在开发新产品中，应遵循如下几条基本原则。

1. 有市场 新产品开发是从营销观念出发所采取的行动，因此首先必须是适应社会经济发展需要，生产适销对路的产品。不能满足一定市场需求，或虽能满足某一需求但需求量太小的产品，对企业而言再新也没有意义。因此，房地产企业所开发出的新产品必须要能满足消费者的需求，并且有一定的市场需求潜力。这就要求不能闭门造车，要认真进行市场调查，充分了解消费者的意愿，针对消费者对产品的品质、性能、功能等的要求，有的放矢地进行开发研究，只有这样才能开发出有市场生命力的新产品。

2. 有特色 新产品的设计和生产，一定要有新的意境、新的式样、新的功能、新的特色，从而使消费者感到新颖、与众不同，产生强烈的购买欲望。当然以特色新颖作为吸引力并不等于要追求新产品的功能越来越好，而是要做到适中、适度，以免大幅增加成本。

3. 有能力 房地产企业从事新产品开发，要从本企业实际出发，充分考虑企业自身生产条件、技术力量、资金和原材料供应等因素的影响，要实事求是，量力而行。

4. 有效益 这是制约房地产新产品开发的最重要的原则。首先，新产品要有社会效益，新产品要让消费者感到舒适、方便，维修简便，便于保持生态平衡，防止环境污染，节约资源。其次，对企业而言，新产品要能创造比老产品更大的经济效益，可以充分挖掘企业的生产能力，综合利用原材料增加企业的利润，达到投资少、收益大的效果。

7.3.3 房地产新产品开发的主要策略

根据以上对房地产产品特性的分析，房地产新产品开发可以应用以下几种策略：

1. 补缺策略 这种策略的目的就是要回避那些供过于求或供求平衡产品的诱惑，这些产品一般可能是利润较高的热门货，如某些地方的高级别墅。这些产品开发者众多，竞争激烈，对于实力不太雄厚、没有取胜把握的房地产企业，最好避免这种背水一战的较量，而应当把注意力放到发现市场供应的空缺上去，这些产品可能利润不丰，而被一般开发商所遗忘或忽视，但它们的风险较小，收益率较为稳定。

2. 配角策略 在现代化的社会技术经济系统中，企业与企业之间在市场经营活动中有着相互密切的协作和联系。企业如果不能在经营活动中取得主导地位，可以采取甘愿当配角的策略，主动地为主导企业提供服务，如为主导企业提供拆迁、售后服务等。也可和有影响的企业共同开发，利用主导企业的资金和销售渠道，完成自己的经营目的。但是，采取配角策略，要防止过分地依赖主导企业，要甘当配角又不能作附庸。

3. 创新策略　房地产产品开发必须立足于创新，要不落俗套地走新路子，用新技术创造出富有特色的新产品。房地产企业应从企业本身的实际和市场需要出发，在“奇”字上下工夫，要标新立异，与众不同。

4. 组合策略　采用这种策略时，并不着力于追求新的发明创造，也不一定要用什么新原理、新结构、新技术，而是将现有的已经成熟的技术和产品加以重新组合，开发出别具一格的新产品。运用这种策略开发新产品一般不需要大量的投资，失败的风险小。成功的关键在于细心研究市场的需要，富有想像力地发现各种新组合的可能性。

7.4 房地产品牌策略

7.4.1 房地产品牌的概念

品牌是产品策略的一个重要组成部分。以品牌来建立产品在市场上的地位，树立良好的企业形象是企业提高竞争能力的重要手段。品牌是社会公众对产品认知度和认可度的积累，外化表现为商标或标识，也是企业信誉、企业文化的内在凝结。品牌是可以超越时空沉淀在社会公众心目中的无形资产，能给企业及其产品产生量化的附加值。

品牌是一种名称、术语、标记、符号或设计，或是它们的组合应用，其目的是借以辨认企业提供的产品或服务，并使之与竞争对手的产品和服务相区别。

品牌主要具备三个特征：一是消费忠诚度，任何一个品牌一定都有一批真诚的消费者，忠诚的消费者群体的形成来源于企业独特的企业文化和市场营销的成功；二是市场占有率，所谓品牌一定要在行业里有相当高的市场占有率，没有认知度就谈不上品牌；三是差异性，所谓品牌一定要有个性化的特征，多表现为独特的企业文化。品牌主要包括四个方面。

1. 品牌名称　品牌名称是指品牌中能用语言称呼的部分，即可以念出来的单词、字母、数字、词组等。例如，万科四季花城、中街北苑、8栋洋房等等。它主要产生听觉效果。

2. 品牌标记　品牌标记是指品牌中能被识别，但不能用语言直接称呼的部分，包括专门设计的符号、图案、色彩、文字等。

3. 商业特征角色　商业特征角色是拟人化的品牌标记。

4. 商标　商标是指按法定程序向商标注册机构提出申请，经商标注册机构审查，予以核准，并授予商标专用权的品牌或品牌中的一部分。商标受法律保护，任何人未经商标注册人许可，皆不得仿效或使用。

商标与品牌间既有密切联系又有所区别，严格地说，商标是一个法律名词，而品牌是一种商业称谓。两者从不同角度指称同一事物，因此两者常常被混淆。

7.4.2 房地产品牌的作用

企业经营的目标之一就是培养消费者对品牌的忠诚。品牌忠诚可以使销量最大化，并且维持深入人心的品牌形象。一个人每天要做数十种消费决策，包围他们的是让他们目不暇接、数不胜数的产品或信息。为了安心地生活，简化消费决策过程，消费者会寻求各种捷径，其中最重要的一条捷径就是依习惯行事，即购买过去自己满意的品牌。

品牌之所以重要，是因为品牌具有以下六个方面的作用。

1. 方便顾客　品牌使产品识别更加容易，顾客可以直呼其名来选购产品，而不用详细描述。同时，顾客在认知不同品牌时减少了价格的比较。

2. 提高品牌忠诚度　品牌是质量的保证，如果重复购买同样的品牌，顾客可以获得质量相当的产品。

3. 提高企业形象　品牌可以使顾客了解负责提供产品的企业。没有品牌的商品，不能直接确认其制造商。

4. 降低营销成本　知名品牌可以取得中间商更多的合作，也有助于制造商对分销渠道施加更多的控制。

5. 扩大销售　品牌商品可以按高于平均水平的价格销售；同时，在激烈的价格竞争中，品牌可以起到保护作用。

6. 有助于企业经营战略的选择　品牌可以帮助企业细分市场，采用多种品牌，就可以进入各个细分市场。

因此，产品是由企业生产并提供的，而品牌则是由市场认同所形成的。竞争者可以复制产品，但不能仿冒品牌，因为品牌是独一无二的；同时，产品可能会因为技术进步而更新换代，因为使用而折旧，但品牌是永恒的。

7.4.3 品牌设计

一个良好信誉的品牌是一种无形资产。因此企业应重视品牌与商标的设计、管理和开发。

7.4.3.1 品牌设计要求

根据国内外企业营销的实践经验，一个成功的品牌的设计应符合以下基本要求：

1. 简明性　这是成功品牌的最基本要求。品牌的首要功能是它的识别功能和传播功能，要让顾客很容易地通过品牌来识别该产品，并且通过各种途径使该产品的名称在消费者当中广为流传。因此品牌的设计要求简洁明了，易读、易认、易记。

为达到上述要求，在品牌名称设计上要做到语感好、短而精、特色化。所谓语感好即容易发音、朗朗上口，语音响亮，避免拗口的字词。如可口可乐（Coca-Cola）、柯达（Kodak）等就有很好的语感。短而精是指音节、文字不能太长，以三四个音节为好。如龙祥苑、理想新城等。特色化是指与众不同、特色鲜明，使人有一种过目不忘的感觉。如唯美品格、在水一方、8幢洋房都是不落俗套的品牌名称。至于品牌标记的设计要做到简洁、凝炼，以简单清晰、醒目给人留下深刻的印象。

2. 暗示性　成功的品牌与应向消费者暗示产品所具有的某些性能、用途或象征产品的某个特性。如奥林匹克花园、青年居易等都在一定程度上暗示了其产品的特性，容易引起消费者的好感。这里需要注意的是，勿使品牌名称太接近于商品属类名称，即过于描述产品功能，就会成为通用的商品名称。

3. 新颖性　对于一个成功的品牌来说，标志独特、新颖比简单明了更为重要。在世界名牌中，我们找不到一般化和雷同化的标志。尽管不少非名牌标志有意进行模仿，但都达不到世界名牌应有的意境和效果。因为著名品牌标记的独特性，不仅体现在视觉效果上，而且体现在心理效果上，使人产生独特的联想。

4. 适应性　品牌的设计应考虑不同国家、文化背景、宗教信仰和语言文学的差异，根据不同的时间、空间采取不同的设计方案，以适应环境的变化，否则会产生沟通障碍。

7.4.3.2　品牌名称设计

好的楼盘名称可以促进销售的效果以及获得买家的喜爱和认同，甚至可以成为名牌，恒久不衰。特别是针对大规模分期开发的楼盘意义颇大。

房地产的名称分为以下几类：

1. 企业型　房地产企业直接用自己的公司的名称作为房地产名称，例如万科城、中原房产、SR新城等。

2. 地名型　直接在房地产名称中嵌入位置所在。如黄河大厦、天柱山庄、虹桥花园等。

3. 功能型　将房地产用途和特色通过名称表述出来。如外贸大厦、邮政大楼、金融大厦等。

4. 历史文化型　以古代帝王宫殿来命名。如大明御苑、颐和俪园等。

5. 名人型　以著名人物之名为名称的楼盘。如中山花园。

6. 吉祥型　以中国民间吉祥如意的词语组合为名。如凤凰花园、幸福居等。

7. 移情型　取风景优美、风光宜人的旅游胜地命名，具有移情的作用。如夏威夷山庄、瑞士花园等。

8. 意境型　以诗情画意的优美文句为楼盘名称。如唯美品格、锦绣江南、卧波苑等。

好的楼盘名称应具备如下几个特征：

一是楼盘命名时不拘泥于“花园”、“广场”、“中心”等一统天下的楼盘命名惯例，不应落于俗套，不应过分雷同，应富有时代气息。

二是楼盘名称作为一个标识性强、个性浓烈的自我标记，应与地块的地理、环境、布局、物业产品的定位、客户的定位相吻合，体现楼盘的与众不同。

三是考虑项目的大小、定位、品味，暗寓物业的风格和档次。

四是考虑物业名称是否具有较强的人情亲和力、更具地方特色、更个性化。

五是要从楼盘名称的音、形、义上进行多方面审视，发音响亮，书写美观，寓意美好，朗朗上口，令人遐思。

7.4.4 品牌策略

企业的品牌策略，是指企业如何合理地使用品牌，以达到一定的营销目的。企业在进行品牌决策时，一般可以作以下选择：

1. 多品牌策略 又称个别品牌策略。多品牌策略是指一个企业同时经营两个以上相互独立、彼此没有联系的品牌的策略。即企业按产品的品种、用途和质量，分别采用不同的品牌。如银基房地产开发公司分别开发了东方威尼斯、皇城酒店公寓、地王国际花园、艾特国际公寓等项目。

采用这种策略，能够严格区分不同产品和品种，区别质量档次，反映了不同的特色，以适应市场上不同层次的消费水平，扩大市场容量，以取得规模效益。采用这种策略，企业承担的风险较小，因为，即使有一两种品牌的商品不受市场欢迎，也不会影响到本企业其他品牌商品的销售，不会对企业整体形象造成不良影响。但企业要为每一个产品设计品牌，为每一个品牌作广告宣传，费用高，消费者也不易记住，难以树立企业的整体市场形象。

多品牌策略的实施有两个特点：一是不同的品牌针对不同的目标市场；二是品牌的经营具有相对的独立性（银基下面四个项目营销企划都是由不同人员组成）。实施多品牌策略可以最大限度的占有市场，对消费者实施交叉覆盖，且降低企业经营的风险，即使一个品牌失败，对其他品牌也没有多大的影响。

2. 单一品牌策略 又称同一品牌策略。单一品牌策略是相对于多品牌策略而言的，它是指企业所生产的所有产品都同时使用一个品牌的情形。如沈阳奥林匹克花园在全国19个城市都是统一品牌。

采用这种策略，有利于建立一整套“企业识别体系”和企业统一的品牌商标，广泛传播企业精神和特点，让产品具有强烈的识别性，提高企业的声誉和知名度。有利于树立产品的专业化形象。还可以利用市场上已知名的品牌推出新产品，有利于节省品牌设计费用和促销费用，提高广告效果。

采用这种策略，企业必须具备以下两个条件：①这种品牌必须在市场上已获得一定信誉；②采用统一品牌的各种产品具有相同的质量水平，否则会因某一产品质量不佳波及其他产品并影响整个企业形象。实施一牌一品策略的最大不利是某城市品牌项目出现问题，极有可能产生连锁反应，株连九族。这就要求企业要有较高的经营管理水平。

3. 企业/品牌同名策略　企业/品牌同名策略是指企业下属产品所使用的品牌与企业名称相同的情形。如格林豪森、万达商业广场等。实施企业/品牌同名策略有利于减少传播费用，在宣传企业的同时宣传了品牌，互动的形式对品牌资产的积累将更加快速有效。

当然，实施企业/品牌同名策略也有不利的一面，由于企业行为就是品牌行为，对品牌的伤害也会造成对企业的直接伤害。

4. 副品牌策略　又称母子品牌策略。具体做法是以一个成功品牌作为主品牌，涵盖企业的系列产品，同时又给不同产品起一个生动活泼、富有魅力的名字作为副品牌，以突出产品的个性形象。如沈发展-水榭花都、沈发展-鸿基园，万科-金色花园、万科-四季花城等。副品牌由于要直接表现产品特点，与某一具体产品相对应，大多选择内涵丰富的词汇，因此适用面要比主品牌窄。而主品牌的内涵一般较单一，有的直接采用企业名称，如万科。有的甚至根本没有意义。

采用这种策略，可以节省新产品的宣传广告费用，利用消费者对品牌的信任感，使新产品能够顺利迅速进入市场。

5. 中间商品牌策略　中间商品牌策略是指采用中间商指定的名称作为品牌。在传统上，品牌是制造企业选择的标记，因产品的设计、质量、特色都是由制造商决定的。但是，近年来，在西方国家，越来越多的中间商大力提高自己的声誉，树立企业的形象，创立品牌，即中间商把制造商生产的产品大批量的买进来，再使用自己的品牌将产品转卖出去，如美国著名的零售商希尔是百货公司，90%以上的商品都用自己的牌子。

采用这种策略可以利用中间商良好的品牌声誉以及庞大、完善的分销体系为生产企业在新的市场推销新的产品服务。但是，采用这种策略，要求中间商对制造商的产品质量严格控制，否则，不仅会影响产品销售，而且会砸掉中间商的牌子。

6. 使用商标策略　是指企业是否寻求商标保护的策略。商标化使房地产企业可以在以后的经营过程中始终独家使用某个词语、名称、符号、字母或数字的组合，使他们区别于其他开发企业的产品和服务。但是，商标保护属于自愿行为，需要商标保护，必须进行注册和履行一些程序。

7.4.5 房地产企业创名牌策略

1. 名牌的内涵　何谓名牌，目前尚无统一的、被公认的定义，但经济界普遍认为，名牌的基本内涵应包括：

（1）名牌是高质量。国际经济竞争是牌子的竞争，其实质是质量的竞争。名牌是产品的质量证书，是市场的通行证。名牌效应来自上乘的产品和服务质量。企业奉行“顾客是上帝，质量是生命”的宗旨，是创名牌保名牌的真谛。

（2）名牌是一种文化。纵观世界商标的发展趋势，驰名商标应该具备五点：显著的记忆性、广泛的适应性、巧妙的象征性、方便的宣传性和高超的艺术性。而要达到这五点，就必须注重内涵，追求品位，开展文化较量。

（3）名牌是一种商业信誉。各国企业家之所以认为“品牌就是事业”，就是因为品牌中内含的商业信誉是人类智慧的结晶、现代科技的浓缩、占有市场的王牌。为了拥有名牌，很多企业付出了高额的代价。

（4）名牌是国家的标志。名牌不仅仅是一个企业的标志，同时也是一个民族、一个国家的标志。名牌代表着先进的生产力。一个国家只有拥有一大批国际知名企业和知名品牌产品，才能显示自己的经济实力，才能立足于世界经济强国之林。

美国和日本是世界公认的两大工业强国，它们拥有的名牌产品均占全球的20%左右。联合国工业计划署调查表明，名牌在整个产品品牌中所占比例不足3%，但名牌产品所占有的市场高达40%以上，销售额占50%左右。国际竞争实践证明，名牌产品所拥有的不仅仅是广阔的高层次市场，更主要的是创造了相当可观的商业利润。

2. 创名牌策略　名牌有地区性名牌、国家级名牌和世界名牌。名牌本身就是财富，具有极高的经济价值。一个企业或产品成为名牌，必然具有很强的市场吸引力，不仅吸引消费者购买，而且吸引着投资者、吸引着人才，因此，创名牌就成为众多企业追求的目标和发展战略。

创名牌是一项系统工程，涉及房地产企业经营管理工作的方方面面，应重点做好以下几个方面。

（1）创名牌最重要的是市场定位。作为房地产企业而言，要想创名牌首先必须找准市场定位。因为准确的市场定位是创名牌的基础。房地产企业必须在充分市场调研的基础上，根据目标市场上顾客的不同需求，结合市场竞争情况及对手的具体情况，还有企业自身的竞争优势，科学合理地进行企业产品的市场定位。

对于房地产企业而言，如果将创立名牌仅定位在高档次物业上是不科学的，它只会导致事实上的定位结构失衡和资产的大量闲置。这种所谓的名牌产品是无法成为真正的消费品的。成功的品牌不在乎档次的高低，而在于其价格与质量定位是否在同一层面上，即创立适销对路的、价格合理的物业品牌才能取得成功。

（2）质量是创名牌的核心。名牌战略其实质是质量的战略，获得名牌的决定性因素是质量，没有质量就没有名牌。企业名牌战略的起点就是不断创造出质量优异、性能卓越、外观优美的产品。换句话说，就是创造产品的质量优势。高质量的产品本身是一种品牌在市场上形成高知名度、高美誉度、高市场占有率的内在基础条件。如果失去了高质量，消费者在使用后感到失望，不仅自身将抵制对这一品牌的购买，而且还会影响其周围相关人员对该品牌的态度。对房地产企业而言，质量是一个综合性概念，既包括房地产作为建筑物的建筑质量，也包括规划设计质量和交工后的服务质量。所以房地产企业必须在规划设计、功能配置、环境美化等方面综合考虑，从图纸审查、施工监督到工程验收每个环节都以质量为中心去进行管理。只有这样才能出优质产品，这是赢得消费者的最基本保证。

房地产的开发涉及面广、周期长，企业要创优质产品，仅有强烈的质量意识还不行，必须建立完善、高效、合理的组织管理系统，建立新的管理模式，即实行品牌质量管理。这是企业创名牌的重要保证。

(3) 优质服务是创名牌的保证。房地产业的服务一般分为售前服务与售后服务。售前服务指的是房地产商加强与金融信贷机构的联系，便于消费者进行住房按揭贷款，为购房者提供尽可能多的方便，确立良好的服务形象。这也是名牌建设的一部分。

完善的售后服务和良好的物业管理在创名牌中有特殊的重要作用。物业管理是使用环节中感受最直接的一环，这对于品牌良好口碑的形成、再开发有极大的作用。售后服务是优良品牌的延伸。对房地产业来说，完成开发、实现销售仅仅是品牌建设的开端。在产品漫长的使用阶段，物业管理状况如何，很大程度上决定着品牌的命运。有不少房地产项目设计精良，环境很好，但投入使用后，由于物业管理落后，很快就损害了项目的声誉。在现实中，许多消费者在选择房屋时，选择物业管理甚至先于房价等因素的选择。因此，强化商品售后服务，提高物业管理水平，已经成为房地产品牌建设必不可少的条件。

(4) 文化内涵是房地产名牌的灵魂。人类科学家赫斯科指出："文化是环境的人为部分。"由于地域空间的阻隔，地球上存在着一定文化特征的地区，拥有一定行为系统明显不同的居住形式、特定的语言、一定的经济体系和社会组织。住房是人为劳动的结晶，会明显折射出不同地区的文化环境差异。因此，一定地区的住房生产、流通和消费行为方式就会构成该地区"住文化"的特色。

房地产在分类上叫做"不动产"，跟土地的结合使房地产与其他行业相比具有了本质的特征。房地产具有鲜明的本土化特征，如果房地产开发商做出的房地产产品"水土不服"就会出问题。文化上的差异很微妙，但又很鲜明。比如民族风俗、地域风俗、心理喜好等都不尽相同。上海外滩的建筑是典型的西洋建筑，首都北京多是四合院建筑，而闽南人则特别喜欢红色，从砖瓦到地板都大量使用红色，这就是文化。有一定经验的开发商只要认真地进行调查，提升房地产的品位文化，不愁推不出有特色的楼房。

（5）创立房地产名牌必须实施高效的营销策略。市场营销被誉为是房地产企业经营和运作的生命线，是其最终获得利润并在激烈的市场竞争中立足的制胜法宝。营销策略则是为了实现各种各样的企业目标，保持并扩大市场占有率，树立企业良好形象，提高品牌知名度，保有并不断取得忠诚顾客等而采取的各种行动。一个名牌的问世和生存必须以高质量和适销对路的产品为前提，但仅仅如此是不足以使其成为名牌产品的，还必须依赖于高效的营销策略。房地产名牌的营销策略应重点研究其品牌设计、品牌推广和品牌保护。

阅读材料 商品住宅的演变

随着消费水平的逐年提高，商品住宅10年间发生了巨大的变化。影响商品住宅形式变化的因素主要体现在以下几个方面：

1. 消费需求是影响住宅形式的主要因素

住宅之所以在10年之中有三次重要的飞跃，原因主要还是由消费需求决定的。20世纪90年代中期以前，人居住水平低，住房从无到有，许多居民对于居者有其屋就已经很满意了，因此当时的消费者对住宅关心的问题是住多大面积，面积大就可以多住几口人，生活也就更为方便。但由于整体收入水平不高，因而对于大面积豪宅的需求较低，多数消费者只能买一些70～100平方米的中小型住宅，面积大小是衡量当时消费水准的重要因素，对于环境、景观等概念的理解还比较粗浅。

20世纪90年代中期以后，随着人们生活水平的提高，城市居民已不满足于过去那种狭窄的居住空间，中产阶级开始雇请保姆，家庭里添置了大屏幕电视和钢琴，这样对住房的数量和客厅的大小都有了不同程度的要求，房间布局从过去的大室小厅演变为大厅小室，户型种类也从三室一厅一卫过渡到三室二厅二卫、四室二厅二卫、五室三厅三卫等。

从1996年下半年开始的欧陆式豪宅风之所以能够流行起来，很大原因是一批富裕起来的人们开始向往高品质的生活，那些豪宅的消费者多数是这类二次或者三次置业者。

2. 不同文化背景的消费对象培育了一些特定类型的住宅项目

商品住宅有些特定的类型是许多国内城市所少有的，如小户型住宅、外销楼盘、酒店式公寓等，这些住宅形式是特殊的消费阶层和文化背景因素造成的。比如在杭州就很难开发小户型住宅项目，原因是杭州缺乏这类消费者。特定类型的住宅如下：

（1）小户型住宅。这类住宅在1997年底至1998年颇为流行，主要是因为深圳是一个移民城市，绝大多数移民年龄较轻，深圳人平均年龄仅有30岁左右。相当多的打工一族、工薪白领阶层来深圳时都是囊中羞涩，多数人靠租房来解决居住问题，而小户型住宅由于总价不高又可以按揭贷款，一时间成为这些低收入阶层的选择。

（2）酒店式公寓。1997年出现的一种新型的住宅概念，在市场上也很盛行，这就是集办公、居住、酒店管理为一体的酒店式公寓。这类边缘性题材的住宅能够迅速走红的原因，也是由于有一批既定的消费阶层，像往来于沪港之间的商务人员、外地驻深的办事机构以及一些投资客，都是该类业务的主要消费者。这类客户多半以此作为办公或度假消费地点，既比住酒店划算，又不需花太多的时间料理起居。因此，这种兼有酒店式服务的小型住宅成为市场的热门货，这同时也是发展商追求差异化的产物。

(3) e时代商务住宅。与1997年兴起的酒店式商务公寓不同的是e时代商务住宅(又称SOHO物业)。两者的区别在于：前者强调酒店式服务，而后者强调网络时代给都市白领创造的新生活方式。这类住宅也是边缘性的住宅题材，反映了进入网络时代的都市白领人追求个性张扬、资讯丰富的生活品味，提倡的是一种前卫的都市生活模式。此类物业在今后城市功能合理分化和街区的市场化重组后，还会大量产生，这是典型的都市化住宅的产品。也反映出住宅产品的多样化发展趋势。

3. 市场竞争激发了住宅形式的变化

虽然消费者对居住需求有多种多样的要求，但大多数消费者对居住概念的理解是不专业的。在这种情况下，发展商不自觉地充当了市场上的向导，诸如欧陆情调、澳洲风情、景观设计、生态住宅、智能化等概念的出现，都是发展商为了顺应市场竞争的需要。把一些消费者尚不熟悉的境外泊来的概念作为项目的卖点，以至于市场出现的新的名词越来越多。有些概念在一段时间内还有生命力，但有些很快就消亡了。产品竞争也迫使发展商挖空心思在原有住宅形式方面进行多种形式的变革，以适应激烈竞争的消费市场的需求。

住宅产品经过十几年的变革，使人们对住的理解更为丰富和深化。产品不论在品质还是内涵上，都取得了明显进步。随着发展商的开发素质、设计师的市场意识增强，设计理念逐渐成熟，居民对住宅产品的消费水平也逐渐提高。住宅产品对全国的示范和辐射作用是显而易见的，其将对国内住宅产业发展起到重大的推动作用。

思考题

1. 如何理解房地产产品的整体概念？
2. 房地产产品组合策略有哪几种？
3. 何谓房地产产品生命周期？简述其不同阶段的营销策略。
4. 房地产企业开发新产品的策略有哪些？
5. 简述品牌设计的基本要求。
6. 房地产企业应如何选择品牌策略？
7. 房地产企业为什么要创名牌？
8. 创名牌应重点关注哪些方面？

实训题

1. 从当地的楼盘中选择一个你欣赏的楼盘名称或楼盘标识，说明其欣赏点。
2. 为本组研究的楼盘重新设计品牌名称和品牌标识。附设计说明，并进行设计作品展示、介绍和选优。

附录7A 品牌设计实训指导

1. 实训目的

通过为小组所选楼盘设计品牌，掌握品牌设计的基本要求及设计技巧，从而提高学生的动手能力，培养学生浓厚的学习兴趣，以强化理论与实际的结合、学习知识与开发智力的结合、动脑思考与动手操作的结合。通过作品展示，促使学生注重全面发展，有利于提高学生的综合素质。

2. 实训形式

校内实训、独立设计

3. 考核要求

（1）品牌设计：符合品牌设计的基本要求。即简明性、暗示性、新颖性、适应性。需附设计说明；

（2）设计作品展示：语言流畅、举止得体；

（3）实训结束后，每位学生需完成一份品牌设计图，一份设计说明，一份实训报告。

4. 实训步骤

（1）分析该楼盘的有关资料；

（2）设计品牌名称、品牌标识；

（3）设计作品展示和介绍；

（4）作品评析、选优。

附录7B 实训报告

1. 实训项目
2. 实训目的
3. 实训小结

第 8 章
房地产定价策略

学习目标

1. 了解房地产价格的概念及构成要素；
2. 了解企业、消费者、竞争对手对价格变动的反应及应变策略；
3. 掌握房地产定价方法及定价策略。

技能要求

1. 学会各种定价方法和定价技巧；
2. 能够在分析影响项目定价因素的基础上，进行房地产营销定价。

8.1 房地产价格

8.1.1 房地产价格的概念

房地产价格是指在房屋建造、建设用地开发及经营过程中，凝结在房地产商品中的物化劳动和活劳动价值量的货币表现形式。房产和地产的不可分割性决定了房地产价格是房产价格和地产价格的统一，地价寓于房价之中，是房地产价格的重要组成部分。

房地产价格与一般物价有共同之处：①都是价格，用货币表示；②都有波动，都受供求等因素的影响；③都是按质论价、优质优价，但不同地区不同的房地产价格是有所差别的。

房地产价格与一般物价相比，更有特殊性，其表现为。

（1）房地产价格一般表示为交换代价的价格，同时也可表示为使用和收益代价和租金。房地产价格与租金的关系，犹如本金与利息的关系。若要求取价格，只要能把握纯收益与还原利率，即可依照收益还原法，求得价格，即房地产价格=纯收益÷利率。

（2）房地产价格是关于房地产的权力利益的价格。由于房地产的自然地理位置有不可移动性，结果可以转移的并非房地产实物本身，而是有关该房地产的所有权、使用权及其他权力利益，所以房地产价格实质上是这些无形的权力利益的价格。

（3）房地产价格是长时期形成的。房地产通常与其他房地产构成某一地区，但该地区并非固定不变，其社会经济位置经常处在扩大、缩小、集中、扩散、发展、衰退等变化过程中，所以房地产价格是在考虑该房地产过去如何使用、将来能做何种使用，综合考虑结果后才能形成房地产的今日价格。要特别注意与房屋紧密联系的地产价格的变化，对房地产价格重新放大。

8.1.2 房地产价格的构成

房地产商品的价格主要由以下几部分组成。

8.1.2.1 土地开发使用费

包括土地出让金、征地拆迁费和土地直接开发费三项内容。城镇土地出让金的主体部分是城镇建筑用地的地租，反映的是土地使用者为获得土地使用权而对土地所有者的经济补偿关系。它是根据房屋建造在城镇内某一地理位置的不同，以及使用土地（建设用地）面积的大小，向国家缴纳的费用。征地拆迁费，包括征地费用、安置补助费和劳动力安置费等。土地直接开发费，是指为了房屋建筑施工和使用，需要搞好建筑地段上的土地平整，达到通上下水、电、路、热、煤气、电信等而投入的费用，即完成“七通一平”所支付的费用。

8.1.2.2 勘察设计费

它是指委托勘察设计单位为房屋建设进行勘察、规划、设计，按规定支付的工程勘察、设计费用；为房屋建设进行可行性研究等规定支付的前期工作费用；在规定范围内由建设单位自行完成的勘察、设计工作所需费用。

8.1.2.3 房屋建筑安装工程费

房屋建筑安装工程费用又称为主体工程费。它主要包括建筑安装工程施工图预算的费用和开发企业直接支付的应计入项目成本的工程费用。它包括建造房屋过程中所耗费的各种材料、构配件、零件和半成品的用量以及周转材料的摊销量按相应的预算价格计算的材料费，施工机械使用费、人工费等直接费用，施工管理费和其他间接费。

8.1.2.4　经营管理费

经营管理费是指在房屋由建成交付使用到出售过程中，房屋开发经营单位的管理人员所消耗的一切费用和上缴的管理费，属流通领域中的间接费。包括营销宣传费、职工福利费、修理折旧费、家具用具摊销费等。

8.1.2.5　利润和税金

利润是指开发经营单位销售商品房屋后的销售收入扣除全部生产、销售成本，并缴纳税金之后的净利润，是房地产开发经营单位应得到的收益，是在经营活动中实现的剩余价值的货币表现，是企业扩大再生产的资金来源。税金是政府向房地产企业征集的列入商品住宅价格构成的营业税、城市维护建设税和教育费附加等项，反映了单位或个人对国家的贡献，在房屋生产建造和进入流通的全过程中，所涉及的生产者或经营者，都应因获得利润向国家缴纳税金。利润和税金是房地产商品价值的重要组成部分。

8.1.3　影响房地产定价的因素

企业在制定房地产价格时，必须考虑以下因素。

8.1.3.1　产品成本

产品成本是指房地产产品在生产和流通过程中所耗费的物资消耗和支付的劳动报酬的总和。

产品成本是房地产价格构成中最基本、最重要的因素，也是房地产价格的最低经济界限。产品成本是房地产企业经济核算的盈利临界点，定价大于成本，企业才能获利，反之，则亏损。因此，房地产定价必须能够补偿房地产成本，这是保证房地产企业扩大再生产的基本条件。

房地产成本有个别成本和社会成本之分。个别成本是指某个房地产企业生产某种房地产时所耗费的实际费用；社会成本是指在房地产部门内部，不同房地产企业生产同种房地产商品所耗费的平均成本。房地产企业在对其产品进行定价时，只能以社会平均成本作为定价的依据。房地产企业因此应该努力降低个别成本。如果企业的个别成本低于社会平均成本，则可获得高额利润并有充分的调价余地，企业的竞争力也随之增强。

就单个房地产企业而言，其个别成本又由固定成本和流动成本组成。固定成本是指不随产量变化而变化的成本，如固定资产折旧、机器设备的租金、管理人员的费用等。变动成本是指随着产量变化而变化的成本，如原材料、直接营销费用、一线人员的工资等。为了使总成本得到补偿，要求房地产的价格不能低于平均成本，即平均固定成本和平均变动成本之和。

8.1.3.2 市场需求

产品成本是制定房地产价格的下限，而市场需求则是制定房地产价格的上限。房地产企业在制定房地产价格时，首先要了解价格与需求之间的关系。企业制定的每种价格都会引起不同的需求水平，一般情况下，房地产需求与价格成反比关系：价格越高，房地产需求越低。如果房地产定价过高，消费者由于资金有限，会减少或推迟购买行为。但是，也有例外，当某种房地产商品价格在一定限度内上升时，反而会刺激需求量的增加。原因就在于消费者往往认为该商品价格高，其质量就更好。房地产企业在定价时，还要测定其产品需求弹性的大小。需求弹性是指房地产商品需求量的变化对价格变化的敏感程度。需求弹性=需求量变动的百分比/价格变动的百分比。如果需求弹性大，即需求量变动的幅度大于价格变动的幅度，房地产企业就要用低价刺激消费者的需求；如果需求弹性小，即需求量变动的幅度小于价格变动的幅度，企业则可以定较高的价格。

8.1.3.3 竞争状况

房地产商品的最高价格取决于市场需求，最低价格取决于产品成本，而在最高和最低价格的幅度内，具体价格则取决于同类竞争产品的价格水平。因此，房地产企业在制定价格时，首先必须了解竞争产品的成本、价格和质量，以此作为自己定价的出发点。如果本企业产品与竞争者的产品相似，就要制定与之相近的价格；如果本企业产品优于竞争者的产品，就可以制定较高的价格；如果本企业产品劣于竞争者的产品，就要制定较低价格。同时，房地产企业还要针对竞争产品价格的变动及时调整自己的定价。其次，房地产企业在制定价格时，还要了解竞争环境。市场竞争越激烈，对企业定价的影响就越大。在垄断竞争的市场中，由于房地产企业提供的产品存在一定的差异，房地产企业就拥有了定价的自主权。而且，房地产企业的产品与竞争产品之间的差异越大，企业定价的主动权就越大。

8.1.3.4 产品特点

房地产价格是建筑物价格和土地价格的统一，土地和建筑物自身的因素都会影响房地产价格。从土地本身看，土地的位置、面积、地质、地势、宗地的形状、日照、通风、干湿程度、临街状况、与公共设施和商业设施的接近程度、基础设施的完善程度等因素都会影响土地的价格；从建筑物本身看，其建筑面积、建材质量、建筑物的设计、造型、结构、颜色、施工质量、用途、私密性、周围环境、物业管理水平等都会影响房地产价格。

8.1.3.5 企业营销目标

房地产企业的营销目标不同，定价也不同。如果房地产企业为了尽早通过营销活动收回投资，则往往把盈利作为营销的主要目标，所确定的房地产价格就会远远高于成本；如果房地产企业为了在目标市场上有较大的市场覆盖面，能在较长时期内有更大的发展，则往往把提高市场占有率作为企业的营销目标，房地产价格就要定得低一些；如果房地产企业为了树立其产品优质名牌的形象，往往又会把价格定得高一些。

8.1.3.6 宏观环境

任何一个房地产企业都是生存在一定的外部环境当中，企业的生产经营活动，包括产品定价就不可避免地受到宏观环境的影响。前面我们在讲述间接影响房地产企业市场营销活动的宏观环境时已经提到了这些环境要素。其中，对房地产定价影响较大的因素主要有：政治法律环境；经济环境；社会人口环境。

8.1.3.7 区域环境

区域环境会影响不同地区的房地产价格水平。影响住宅区域价格水平的主要因素有：商品房离市中心的距离及交通便利程度，居住环境的好坏，商业、学校、医院等配置状况等。区域环境好则商品住宅价格高；反之，则低。

影响商业物业价格水平的主要因素是商业物业带来的收益水平，其他因素还有商业物业是否处于商圈中、客流量、交通便利程度、竞争状况、繁荣程度等。

8.1.3.8 消费者心理因素

每个消费者在购房的过程中都会产生复杂的心理活动，这些心理活动支配着购房的全过程。房地产企业在定价时，要充分考虑消费者的心理，定价不仅要适合不同消费者的心理，还应能促使消费者改变消费行为，使其向着有利于企业的营销方向发展。

1. 消费者对房地产价格的预期心理　当消费者预测商品房在未来是涨价趋势时，就会争相购买，从而导致房地产价格上涨；当消费者预测商品房在未来将是降价趋势，就会持币待购，从而导致房地产价格下降。

2. 消费者对房地产的认知价值　不同消费者对商品房的认知价值不同，对于消费者认知价值大的房地产可以定高价，反之，则定低价。此外，消费者还存在求实、求名、求廉、求便、求新、求异、求美等心理，这些都是房地产企业在定价时要考虑的因素。

8.1.4 房地产定价程序

所谓定价程序，就是根据企业的营销目标，确定适当的定价目标，综合考虑各种定价因素，选择适当的定价方法，具体确定企业商品价格的过程。一般来说，企业定价程序可分为六个步骤。

8.1.4.1 确定定价目标

任何企业都不能孤立地制定价格，而必须按照企业的目标市场战略及市场定位战略的要求来进行。在为一项产品制定价格之前，营销人员应对企业整体目标与营销目标加以深入了解。房地产企业的定价目标可粗略地分为追求利润、追求销量、保证生存以及应付竞争。每一种定价目标都有其适用的情况，营销人员必须视本企业所处的情况与条件，选择适当的定价目标。例如，房地产企业管理人员经过慎重考虑，决定为收入水平高的消费者设计、开发一种豪华高档的商品房，这样选择的目标市场及市场定位就决定了该产品的价格要高。此外，企业管理人员还要制定一些具体的经营目标，如利润额、销售额、市场占有率等，这些都对企业定价具有重要影响。

8.1.4.2 估算成本

成本是制定房地产价格的下限，房地产价格必须高于成本，企业才能盈利。企业在制定价格时必须估算成本。成本包括固定成本和变动成本。

平均固定成本即单位产品分摊的固定成本，平均固定成本=固定成本÷产量。由于固定成本在一定产量范围内不随产量变动而变动，所以平均固定成本随着产量的增加而减少。

平均变动成本即单位产品分摊的变动成本，平均变动成本=总变动成本÷产量。从理论上讲，平均变动成本是个常数。但实际上，在一定的产量范围内，平均变动成本会随着产量增加呈递减或递增趋势。因为随着产量的扩大，某些生产要素得到充分利用，平均成本呈下降趋势；但是，超过这一限度后，又会由于某些因素而使这一成本上升。平均总成本即平均固定成本和平均变动成本之和。

成本是房地产企业确定价格的基础，就长远而言，房地产价格应高于平均总成本。否则，企业就难以生存。但就短期而言，在特殊的情况下，产品的价格可以低于平均总成本，但必须高于平均变动成本。否则，企业生产得越多，亏损就越严重。

8.1.4.3 估计需求

需求是制定房地产价格的上限，房地产企业在制定价格时，必须估算需求。

正常情况下，市场需求与房地产价格成反方向变化，即价格提高，市场需求减少；价格下降，市场需求增加。房地产价格影响房地产需求，而房地产需求的变化又会影响企业产品销售，进而影响企业营销目标的实现。因此，估计市场需求状况是正确制定房地产价格的重要步骤。

估计需求，首先要估计需求的价格弹性，了解市场需求对价格变动的反应。需求价格弹性是指因价格变动而引起需求量变动的比率，它反映了需求变动对价格变动的敏感程度。需求的价格弹性可用公式表示为：

需求的价格弹性（E）=需求变化百分比÷价格变化百分比。当$E>1$时，即需求变动的幅度大于价格变动的幅度，称为需求弹性大或需求有弹性；当$E<1$时，即需求变动的幅度小于价格变动的幅度，称为需求弹性小或需求无弹性；当$E = 1$时，即需求变动与价格变动幅度相等，称为单一弹性。

房地产企业估计产品需求价格弹性的目的，是要根据房地产需求弹性的大小，制定出适宜的价格。如果某一房地产需求价格弹性大，则说明该商品价格稍微下降，需求量就会明显增加，房地产企业的总收入也会随之增加；相反，如果价格稍微上涨，需求量就会明显减少，企业的总收入就会随之减少。对于这类需求弹性大的房地产，采取低价销售有利；如果某种房地产具有需求的单一弹性，即价格变动的幅度与需求量的变动幅度一样，方向相反，这样，企业的总收入不变。对于这类房地产，不宜采用价格手段进行竞争；如果某种房地产需求弹性小，即价格下降很多，需求量增加较少，则企业总收入减少。相反，价格提高很多，销售量减少较少，企业总收入增加，对于这类房地产制定较高的价格对企业有利。

8.1.4.4　分析竞争状况

营销人员必须熟知竞争者产品的价格，并对其产品特性与品质加以分析，以便作为企业定价的参考。如果纯粹站在竞争性比较的角度来看，那么，如果企业的产品与竞争者的产品类似，且在品质上没有太大的差异，则价格应该定在竞争者价格附近，否则可能受到消费者的排斥。若本企业产品品质较竞争者差，则价格就应该比竞争者稍低，以便争取消费者的青睐；若品质较佳，则开价可以比竞争者高。

当然，这种比较分析只是提供一个参考。我们不能单凭这个因素决定定价的高低，还有许多因素会对定价产生影响，如企业形象、品牌形象、产品市场定位、企业期望利润等。由此可知，定价是一个复杂的过程，要综合许多影响因素，才能定出一个恰当的价格。

在竞争日益激烈的今天，对竞争者的分析比较，对企业定价有不可忽视的影响。时至今日，价格已成为市场营销的一把利剑，既能克敌，也会伤己。对于后进品牌或市场追随者而言，参考先发品牌或市场领导者的价格，就变得相当重要。

8.1.4.5　选择定价方法和定价策略

在分析测定以上各种因素之后，就应选择适当的定价方法和策略以实现企业的定价目标。企业营销的商品价格要受商品成本费用、市场需求和竞争状况的影响。企业制定商品价格时，要考虑这三方面的因素，结合本企业营销商品的实际情况，选择适当的定价方法和策略。

8.1.4.6　选定最后价格

选定最后价格是房地产定价的最后一个步骤。企业在确定最后价格时，还必须考虑以下因素：①制定出来的价格必须符合企业的总体战略目标和企业的定价目标；②必须符合国家有关方针政策、法律法规的规定；③与企业营销组合中的非价格因素协调一致；④符合消费者利益。

在实际定价决策过程中，还应该注意以下问题：

（1）定价不能一成不变。因为经营成本与市场竞争活动都不是固定不变的，所以定价也不能一成不变。

（2）在尚未确定定价对销售、利润的影响及公司补偿固定成本及变动成本的能力之前，不宜制定价格。

（3）应努力尝试用价格工具达成其他营销目的，如用低价策略夺取市场占有率等。

（4）面对竞争，不宜有过度反应。在改变长期定价策略前，要弄清楚竞争者的价格变动是暂时的还是长期的、其目的为何、其行为将对本公司的销售造成多大影响等，从而再确定相应的对策。

（5）已经有竞争力的价格不宜再降低，应将重点放在提高产品质量上或提供附加值上。

8.2 房地产定价目标和定价方法

8.2.1 定价目标

科学地确定定价目标是选择定价方法和确定定价策略的前提和依据。**定价目标是在一段时期内为实现开发商战略目标对价格制定提出的总的目的和要求。**由于各开发商的内部条件和外部条件各不相同，在房产营销活动中，开发商的生产经营实力在不断发生变化，每一时期开发商的营销目标会有所不同，因此，不同开发商会有不同的定价目标。同一开发商在不同时期定价目标也会有所不同。开发商应慎重对待定价目标的选择。在确定定价目标时，一方面要考虑目标的经济性，所确定的目标能给开发商带来一定的经济效益，另一方面要考虑目标的可行性，所确定的目标应是在开发商目前的内外条件下经过努力能够达到的。归纳起来主要有以下几种定价目标：

8.2.1.1 利润导向的定价目标

利润是企业生存和发展的必要条件，是企业营销的直接动力和追求的基本目标之一。因此，许多企业都把利润作为重要的定价目标。

1. 利润最大化目标　以最大利润为定价目标，指的是企业可望获取最大限度的销售利润。在市场销售前景看好，市场容量很大，企业的产品在市场上占据明显的优势，甚至具有某种垄断优势，企业可望获取最大的销售利润和投资收益。最大利润目标会导致高价策略，但价格高到什么程度，才能既保证企业利润的最大化，又能使消费者承受得了，是需要周密思考的焦点。追求利润最大化并不等于追求最高价格，当一个企业的产品在市场上处于某种绝对优势地位时，如有专卖权或垄断等，尽管可以实行高价，但价格过高，会抑制购买、加剧竞争，产生更多的替代品，甚至会导致政府的干预。

2. 预期利润目标　以预期的利润作为定价目标，就是企业把某项产品投资的预期利润水平，规定为销售额或投资额的一定百分比，即销售利润率或投资利润率。新产品的开发与上市，畅销产品的产量增加都需要新的投资。投资的回收与报酬是企业定价必然要考虑的因素。产品定价是在成本的基础上加上适当的目标利润，企业要事先估算产品按何种价格销售，销售多少，多长时间才能回收投资并达到预期的利润率目标。预期的销售利润率或投资利润率一般要高于银行存贷款利率。以目标利润作为定价目标的企业，应具备以下两个条件：①该企业具有较强的实力，竞争力比较强，在行业中处于领导者地位；②采用这种定价目标的多为新产品、独家产品以及低价高质量的标准化产品。

3. 适当利润目标　在激烈的市场竞争中，企业为了保全自己，减少市场风险，限于实力不足，把取得适当利润作为定价目标。例如，按成本加成方法制定价格，只要加成的比率适当，就可以使企业投资得到适当的收益。而加成的比率，可以随着产销量的变化，投资者的要求和市场可接受的程度等因素进行调整。这种情况多见于处于市场追随者的企业。适当的利润目标一方面可以使企业避免不必要的竞争；另一方面由于价格适中，顾客愿意接受，可使企业获得长期的利润。

8.2.1.2 销量导向的定价目标

以销量导向定价崇尚市场占有率理论，特别是日本企业十分重视制造强大的销售声势。这对企业制定市场营销战略和策略，确实是一个值得研究的问题。先打入与占领市场，然后是极力扩大市场范围，再后是巩固已有的市场份额。要实现以上各点，必须配合适当的价格策略。所以，增加销售量或扩大市场占有率就成为企业常用的定价目标。

1. 保持或扩大市场占有率　市场占有率反映着企业的经营状况和企业产品在市场上的竞争能力，关系到企业的生存和发展。作为定价目标，市场占有率与利润有很强的相关性，从长期来看，较高的市场占有率必然带来较高的利润。所以，有时企业把保持或扩大市场占有率看得非常重要。再者，市场占有率一般比最大利润容易测定，也更能体现企业努力的方向。一个企业在一定时期的盈利水平高，可能是由于过去拥有较高的市场占有率的结果，如果市场占有率下降，盈利水平也会随之下降。因此，许多资金雄厚的大企业，喜欢以低价渗透的方式进入目标市场，力争获得较大的市场占有率。一些中小企业为了在某一细分市场获得绝对优势，也十分注重扩大市场占有率。

但是，值得注意的是，市场份额的扩大并不总会导致利润的增加。某些着眼于未来的企业为了保持和扩大市场占有率，可以不惜降低价格，牺牲眼前利润。

2. 增加销售量（销售额） 大量的销售可以形成强大的声势，提高企业在市场的知名度，又可有效地降低成本。销售量（销售额）的增长与利润的变化有一定的关系。对于需求价格弹性较大的产品，降低价格而导致的损失，可以由销售量的增加而得到补偿。企业采取薄利多销的策略，应在总利润不低于企业最低利润的条件下，尽量降低价格，促进销售，增加盈利。而有些企业过分关注销售量的增长，认为销售量的增长必然会带动利润的增加。这种看法是片面的，当企业的成本增加速度超过销售额的增长速度时会引起总利润的减少，这种情况在实际中时有发生。因此，企业在采用增加销售量（销售额）为定价目标时，要考虑销售量（销售额）与利润的关系，确保企业的利润水平。

8.2.1.3 竞争导向的定价目标

生产同类产品的企业，关注竞争对手的定价策略和价格策略是十分自然的。企业往往着眼于在竞争激烈的市场上应付和避免价格竞争，大多数企业对其竞争对手的价格很敏感，在定价以前，一般要广泛搜集资料，把本企业产品质量、特点和成本与竞争对手的产品进行权衡比较，然后再制定产品价格。以对产品价格有决定影响的竞争对手或市场领导者的价格为基础，采取高于、等于或低于竞争对手的价格出售本企业的产品。

许多企业愿意追随市场领导者的价格，随行就市，缓和或避免竞争，稳定市场。当市场存在价格领导者时，新的加入者要想把产品打入市场，争得一席之地，只能采取与竞争者相同的价格。而一些小企业因市场营销费用较低，或某些企业为扩大市场份额，定价可低于竞争对手。只有当企业具备特殊优越条件，诸如资金雄厚、拥有专有技术、产品质量优良、服务水平高等，才可能把价格定得高于竞争对手。

8.2.1.4 生存导向的定价目标

如果企业生产能力过剩，或面临激烈的市场竞争，或者试图改变顾客的需求，或由于经营管理不善等原因，造成产品销路不畅，大量积压，甚至企业濒临倒闭时，则需要把维持生存作为企业的基本定价目标，生存比利润更为重要。为了保持企业继续开工和使存货减少，企业必须制定一个较低的价格，并希望市场是价格敏感型的。许多企业通过大规模的价格折扣，来保持企业的活力。对于这类企业来讲，只要他们的价格能够弥补变动成本和一部分固定成本，即单价大于单位变动成本，企业就能够维持生存。这种定价目标，只是在企业面临困难时的短期目标，长期目标还是要获得发展，否则企业终将破产倒闭。

8.2.2 定价方法

房地产企业在确定了楼盘的定价目标以后，便需要选择达到这些目标的方法。产品价格的高低要受市场需求、产品成本费用和竞争状况的影响，在实际定价过程中，企业往往侧重于对价格产生重要影响的一个或几个因素来选定定价方法。房地产企业的定价方法通常有成本导向定价法、需求导向定价法、竞争导向定价法三类。

8.2.2.1　成本导向定价

成本导向定价是企业定价首先需要考虑的方法。成本是企业生产经营过程中所发生的实际耗费，客观上要求通过商品的销售而得到补偿，并且要获得大于其支出的收入，超出的部分表现为企业利润。**成本导向定价法是以产品单位成本为基本依据，再加入预期利润来确定价格的定价方法**，是房地产企业最常用、最基本的定价方法。

由于房地产成本的形态不同，以及在成本基础上核算利润的方法不同。成本导向定价法又衍生出了总成本加成定价法、目标收益定价法、边际贡献定价法、盈亏临界点定价法等几种具体的定价方法。

1. 成本加成定价法　**成本加成定价法又称完全成本定价法，这是一种最简单的定价方法。是在单位产品成本的基础上，加上一定比例的预期利润作为产品的售价。**售价与成本之间的差额即为利润。这里所指的成本，包含了税金。由于利润的多少是按成本的一定比例计算的，习惯上将这种比例称为“几成”，因此这种方法被称为成本加成定价法。它的计算公式为：

$$单位产品价格 = 单位产品成本 \times (1 + 加成率)$$

其中，加成率为预期利润占产品成本的百分比。

例如，某房地产企业开发某一楼盘，每平方米的开发成本为1 500元，加成率为14%，则该楼盘每平方米售价：$1500 \times (1 + 14\%) = 1\ 710$（元）。

这种方法的优点是计算方便，因为确定成本要比确定需求容易得多，定价时着眼于成本，企业可以简化定价工作，也不必经常依据需求情况而作调整。在市场环境诸因素基本稳定的情况下，采用这种方法可保证房地产企业获得正常的利润，从而可以保障企业经营的正常进行。

2. 目标收益定价法　这种方法又称**目标利润定价法，或投资收益率定价法。是在成本的基础上，按照目标收益率的高低计算售价的方法。**其计算步骤如下：

（1）确定目标收益率。目标收益率可表现为投资收益率、成本利润率、销售利润率、资金利润率等多种不同的形式。

（2）确定目标利润。由于目标收益率的表现形式的多样性，目标利润的计算也不同，其计算公式有：

目标利润=总投资额×目标投资利润率

目标利润=总成本×目标成本利润率

目标利润=销售收入×目标销售利润率

目标利润=资金平均占用额×目标资金利润率

（3）计算售价。

售价=（总成本+目标利润）／预计销售量

例如，某房地产企业开发一总建筑面积为21万平方米的小区，估计未来在市场上可实现销售18万平方米，其总开发成本为4亿元，企业的目标收益率为成本利润率的16%，问该小区的售价为多少?

解：目标利润=总成本 × 成本利润率 = 4 × 16% = 0.64（亿元）

每平方米售价 = (总成本+目标利润)/预计销售量 = (4 + 0.64)/180 000 = 2 577（元）

因此，该企业的定价应为每平方米2 577元。

目标收益率定价法的优点是可以保证企业既定目标利润的实现。这种方法一般适用于在市场上具有一定影响力的企业、市场占有率较高或具有垄断性质的企业。

3. 盈亏临界点定价法 **盈亏临界点定价法也称损益平衡定价法，是指房地产企业按照生产某种产品的总成本和销售收入维持平衡的原则来制定产品价格的一种方法。**即利用盈亏平衡分析原理来确定房地产价格的方法，是一种保本的定价方法。盈亏平衡原理如图8-1所示。

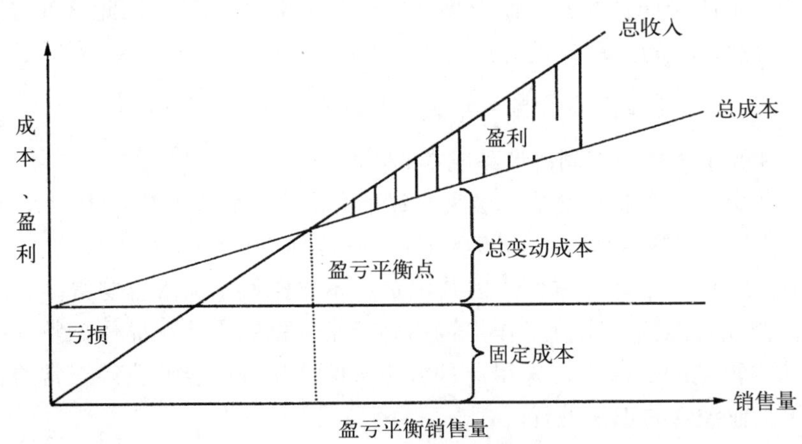

图8-1 盈亏平衡分析图

从图8-1中可以看出，当实际销售量小于盈亏平衡点销售量时，总收入<总成本，企业发生亏损；当销售量大于盈亏平衡点销售量时，总收入>总成本，企业可以获得利润；当销售量与盈亏平衡点销售量相等时，总收入=总成本，企业不亏不盈，即保本。从图8-1可以得出保本产（销）量的计算公式：

$$\text{盈亏平衡点产（销）量} = \frac{\text{固定成本}}{\text{单价} - \text{单位变动成本}}$$

由盈亏平衡点产（销）量的计算公式可以推导出保本价格。

$$保本价格 = \frac{固定成本}{预计销售量} + 单位变动成本$$

例如：某房地产开发项目固定成本为300万元，单位建筑面积的变动成本为1 800元，项目完工后可供出售的建筑面积为10 000平方米，则该项目每平方米建筑面积的保本价格为：

$$保本价格 = \frac{3\ 000\ 000}{10\ 000} + 1\ 800 = 2\ 100（元/平方米）$$

即每平方米建筑面积售价为2 100元时，该项目不赢不亏。

保本价格是房地产价格的最低界限。正常情况下，房地产定价要高于保本价格，这样，企业才能获取利润。因此，这种定价方法在市场不景气的情况下采用比较合适，因为保本经营总比停业的损失要小，而且企业有较灵活的回旋余地。

4. 边际贡献定价法　**边际贡献定价法又叫变动成本定价法，是房地产企业在定价时只计算变动成本而不计算固定成本，在变动成本的基础上加上预期的边际贡献来制定价格的方法。**

边际贡献=预计销售收入－总变动成本。当边际贡献等于固定成本时，企业即可实现保本；当边际贡献大于固定成本时，企业便可实现盈利；当边际贡献小于固定成本时，企业就要亏损。边际贡献定价法的价格计算公式如下：

单位产品价格=单位变动成本+单位边际贡献

正常情况下，房地产价格要大于平均总成本，即平均固定成本和平均变动成本之和。但在一些特殊情况下，如市场竞争十分激烈、市场形势严重恶化等，房地产企业为了维持生产和市场需求，有时不得不使价格低于平均总成本，但只要是高于单位变动成本的价格，便是企业可以接受的价格，这实际上是一种减少损失的策略。

以上几种成本定价方法的共同点是：均以产品成本为制定价格的基础，在成本的基础上加一定的利润来定价。所不同的是它们对利润的确定方法略有差异。虽然较容易计算，但它们存在共同的缺点，即没有考虑市场需求和市场竞争情况。

8.2.2.2　需求导向定价

所谓需求导向定价是指以需求为中心，依据买方对产品价值的理解和需求强度来定价，而非依据卖方的成本定价。其主要方法有理解价值定价法和区分需求定价法。

1. 理解价值定价法　理解价值也称“感受价值”或“认识价值”，是消费者对于商品的一种价值观念，这种价值观念实际上是消费者对商品的质量、用途、款式以及服务质量的评估。理解价值定价法的基本指导思想是认为决定商品价格的关键因素是消费者对商品价值的认识水平，而非卖方的成本。房地产企业在运用理解价值定价法定价时，企业首先要估计和测量在营销组合中的非价格因素变量在消费者心目中建立起来的认识价值，然后按消费者的可接受程度来确定楼盘的售价，由于理解价值定价法可以与现代产品定位思路很好地结合起来，成为市场经济条件下的一种全新的定价方法，因此为越来越多的企业所接受。其主要步骤是：①确定顾客的认识价值；②根据确定的认识价值，决定商品的初始价格；③预测商品的销售量；④预测目标成本；⑤决策。

理解价值定价法的关键是准确地掌握消费者对商品价值的认知程度。对自身产品价值估计过高的卖主，会令他们的产品定价过高；而对自身产品的消费者认识价值估计过低的企业，定的价格就可能低于他们能够达到的价值。因此，为了建立起市场的认识价值，进行市场调查是必不可少的。

2. 区分需求定价法　区分需求定价法又称差别定价法，是指某一产品可根据不同需求强度、不同购买力、不同购买地点和不同购买时间等因素，采取不同的售价。例如消费者在商店的小卖部喝一杯咖啡吃一块点心要付10元，在一个小餐厅则要付12元，而在大旅馆的咖啡厅就要付14元，如果要送到旅馆的房间内食用则要付20元。价格一级比一级高并非产品的成本所决定的，而是附加服务和环境气氛为产品增添了价值。同样，对于房地产来说，同一种标准、同一种规格、同一种外部环境的商品房，可以根据楼层数的相应变化而使销售价格相应变化。区分需求定价法的主要形式有：以消费群体的差异为基础的差别定价；以数量差异为基础的差别定价；以产品外观、式样、花色等差异为基础的差别定价；以地域差异或时间差异为基础的差别定价等。

8.2.2.3 竞争导向定价

竞争导向定价是企业为了应付市场竞争的需要而采取的特殊的定价方法。它是以竞争者的价格为基础，根据竞争双方的力量等情况，制定较竞争者价格为低、高或相同的价格，以达到增加利润，扩大销售量或提高市场占有率等目标的定价方法。对于房地产企业而言，当本企业所开发的项目在市场上有较多的竞争者时，适宜采用竞争导向定价确定楼盘售价，以促进销售，尽快收回投资，减少风险。竞争导向定价有随行就市定价法、追随领导者企业定价法两种方法。

1. 随行就市定价法　随行就市定价法就是企业使自己的商品价格跟上同行业的平均水平。一般来说，在基于产品成本预测比较困难，竞争对手不确定，以及企业希望得到一种公平的报酬和不愿打乱市场现有正常秩序的情况下，这种定价方法较为行之有效。在竞争激烈而产品弹性较小或供需基本平衡的市场上，这是一种比较稳妥的定价方法，在房地产业应用比较普遍。因为在竞争的现代市场条件下，销售同种商品房的各个房地产企业在定价时实际上没有选择余地，只能按现行市场价格来定价。若价格定得过高，其商品房将难以售出，而价格定得过低，一方面企业自身的目标利润难以实现，另一方面会促使其他房地产企业降价，从而引发价格战。

因此，这种定价方法比较受一些中、小型房地产企业的欢迎。

2. 追随领导者企业定价法　使用这种定价方法的房地产企业一般拥有较为丰富的后备资源，为了应付或避免竞争，或为了稳定市场以利其长期经营，往往以同行中对市场影响最大的房地产企业的价格为标准，来制定本企业的商品房价格。

8.3　房地产定价策略的制定

房地产定价策略是指企业为了在目标市场上实现自己的定价目标所规定的定价指导思想和定价原则。定价策略应根据商品房本身的情况、市场情况、成本状况、消费构成及消费心理等多方面因素来制定。不同房地产在不同时间、不同地点可采用不同的定价策略。

8.3.1　新产品定价策略

新产品定价是房地产企业价格策略的一个关键环节，它关系到开发建设的房地产产品能否顺利进入市场，并为以后占领市场打下基础。房地产企业开发出新产品并投放市场时，可以选择采用撇脂定价策略、渗透定价策略和满意定价策略。

8.3.1.1　撇脂定价策略

这是一种高价策略，是指在产品生命周期的最初阶段，将新产品价格定得较高，在短期内获取丰厚利润，尽快收回投资。这种定价策略犹如从鲜奶中撇取奶油，取其精华，所以称为“撇脂定价”策略。

此种定价有以下几个优点：在新产品上市之初，竞争对手尚未进入，顾客对新产品尚无理性的认识，利用顾客求新求异心理，以较高的价格刺激消费，以提高产品规格，创造高价、优质、名牌的印象，开拓市场；由于价格较高，可在短时期内获得较大的利润，回收资金也较快，使企业有充足的资金开拓市场；在新产品开发之初定价较高，当竞争对手大量进入市场时主动降价，增强竞争能力。此举符合顾客对价格由高到低的心理。

当然“撇脂定价”策略也存在着某些缺点：高价不利于市场开拓、增加销量，不利于占领和稳定市场，容易导致新产品开发失败；高价高利容易引来竞争对手的涌入，加速行业竞争，仿制品、替代品迅速出现，迫使价格下跌；此时若无其他有效策略相配合，则企业苦心营造的高价优质形象可能会受到损害，失去部分顾客；价格远远高于价值，在某种程度上损害了顾客利益；容易招致公众的反对和顾客抵制，甚至被当作暴利加以取缔，诱发公共关系问题。

8.3.1.2　渗透定价策略

这是与“撇脂定价”策略相反的一种定价策略，为低价策略，即在新产品上市之初，企业将新产品的价格定得相对较低，吸引大量的购买者，以利于为市场所接受，迅速打开销路，提高市场占有率。

此种定价策略有两点好处：①低价可以使新产品尽快为市场所接受，并借助大批量销售来降低成本，获得长期稳定的市场地位；②微利可以阻止竞争对手的进入，有利于企业控制市场。

值得注意的是，采用此种定价策略，企业的投资回收期较长，见效慢，风险大，一旦渗透失利，企业将一败涂地。

采用此种定价策略，应具备如下条件：产品的市场规模估计较大，存在强大的潜在竞争对手；产品的需求价格弹性较大，顾客对此类产品的价格较为敏感；大批量生产能显著减低成本，薄利多销可获得长期稳定的利润。

8.3.1.3 满意定价策略

这是一种介于“撇脂定价”策略和渗透定价策略之间的定价策略，以获取社会平均利润为目标。所定的价格比“撇脂价格”低，比渗透价格高，是一种中间价格。制定不高不低的价格，既保证企业有稳定的收入，又对顾客有一定的吸引力，使企业和顾客双方对价格都满意。

此种定价策略优点如下：产品能较快为市场所接受，且不会引起竞争对手的对抗；可以适当延长产品的生命周期；有利于企业树立信誉，稳步调价，并使顾客满意。

其缺点是定价比较保守，盈利率和市场占有率均不高，不适于需求复杂多变或竞争激烈的市场环境。

对于房地产企业来说，“撇脂”策略、渗透策略及满意策略分别适应不同的市场条件，何者为优，不能一概而论，需要综合考虑市场需求、竞争、供给、市场潜力、价格弹性、产品特性、企业发展战略等因素才能确定。一般而言，房地产企业可以根据企业的实力、新产品的特点以及市场条件灵活运用。在企业实力雄厚，生产能力强，且市场上类似产品多的情况下，可采用低价投入或满意定价策略，以扩大销售量，争取更大的市场占有率。如果企业的生产能力有限，新产品又极具特色，则采取高价投放更为有利。

8.3.2 折让定价策略

折让定价策略就是降低商品价格，给购房者一定的价格折扣，以争取顾客，扩大销售。灵活运用折让价格策略，是房地产企业鼓励购买、争取顾客、扩大销售的一种有效方法。常用的折让策略主要有现金折扣策略、数量折扣策略、季节折扣策略和职能折扣策略。

8.3.2.1 现金折扣策略

现金折扣，这是房地产开发企业经常运用的价格策略，是对按约定付款日付款的购房者给予一定的折扣，对提前付款的购房者给予更大的折扣。如对在两个月内支付全部购房款的顾客给予1%的优惠，对在一个月内支付全部购房款的顾客给予2%的折扣优惠。

采用这种方法能使房地产企业及时收回货款，加速资金周转，降低利息负担，是对房地产企业和购房者都有好处的方法。

8.3.2.2 数量折扣策略

数量折扣是根据消费者购买房地产商品面积或金额的多少，按其达到的标准给予一定的折扣。折扣数额可以按购买产品数量，也可以按购买金额计算。购买的数量或金额越大，价格优惠幅度就越大。

房地产企业为了鼓励团体客户批量购买，也经常给予数量折扣。如对购买50个居住单元者给予8.5折优惠，对购买金额达85万元者给予9.5折优惠。

8.3.2.3 季节折扣策略

季节折扣是指对在非消费旺季购买房地产商品的消费者提供的价格优惠。例如，在春节前后或酷暑、隆冬季节，对购房者给予一定的价格优惠。

8.3.2.4 职能折扣策略

职能折扣又称贸易折扣，是房地产企业根据中间商所负担的不同功能而给予的不同折扣。例如从事房地产销售的中间商，有的只负责收集信息，联系客户；有的不仅联系客户，出售房产，而且还负责办理有关产权登记等工作。因此，房地产开发商可根据不同的中间商采取不同的折扣，这样才能调动中间商的积极性，以促进本企业商品房的销售。对于不同的中间商可以给予不同的折扣，但对于同一类型的中间商，应给予同样的折扣。

8.3.3 心理定价策略

心理定价策略是为适应和满足消费者的购买心理所采用的价格决定策略。每一件产品都能满足顾客某一方面的需求，其价值与顾客的心理感受有着很大的关系。这就为心理定价策略的运用提供了基础，使得企业在定价时可以利用顾客的心理因素，有意识地将产品价格定的高些或低些，以满足顾客物质和精神的多方面需求，通过顾客对企业产品的偏爱或忠诚，引导顾客增加购买，扩大市场销售，获得最大效益。心理定价策略具体包括尾数定价策略、整数定价策略、声望定价策略和招徕定价策略。

8.3.3.1 尾数定价策略

尾数定价策略，是依据消费者通常认为零数价格比整数价格便宜的消费心理而采取的一种定价策略，这种策略又称奇数或非整数定价策略。商品房由于价值量巨大，其价格要比普通商品高得多，所以一般不会精确到小数点后面的位数，但有的会精确到十位数。比如每平方米2 230元，每平方米3 288元等。消费者之所以会接受这样的价格，原因主要有两点。①尾数定价会给人便宜很多的感觉。如开发商定价为每平方米3 980元，消费者会产生还不到4 000元的感觉，虽然事实上3 980元与4 000元只相差20元，但会使消费者产生3 000元与4 000元之间相当大的差距感。②有些消费者会认为整数定价是概略性的定价，不够准确，非整数定价会让消费者产生定价认真、一丝不苟的感觉，使消费者在心理上产生对经营者的信任感。

8.3.3.2 整数定价策略

整数定价策略，是把房地产商品价格定为一个整数，不带尾数。对于同种类型的商品房，往往有许多房地产企业开发建设，但其设计方案、内外装修等各有千秋，消费者往往以价格作为辨别质量的“指示器”。特别是对于一些高档别墅，其消费对象多是高收入者和上流社会人士，他们往往更关注楼盘的档次是否符合自己的要求，而对其单价并不十分关心。所以对于这类商品房，采取整数单价反而会比尾数定价更合适。如一些装修豪华、外观别致、气派不凡的高档别墅开价往往都是一套80万元、100万元或50万美元等。因为这类消费者购买高档商品房的目的除了自我享用以外，还有一个重要的心理因素，就是显示自己的财富或地位。因此，在这里采用整数定价法可能比尾数定价法反而销路要好。

8.3.3.3 声望定价策略

声望定价策略，是针对消费者“价高质必优”的心理，利用本企业的声誉对产品定价。其价格一般比市场同类房地产产品的价格要高一些。因此，高价与品牌商品房相结合，更容易显示特色，增强产品的吸引力，从而产生扩大销路的积极效果。因此，这一策略适用于一些商品房的质量好，房地产开发商有良好的声誉和威望。

8.3.3.4 招徕定价策略

招徕定价策略是指企业将某几种产品的价格定得非常之高，或者非常之低，以引起顾客的好奇心理和观望行为之后，带动其他商品的销售，加速资金周转。

招徕定价策略主要是利用顾客的求廉心理，运用得较多的是将少数产品价格定得较低，吸引顾客在购买“便宜”的同时，能购买其他价格比较正常的商品。

将某种产品的价格定的较低，甚至亏本销售，而将其相关产品的价格定得较高，也属于招徕定价的一种运用。前几年某一房地产公司为形成购买人气，曾以低于市场价格500元/平方米的价格开盘先招来人气，然后以低开高走策略创下了所在区域房地产销售的奇迹。

8.3.4　差别定价策略

差别定价策略是指企业在销售商品时，根据商品的不同用途、不同交易对象等采用不同价格的一种定价策略。差别定价策略一般有以下几种形式。

8.3.4.1　根据同一楼盘中不同单元的差异制定不同价格

在同一栋商品房中，虽然设计方案、施工质量、各种设备等都一样，但各单元之间存在着层次、朝向、房型、采光条件等方面的差异。开发商可根据上述情况来综合评定各单元的优劣次序，从而确定从高到低的价格序列。

以多层商品房为例，在确定基价后，可根据层次对售价进行修正。在一幢7层的房屋中，一般可以将2层楼的售价定为基价，3～5层由于层次居中，采光条件较好，通行也较为方便，其售价一般可达到基价的104%～106%；底层虽然采光条件略差，但往往由于有附送天井，其售价也可达到基价的102%；6层虽然采光条件不错，但由于位置较高，通行不便，售价往往只能达到基价的95%；而顶层除了通行不便外，还有因楼顶直接与外界接触，容易因日照、降水等自然侵袭使房屋受损的缺点，因此，其售价一般可定为基价的85%左右。

8.3.4.2　对不同的消费群体定不同的价格

某些楼盘所面对的消费群体的范围可能比较大，开发商可以针对消费群体的不同而制定不同的售价，对于有些消费者给予优惠，即根据具体情况灵活掌握售价，差别对待。例如对于普通消费者实现照价收款的，而对于教师购房则给予九折优惠等。采用这种策略，可以体现房地产企业重视教育事业的良好风尚，有助于在社会上树立企业形象，提高企业的知名度，从而提高企业的竞争力。

8.3.4.3　对不同用途的商品房定不同的价格

房地产开发商可根据购房者购房后的不同用途采用不同的定价。例如有的购房者将所购房作为办公楼，有的用做职工宿舍，有的作为商业用房等，对于不同的用途，可制定不同的价格。

案　例　××花园的价格策略

××花园自推向市场以来，声誉鹊起，迅速建立起有利的市场地位，与其成功地运用价格策略是分不开的。

第一，房地产的价格与区域概念紧密相连，人们常说的“天河区的楼价”、“滨江东路的楼价”，都是与地域位置紧密相关的。这样的一个价位是从泛泛的粗略感受中得出来的价位，是比较模糊的，弹性幅度在500～1 000元之间。例如，江燕路的楼价一般被认为在4 000～4 500元左右，我们把这种价位称之为“心理价格”。

第二，从群体来看，由于房地产价格属于特殊高价商品，影响价格的因素非常复杂，消费者往往对轻微的价格调整不是很敏感，不像其他商品，细微的价格调整往往带来销售额的速度增加，在房地产市场，只有在大幅度调整价格的情况下，价格才成为市场购买行为中的敏感性因素。

第三，从购买过程看，决定购买的价格往往是在货比三家后得出的，这个价格是在心理价格的基础上发生的。但这个价格相对比较具体，所指的地理范围也比较固定，往往以某个楼盘为中心作表述，如保利红棉花园附近的楼价一般在4 200元左右。通常称这个价格为比较价格。一个楼盘要使价格成为关注点，价格低于比较价格是不够的，最好远低于心理价格，才会广泛吸引消费者。

××花园就是成功地运用了心理价格与比较价格的关系原理，成功地吸引了消费群体，从而建立并巩固了自己的市场地位。该花园规模为12万平方米，规模在工业大道南一带是比较大的，但环境配套方面基本是空白，而附近数个大型楼盘正在热卖中，一些楼盘已建立起良好的品牌形象，一些楼盘已是现楼，配套亦较完善。在此种形势下，如果只是靠营造现场气氛进行销售，则销售将会是一个漫长的过程。而该花园必须是一个以速度和规模取胜的楼盘，较之于单位利润值的极大化，市场规模及占有率更为重要。在当时，工业大道南一带楼盘的心理价位在3 600～4 000元左右，楼盘针对性地以均价3 000元推出，远低于心理价位，吸引大量炒家和买家排队抢购，即时全部售出，造成市场轰动。同时提出“六个一流”和“八个当年，一定实现”的目标，在买家心目中留下了深刻的印象。

第二期推出时，是第二年6月初。推出的主要是15层的小高层单元，平均价格为3 500元，最高价不超过4 000元，最低价仅2 500元。此时××花园的征地规模已扩大到52万平方米，在珠海区开发规模首屈一指。绿化环境与配套更为引人注目，大面积草坪、假山、喷水池、幼儿园、第一期已交付使用的现楼作样板，在规划上能进行一般市区楼盘不敢想的尝试。如建起大面积人工湖，所有的这一切都增强了买家信心和心理价位，所以虽然价格有所提升，但依然与买家的心理价格有很大差距，正式发售日前即已售出单位的九五成，到正式发售日，256套单元全部售出。××花园以低价发售的做法，令周围楼盘避其锋芒，高挂免战牌，制造出强烈轰动效应，令其一时成为市场谈论热点。至此，××花园的市场地位变得非常牢固、强大。

第三期的推出则在9月初，此时××花园已聚集了很旺的人气，在前两次轰动效应的心理影响下，形成了一批忠实的买家，此次花园推出的单元为22层高层单元，共推出约1 000多套单元，推出后第一周即销售出大约300多套单元，依然十分成功。而售价回归至正常水平，以均价4 000元发售，与周围楼盘价格相接近。

回顾以上过程，××花园在价格战略的运用上是十分成功的，发展商秉承其原先成功开发珠岛花园的经验（珠岛由早期最低2 000元到几年后最高4 000多元，与××花园有相似之处，但××花园在推广及形象包装手法上，显得更为成熟、更有节奏），不是把价格的“低开高走”作为一种简单的战术，而是作为实现其市场战略的核心，有效应用其他战术，成功地实现了市场目标。

当然，××花园的推广手法还有一些值得商榷之处，如只注意前期针对心理价格建立竞争优势，而忽视了后期定价建立竞争优势，对后期的市场应变力有一定影响。××花园的均价在第三期已走到了心理价格的顶点（4 000元），不仅再没有心理价格上的优势，在比较价格方面也缺少明显优势。因此，鉴于对手已根据××花园前两期的销售情况调低了售价，××花园虽然有知名度、规模的配套作支持，但由于推出的单位数量大，所以即使没有心理价格的优势作支持，也仍然需要比较价格的优势作支持，否则，将会付出销售速度放缓的代价，目前销售上的优势亦难以保持。这些看法准不准确，有待实践证明。但无论如何，××花园在价格策略上的成功运用都值得房地产商学习、借鉴。

××花园的价格策略给你的启示是什么？

思考题

1. 简述房地产价格与一般物价的异同之处。
2. 房地产的价格是有哪几部分构成的？
3. 影响房地产定价的因素有哪些？
4. 简述房地产的定价程序。
5. 房地产有哪几种定价目标？
6. 简述房地产的几种定价方法。
7. 分析新产品三种定价策略的优缺点。
8. 简述消费者对房地产价格变动的反应。

实训题

为小组研究的楼盘确定不同阶段的价格，并说明定价依据。

第9章 房地产分销渠道策略

学习目标

1. 了解房地产市场分销渠道的类型及其特点；
2. 了解影响分销渠道选择的主要因素；
3. 掌握中间商的作用及选择条件；
4. 掌握房地产销售渠道成员的管理策略和评价方法。

技能要求

1. 基本能够依据所依赖的环境、企业和产品特点选择分销渠道；
2. 能够结合实际制定分销渠道策略。

9.1 房地产分销渠道概述

9.1.1 房地产分销渠道的概念

分销渠道又称销售渠道。关于分销渠道的定义，有多种描述，菲利普·科特勒认为，分销渠道是某种货物或劳务从生产者向消费者移动时，取得这种货物或劳务所有权的所有企业和个人；营销学家斯特恩和艾尔·安塞利认为，"分销渠道是促使产品或服务顺利地被使用或消费的一整套相互依存的组织"；美国市场营销学会则认为，分销渠道是所有"企业内部和外部的代理商和经销商的组织机构，通过这些组织，商品（产品或劳务）才得以上市行销"。

上述几种定义虽然表达各异，但其本质是一致的，即**分销渠道是指产品或服务在其所有权转移过程中从生产者到达消费者的途径或通道**。即产品从生产者手中传至消费者手中所经过的各中间商联结起来的通道。其中，转移的产品，既可以是有形产品，也可以是无形产品，即服务；既可以是产品所有权的转移，也可以是产品使用权的变动。

在市场营销理论中，还有一个概念与分销渠道经常不加区分地交替使用，这就是营销渠道。所谓**营销渠道是指配合起来生产、分销和消费某一生产者的产品或服务的所有相关企业和个人，包括供应商、生产者、中间商、辅助商以及最终消费者等**。营销渠道与分销渠道等同起来使用时，可将其理解为广义的分销渠道。

从分销渠道的概念我们已经了解到，生产者是分销渠道的起点，最终消费者是分销渠道的终点，中间商是职能不同的中介机构。在分销渠道的这一流程中，产品的所有权每经一次转移，就构成一个分销渠道层次。

9.1.2 房地产分销渠道的类型

房地产分销渠道根据其在房地产所有者和消费者之间是否使用中间商或使用中间商的类型和多少，可以分为不同的分销渠道类型。基本的房地产分销渠道类型有以下几种。

9.1.2.1 直接分销渠道和间接分销渠道

按照有无中间商的介入，将分销渠道分为直接分销渠道和间接分销渠道。

1. 直接分销渠道 **直接分销渠道是指房地产生产者直接把商品销售给购房者，而不通过任何中间环节的销售渠道，简称直销或自销**。也叫零级渠道。它是我国目前房地产分销的主要渠道。

（1）直接分销渠道的主要形式有：

1）订购销售。即由房地产生产者与购房者签订购房合同，按合同规定的时间提供商品房、交付款项。如商品房的预售。

2）自设门市销售。即房地产企业自设销售门市部，销售已建好的商品房。销售门市部就设在商品房的销售现场，以便于消费者选购。如项目所在处的售楼中心。

3）推销员推销。即由房地产企业派出推销员或通过电话访问等方式，直接向购房者推销房地产商品。

（2）房地产直接分销渠道的优点主要体现在以下三个方面：

1）直接面对市场。房地产直接分销渠道便于房地产企业直接了解消费者的需求、购买特点以及变化趋势，由此可以及时做出相应的经营决策，更好地满足消费者的需求。

2）降低营销成本。房地产直接分销渠道可以缩短商品的流通环节，减少流通费用，降低营销成本。

3）满足消费者的不同要求。房地产直接分销渠道便于企业为消费者提供特殊的服务。产销见面，可以满足消费者对产品形态、结构、色彩以及室内装修等不同的要求。另外，提供良好的售前及售后服务，有利于扩大企业在市场上的影响、提高企业声誉以及树立良好的企业形象。

(3) 房地产直接分销渠道的缺点，主要表现在：

1) 占用一定的人力、财力和物力。房地产直接分销，会分散企业的人力、物力和财力，分散企业决策层的精力。搞不好会使企业顾此失彼，开发建设和营销两方面都受影响。

2) 风险较高。如果采用直接分销渠道，则房地产企业要独自承担全部风险；房地产在租售阶段存在着需求下降、价格变动以及其他市场风险；若由经销商负责营销，则有利于风险分摊或风险转移。

3) 影响营销效率。因分销能力限制，可能给营销带来不利影响。房地产企业的特长是组织项目开发，往往不具备广泛的营销网络，对市场需求信息的了解也不如经销商充分。因此，直接营销必然影响营销速度，延长项目周期，不利于企业的资金周转。

直接分销渠道有优点，但缺点也很突出。在很多房地产市场发育比较成熟、市场运行机制比较健全的国家和地区，直接销售的比重不大，主要是委托代理商推销。中国房地产市场尚处于发展阶段初期，市场发育程度还较低，市场机制还不够健全，因此，直接销售渠道是中国房地产销售的主要渠道。

2. 间接分销渠道 **间接分销渠道是房地产生产者通过中间商销售房地产的渠道。** 常用的间接分销渠道主要是通过代理商和经销商承担商品的流通职能。间接营销渠道根据层次的不同，又可以细分为一层渠道、二层渠道、三层渠道以及四层渠道。

(1) 房地产间接分销渠道的优点主要体现在以下四个方面。

1) 提高效益。有了中间商的协作，房地产企业可以从繁杂的营销业务中解脱出来，集中精力，专心致力于房地产开发，从而有助于加强市场研究和开发项目的可行性论证及决策分析，不断提高开发经营的效益。

2) 缓解资源不足的矛盾。房地产间接分销渠道可以缓解房地产企业人、财、物等资源不足的矛盾。由于中间商介入房地产商品流通，使房地产企业提前实现产品价值，加速了房地产企业资金的周转速度。同时也减少了人力、物力、财力的分散，从而可以保证房地产企业以较少的资源开发建设较多的房地产产品。

3) 分散风险。经销商的介入，虽然分享了部分利润，但也分散了很大一部分风险，从而有助于企业获得合理的开发利润。即使是代理中间商，由于加快了房地产产品的营销速度，也相当于减少了房地产企业的风险。

4) 满足消费者的不同要求。由于流通职能的专门化，房地产中间商能汇集大量的待销房地产产品，从而有助于消费者选购其所要求的产品。同时，中间商还可为消费者提供各种相关服务，简化手续，这有利于促进营销效果的提高。

(2) 间接分销渠道存在的缺点，主要表现在以下三个方面。

1) 提高了房地产产品的价格。由于中间商的介入，相应地要增加商品的经营费用，由此增加了商品的成本，提高了价格，容易引起消费者的反感。

2）容易降低售前和售后服务的质量。房地产商品在使用过程中离不开各项服务，特别是物业管理工作量很大。中间商的服务往往不如房地产企业那样及时和周到，也容易引起购房者的不满。

3）不便于直接沟通信息。房地产企业如果与中间商协作不好，很难准确获取到消费者需求的信息和竞争对手的信息，不容易把握市场变化的趋势，最终会影响企业的经营效益。

由于房地产商品的价值量巨大，决定了经营房地产产品的风险也大，所以它不同于一般商品，直接分销的比重较大。事实上，间接分销、特别是委托代理销售在规范化的房地产市场中是十分重要的。由于我国房地产业才刚刚起步，人们对委托代理的认识还不是很足，但随着房地产市场交易的规范化和规模的不断扩大，代理商营销的优越性将越来越明显。

9.1.2.2　长渠道和短渠道

按照流通环节或流通层次的多少，可将房地产分销渠道分为长渠道和短渠道。

1. 长渠道　**长渠道是指房地产开发商利用两个或两个以上的流通环节来销售自己产品的渠道**。如图9-1所示。

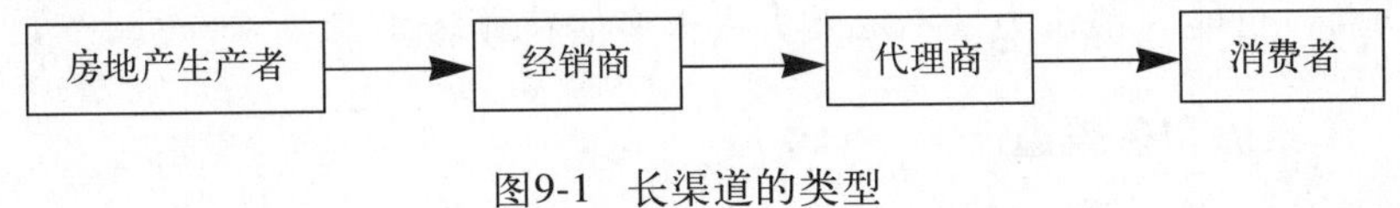

图9-1　长渠道的类型

长渠道的优点是能有效地扩大市场覆盖面，扩大商品销售；能充分利用中间商的职能，市场风险小。

长渠道的缺点是信息反馈慢；房地产生产者、中间商和消费者之间关系复杂、难以协调；商品价格较高，不利于市场竞争。

2. 短渠道　**短渠道是指房地产在从开发商向消费者转移的过程中，不经过中间商环节或只经过一个中间环节的渠道**。如图9-2所示。

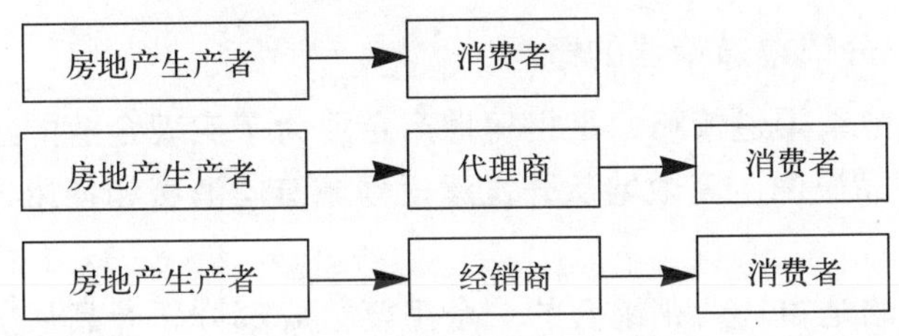

图9-2　短渠道的类型

短渠道的优点是能减少流通环节，节省流通时间，降低流通费用；房地产最终价格较低，能增强市场竞争力；信息传播和反馈速度快。

短渠道的缺点是迫使房地产生产者承担更多的流通职能。

9.1.2.3 宽渠道和窄渠道

按照渠道中每个层次使用的同类中间商数目的多少，将销售渠道分为宽渠道和窄渠道。

房地产生产者在销售渠道的同一层次或环节使用的中间商越多，销售渠道就越宽；反之，渠道就越窄。根据销售渠道宽窄的不同，房地产企业可以做出三种选择：

1. 密集分销 **密集分销又叫广泛分销，指房地产生产者尽可能通过较多的中间商来销售自己的产品。**密集分销的优点是市场覆盖面广。但是，房地产生产者付出的销售成本高，中间商的积极性较低。

2. 选择分销 **选择分销是房地产企业从愿意合作的中间商中选择一些条件较好的中间商来销售其产品。**选择分销的优缺点介于密集分销和独家分销之间。

3. 独家分销 **独家分销就是房地产生产者在一定的市场区域内仅选用一家经验丰富、信誉卓越的中间商销售本企业的产品。**

独家分销的优点是：有利于房地产生产者控制产品价格；有利于提高中间商的积极性和销售效率；有利于产销双方互相支持与合作。缺点是房地产生产者过分依赖中间商，如果中间商选择不当或与中间商关系恶化，可能会完全失去市场；只用一个中间商，可能因销售力量不足而失去很多潜在顾客。

9.1.2.4 单渠道和多渠道

按照房地产生产者采用的渠道类型的多少，分为单渠道和多渠道。**单渠道是指房地产生产者只采用一种类型的销售渠道销售其产品。多渠道指房地产生产者选用不同类型的销售渠道销售其产品。**

房地产生产者对销售渠道进行分类，目的在于选择有利于企业产品销售的分销渠道。

9.1.3 房地产分销渠道策略的概念与构成

9.1.3.1 房地产分销渠道策略的概念

所谓房地产分销渠道策略，是指房地产企业为了实现企业的经营目标和营销目标，使房地产产品快速、高效地从开发建设领域流向消费和使用领域而采取的一系列措施。

分销渠道策略是市场营销组合的一个重要组成部分。产品从生产者转移到最终使用者，须经由功能不同的营销中间机构。分销渠道策略同产品策略、价格策略和促销策略一样，是企业能否成功地将产品打入市场、扩大销售、实现企业经营目标的重要手段。它不仅影响着其他营销决策，影响整个营销策略，还影响着本企业与其他企业的长期协作关系。因而，建立分销渠道是企业面临的重要决策。当一个企业制定了正确的分销渠道策略，就等于拥有了决胜市场的控制权。

房地产企业的分销渠道策略在整个房地产市场营销中占有独特的地位。①分销渠道的选择直接影响和制约着其他基本策略，如房地产产品的价格不仅取决于生产该产品的单位成本，而且取决于流通费用的补偿，取决于因代理商、经纪人的声誉、实力以及分布密度所带来的市场份额的大小；②分销渠道决策是相对长期的决策，因为分销渠道模式一经确定，即使市场情况有所变化，改变或调整原有的经销关系也会有很大的难度；③分销渠道决策的效果不直观。由于关系间接，信息反馈往往“滞后”，如代理商的营销状况似乎不是本企业所关心的事情，但是，一旦房地产商品销售困难，不等房地产企业有所反应，已造成巨大的损失。

9.1.3.2 房地产分销渠道策略的构成

房地产企业开发出来的房地产商品，如何以最快的速度、合理的费用交付到消费者手中，是房地产企业缩短项目周期、加速资金周转和提高经济效益的重要环节。因此，房地产市场分销渠道网络的布局、分销渠道的选择以及分销渠道的控制和协调都是分销渠道策略的重要构成部分。

所谓分销渠道网络的布局，实际上是如何选择分销渠道成员的问题。在进行选择之前，我们有必要了解中间商的不同特点以及不同职能。因为企业如何选择中间商，并且与中间商建立良好的合作关系，对产品的营销具有重大的影响。在对中间商的特征和职能都有了一定的了解以后，房地产企业可以结合企业的实际情况，选择适合本企业规模和能力的分销渠道。对于房地产企业来说，它不能满足于设计一个良好的渠道系统，还必须对其进行系统的管理。房地产分销渠道管理，是指房地产企业为实现企业营销目标而对现有渠道进行管理，以确保渠道成员间、企业和渠道成员相互协调和通力合作的一切活动。渠道管理主要包括渠道的控制和协调两个方面。

9.2 中间商

9.2.1 中间商的类型

房地产分销渠道成员的选择是渠道管理的重要内容，合适的渠道成员能为房地产企业今后的渠道控制和协调打下良好的基础。在进行渠道成员选择之前，必须先了解不同渠道成员的特征以及功能。

房地产中间商在房地产间接分销渠道中发挥着核心作用，企业如何选择中间商、如何与中间商建立良好的合作关系，对产品营销具有重大的作用。

房地产中间商是指处在房地产企业和消费者之间，参与房地产流通服务，促进

买卖行为发生和实现的组织和个人。按照营销过程中是否拥有房地产商品的所有权，可将房地产中间商划分为经销商和代理商两种。

9.2.1.1 房地产经销商

房地产经销商 是指拥有房地产商品所有权的中间商。由于房地产商品价值量大，经营风险大，房地产经销商具有区别于一般商品批发商和零售商的独特属性。这种独特性体现在以下三个方面。

1. 房地产经销商业务上的兼容性强 许多房地产经销商既经销其他房地产开发企业的房地产，同时也从事房地产开发业务。这种情况在我国比较普遍，我国的房地产经销商大多隶属于国营房地产大企业。另外，我国还有一些房地产经销商也从事房地产经营以外的商务活动。

2. 经销形式的多样性 一般商品的经销商分为批发商和零售商，他们或者经营批发业务，或者从事商品零售。而房地产经销商一般没有批发和零售之分，他们既向房地产代理商以及团体客户批量提供房地产商品，也向社会零散的个人消费者提供单元房地产商品；更具有特色的是，房地产经销商既向用户销售房地产商品，也经营房地产租赁业务。由于房地产价格昂贵，以转卖为主的经销业务一般都带有投机性质，经销商较少开展这种业务，而以经营（出租）为主的经销业务则是经销商的主营业务，这是房地产经销商与其他经销商在业务性质上的又一主要区别。因此，房地产经销商一般都是职业经营者，他们一般根据他们对房地产商品的增值潜力以及收益能力的判断有选择地进行经销，而将收益能力以及增值潜力一般的物业留给代理商经营。

3. 房地产经销商需要拥有较强的经济实力 由于房地产经营需要巨额资金，无论这巨额资金来源于企业自有资金，还是银行抵押贷款，都需要经销商具有较强的经济实力。否则，难以进行规模经营，获得较好的经济效益。

9.2.1.2 房地产代理商

房地产代理商 是指接受房地产企业、用户或经销商的委托，从事房地产销售或租赁业务，但不拥有房地产商品所有权的中间商。经销商的目的是获取投资收益（经营收益）和转卖差价；而代理商只为房地产企业、经销商、购买者以及承租者提供咨询、代办业务，其目的是向交易双方或单方（多为卖方）收取一定数额或一定比例的佣金。因此，虽然两者都是中间商，但因其目的差异较大，所以两者的市场行为也有明显区别。

房地产代理商按组织形式可分为企业代理商和个人代理商（即房地产经纪人）两种。两者的业务性质相同，他们与房地产企业之间的关系都是合同契约关系，其实质是建立在相互信任基础上的委托关系。但由于经纪人的经营实力和经济实力有限，其业务范围和业务规模一般较小。

在国外，房地产代理业务包括估价代理、广告代理、拍卖代理、抵押代理以及投资代理等。房地产经纪人专业分工明确，如有的专门从事现有住房买卖交易代理，有的则专门为异地住房调换提供服务等。

当前在我国房地产市场上，已出现了房地产信托公司，其业务包括房地产买卖代理。经纪人主要活动在房屋调换市场上，由于经纪人掌握的信息越来越多，业务娴熟，重视服务质量，有的还登门服务，所以经济效益和社会效益都比较好，显示出一定的生命力。

9.2.2 房地产中间商的功能

房地产中间商是连接房地产开发建设和消费的桥梁，其功能主要体现在以下七个方面。

9.2.2.1 推销功能

房地产中间商的主要任务是推销房地产，确保房地产产品的实体、所有权或使用权尽快传送到消费者手中，实现房地产商品价值，从而保证房地产企业的效益。

9.2.2.2 咨询功能

房地产业是一个十分复杂的产业。从投资角度看包括区位选择、用途确定、规划设计、报建审批、建设监理以及物业租售等；从影响房地产市场的因素角度看包括国家政策、经济发展水平、金融环境、市场成熟程度、汇率、物价、建材供应、市场供求关系、人口状况、家庭构成、社会心理以及文化因素等；从交易角度看涉及估价、签订合同、产权转移、变更登记、工商税务以及金融保险等各个专业领域。因此，任何一个房地产企业或消费者都很难把它全部搞清楚。而中间商，由于其对这些复杂的领域有较为丰富的经验和知识，既可为消费者提供购房服务，又可为房地产企业以及经营者提供相应的咨询服务。

9.2.2.3 融资功能

房地产投资与交易金额巨大，如一个二级房地产企业的正常开发能力每年至少在2万平方米以上，年均投资额需数千万元，甚至上亿元。如此巨额资金，离不开金融机构的支持；对于购房者来说，同样也面临资金的融通问题。中间商可以利用自身的资质和商业信誉，从中做大量的协调、融通工作。可帮助房地产企业向银行争取建设贷款，也可帮助广大购房者向银行争取按揭贷款等。

9.2.2.4 促销功能

房地产中间商承揽房地产营销任务后，就要实施各种促销手段，如举办讲座、展览、接待来访、散发宣传品、制作电视广播节目以及在报刊、杂志上刊登广告等。这些措施在促进房地产商品销售、加速资金回笼的同时，也有助于房地产企业提高知名度，树立良好的社会形象。

9.2.2.5 分担风险功能

房地产投资巨大，资金回收期长，容易受各种市场因素影响而风险较大。尤其是房屋预售制度推广普及以后，使购买与使用不能同期进行，房地产企业要在收齐预定金或贷款到位后才能开工。此时，中间商往往具体介入并负责担保。一旦发生因施工受阻不能如期竣工、市场营销不利或通货膨胀以及其他不可预测的事情，中间商可以与房地产企业共同承担市场风险，携手渡过难关。

9.2.2.6 售后服务功能

房地产是一种特殊的商品，市场交易完成后，仍然有许多服务项目需要继续完成，如房产的保险、维修以及公共建筑的配套和继续施工等。这些售后服务需要中间商配合房地产开发企业统筹安排。该服务属于房地产产品的附加产品层次。做得好将有助于提高产品以及企业在市场上的信誉及形象，是市场促销的重要手段。同时，搞好售后服务，也有利于收集产品质量及市场上的营销信息，有利于产品的改进和提高产品的市场竞争能力。

9.2.2.7 市场调查和预测功能

房地产开发经营必须建立在市场调查和预测的基础上，通过中间商进行市场调查和预测，是最佳途径之一。因为中间商处于市场第一线，他们掌握的信息最直接、最准确，他们最熟悉市场需求，最了解消费者的心理及要求，对市场供求关系变化和发展趋势也最有发言权。因此，通过中介机构所做的市场调查和预测，其可靠程度都比较高。

9.2.3 房地产中间商的选择条件

中间商选择的是否得当，直接关系着房地产的市场营销效果。选择中间商首先要广泛搜集有关中间商的实力和品牌、市场范围、综合服务能力等方面的信息，确定审核和比较的标准，一般情况下选择房地产中间商必须考虑以下条件。

9.2.3.1 房地产中间商的实力和品牌

房地产中间商的实力和品牌不仅仅体现在它的规模大、资金雄厚，更体现在它具有专业的销售技术和一支高素质的销售队伍，对市场和消费者有深入的调查和了解。房地产中间商以前成功的代理业绩也往往能够体现它的品牌价值。

9.2.3.2 中间商的市场范围

市场范围也是选择中间商的关键原因，所谓市场范围既包括地理概念上市场的大小，也包括市场中消费者数量的多少，一般每个具体的房地产商品的目标市场不会太大，比较专一。如上海的高档外销别墅的目标市场基本上是欧美大公司的驻沪工作人员、我国港澳台的投资者。一个特定的目标市场并不是每一个中间商的市场范围可以包括的，像一些我国港台的代理公司的市场范围主要包括海外公司和海外的投资者，而众多内资房地产中间商，对这方面的市场就不是很熟悉了。所以房地产企业都希望能够选择可以打入自己已确定的目标市场的房地产中间商。

9.2.3.3　中间商的综合服务能力

房地产商品由于其特殊性，十分重视房地产中间商提供的各种服务。如各种信息咨询服务、财务金融服务（帮助办理分期付款或按揭等）、法律服务（合同的修改、签订等），在销售过程中还要提供关于建筑工程等方面的技术指导，合适的中间商所能提供的综合服务项目与服务能力应与房地产租售所需要的服务要求相一致。

9.2.3.4　中间商的促销策略和技术

房地产商品的促销往往需要通过广告促销、人员推销、营业推广和公共关系等促销策略的综合运用，促销策略的组合和促销水平的高低很大程度上影响房地产的租售水平。因此，选择中间商前必须对其市场营销策略和技术的实现可能程度进行全面评价。

9.2.3.5　预期合作程度

由于房地产中间商大多为代理商，不存在垫付资金的情况，促销压力相对较小，若中间商与开发商合作得好会积极主动地推销房地产商品，若合作程度一般则可能并不积极拓展市场，精心促销。因此与中间商的预期合作程度也是开发商选择中间商要考虑的条件之一。

确定了选择中间商的条件，房地产企业仍会面临一个招募中间商的问题，有的企业毫不费劲地找到许多合格的中间商，而有的却费劲努力也找不到或找不够中间商，这种情况的产生主要取决于房地产企业和房地产商品本身对房地产中间商的吸引力。对于那些找不到或找不够合格中间商的房地产企业来说，必须考虑降低中间商的条件，为中间商提供更多的利润，或者重新设计分销渠道。

9.3　房地产分销渠道的选择

9.3.1　影响房地产分销渠道选择的因素

房地产企业在选择分销渠道的时候，应对市场、产品以及企业本身等各种因素进行综合的分析和判断，才能做出正确的选择。具体来说，影响房地产市场分销渠道选择的因素主要包括市场因素、企业因素、房地产商品本身的因素、竞争因素和政治经济因素。

9.3.1.1 市场因素

市场是房地产企业作分销渠道决策时所要考虑的最重要的因素之一。影响渠道选择的市场因素主要有：

1. 潜在顾客规模 潜在的顾客越多，则市场范围越大，这就越需要中间商来提供服务。如潜在的顾客比较少，则房地产开发企业可以利用自己的营销力量，直接向顾客销售。

2. 顾客的分布范围和密度 如果顾客分布范围广而且密度小，可以选择长而宽的分销渠道；如果顾客分布范围集中且密度大，则可以选择短而宽的分销渠道。这样既能加速资金的运转，又能方便顾客的购买。

3. 需求量的影响 需求量大的房地产，一般应减少中间环节，由开发商直接销售，如普通居民住宅。对于需求量较小的房地产，开发商为了打开销路，往往需要房地产中间商等中间环节，如高级别墅等。

4. 营销的阶段性 房地产商品从预售阶段到工程完成常需一两年的时间。通常在预售阶段是可采用间接营销渠道，即利用代理商进行营销；而在竣工后，则采用直接营销。

另外，市场因素尚有市场性质、市场基本设施、市场条件等因素。但这些因素对房地产分销渠道选择相对来说影响较小。

9.3.1.2 企业因素

企业本身的因素对分销渠道的选择也有重大的影响。这种影响主要表现在以下几个方面：

1. 自身资源 房地产企业的规模大、资金雄厚、实力强，并有长远发展的要求，则选择分销渠道的自由度要相对大一些，可以不依赖中间商的服务，建立自己的营销网络。但力量较小的企业，则必须依赖中间商的服务。

2. 管理能力 房地产企业在营销方面的管理能力与经验直接影响着分销渠道的选择。许多房地产企业在开发建设方面极其内行，但在营销方面却略逊一筹，需要借助于中间商的配合。

3. 对渠道控制的要求 如果房地产企业采取间接渠道形式，则要与中间商协调配合，如果企业有较强的控制渠道欲望，一般就选择直接分销渠道或较短的分销渠道。

4. 企业的经营策略和目标 以向消费者提供最满意服务、最优质楼盘为经营目标的房地产企业，一般选择直接分销渠道。

5. 房地产企业所提供的服务 房地产企业所提供的服务越多越完善，越可以提升中间商的兴趣和信心。如果房地产企业能将规划好的公共设施（如游泳池、网球场、羽毛球场等）预先完工，则能大大提高房地产代理商的信心和营销业绩。

9.3.1.3 房地产商品本身的因素

不同的房地产商品选择的房地产分销渠道也不同，房地产商品本身的许多因素，如价格、开发量、利润等，都会影响房地产营销渠道的选择。

1. 房地产价格　一般情况下，房地产价格越高，就越可能采用房地产间接分销渠道，即通过房地产中间商向消费者转移房地产商品；而房地产价格越低，就越可能采用房地产直接分销渠道，即房地产所有者直接租售给消费者。这是因为房地产价格越高，其价格弹性就越小，而价格越低，则价格弹性就越大。原本100万元的高级别墅若卖102万元（即增加2%的代理费2万元），并不会太影响消费者的需求，而10万元的普通住宅若增加2%的代理费就将在很大程度上影响消费者的需求。

2. 房地产开发量　房地产开发量大小也会影响房地产分销渠道的选择。开发量大的往往要通过房地产中间商，以扩大房地产的租售面，如那些开发量超过十万平方米的楼盘大多都委托房地产中间商中介代理，有的还同时委托多家中间商帮助租售。而开发量仅为一两万平方米的楼盘则大多采用开发商直销的方式。

3. 房地产利润　安居房、微利房等一般利润率低，多采用开发商直销的直接分销渠道。而豪华住宅、高级商办楼利润率相对较高，有条件也有能力支付中介代理费用委托房地产中间商代理租售。

9.3.1.4 竞争因素

分销渠道竞争已成为市场竞争的重要因素。房地产企业在选择分销渠道时，必须考虑竞争因素。一是可以借鉴竞争者成功使用的分销渠道，选择与竞争者相同的分销渠道，以降低分销渠道选择的风险；二是根据企业的优势和目标顾客的特点，选择与竞争者不同，但更有效的分销渠道取得渠道竞争优势。

9.3.1.5 政治经济因素

房地产企业在选择分销渠道时，要考虑国家的政策法规和经济因素。经济的景气情况、宏观经济走势以及政策法规会对分销渠道的选择也有一定的影响。经济状况不佳时，渠道的成本约束就更强，应该采用最经济的方法。此外，政策法规如反对垄断等对渠道的安排也有严格的制约作用。

9.3.2 房地产分销渠道选择的原则

9.3.2.1 效益原则

在选择房地产分销渠道时，首先应考虑效益。也就是说，能做到以最小的投入获得最大的产出。效益是决定和选择分销渠道的关键因素。不同的分销渠道，营销效果和费用都不一样。一般来讲，从费用方面看，直接分销渠道费用最低，经销商营销费用居中，委托代理商的费用最高；从营销效果看，直接分销渠道的营销人员完全致力于本企业产品，对产品的了解较为深刻，其得失与企业的发展密切相关。同时，消费者一般直接与开发商打交道，营销量有可能提高。而间接分销渠道的营销效果则完全取决于中间商的实力和营销经验。

利用中间商营销必然比开发企业组建自己的营销网络的成本要低，但其费用的增长很快。因为中间商的佣金往往比开发企业自己的推销要高。

如图9-3所示，在某一个营销水平S_B上，两种渠道的营销成本相等。当销售量低于S_B时，企业自己营销较为不利。因此，从成本来说，房地产商品的销售量较小时，企业可委托中间商进行营销，没有必要组建自己的营销网络。

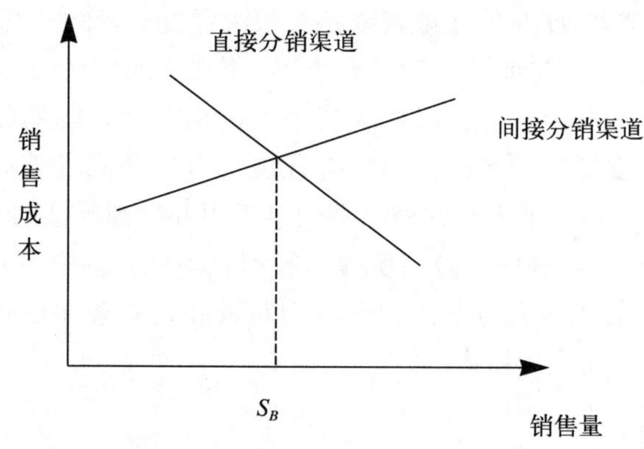

图9-3 房地产产品间接营销渠道和直接营销渠道成本比较

9.3.2.2 优质原则

具有优良资质的营销中介代表着良好的经济实力、管理能力、商业信誉以及丰富的经验。在选择中间商时，应该选择资质较高的、有良好营销经验的中间商。

9.3.2.3 协同原则

营销中间商要与房地产企业密切合作，形成一条流畅的价值链，使房地产商品在营销过程中实现其应有的价值。就是要做到真诚合作，哪一类中间商能与房地产企业密切合作，能够在兼顾两方利益的前提下灵活销售房地产企业的产品，就应该选择哪一类中间商。

房地产企业与中间商的矛盾焦点往往表现在竣工验收时间、定价变化幅度、信息通报、不可预测风险的（如意外损失、补税、罚款等）共负比例、销售利润分成等涉及双方责、权、利的问题，这些问题不仅应在合同上写明，而企业在行为上也应严格遵守。对那些屡屡无故不遵守协议的、不守信誉的中间商不应与之合作。

9.3.2.4　控制原则

房地产企业要在与中间商的合作营销中保持业务上的主动，不能被中间商牵着鼻子走。因为作为一个独立的主体，中间商所关心的也是企业利润的最大化，因而中间商可能会优先销售竞争者的产品，或者对销售的房地产商品没有足够的了解，而不能有效地运用促销手段，或者可能会无原则地满足消费者的不合理要求等。因此，房地产企业必须始终掌握主动权，充分体现主体地位，对整个营销行为起到有效的控制作用。控制原则有两个方面：

（1）哪一种分销渠道能够充分实施有效控制作用的，就选择哪一条渠道，在均衡各种分销渠道策略的利弊得失时，可控性是一个重要的价值判断标准。

（2）一旦选定中间商代理销售时，为防止失控现象发生，要留有一定余地。首先，在签订经销合同时，力求尽量全面完整，不留漏洞。其次，在寻求中间商后，房地产企业仍然保留一部分自销渠道，万一中间商撕毁协议，擅自提价、压价、欺骗顾客等，仍能有力量扭转制止其不当行为，挽回损失。

9.3.2.5　风险原则

房地产经销具有高回报性、高风险性。在选择分销渠道时一般应遵守风险适中原则，既不宜过大，也不宜过小。房地产商品的特殊性表现在投机性、盈利性与风险性同时并存，选择获利最大的分销渠道，那就是产品全部直接销售，获利系数虽然是最大，但风险系数也最大；选择风险性最小的分销渠道，虽然风险推给经销商，但利润也大部分给了经销商。

所以，想要在利润与风险之间做出适当的选择，就应该在综合考虑产、供、销及社会、政治、经济、法律因素的基础上做出科学的预测，以市场预测做出分销渠道的选择，通常情况下，若信息和预测不足，宁可选择风险度较小的分销渠道。

9.3.3　房地产分销渠道选择的方法

从理论上讲，渠道设计者理所当然地应该选择最佳的渠道结构。但在现实中，选择最佳渠道结构，从严格意义上讲是不可能的。为了选出最佳渠道，要求房地产企业必须将所有的渠道都考虑一遍，并且根据某个标准（通常是利润），计算出每一种渠道的确切利益，然后选择能够提供最高利益的渠道。但是，这种做法是不可行的。首先，房地产企业不可能掌握所有的渠道结构；其次，即使能够明确地掌握所有可能的渠道结构，但是计算所有渠道结构所产生的利润的方法是不存在的，因为影响渠道的变量很多，并且这些参数是不断变化的。

但是，即使选择渠道的确切方法不存在，还是可以通过一些手段或方法来估算和比较备选的渠道结构。下面是进行渠道选择的三种常用方法。

9.3.3.1 资本收益分析法

由兰波特（Lambert）于1960年提出的财务法（financial approach），基于这样一种观点：影响渠道结构选择的一个最重要的变量是财务。因此，选择一个合适的渠道结构类似于资本预算的一种投资决策。这种决策包括比较不同的渠道结构所要求的资本成本，以资本收益的高低作为选择渠道结构的标准。所以这种方法也可以称为资本收益分析法。

这种资本收益分析法很好地突出了财务变量对分销渠道的选择作用。而且，鉴于分销渠道的决策是长期的，因而这种考虑更有价值。但是，应用这种方法的主要困难在于渠道决策制定过程中的可操作性不大，因为要计算不同的分销渠道可产生的未来利润以及精确的成本是非常困难的。

9.3.3.2 交易成本分析法

交易成本分析（transaction cost analysis，TCA），最早由威廉姆森（Williamson）提出，20世纪70年代以来成为营销界瞩目的焦点，现在已经被广泛运用。在TCA方法中，威廉姆森将传统的经济分析与行为科学概念以及组织行为产生的效果综合起来，用于分销渠道选择的问题。

这一方法的原理是：房地产企业是通过垂直一体化体制完成所有的分销任务，还是通过独立的中间商来完成分销任务或者大部分的分销任务。这里的垂直一体化体制，是指由房地产企业、经销商或代理商根据纵向一体化原理组成的一种统一的联合体。某个渠道的成员拥有其他成员的产权，或者是一种特约代营关系；或者这个渠道成员拥有相当的实力和优势地位，其他成员愿意合作建立相互依赖的关系，在整个系统中担当一定的角色。

TCA方法的经济基础为：成本最低的渠道结构就是最适当的分销结构。这一方法的关键就是找出渠道结构对交易成本的影响。因此，TCA的焦点在于企业要达到其分销任务而进行必要的交易成本耗费。交易成本，主要是指分销中活动的成本，如获取信息、进行谈判、监测经营以及完成其他有关任务的成本。

为了形成交易，需要特定交易资产。这些资产是实现分销任务所必须的，包括有形资产和无形资产。无形资产，是指为营销某个产品而需要的专门知识和营销技巧；有形资产是指营销的有形的展示物品、设备等。

威廉姆森认为，如果需要的特定资产很高，那么房地产企业就应该倾向选择垂直一体化的渠道结构。威廉姆森给出的这个结论是基于他对社会系统中人类的行为认识。他认为：人具有机会主义，这种机会主义在他看来是一种“狡猾的利己主义”。换句话说，组织中的人在他们还处于支配地位时，都非常“聪明”地能充分意识到这一点。因此，如果独立的渠道人员控制了绝大部分或者全部的特定交易资本时，他们会开列条件，而这些条件往往是倾向于他们的个人利益的。其结果将使交易成本增加到一个不经济的水平。对房地产企业来说，预防这种情况的有效方法，就是将特定交易成本控制在企业内部。另外，如果特定交易成本不高，房地产企业就不必担心将它们分配给独立的渠道成员。如果这些独立的渠道成员要求太过分，那么就可以非常容易地将这些资产转给那些要求较低的渠道成员。

当然，TCA方法也有其不足之处，主要表现在：

（1）它只能处理最通常的渠道结构，对渠道结构选项采用两分法，即垂直一体化和使用独立渠道成员。对渠道结构的其他因素则考虑较少。

（2）对消费者行为的解释有失偏颇。机会主义行为的假设忽视了渠道成员的合作、团队工作、伙伴关系以及分销渠道中相关的战略联盟等各种关系，取而代之的是一种极端自私的行为。

9.3.3.3　经验法

顾名思义，经验法是指依靠管理上的判断和经验来选择渠道结构的方法。

1. 直接的定性判断方法　在进行渠道选择的实践中，这种定性的方法是最粗糙、但同时是最常用的方法。使用这种方法时，房地产企业根据他们认为比较重要的决策因素对分销渠道的变量进行评估。这些变量包括短期与长期的成本考核、利润、渠道控制问题、长期增长潜力以及其他因素。

2. 权重因素记分法　由菲利普 · 科特勒提出的“权重因素法”是一种更精确的选择分销渠道的直接定性方法。这种方法使房地产企业在选择渠道时的判断过程更加结构化和定量化。这一方法包括以下五个基本步骤：第一步，明确列出渠道选择的决策因素；第二步，以百分比形式列举每个决策因素的权重，以准确反映它们的相关重要性；第三步，对每个渠道选择依每个决策因素打分；第四步，通过权重与因素的相乘得出每个渠道选择的总权重因素分数（总分）；第五步，将备选的渠道结构总分排序，获得最高分的渠道选择方案即为最佳选择。

实际上，上述三种方法的基本要旨是相似的，即强调渠道设计时要对不同渠道选择方案所涉及的成本及收益进行比较。

9.4　房地产分销渠道的管理

所谓**房地产分销渠道管理，是指房地产企业为实现企业营销目标而对分销渠道进行的计划、实施、协调和控制，以确保渠道成员间、企业和渠道成员间相互协调和通力合作的一切活动**。房地产分销渠道管理是保证所选的分销渠道有效运行的重要条件。房地产分销渠道管理中涉及的问题主要包括渠道成员的职责、渠道成员的合作管理及分销渠道的改进等方面。

9.4.1　渠道成员的职责

渠道成员的职责问题对房地产分销渠道的正常运转具有重要的影响。渠道成员既包括中间商也包括房地产所有者（主要是房地产开发企业）本身，所以首先房地产企业必须制定相应的职责和服务范围，明确企业要为中间商提供哪些方面的服务，承担哪些方面的职责，尤其当企业选择多渠道营销时，企业本身也进行直接渠道营销，这时对企业自销房地产的定价、折扣等都要做出相应的规定，使之与中间商代理的条件保持一致。其次，中间商也要明确其要为企业提供的服务内容及承担的职责，主要包括市场营销资料，目标市场分析等方面的内容。

9.4.2 对渠道成员的合作管理

我们知道，所有的渠道活动都是由房地产企业和中间商之间特定的关系而得以实施的。在这种错综复杂的关系中，合作是主旋律，合作各方在一般情况下都能遵守合同条款所规定的内容，从而维护共同的利益。然而，任何关系都可能会有不和谐的地方。因此，需要房地产企业同时对渠道从合作和冲突两方面进行管理。

房地产企业和中间商的合作是最普遍的行为。分销渠道实际上是由各个渠道成员基于相互利益而组成的。各成员由于相互合作而得到的利益，要比自己单独从事这项工作所获得的利益大得多。渠道成员之间的合作是现代市场营销观念下的必然产物，这种合作有利于房地产企业更好地满足目标市场的需求。

房地产企业为了较好地与中间商进行合作，务必深切了解中间商的需求，对中间商提供力所能及的帮助和支持，从而确保中间商能把更多的精力投入到营销中去，使中间商切实地感受到合作是有价值的。在实践中，房地产企业切忌忽视中间商的合理要求或者无礼干涉中间商的自主经营权。一般来讲，合作管理主要包括了解中间商的需求、对中间商进行必要的激励以及对中间商进行绩效评估三个方面。

9.4.2.1 了解中间商的需求

中间商总会对房地产企业抱有这样或那样的希望，满足中间商的要求，是鼓励中间商与企业保持良好的合作关系的重要措施。企业要了解中间商有哪些要求，然后考虑怎样满足中间商的要求并使其满意。房地产企业主要考虑以下几个问题：①中间商对房地产企业提供的产品有什么期望；②中间商在营销房地产产品时，需要房地产企业提供哪些帮助，比如广告和公关等方面的帮助；③中间商希望房地产企业提供市场调查所获信息的范围；④中间商是否希望房地产企业帮助培训中间商的营销人员或提供技术以及其他方面的帮助。

确定了中间商的需求，房地产企业就可以向中间商提供适销对路的房地产产品，以鼓励中间商的积极性，提高中间商的信心。

9.4.2.2 对中间商进行必要的激励

我们知道，渠道关系是由两种不同利益目标和思维模式的组织构成的，中间商和房地产企业的关系不是上令下行的关系，维系相互之间合作关系的纽带是对利益的追求。因而，对房地产企业而言，为了使整个系统有效运作，使双方的合作关系能够长久、持续地进行，渠道管理中很重要的一部分工作就是不断地增强维系双方关系的利益纽带。在实际工作中，房地产企业日益认识到，分销渠道的建设并不是一蹴而就的，也并非一劳永逸。市场分销渠道运作的环境千变万化，渠道系统中的网络随时可能出现断裂或扭曲，因此，激励中间商正日益成为渠道管理的重头戏。

为了促使中间商尽心尽力为企业工作，完成企业所要求完成的营销职责，对所选的中间商采取适当的措施给予激励是非常重要的。所使用的激励措施可以是积极鼓励性的，也可以是消极惩罚性的。

积极鼓励性的激励措施主要有直接激励和间接激励两种。

1. 直接激励　直接激励是指房地产企业通过给予中间商物质、金钱的奖励来激发中间商的积极性，从而实现企业的营销目标。企业可以通过给予各种折扣优惠以及营销业绩奖励等对中间商进行激励。此外，企业还可以奖励生活用品、参加旅游或者奖励一些经营设备等，既可以改善中间商的经营条件，又可为日后双方长期、稳定的合作打下基础。

企业给予折扣优惠实际上是一种返利的形式。根据返利的目的，可以分为过程返利和销量返利两种。过程返利是一种针对直接营销过程的激励形式，其目的在于规范市场运作；销量返利就是为刺激直接中间商的营销进度而设立的一种奖励。又可以具体化为营销竞争和定额返利。营销竞争，是指对于在规定的区域和时段内销量第一的中间商，给予丰厚的奖励；而定额返利，是指假如中间商的销量达到一定的数量，则给予一定的奖励。

实施销量返利，要认识到销量返利实质上是一种变相降价，可以提高渠道成员的利润，无疑能促进中间商的热情。但同时也要认识到，销量返利只能创造即时销量，从某种意义上讲，这种销量只是对明日市场需求的提前支取。

2. 间接激励　间接激励是指通过帮助中间商进行营销管理，以提高房地产产品的销售量和效果来激发中间商的积极性。

房地产企业进行间接激励的做法也比较多。比如，帮助中间商了解市场的潜在需求、帮助中间商管理其客户网络以加强中间商的营销管理以及帮助中间商建立客户档案，并根据客户的不同要求将他们进行分类，据此告诉中间商对待不同的客户应采用不同的支持方式，从而帮助他们更好地服务于不同性质的客户，提高客户的忠诚度。

在分销渠道的实践中，很多企业都能非常熟练地运用直接激励的各种形式，很少甚至不会运用间接激励的方法来赢得中间商的合作。事实上，间接激励的重要性远远大于直接激励，表9-1清晰地描述了建立渠道关系的基本准则。

表9-1 建立渠道关系的基本准则

准　则	描　述
合作双方都应该从彼此关系中收益	建立以双赢为目标的关系，使双方都能成功
尊重每一方	关注对方的文化背景而不是资产，并尊重对方所有的行为
不做夸大其词的承诺	合作伙伴应诚实地建立相互合作关系
在建立关系以前，设立具体的目标	相互之间的关系若没有准则，则不可避免会产生矛盾
建立长远的合作关系	有些行动在短期内不会很快收益，但将在长期收益
每一方都应该花费一定的时间来了解对方	了解对方的需求以及优势
双方应设立关系的维护人	每一方都应任命一主要联系人，负责双方的沟通和协调工作
畅通沟通的渠道	在主要冲突升级以前，双方能够相互信任地讨论问题
双方共同作出有关决定	避免单方面的决定，强迫一方接受另一方的决定将造成不信任的感觉
保持持久关系	某些关键雇员的离开将可能破坏双方的关系，所以应该尽量保持平稳的过渡

从表9-1可以看出，通过致力于建立双方长期的互利关系，从而提供管理和营销帮助的间接激励才是更符合渠道关系的激励手段。因而，对中间商进行间接激励才是房地产企业激励渠道成员的重中之重。

房地产企业在对中间商进行积极鼓励性激励以外，还可以采取消极惩罚性的激励措施。如减少所提供服务、推迟结算佣金，甚至终止双方关系等。但是房地产企业在使用激励措施时，要多采用鼓励措施，尽量少使用惩罚措施，以免对其他中间商产生不利影响。

9.4.2.3 对中间商进行绩效评估

房地产开发企业和中间商作为不同的利益实体，在营销渠道中处于不同的位置。房地产开发企业在从自身利益角度出发来衡量分销渠道的绩效时，主要考察中间商的营销业绩、中间商的营销能力、中间商的适应能力以及顾客满意度等。在进行具体考核时，由于这些因素都是比较抽象的概念，需要通过一些指标来确定这些因素是否令人满意。

1. 中间商营销业绩的评价

（1）市场渗透的比较。即与本地区的其他竞争者相比，该中间商是否已经为房地产企业创造了较高的市场渗透度；

（2）销售收入的比较。即在上一年度，该中间商为房地产企业带来的销售收入是否比本地区竞争对手的其他中间商要高。

2. 中间商营销能力的评价

（1）营销技能的评价。即评价该中间商是否具备成功经营房地产企业产品所必须的技能；

（2）营销经验和知识的评价。即该中间商在房地产商品的经营上是否有足够的经验，是否拥有对房地产产品以及服务应必备的知识；

（3）掌握市场信息程度的评价。特别要了解该中间商对企业竞争对手的产品以及服务等方面是否有足够的了解。

3. 中间商适应能力的评价

（1）对房地产市场发展趋势把握能力的评价。即该中间商是否能觉察出房地产市场的长期发展态势并能根据情况来调整自己的营销行为；

（2）创新能力的评价。即该中间商在营销房地产商品时是否有很强的创新能力。

4. 顾客满意度的评价　满意是指期望值与现实值之间的对比关系，让顾客满意是市场营销中的核心问题。房地产企业衡量顾客是否满意中间商的服务的标准主要有：

（1）房地产企业是否会经常收到顾客对中间商的抱怨；

（2）在处理与房地产企业的产品与服务的有关问题时，该中间商是否能向顾客提供及时、友好和高效的帮助；

（3）该中间商是否经常尽各种努力来使顾客满意，比如中间商和顾客进行良好沟通，这包括组织顾客参加中间商举办的一些联谊活动、让顾客参加一些必要的讲座以及培训等。

9.4.3　分销渠道的改进

房地产企业在设计了一个良好的分销渠道后，不可放任其自由运行而不采取任何措施加以修正和完善。事实上，根据市场营销环境的变化，对整个分销渠道系统或部分分销渠道系统必须随时加以修正和改进。

比如一个大型高级别墅区的开发商以往是通过设置售楼处来租售其别墅，当其租售速度明显降低后，该开发商才发现其竞争者已采取了许多创新措施。如①许多高级别墅通过代理商租售。②越来越多的竞争者和代理商采取对高级商办楼挨门挨户访问推销的方式。③许多竞争者都在海外聘请了独家代理商。无疑上述渠道变化势必迫使开发商时时考察各种可能的渠道策略，并做必要的修正与改进。

通常企业改进分销渠道的策略有增加或减少某些渠道成员（中间商），增加或减少某些市场分销渠道以及改进和修正整个分销系统，无论采用哪一种策略，都需先对现有的分销渠道和中间商作全面的分析评价，然后模拟出修正后的租售量、利润率等指标，进行对比后再做出决定。

（1）增减分销渠道中的中间商。对于效率低下、推销不力、对渠道整体运作有不良影响的中间商应予以剔除。如有必要，可另选合适的中间商加入渠道。

（2）增减某一分销渠道。随着市场的变化，房地产企业有时会发现自己的销售渠道太多，从营销效率的角度考虑，则可适当地缩减一些销售渠道；相反，则应增加一些销售渠道，或者随着时间的推移，某些渠道效益下降则应剔除，某些渠道效益良好则应增加。

（3）改变整个房地产分销渠道。这是指取消原有的销售渠道，建立全新的销售渠道。使用全新销售渠道的原因：①随着市场环境的变化，过去运行效率高的销售渠道不能适应环境的变化；②效率高的、新的销售渠道的出现，使企业原有的销售渠道竞争力下降；③房地产生产者的战略目标和营销组合实行了重大调整。

对整个分销渠道进行改变，难度较大，风险也大。因此，房地产企业必须进行认真细致的调查研究，慎重决策。

还是上面那个别墅开发商，他们通过详细分析对比后对原分销渠道作了以下修正：①在本地区聘请了五家专门从事高级别墅租售的房地产中介代理商；②招聘了一批房地产经纪人，专门从事上门推销；③在我国港、澳、台地区各挑选了一家著名房地产中介企业做独家代理商。采用上述决策后，该开发商为此多支付了佣金，但他们一方面省下了不少广告费用，另一方面租售量大大增加，盘活了资金，结果租售率和租售利润都上升了，这次分销渠道的改进取得了成功。

案 例　代理公司的合作促进市场发展

一直分散经营、各自为政的上海房地产代理界最近出现了合作经营的大动作。在上海中天行房地产顾问有限公司的牵头下，该市近50家知名中介、代理公司将合作分销代理外滩临江惟一可自由分割的纯办公物业——金延大厦。这一举措对规范上海市房地产中介代理市场，促进中介、代理公司的合作交流将起积极的作用。据悉，上海市近年来房产中介代理获得了飞速的发展，全市已拥有1 500多家中介、代理公司，在房地产二、三级市场流通中的作用越来越大。但是，上海房地产界的中介代理公司一直处于各自为政的混战局面，1 500多家的公司将市场分割得很小，行业竞争日趋激烈也造成了代理物业与客户接触面狭窄的矛盾。在这种情况下，由中天行总代理的金延大厦采用分销代理的办法，联合全市近50家知名中介、代理公司共同经营，开了上海市代理公司网络化，实现中介、代理公司强强合作的先河。

这是哪种销售渠道？谈一谈你对代理公司强强合作的看法。

思考题

1. 简述房地产企业采用直接分销渠道的优、缺点。
2. 简述房地产企业采用间接分销渠道的优、缺点。
3. 何谓中间商？简述不同类型中间商的特点。
4. 如何选择中间商？
5. 影响房地产分销渠道选择的因素有哪些？
6. 如何加强对渠道成员的合作管理？

实训题

为研究楼盘选择分销渠道并说明选择依据。

第10章 房地产促销策略

学习目标

1. 了解房地产促销及促销组合的概念和特点；
2. 了解房地产人员推销的特点和程序；
3. 了解房地产广告策略、营业推广策略及公共关系策略的特点和基本内容；
4. 掌握广告设计的基本方法和技巧。

技能要求

1. 能够综合运用各种促销方式开展促销活动；
2. 基本能够设计广告文案。

10.1 房地产市场营销促销概述

10.1.1 房地产促销的概念

房地产促销是指房地产营销人员通过各种方式将有关企业以及产品的信息传播给消费者，影响并说服其购买该企业的产品或服务，或至少是促使潜在顾客对该企业及其产品产生信任和好感的活动。

房地产促销的实质是信息沟通活动。在现代市场经济条件下，房地产生产者、经营者和消费者之间存在着信息上的分离，生产者将产品生产出来后不知道要卖给谁，而消费者又不知道到哪里去购买他所需要的产品，这就要求房地产企业将有关商品和服务的信息通过一定的沟通渠道传播给顾客，增进顾客对其商品及服务的了解，引起顾客的注意和兴趣，激发顾客的购买欲望，为顾客最终做出购买决策提供依据。

所谓沟通，是指沟通者（即信息提供者或发送者）发出作为刺激物的信息，并把信息传递到一个或更多的目标对象（即信息接收者，包括听众、观众以及读者等）以影响其态度和行为的过程。

10.1.2 房地产促销的作用

促销主要任务是在买卖双方之间沟通信息，而不只是促销商品，通过信息沟通可以把房地产生产经营者、中间商和消费者有效地结合起来。因此，促销一般可以起到四方面的作用。

10.1.2.1 传播信息，沟通供需

房地产企业在其产品进入市场前或进入市场后，为了使更多的消费者知道该产品，就要采取各种促销方式，及时地向顾客传播该商品的信息，介绍其物业的位置、户型、质量、价格、服务等，以吸引顾客购买，进而密切生产者、经销商和消费者之间的联系，强化营销渠道中各环节之间的协作，加速商品流通，起到沟通供需的作用。

10.1.2.2 突出产品特点，增强竞争能力

房地产企业之间的竞争，越来越依赖于企业自身的差别优势。与众不同、独树一帜是多数房地产企业的成功秘诀。房地产企业通过促销，突出宣传本企业产品与竞争产品之间的差异，以及它给消费者带来的特殊利益，有助于消费者深入了解本企业的产品，对本企业产品产生偏爱，激发其潜在的购买欲，从而做出购买决策，达到增加产品竞争力，扩大销售的目的。

10.1.2.3 刺激需求，引导消费

通过促销活动向消费者介绍产品的性能以及所能提供的完善服务，可以诱发需求。因为消费者的需求和购买行为具有可诱导性，往往受到外界环境和促销宣传的影响，房地产企业通过有效的促销活动，不仅能诱发消费者的需求，甚至能创造需求。当某种房地产处于低需求时，促销可以招来更多的消费者，扩大需求；当需求处于潜伏状态时，促销可以将它变成现实需求；当需求波动时，促销可以平衡需求；当需求下降时，促销可以使需求得到一定程度的恢复。

10.1.2.4 塑造企业形象，提高企业声誉

声誉和形象是房地产企业的无形资产，反映了消费者对企业的整体评价和看法，对企业的产品销售有重大的作用。声誉好的房地产企业，产品销售通畅；声誉差的企业，产品销路呆滞。在促销活动中，适当突出售后服务及维护消费者权益的各种保证，不仅可以刺激需求，增加销售，而且有助于提高房地产企业的知名度，塑造良好的企业形象。

10.1.3 房地产促销方式

为了实现房地产的促销目标，可以使用不同的促销方式。常用的促销方式有四种，即广告、人员推销、营业推广和公共关系。

10.1.3.1 广告

广告是房地产企业用来直接向消费者传递信息的最主要的促销方式，它是企业通过付款的方式利用各种传播媒体进行信息传递，以刺激消费者产生需求，扩大房地产租售量的促销活动。广告利用其灵活的表现方式，可以将有关信息不知不觉地灌输到消费者的脑海里，从而影响消费者的购买决策，激发消费者的购买（或租赁）欲望。因此，房地产企业广泛使用广告进行宣传，以刺激消费者的需求。另外，广告也可以增加房地产的价值，国外的研究发现，消费者对房地产的认可价值与广告强度有很强的正相关关系。当然，广告也有其缺陷，如广告效果难以度量，广告费用较大且难以集中于目标消费者，与目标接受者难以沟通等。

10.1.3.2 人员推销

人员推销是最古老的一种促销方式，也是四种促销方式中惟一直接依靠人员的促销方式。**它是房地产企业的推销人员通过与消费者进行接触和洽谈，向消费者宣传介绍房地产商品，达到促进房地产租售的活动。**在人员推销过程中，通过房地产销售人员直接与消费者接触，可以向消费者传递企业和房地产的有关信息；通过与消费者的沟通，可以了解消费者的需求，便于企业进一步地满足消费者的需求；通过与消费者的接触，还可以与消费者建立良好的关系，使得消费者也发挥推荐和介绍房地产的作用。另外，人员推销还具有推销与促销的双重职能。由于房地产是价值量巨大的商品，一般消费者不会仅凭一个广告或几句介绍就随便地做出决定，因此，人员推销是房地产企业最主要的推销方式。但是，人员推销也存在接触成本高，优秀销售员少以及销售人员的流动会影响目标消费者的转移等缺点。

10.1.3.3 营业推广

营业推广也叫销售促进，是指房地产企业通过各种营业（销售）方式来刺激消费者购买（或租赁）房地产的促销活动，即除了人员推销、广告和公共关系以外的，能迅速刺激需求、鼓励购买的各种促销方式。营业推广是直接针对房地产商品本身采取的促销活动，它可以刺激消费者采取租购行动，或刺激中间商和企业的销售人员努力销售房地产。因此，房地产企业为在短期内能引起消费者对其房地产商品的注意，扩大销售量，常采取这种促销方式。对于开发量比较少的房地产，这种方式相当有效，常能在短短几天内造成轰动效应，将房地产一售而空。如上海某房地产中介代理公司采用“以租代售”的方式将某办公大厦在一个月内售出90%。但这种促销方式易引起竞争者模仿，并会导致公开的相互竞争，同时如果频繁或长期使用这种促销方式，会使促销效果迅速下降。

10.1.3.4　公共关系

公共关系促销是指房地产企业为了获得人们的信赖，树立企业或房地产的形象，用非直接付款的方式通过各种公关工具所进行的宣传活动。公共关系促销与前面三种促销方式区别较大，公关促销不是由企业直接进行的宣传活动，而是借助于公共传播媒体，由有关新闻单位或社会团体进行的宣传活动。公关促销是以新闻等形式，而不是以直接的促销宣传形式出现，因而可以引起公众的高度信赖和注意，消除公众的戒备。所以，公关促销现在日益引起房地产企业的重视，各企业都想通过公关活动进行促销宣传。但公关促销往往不是针对房地产本身的促销，因而促销的针对性较差，并且房地产企业常常难以对这种促销方式进行有效的控制。

上述四种促销方式又各自包含许多具体的促销手段（见表10-1）。

表10-1　房地产促销方式分类

广　告	人员促销	营业推广	公共关系
报纸广告	现场推销	价格折扣	新闻报道
杂志广告	上门推销	以租代售	庆典方式
电视广告	电话推销	先租后售	捐赠
广播广告	销售展示	赠品	公益活动
网络广告	销售会议	样板房展示	研讨会
户外广告		展销会	年度报告
传单广告		交易会	赞助
邮寄广告		不满意退款	公司期刊
标语广告		按揭贷款	
广告牌		低息贷款	
招贴广告		附送橱柜	

上述四种促销方式的主要特点，可用表10-2表示。

表10-2　四种促销方式的主要特点

促销方式	优　点	缺　点
广告	传播面广，传播及时，形象生动，节省人力	单向信息沟通，难以形成即时购买
人员推销	直接信息沟通，针对性强，灵活多变，成交率高，建立友谊，反馈信息	占用人员多，费用高，接触面窄
营业推广	刺激性强，短期效果明显	接触面窄，有局限性不能长期使用，有时会降低商品身份
公共关系	影响面广，影响力大，可信度高，提高企业知名度，树立企业形象	设计组织难度大，不能直接追求销售效果

10.1.4 房地产促销组合策略

房地产促销组合是指为实现房地产企业的促销目标而将不同的促销方式进行组合所形成的有机整体。广告、人员推销、营业推广和公共关系等四种促销方式，虽然都可以刺激消费者需求，扩大商品销售，但它们的作用有所不同，各有利弊。因此，房地产企业必须努力协调好各种促销手段。要根据市场需求情况、企业经营条件和商品特点而灵活巧妙地进行组合，使所有的促销手段能相互配合，形成一个有机整体，发挥协同效应。

10.1.4.1 房地产促销组合的特点

1. 房地产促销组合是一个有机的整体组合　一个房地产企业的促销活动，不可能只使用一种促销方式，而是将不同的促销方式作为一个整体使用，使其共同发挥作用。所以，将每种促销方式独立作用的促销效果的简单相加，不能代表不同促销方式作为一个整体使用时所达到的促销效果。在这里，1+1往往不等于2。若各种促销方式配合默契，组合良好，则1+1大于2；若各促销方式使用时相互制约，相互影响，则1+1小于2。

2. 构成促销组合的各种促销方式既具有可替代性又具有独立性　促销的实质是企业与消费者之间有效信息的沟通，促销的目的就是促进销售。而任一种促销方式都可以承担信息沟通职责，也都可以起到促进销售的作用，因此各种方式都具有可替代性。但是，由于各种方式各自具有不同的特点，因而，不同促销方式所产生的效果有所差异，各种方式又都具有独立性。

3. 促销组合的不同促销方式具有相互推动作用　不同促销方式的相互推动作用是指一种促销方式作用的发挥受到其他促销方式的影响。没有其他促销方式的配合和推动，就不能充分发挥其作用，合理的组合将使促销作用达到最大。

4. 促销组合是一种动态组合　促销组合策略必须建立在一定的内外部环境条件基础上，并且必须与企业营销组合的其他因素相互协调。有的时候，一个效果好的促销组合在环境条件变化后会成为一种效果很差的促销组合。因此，必须根据环境的变化调整企业的促销组合。

5. 促销组合是一种多层次组合　每一种促销方式中，都有许多可供选用的促销工具，每种促销工具又可分为许多类型，进行促销组合就是适当地选择各种促销工具。因此，企业的促销组合策略是一种多层次的策略。

以上促销组合的特点说明，适当的促销组合能达到每种促销方式简单相加所不能达到的促销效果，同时促销组合需要根据环境条件的变化而不断调整。

10.1.4.2 影响房地产促销组合的因素

1. 促销目标　房地产企业在不同时期、不同市场营销环境下有不同的促销目标。促销目标不同，促销组合也不同。比如，在一定时期内，房地产企业的促销目标是迅速增加房地产的销售面积，提高市场占有率，则其促销组合注重于广告和营业推广，强调短期效益；如果房地产企业的促销目标是塑造企业形象，为其产品今后占领市场、赢得有利的市场竞争地位奠定基础，则促销组合应注重于公共关系和公益性广告，强调长期效益。

2. 市场状况 如果房地产市场潜在消费者多，地理分布较为分散，购买数量小，促销组合应以广告为主；反之，如果潜在客户少，分布集中，购买数量大，则以人员推销为主。

3. 购买者心理接受阶段 根据购买者对房地产企业产品的认知程度，可以将消费者的购买过程分为知晓、了解、信任和购买四个阶段。在不同的认知阶段，各种促销方式的促销效果是不同的。

在建立知晓阶段，广告和公共关系的促销作用最大；在了解阶段，除了广告和公共关系以外，人员推销也起着重要的作用；在信任阶段，顾客对房地产企业及其产品的信任程度受人员推销的影响最大，其次是广告、公共关系和营业推广；在促成顾客购买阶段，人员推销的作用最大，其次是营业推广。了解促销方式在不同认知阶段的效果差异，有助于企业选择有效的促销工具，取得投入少、收益大的效果。

4. 产品生命周期阶段 在产品生命周期的不同阶段，各种促销方式的效果不同。因此，应该使用不同的促销组合。在投入期，促销的目的是让更多的消费者认识并了解新产品，所以，广告和公共关系在这方面的作用最显著；在成长期，由于有了投入期强大的促销攻势，整体促销水平可以降低，但影响最大的仍是广告和公共关系；在成熟期，营业推广的作用开始超过广告和公共关系促销；在衰退期，除了营业推广的效果提高以外，其他促销方式的效果都在显著下降。房地产企业在产品生命周期的不同阶段，应根据各种促销方式的效果，选择相应的促销组合。

5. 促销预算 促销方式的选择在很大程度上受促销预算的制约。在促销预算不足的情况下，费用高的促销方式，如电视广告、高强度的营业推广就无法使用，房地产企业可以开展公关宣传或使用宣传单等促销方式。

6. 其他营销因素 促销组合的确定还要与市场营销组合的其他策略相配合。如价格策略，如果房地产企业实行的是低价格策略，可能就无力承担较高的促销费用；相反，如果企业实行高价格策略，则可支出较多的促销费用。又如销售渠道策略，若房地产企业采用直接销售渠道，则以人员推销为主，辅以少量广告；反之，若采取的是间接销售渠道，则应以广告促销为主，辅之以其他促销方式。

10.1.4.3 房地产促销组合策略

房地产促销组合策略有三种。

1. 推式策略 推式策略就是房地产企业对房地产中间商积极促销，并使房地产中间商积极寻找顾客进行促销，将房地产租售出去。即从房地产生产者推向中间商，再由中间商推向消费者（见图10-1）。

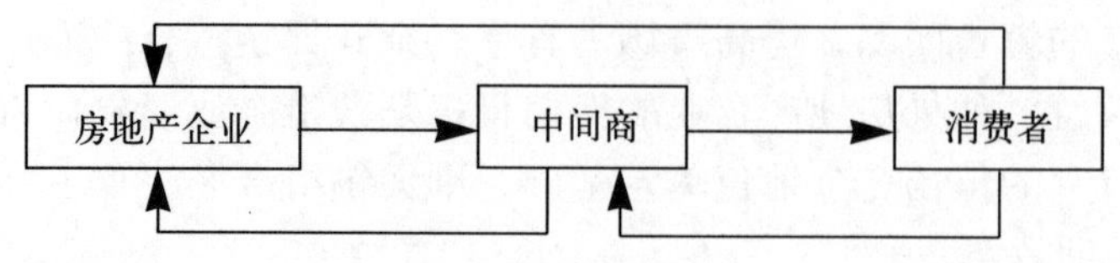

图10-1 推式策略

推式策略以中间商为主要促销对象，主要采用人员推销和营业推广。

2. 拉式策略 拉式策略是房地产企业针对最终消费者开展广告攻势，把产品信息介绍给目标市场的消费者，使之产生强烈的购买欲望，形成急切的市场需求，然后拉动中间商纷纷要求经销这种房地产（见图10-2）。在拉式策略中主要使用广告和营业推广，辅以公关宣传。

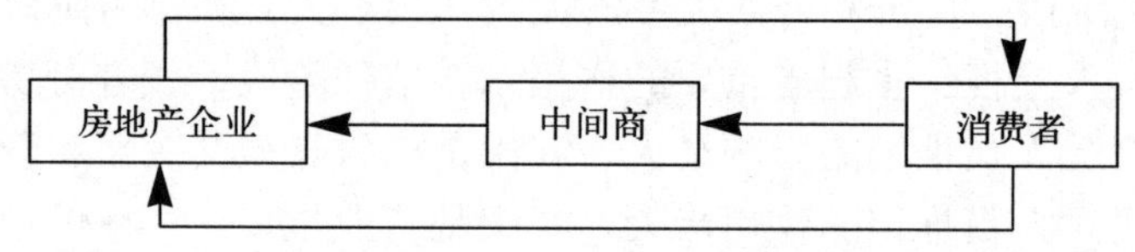

图10-2 拉式策略

在市场营销过程中，当某些房地产新产品上市时，中间商往往过高估计市场风险而不愿经销。在这种情况下，房地产只能先向消费者直接经销，然后拉动中间商经销。

3. 推拉结合策略 房地产企业有时可以将上述两种策略配合起来使用，在向中间商大力促销的同时，通过广告刺激房地产市场需求。

10.2 房地产广告策略

10.2.1 房地产广告的概念

广告是房地产企业用来直接向消费者传递信息的最主要的促销方式，它是企业通过付款的方式利用各种传播媒体进行信息传递，以刺激消费者产生需求，扩大房地产租售量的促销活动。

在理解广告的概念时，需要注意以下几个方面。

（1）广告是一种非人际的信息传播，它不是个人与个人之间的信息传播，而是通过大众媒体进行信息传播的；

（2）广告有明确的广告主，即广告的发布者；

（3）广告需要付费。由于广告是借助大众传播媒介传递信息，因而需要支付费用；

（4）广告的对象是有选择的。广告的对象即房地产企业现实或潜在的顾客；

（5）广告的目的是促进销售。广告可以使消费者了解本企业的产品，激发消费者的购买欲望，从而促进产品销售。

10.2.2 房地产广告的特点

房地产广告有其自身的特点，这是由房地产本身特性所决定的，其特点表现在以下几方面。

10.2.2.1 房地产广告的广泛性

房地产位置固定不动，房地产广告不能只依靠楼盘现场的广告，需要信息媒体广泛传播才能达到促销目的。

10.2.2.2 房地产广告具有较强的区域性和针对性

房地产广告的内容要针对目标消费者的偏好和习惯，媒体选择要考虑其覆盖区域与房地产的需求区域相一致。如果仅从“广而告之”的观念出发，希望广告的范围越广越好，不采取目标市场的搜索，不针对不同的销售对象，不采取特定的媒体，房地产广告的实际效果并不会理想。

10.2.2.3 房地产建设周期长，广告具有信息不断传递的特点

房地产建设的周期少则一年，多则四五年，如果靠几次轰炸式的广告是难以达到理想效果的。采用阶段式、波浪形的重点宣传和细水长流的信息传递相结合的广告策略，往往能够达到事半功倍的效果。

10.2.2.4 房地产广告具有独特性

任何一个房地产在位置、设计、建造、质量等方面都不会与其他房地产一模一样，因此房地产广告宣传要立足自身的优势。雷同、千房一面的房地产广告是不会成功的。

10.2.2.5 房地产广告体现的是开发商、设计单位、建筑商和中介代理商的综合素质

这个综合素质既包括实力和规模，也包括信誉和知名度。消费者选择房地产的依据，除了房地产的自身条件外，就是企业的综合素质，这种素质的高低往往是造就房地产品牌的关键因素。

10.2.2.6 房地产广告具有很强的时效性

随着房地产建设进度的变化，房价、付款方式等广告内容也有所改变，往往需要隔一定的时间就对广告的内容进行一定的修正，以保证传递信息的时效性。

10.2.3 房地产广告决策过程

为了充分发挥广告在房地产营销工作中的重要作用，企业需要对广告决策的过程及方法进行认真研究。

10.2.3.1 确定广告目标

广告目标就是房地产企业通过广告活动所要达到的目的，或者说是广告目标市场接触广告信息后做出的反应。正确确定广告目标是开展广告后续工作的基础，也是广告活动能否成功的关键。

广告目标分为最终目标和直接目标。广告的最终目标是通过传递商品或劳务信息扩大销售、增加盈利。

广告的直接目标有三种。

1. 告知　告知主要是向目标市场介绍企业的新产品。如产品的位置、质量、室内设计、配套设施、环境、物业管理、价格以及产品能给房地产消费者带来的利益，使消费者了解该产品，触发消费的需求。这种广告又叫告知型广告，主要用于房地产市场开拓阶段。

2. 劝导　劝导主要是向目标市场宣传本企业产品的特色，介绍本企业产品优越于其他产品之处，使消费者对本企业产品产生偏爱，从而提高本企业产品的市场竞争力。这种广告又叫诱导性广告，主要用于与同类产品开展竞争。适用于处于产品生命周期中成长期的商品。

3. 提醒　提醒主要是保持消费者和用户以及社会公众对本企业产品的记忆，获得本企业产品尽可能高的知名度，主要目标是提示消费者购买。主要用于产品的成熟阶段。

广告目标是企业目标的一部分，房地产企业确定的广告目标，要与企业目标相吻合。为了达到这一目的，客观上要求房地产企业从整体营销观点出发，寻求与企业营销组合战略、促销组合策略有效结合的广告目标。

10.2.3.2 制定广告预算

广告预算是房地产企业在一定时期内，为了实现广告目标而投入的广告费用计划。它规定在广告计划期内从事广告活动所需的经费总额、使用范围、使用方法，是企业广告活动得以顺利进行的保证。

1. 广告预算的内容　广告预算主要包括以下几个部分。

（1）广告调研费。包括广告调查和广告效果调查两部分；

（2）广告设计制作费。包括广告的设计费、印刷广告的制版、印刷、摄影以及美工等费用；

（3）广告媒介费。包括购买报纸、杂志的版面费用，购买广播、电视的时间费用，购买户外广告的场地占用费以及邮寄广告、招贴广告等费用。这部分费用是广告费用的主体，约占广告费用的70%～90%；

（4）广告管理费用。包括广告部门工作人员的工资、办公费以及差旅费等；

（5）杂费以及其他费用。如广告材料费、橱窗展示费等。

2. 制定广告预算需要考虑的因素　影响房地产企业广告费用预算的因素很多，主要有：

（1）广告覆盖市场规模的大小以及市场占有率的高低。当企业的市场占有率达到一定程度以后，广告费用的边际效用将呈递减趋势。因而，对于市场占有率高的产品，增加广告预算的意义并不是很大；而对于市场占有率低的产品，则应适当提高广告预算。广告覆盖市场规模的大小，即广告所覆盖的目标顾客的数量，对广告预算的大小也有一定的影响。一般来讲，市场规模越大，则广告预算越大。

（2）房地产企业的自身资源。房地产企业规模庞大，财力雄厚，就有能力支付大量的广告费。而一些中、小型的房地产开发企业由于受自身实力的影响，资源有限，因而在进行广告费用的预算时，必须考虑到自己的能力，量入为出。

（3）广告频率。对于一般的广告信息，潜在消费者通常需要接触几次才能产生记忆或印象。国外学者研究发现，目标接受者在一个购买周期需要接触3次广告信息才能产生对该广告的记忆；接触次数在5次以上以后，对目标接受者的影响力才开始下降，一般认为6次为最佳频率；当广告频率超过一定限度（一般认为8次）以后，将产生负效用。因此，房地产企业在进行广告宣传时，要针对广告的有效传递情况确定适当的频率，这也影响广告预算的大小。

（4）竞争对手的数量以及外界的干扰。在竞争激烈的房地产市场中，竞争者的数量越多，房地产企业的广告花费也就越大。因为只有这样，才能使潜在的顾客有机会在众多的广告中，注意并熟悉本企业的房地产产品。另外，各种各样的干扰也对广告预算有很大的影响。因而，在各种干扰较大的媒体上进行广告宣传，所需的广告预算就相应地要大一些。

除此以外，产品的差异性、广告媒体的选择、产品销量的大小等因素都会影响到广告费用的预算。

3. 制定广告预算的方法

（1）销售额百分比法。根据目前的或预期的销售额来确定促销费用，使促销费用占销售额的一定比例。这是参照以往的销售记录乘以一个百分比而决定的。

销售额百分率法简单易行，并且费用支出的增减与企业销售收入的增减相一致。如果每个竞争者都以这种方式确定促销预算，可使竞争趋于缓和。但是这种方法颠倒了促销与销售之间的因果关系，不能满足企业实际发展的需要，不利于企业制定长远的发展规划。

（2）利润额百分率法。利润额百分率法可分为净利润百分率法和毛利润百分率法。利润额百分率法的计算方法和销售额百分率法相同，用净利润或毛利润代替销售额，也可得出上述四种方法。这种方法使广告费和利润挂钩，适用于不同产品之间的广告费分配。但新产品在投入期要做大量的广告，就不适用于此方法。

（3）销售单位法。销售单位法以每单位产品分摊的广告费来计算。计算公式为：

$$广告预算=\frac{上年广告费}{上年产品销售件数}\times 计划年度产品销售件数$$

这种方法计算简便，多卖多拨广告费。在实行这种计算方法时，要有一定的机动性，每单位商品分摊的广告费应根据实际情况进行调整。

（4）量力支出法。这件方法是以企业本身的经济实力为基础来确定促销费用的绝对额。这种方法比较常用，并且简单易行，但完全忽略了促销与销售之间的因果关系，忽略了促销对销售的影响。并且每年的促销预算有较大的差异，不利于企业制定长期的市场拓展计划。

（5）目标任务法。首先确定促销目标，然后确定为达到目际所要完成的任务，最后再估算完成这些任务所需要的促销费用。目标任务法要求企业制定的促销目标必须正确，否则企业据此做出的促销预算也必然失误。计算公式为：

$$广告预算=目标人数\times 平均每人每次广告到达费用\times 广告次数$$

（6）竞争对抗法。企业在了解了竞争对手的基本促销预算后，据以确定自己预算的方法。

竞争对抗法是一种向竞争对手看齐的预算方法，而竞争对手的促销预算不一定合理、有效；并且企业与竞争对手在许多方面存在差异。所以以竞争对手为依据测算促销预算不一定合理。

10.2.3.3 设计广告信息

这一过程包括三个步骤。

1. 广告信息的产生　在通常情况下，房地产企业传递给顾客的广告信息本身就是某种产品含义的发展。它用信息传递的方式表达房地产最主要的优点，从而影响顾客的购买行为。事实上，顾客对房地产的判断，首先来自于有关产品的信息。市场营销经验表明，有时企业可以在不改变产品的情况下，仅仅改变有关该产品的广告信息，就能影响顾客的心理，重新塑造产品形象，满足顾客不断变化的新欲望。为此，现代营销人员越来越重视广告信息的产生。

一个好的广告信息的产生有赖于科学的市场研究。因此，在广告信息产生的过程中，房地产企业首先要对自己产品的基本情况进行深入研究，如建筑设计特点、装修标准、物业管理和租售价格等，其目的是从中找出本企业产品与竞争产品相比的独特之处，作为广告宣传的诉求点，使本企业产品的特色在消费者心目中留下深刻的印象。否则，制作出来的广告就会毫无特点，平淡无奇，不能取得良好的广告效果。其次，由于广告最终是为了能够打动消费者，因此，要对消费者进行研究，了解消费者对产品所追求的利益是什么，以及通过什么方式才能唤起消费者的购买欲望，这样制作出来的广告才具有针对性。企业要站在消费者而不是自己的角度制作广告。

2. 广告信息的评价 当各种各样的广告信息被创意出来以后，就要对各种广告信息进行评价，从中选择最理想的信息。一条好的广告信息必须具备三个特征：一是广告信息的吸引力。广告必须能够引起顾客的注意，激发顾客对产品的购买欲望和兴趣；二是广告信息的独特性。只有独特的广告创意才能塑造房地产独特的品牌形象，吸引目标顾客；三是广告信息的可信度。广告信息必须拿出充分的理由，出示足够的证据，提高消费者对广告信息的信赖程度。

3. 广告信息的表达 同样的广告信息，表达方式不同，产生的效果也不同。广告信息的表达要求表达的人物、次序、格式等，要与广告所宣传的产品相匹配，使人们看过广告之后能留下深刻的印象，提高广告效果。

10.2.3.4 选择广告媒体

广告媒体是传递广告信息的工具或手段。房地产企业要根据自己的广告目标以及要传递的广告信息，选择适当的广告媒体。

1. 广告媒体的特点 在众多的广告媒体中，电视、报纸、杂志、广播因其发行范围广、影响力大而被称为四大广告媒体。近年来网络技术的发展，使得网络广告迅速发展，网络因而被称为第五大广告媒体。此外，还有户外广告、邮寄广告等。不同的广告媒体具有不同的特点（见表10-3），房地产企业必须了解各种媒体的特点，以便准确地选用。

表10-3 各种广告媒体的特点

媒 体	优 点	缺 点
报纸	灵活、及时，覆盖面广，地理选择性好，可信度高	时效短，表现手法单一，不易激起注意力
电视	综合视听，兼具动感，感染力强，覆盖面广，送达率高，表现手法灵活、形象	信息消失快，不易保存，制作复杂，成本高，受众选择性差，干扰多，绝对费用高
广播	覆盖面广，传播速度快，送达率高，方式灵活，制作简单，成本低	有声无形，印象不深，展露时间短，盲目性大，选择性差，听众零星分散
杂志	针对性强，可信度高，印刷精致，图文并茂，干扰小，读者阅读时间长	购买版面费时间，费用高，位置无保证
户外	反复诉求，复现率高，效果好，注意度高，费用低，竞争少，灵活性好	观众选择性差，创造性差
直邮	选择性强，灵活性好，同一媒体没有竞争对手，个性化，制作简单	相对费用高，广告形象差

2. 选择广告媒体应考虑的因素

（1）媒体特性。不同的广告媒体在送达率、影响力、目标受众等方面各有特点，因此，广告效果也不尽相同。房地产企业首先要了解各种广告媒体的特点，再结合自身的实际情况，选择合适的媒体。

（2）目标顾客的媒体习惯。对于不同的广告媒体，消费者接触的习惯不同。房地产企业应将广告刊登在目标顾客经常接触的媒体上，以提高视听率。

（3）产品信息特点。不同的房地产有不同的特点，因此，对广告媒体的要求也不同。如果需要显示产品的外观特点，以电视媒体为宜；如果需要较多文字详细介绍，以报纸、杂志为宜。

（4）媒体成本。不同的广告媒体成本差异很大，电视广告费用最高，报纸则相对便宜。房地产企业在选择广告媒体时，既要使广告达到理想效果，又要考虑企业的经济能力。但是，在依据成本选择广告媒体时，最重要的不是绝对成本的差异，而是相对成本，即每千人成本的差异。比较千人成本，再考虑其他影响因素进行选择。

3. 广告时机的选择　广告时机的选择是指广告投入的时间安排。要根据产品的销售季节、产品的特性、产品的销售对象等选择广告的播放季节和播放时段。完整的广告周期从属于房地产产品的销售周期，即延续于开盘前期、开盘期、强销期以及持续期等阶段。由于房地产商品售后还有大量的工作必须做，如现房售后的物业管理，期房售后的交房、入住和物业管理等，使这部分内容也包含在持续期的范围之内。

开盘前期，广告应该以告知为主，房地产企业可以在报纸上刊登广告，辅之以现场广告和户外广告。开盘期的广告范围应有所扩大，伴随着开盘期的庆典活动和促销活动，这时的广告应以告知和促销为主，报纸、广播、杂志以及直接邮寄等媒体一起使用。当强销期来临时，各种媒体应全面配合，增加广告播放的频率和次数，促销攻势全面展开。强销期过后的持续期一般来讲时间相对较长，广告量相对稳定，但有时也会有一些声势强大的广告配合，直到销售完毕。出于对企业形象的考虑，在持续期内，即使销售已经完毕，广告还应平稳继续，以迎接企业另一房地产开发项目的开展。在持续期内，广告计划的实施不应很紧密，而应是间歇和脉动的。

10.2.3.5 评价广告效果

广告效果评价一般可从广告促销效果、广告传播效果两方面进行分析。

1. 广告促销效果的测定　**广告促销效果是指广告对企业产品销售产生的影响。**但广告促销的一般效果常难于准确测定。这是因为销售除了受广告的影响外，还受其他许多因素如产品特色、价格、购买难易和竞争者行为等的影响。

2. 广告传播效果测定　**广告传播效果测定是指广告信息传播的广度、深度及影响作用，表现为顾客对广告信息注意、理解、记忆程度。**一般称为广告本身效果的测定，它可以在广告前也可以在广告后测定。测定广告传播效果的方法主要如下：

（1）阅读率、视听率、记忆率测定法。阅读率指通过报刊杂志阅读广告人数与报刊杂志发行量的比率，公式为：

$$阅读率=阅读广告人数/发行量\times 100\%$$

视听率指通过电视机、收音机，收看、收听广告的人数与电视机、收音机拥有量的比率。

记忆率指记住广告重点内容（如产品名称、生产厂家、商标、产品特性等）的人数与阅读视听广告的人数比率。

（2）回忆测试法。找一些看过或听过电视、广播的人，让他们回忆广告的内容，来判断其对广告的注意度和记忆率。

（3）理解度测试法。在刊登广告的杂志读者中进行抽样调查，看有多少人阅读过这个广告，有多少人记得广告的中心内容，有多少人记得广告一半以上内容，并分别计算出百分比，从而判定读者的认识和理解程度。

10.2.4 房地产广告设计技巧

房地产广告策略的出发点是引起消费者的注意和兴趣，激发消费者的购买欲望，并最终促使消费者购买房地产商品，因此房地产广告的设计一定要易于理解，易于记忆，易于接受。要达到上述目的，必须在房地产广告设计中下功夫。

房地产广告设计，是由广告内容的结构、文字的表达以及画面和色彩的运用等方面组成。房地产广告设计技巧的运用，就是为了求得对广告的简洁、清晰、生动和完整的表达，使之成为吸引或诱发消费者产生购买欲望，最终达成购买的主要因素。

10.2.4.1 房地产广告的创作风格

每一个房地产广告作品都有一定的风度格调。这既取决于广告制作人的业务水平和艺术表现手法，也取决于特定房地产本身的特点。一般来说，房地产广告的创作风格有以下几种类型。

1. 规则式风格　这种创作风格有点近乎公式化，在格调上比较正规、刻板。前几年国内大多数房地产广告是采用这种方式，这种广告对房地产名称、地段、类型、价格、付款方式等作平铺直叙的介绍。比如，“××小区由××房地产公司开发，地处××中心地段，邻××商业街。设施齐全，配套完善，房型一室一厅至三室一厅多种款式。精心设计，实惠价位，每平方米××元起。现场售楼处地址××，电话××”，再加一张区域位置图和一张房型图，这就是规则式房地产广告的基本格式。好处是内容具体，介绍比较全面，缺点是平淡枯燥，缺乏特色，缺少吸引力。

2. 理性感化风格　这种风格被广泛运用于房地产广告的创作。其特点是广告从文字表现力方面打动消费者的情感，通过理性的感情诉求去改变消费者态度，这要求广告的创作者充分发挥语言文字天才。巧妙地述说，戏剧性地显示，绘声绘色地描写其房地产的优点和可能给消费者带来的利益和好处，促使市场潜在需求变为立即购买行动。目前国内的许多优秀房地产广告都属于这种风格，具体地说有以下几种形式。

（1）情景式广告。常以房地产的真实情景创作广告，使消费者有设身处地的感觉。如某城市花园的电视广告，通过对住宅区内各项方便的生活设施的现场拍摄，突出了其硬件一流的特点。

（2）诱导式广告。直接从满足消费心理、需求心理和购买心理来付诸广告语言文字表达的。如某别墅广告，“是名流，就该懂得别墅生活；是外侨，就能了解别墅尊荣；是商贸，就会把握投资契机。”短短几句话就激发起某些人对尊严和荣誉的追求，购买欲望也随之产生。

（3）证言式广告。其特点是把广告诉求的语言文字直接以已购买者推荐的口气来表达，使广告的诉求意愿正好同消费者的心理相一致。如某花园别墅销售过程中，分别请了四位满意的消费者在广告上说明为什么买该花园别墅。第一个人说：“我实在想不到，在市区里有这么好的安全绿街大厦群。”第二个人说：“如果说这里是小孩的乐园，一点都不过分。”第三个人说：“我是个生意人，打惯了算盘，算来算去，还是这里最划算。”第四个人说：“我们信得过他。”广告刊出，销售额大大增加。

（4）启发式广告。这种风格广告从不同角度摆事实讲道理，而不是仅仅从正面讲楼盘如何如何好。这种启发式风格的广告充满对消费者负责的情感，指导消费的指导思想十分明确。通过启发式诉求，向人们宣传新的消费观念，从而达到促进房地产销售的目的。如某办公大厦设计的“用租房的钱买房”广告，通过计算告诉消费者一个明白的道理：租房是一种浪费，一次买断是一种负担，用租房的钱买房是由开发商承担资金压力，是真正的“让利”行为。此广告发布后立刻掀起了一股“以租代售”热。

另外还有宣告式、示范式、幽默式、悬疑式等多种具体形式，都属于理性感化风格，常为房地产广告业者所采用。

3. 论证式风格　运用论证式风格创作房地产广告，一般采用正面论证、正反论证和比较论证这三种方法突出信息焦点。

所谓正面论证法，就是指广告只就房地产本身固有的优点来述说，引用的信息和资料都是有利于证明房地产如何如何好的事实依据。广告的立足点站在房地产企业一边，故又称为“一面之词”、“拣好听的说”。大多数房地产广告都是正面论证，如“交通方便、房型时尚、价格便宜、管理一流”等。

正反论证法是客观地向消费者介绍房地产商品，既讲楼盘的优点，也毫不掩饰其缺点。这种广告提高了内容的可信度，也易使消费者对广告主，即房地产企业产生好感和信任感，广告效果比仅仅正面论证来得好。如某广场搞的“缺点”广告，定期向消费者披露楼盘当时还存在的缺点，这样反而使得消费者对其印象深刻。

比较论证法是就房地产本身的质量、价格、地段、房型、服务等特点与竞争对手比较，通过比较来证明它的优势。用这种创作风格撰写广告文稿必须实事求是，不能言过其实或故意贬低别的公司，许多房地产广告采用较为模糊的比较论证方式，如“新低价”、“超低价”等广告用语以避免产生争议。

10.2.4.2　房地产广告作品的组成部分

任何一个完整的房地产广告作品，都包含题材、主题、标题、正文、插图五个部分。

1. 题材　房地产广告题材来自于广告主房地产企业提供的广告信息（房地产的地段、质量、价格、房型、服务等），对市场的调查研究，以及消费者对特定房地产的认知和态度。

房地产商品本身的信息量极大，地段、价格、房型、服务无论哪一方面都可以有大量题材。因此，对房地产广告题材的选择、处理、加工和提炼，是广告创意人员和设计人员的重要工作。这一切都将对广告作品的主题产生重要的影响。当然题材是为主题服务的，主题统率题材，没有题材，无所谓主题，没有主题，题材再好也无用。只有主题明确、材料可靠，房地产广告创意和设计人员才可能通过形象的手法，创意出优秀的广告作品。

2. 主题　主题是房地产广告的中心思想，是房地产广告的灵魂。主题也可称为立意、主旨或题旨。没有主题的作品是没有生命力的，如果一个房地产广告没有主题，可以断定它的效果是不好的。房地产广告主题的形成和深化是房地产广告设计人员对客观事实的认识和对题材提炼的成果。因此，广告主题不是闭门造出来的，而是源于客观事实。广告的主题在整个广告中处于支配和统率地位，是决定房地产广告品质的最主要因素之一。

房地产广告源于生活而高于生活，要将真实的事情艺术地告诉受众，是基于科学调研、理性分析后的智慧密集、头脑风暴的创作，判断房地产广告是否有效，一定要基于广告目标的界定、与产品的相关性、可记忆性以及与受众的沟通来把握。简而言之，从一则房地产广告能否较清晰地具有记忆点、利益点、支持点、沟通点，可以反映出该广告的有效性。

挖掘记忆点，用李奥贝纳的话来说，“广告就是要挖掘产品内在戏剧性、让产品成为过目难忘的英雄。”一个好的房地产广告必须深刻洞悉受众对家、对生活、对空间的独有理解和潜伏心底的情愫，找寻到最能代表、体现目标消费者对家与生活理解的相关创作元素，通过艺术的方式放大，形成对受众的强烈震撼。这个创意可能是一个场景、一个音符、一个生活片断、一个记忆、甚至是一份朦胧的向往。记忆点必须与产品有关联性，能突出产品的特性。例如被评为十大明星楼盘的海月花园，其广告口号是“海风一路吹回家”，成为海月推广的一个极好记忆点，它一方面传达出滨海大道开通后蛇口与市区的交通便利，另一方面切合深圳人对海的倦恋、对家在海边的向往。

找准利益点就是告诉买家你的房子能提供什么利益和便利，发展商卖的不仅是房子，还是一种生活方式，在广告中就要传递出物业所提供的或者说买家入住后所能体验的何种生活境况，这种生活境况对置业者来说有何种意义。

找准利益点在广告文案创作中有特别重大意义，如何找到一个利益诉求点并概括成一句精炼的广告语，去说服消费者采取行动，是房地产广告创作中的难题所在。目前房地产广告普遍显出一种浮躁心态，对项目欠缺深入理解，对置业者购买行为不做深入研究，表现诸如“欧陆经典、至尊豪宅”的空洞口号和平面表现上的大红大紫的奢华。相反的广州奥林匹克花园以健康住宅为项目定位，在广告推广中以“运动就在家门口”为主题创作一系列广告，清晰地告知受众，买的不仅是房子，也是健康的社区、健康的家庭、健康的生活。

房地产广告中有许多是主题鲜明的广告，如某某花园广告的主题就是“外销标准内销房，法国风情高级住宅社区”。一系列的广告都为这个主题服务，该花园的经典品牌也为社会所认可。又如某楼盘广告的主题是“让普通市民买得起”，所有广告都强调价格、付款方式等与买得起密切相关的内容，达到了良好的效果。

3. 标题　广告标题是房地产广告作品的精髓。据美国广告专家们的调查，广告标题的阅读率是广告正文的5倍。广告标题的作用，是概括和提示广告的内容，帮助消费者一目了然广告的中心思想，它既起到提示作品主题实质的作用，又起到吸引消费者兴趣的作用。

在房地产广告文案中，确定标题是广告写作中的主要工作程序之一。在确定标题前，首先要做到掌握材料，细致阅读稿件，分清主次，抓住中心。要精心创意，对每一个字都要仔细推敲，通盘权衡。

标题写作要点有以下几条。①坚持广告标题的准确性，写标题一定要题文相符。②揭示广告主题是撰写标题的主要任务，标题要体现主题思想。③标题语言要生动活泼、富于创意，以点睛之笔给人以丰富联想。④标题不宜过长。⑤要把标题与正文及画面视为一个整体，强调总体的广告效果，还要考虑标题的字体和位置，使总体协调。

房地产广告中，有许多标题的确可称之为点睛之笔，有的标题通过不断地使用，已成为了一句经久不衰的广告语，加深了消费者的印象，并对社会文化和社会风尚产生影响，如“小小贴补换新家”、“用租房的钱买房”、“拒绝平庸”、“买得起的家”、“好房子自己会说话”。千金易得，佳句难求，一个优秀的房地产广告标题，就能使广告成功一半。

4. 正文　正文是广告的中心，房地产广告正文以说明房地产商品为其主要内容，正文负载的信息量最大，因此它是广告文案的中心和主体。

撰写房地产广告正文要注意易读性、易记性、直接性、实在性、短而精这些特点，尽量写出房地产的与众不同，不落入俗套。因此，广告撰稿人员必须熟悉房地产的各方面特点并掌握消费者的心理。

5. 插图　房地产广告的插图是为房地产广告主题服务的，房地产广告的插图常可以使消费者对房地产有一个形象的了解。在广告设计中，要使插图与主题的表现手法浑然一体，才有益于发挥房地产广告插图的最佳诉求效果。

插图设计又称美术设计，在报纸和杂志媒体上的表现手法有钢笔画（是以线条或点组成的黑白画）、色彩画（分为广告彩和水彩两种）、摄影照片（分为彩色照片和黑白照片两种）、油画等几种。

在建房地产的广告插图通常为楼盘的效果图和房型图等，而已建成的房地产广告插图则还要加上实拍照片，这些广告插图会给消费者一个实实在在的感性认识，让虚无缥缈的印象成为眼见为实的景象，从而达到刺激消费者购买的最终目的。

10.3 房地产人员推销策略

10.3.1 房地产人员推销的概念

人员推销是一种最古老的促销方式，但在现代企业市场营销活动中仍然起着非常重要的作用。国外许多企业在人员推销方面的费用支出要远远大于在其他促销方面的费用支出。实践证明，人员推销具有其他促销方式不能替代的作用。

房地产人员推销是指房地产企业的推销人员通过与消费者进行接触和洽谈，向消费者宣传介绍房地产商品，达到促进房地产租售的活动。房地产企业可以采取多种形式开展人员推销：

（1）建立自己的销售队伍，使用本企业的销售人员在现场向顾客作宣传、推销产品。

（2）利用中介推销人员，如房地产企业代理商、经纪人等。

推销人员直接面对广大消费者，是连接房地产企业和消费者之间的桥梁和纽带。他们的主要工作就是寻找顾客、沟通信息、收集市场资料以及提供咨询服务等。

10.3.2 房地产人员推销的特点

人员推销和其他促销方式相比，具有以下特点。

1. 针对性强　推销人员可以对不同顾客的需要、行为和动机等，有针对性地进行推销，确定适宜的推销方案和推销策略，推销的成功率高。

2. 灵活多变　推销人员在推销过程中，可以亲眼观察顾客对推销陈述和推销方法的反应，通过察言观色，揣摩顾客购买心理的变化过程，因而能及时根据顾客心理的变化改变推销陈述和方法，以适应顾客的行为和需要，最终促成交易。

3. 建立关系　推销人员在产品推销的过程中直接与顾客接触，在买卖关系的基础上交流情感，增进了解，建立深厚的友谊。而感情的培养与建立，必然会使顾客产生惠顾动机，从而建立稳定的顾客群，促进商品销售。

4. 反馈信息　推销人员也是房地产企业的信息情报员。人员推销是一个双向信息沟通过程，销售人员在推销产品的同时，也为企业收集到可靠的市场信息。此外，销售人员经常直接和顾客打交道，他们最了解市场状况和顾客反应，能为企业的经营决策提供建议和意见。

5. 树立企业形象　在很多情况下，推销人员是房地产企业惟一和顾客打交道的人。具有营销知识、精明能干、服务周到的推销员在推销产品的同时，还能在顾客心目中树立良好的企业形象。

6. 传播面窄　销售人员的推销对象往往是一个或一组顾客，和广告、公共关系、营业推广相比，人员推销的传播面窄。

7. 费用较高　销售人员与消费者面对面交谈，花费的时间多、推销费用高、培训费用大，因此，投入的资金较多。

人员推销有很多优点，但也有缺点。因此，并不是在所有的场合都适用。在市场范围大而买主又较分散的情况下，不宜采用此法。相反，市场密度强，买主集中，人员推销则扮演着重要角色。

由于人员推销可以提供较详细的资料，还可以配合顾客的需要提供其他服务，再加上房地产自身的特点，因此，房地产的销售比较适合采用人员推销这种方式。

10.3.3 房地产人员推销的程序

10.3.3.1 寻找顾客

推销人员在推销产品之前，必须弄清楚自己的顾客在哪儿，这是人员推销的第一步。寻找顾客就是寻找可能购买本企业产品的潜在顾客。潜在顾客必须具备四个条件：有需要；有购买能力；有购买决策权；有接近的可能性。推销人员可以利用咨询电话、房地产展销会、现场接待、促销活动、上门拜访、朋友介绍等寻找潜在顾客。在寻找到潜在顾客以后，还要对他们进行资格审查，筛选出有接近价值和接近可能的目标顾客，以便集中精力进行推销，提高成交率和推销工作效率。

10.3.3.2 接近前准备

推销人员在确定目标顾客后，应设法了解顾客，为推销做好准备。准备工作包括尽可能多地了解目标顾客的情况和要求，确立具体的工作目标，选择接近的方式，预测推销中可能产生的一切问题，准备好推销材料等。推销人员在准备就绪后，还要通过电话、信函等方式约见准顾客，讲明约见的事由、时间、地点等，为接近顾客做准备。

10.3.3.3 接近顾客

接近顾客是指推销人员直接与顾客接触，以便成功地转入推销洽谈。在这一阶段，推销人员要根据掌握的顾客材料和当时的实际情况，灵活运用各种接近技巧，如介绍接近、产品接近、利益接近、好奇接近、问题接近和搭讪接近等方法，引起消费者对所推销产品的注意，激发他们对本企业产品的兴趣，并引导顾客进入洽谈，达到接近顾客的最终目的。

10.3.3.4 推销洽谈

推销洽谈是指推销人员运用各种方法说服顾客购买房地产的过程。它是人员推销过程中的核心环节。在推销洽谈的过程中，推销人员要运用各种推销洽谈的策略和技巧，向消费者传递企业及产品信息，指出产品的特点和利益，消除顾客的疑虑，强化顾客的购买欲望，让顾客认识并喜欢所推销的产品，进而产生强烈的购买欲望，直至达成交易。

10.3.3.5 处理异议

在产品的推销过程中，推销人员经常会遇到各种异议。如需求异议、质量异议、价格异议、服务异议、购买时间异议、权力异议、对房地产企业的异议等。顾客异议是消费者的必然反应，它贯穿于整个推销的过程中。顾客异议既是成交的障碍，也表明顾客已对推销人员的讲解给予了关注，对产品产生了兴趣，推销人员只有有效地克服了顾客异议才能达成交易。克服顾客异议的有效方法是弄清产生异议的原因，对症下药。

10.3.3.6 成交

成交是整个推销工作的最终目标。当各种异议被排除后，推销人员要密切注意顾客的成交信号，抓住这一成交的大好机会并及时达成交易。

10.3.3.7 提供服务

达成交易并不意味着推销工作的结束，而应该看成是新的推销工作的开始。因此，推销人员要做好后续工作。良好的售后服务工作能稳定老顾客、争取新顾客，树立良好的企业形象。

有关销售策略和技巧请参阅第12章房地产销售。

10.4 房地产营业推广策略

10.4.1 房地产营业推广的概念

房地产营业推广也叫房地产销售促进，是指房地产企业通过各种营业（销售）

方式来刺激消费者购买（或租赁）房地产的促销活动，即除了人员推销、广告和公共关系以外的，能迅速刺激需求、鼓励购买的各种促销方式。

营业推广作为一种最直接、对推销对象最具刺激作用的促销方式，在国内外越来越被企业所重视。营业推广竞争已经成为房地产企业最重要的竞争手段之一。因此，如何制定出正确的营业推广策略是房地产企业最重要的课题之一。

10.4.2 房地产营业推广的特点

房地产营业推广策略和其他促销方式相比较，具有以下几个方面的特征：

1. 非连续性 营业推广策略一般是为了某种目标而专门开展的一次性促销活动。它不像广告、人员推销那些连续、常规的推销活动，营业推广一般着眼于解决一些具体的促销问题，具有非规则性和非连续性的特征。

2. 形式多样 营业推广策略的具体形式多种多样，如对消费者赠送赠品、提供各种购房折扣、对中间商进行销售竞赛、为中间商培训销售人员、举办展览会以及联合促销等。

3. 即期效应明显 营业推广策略往往是在某一特定的时间内，针对某方面情况采用的一种促销方法，它能给买方以强烈的刺激作用。若该策略运用得当，则可以马上从营销效果上表现出来，不像其他方式那样有一个较长的滞后期。

10.4.3 房地产营业推广策略

房地产企业的营业推广策略包括确定营业推广目标、选择营业推广工具、制订营业推广方案以及营业推广效果评价等内容。

10.4.3.1 确定营业推广目标

营业推广目标是房地产企业通过营业推广促销希望达到的目的。根据营业推广对象的不同，营业推广目标可分为三种：一是针对消费者的营业推广，目标是刺激消费者购买；二是针对中间商的营业推广，目标是吸引其经销或代理本企业商品；三是针对推销员的营业推广，目标是鼓励推销员多推销房地产产品，刺激其寻找更多的潜在顾客。

10.4.3.2 选择营业推广工具

营业推广的工具多种多样，新形式层出不穷。选择何种营业推广工具，要综合考虑房地产市场营销环境、目标市场的特征、竞争者状况、营业推广的对象和目标、每一种营业推广工具的成本效益等因素，还要注意将营业推广同其他促销策略，如广告、公共关系、人员推销等策略的相互配合。

1. 对消费者的营业推广工具

（1）价格折扣。这是房地产营业推广中运用最多的方法。无论是对消费者还是对中间商，这个方法都很有效。对消费者来说，价格折扣可以使房价降低很多，刺激他们的购买欲望；对中间商来说，价格折扣可以让他们在代理时更有利可图。另外，价格折扣使代理风险降低，有可能促使一批中间商报销房地产。

（2）变相折扣。所谓变相折扣是指通过免去物业管理费、免付开发商贷款利息或代付贷款利息等变相地给予价格折扣的营业推广方法。由于变相折扣方法易为各企业模仿，因而使得它的效果的持续时间不是很长。

（3）现场展示样板房。现场展示样板房就是在房地产项目竣工后，房地产开发商将建筑物的某一层或某层的一部分户型进行装修、配齐家具和必要的装饰品，供有兴趣购买和租赁的顾客参观，让其亲自体验入住后的感受。对于某些大型房地产开发项目，如大型住宅区，有必要在项目建筑施工过程中，在施工场地附近临时建一套样品房以供消费者参观选购。

（4）展销会。展销会是房地产企业常用的促销工具。一般是由政府的职能部门或行业协会组织，也可由房地产开发商自己举办。在展销会上，由于展销商的商品房种类齐全，而且往往配合一些优惠措施，如价格上的优惠等，因此，能在短期内吸引大量购买者。通过展销会，不仅可以扩大商品房的销售量，还能提高房地产企业的知名度。

（5）不满意退款。这是指购房者在购买商品房的一定时间内（如一年），如果发现商品房有质量问题或价格下降，开发商可以无条件退房，并且退还全部房款和利息，以增强购房者的购房信心，给购房者一种安全感和信任感。

（6）赠送促销。这是指购房者购买了一定面积的某种商品房后，可获得一定的赠送。如赠送轿车或车位、赠送家具、赠送装修、赠送面积、赠送家电或者免费租用一定期限的写字楼或办公楼等。其目的就是刺激消费者购买或租赁。但有时这种方法显得比较牵强，如“买大房赠小房”，其实质就是折价，故弄玄虚反而会引起消费者反感。另外，附赠商品的价值往往与房地产本身价值悬殊过大，消费者很难被打动。

2. 对中间商的营业推广工具

（1）价格折扣。这是指房地产开发商以价格折扣的形式对中间商进行刺激，以扩大商品房销售的一种重要促销手段。也就是房地产开发商回报给购买特定数量商品房的中间商一定的价格优惠和一定数量的免费商品房。

（2）促销材料。这是指房地产开发商向中间商提供海报、传单、证明等促销材料，以提高中间商的销售效率。

（3）合作广告。合作广告是房地产开发商和中间商共同支付广告费用的一种做法。开发商和中间商出于共同销售商品房的目的，根据双方达成的协议，各自承担一部分广告费。

（4）展销会。由政府职能部门、行业组织或开发商举办的展销会，可以向现实的购买者和潜在的购买者展示房地产，宣传企业产品的特点，解答购买者的疑问，进行直接的信息沟通，扩大商品房的销售量。

（5）推销竞赛。推销竞赛是房地产开发商给予贡献大的中间商的各种带有刺激性的好处。如中间商完成了规定的销售目标，给予奖金、休假等，目的是鼓励中间商更好地推销房地产。

10.4.3.3 确定营业推广规模

投入多大的费用来刺激消费需求决定着销售业绩。如果要实现促销的成功，一定的刺激是不可或缺的。随着刺激强度的增强，销售量会增加，但到了一定的程度以后，其效应是递减的。所以，房地产企业不仅要了解各种营业推广手段的效率，还要清楚地认识刺激强度和销售量变化的关系，以取得合理的、预期的推广效果。

10.4.3.4 设计营业推广时间

营业推广时间应有一个合适的持续长度。持续的时间太短，一些顾客将由于无法及时决策而失去优惠购房的机会；持续的时间过长，则推广的号召力逐步递减，将起不到刺激消费者的作用。因此，营业推广时间的安排，应考虑一个理想的起始日，并保持一个合适的持续阶段。比如房地产企业可以在节假日举行营业推广活动，采用的手段可以以价格为主；也可以采用推出保留房型、赠送礼品等多种形式；也可以在开盘初期进行营业推广，如前100名购房者可以免缴一年的物业管理费和车位费等。

10.4.3.5 安排营业推广预算

营业推广策略的制定最终要落实到预算上。营业推广的预算可以用三种方法来确定：

1. 上期费用参照法　参照上期费用来测算本期费用，这种方法非常简单易行，可以在营业推广对象、手段以及预期效果都不变的情况下采用。但是由于许多主、客观的因素都在变化，因而必须考虑对费用的调整。

2. 比例法　是根据一定的比例从总促销费用中提取营业推广费用额度的方法。在不同的市场上进行营业推广，其费用预算比例都是不同的，而且这个比例也受到产品所处生命周期阶段以及市场上竞争对手促销投入多少的影响。

3. 总和法　是指先确定每一个营业推广项目的费用，然后汇总得出该次营业推广成本的总预算。营业推广各个项目的费用主要包括优惠成本和运作成本两部分。其中，优惠成本包括对中间商的折扣成本和赠奖成本等，运作成本则包括广告费、印刷费以及邮寄费等。显然，在预算制定的过程中，对营业推广期间可能售出的预期数量的估计也是必不可少的。

10.5 房地产公共关系策略

10.5.1 房地产公共关系促销的概念

公共关系一词源出于美国，其英文是public relations，简称PR。公共关系是一种内求团结、外求发展的经营管理艺术。它运用合理的原则和方法，通过有计划而持久的努力，协调和改善企业内外关系，使本企业的各项政策和活动符合公众的需求，在公众中树立起良好的企业形象，以谋求公众对本企业的了解、信任、好感与合作，并获得共同利益。

房地产公共关系促销是指房地产企业为了获得人们的信赖，树立企业或房地产的形象，用非直接付款的方式通过各种公关工具所进行的宣传活动。

10.5.2 房地产公共关系促销的特点

与人员推销、广告和营业推广相比，公共关系促销具有以下特点：

1. 双向沟通　房地产企业公共关系活动的对象是公众，包括企业内部公众和企业外部公众。企业在与公众之间进行信息交流时必须是双向的，即企业在向外部传播信息的同时，也向外界收集信息，不断进行信息反馈。公共关系所强调的，不是由企业单方面去说服、劝说或强制影响公众的看法，而是需要通过双向的意见交流，要求企业也听取公众的反映和要求，要求企业更多地用行动而不是用“宣传”来赢得公众的信任和理解。当企业和公众成为互相关心、互相信任、互相支持的朋友时，公共关系活动就达到了预期目的。

2. 间接促销　公共关系的手段是有效的信息传播，但它并不直接介绍、宣传和推销企业的产品和服务，而是通过积极参加各项社会活动，宣传企业宗旨，协调与公众的关系，赢得社会的理解、信任与支持，提高企业的知名度和美誉度，树立良好的企业形象，从而达到间接销售的目的。

3. 树立良好的形象和信誉　房地产企业开展公关活动的目的是要在社会上树立企业的信誉和形象。而信誉和形象的建立绝非一朝一夕的事，需要企业用实际行动为公众谋利益。这就要求房地产企业要生产适销对路、质优价廉的房地产并提供各种配套服务，搞好企业管理。同时，还要通过有计划、有步骤、长期不懈的努力，实事求是、有效地向外界进行公关宣传。这是一项长期、艰苦的工作。但是，如果企业成功地开展了公共关系工作，树立起良好的信誉和形象，就会受益无穷，社会公众也会因此受益匪浅。

10.5.3 房地产公共关系的活动形式

房地产公关活动形式策划是一项充满创造性的工作，它可以利用现有的一切有效的手段并开发新的手段，充分发挥策划人员的想像力和创造性，选择适当的公关活动方式和沟通媒介来达到最佳的效果。目前公关活动有以下几种方式可以利用。

10.5.3.1 媒体事件策划

发现或创造对房地产企业或房地产本身有利的新闻是房地产企业公关人员的一项主要任务。一条有影响力的新闻对树立房地产企业形象，增加房地产的租售量具有不可估量的作用。

房地产企业应努力争取新闻界对自己的支持，充分利用新闻媒介及时对楼盘作宣传报道，这要比出钱做广告效果好得多。因此，房地产企业要注意处理好与新闻界的关系，如经常向新闻界提供新闻稿，重大事件举办记者招待会，向新闻界分发企业和楼盘刊物、宣传小册子等，以求最迅速地将企业内部的信息扩散到新闻界，再利用新闻媒介形成有利于企业和楼盘的社会舆论。

10.5.3.2 调研活动

房地产企业常通过民意调查等多种方式来收集企业内部与外部环境的变化信息，了解消费者对企业，对房地产的价格、质量、功能、房型等诸方面的意见和建议，并及时将改进后的情况告知消费者以跟踪消费者的需求趋势，尽力满足消费者的要求。如某房地产公司举办的“全面提高居住质量”大型征询活动，将活动反馈的消费者需求信息反映到了其开发的小区的设计建设中，不仅重新设计了房型，补充了物业管理职能，还将原设计建造的两幢高层改为了建设近万平方米的绿地，以满足消费者的需求。

10.5.3.3 举办各种招待会、座谈会、联谊会、茶话会、接待和专访等社交活动

近年来，很多楼盘都开展了丰富多彩的交际性公关活动，成立了客户联谊会、业主文化沙龙等。这类公关活动具有直接性、灵活性和人情味浓等特点，能使人际间的沟通进入“情感”的层次，因而在公关活动策划中得到广泛地应用。

10.5.3.4 提供各种优惠服务

如楼盘开展的售后服务、咨询服务、维修技术培训等，以行动证实企业对公众的诚意。这类公关活动被称为“实惠公关”，容易获得客户的理解和好感。

10.5.3.5 参与各种社会公益活动

各种社会公益活动为房地产企业开展公关促销创造了良好的机会，房地产企业也往往利用这类机会以引起各种传媒的注意，并及时进行宣传。如向希望工程募捐，向福利机构、教育单位、体育、艺术活动提供赞助等，这有利于赢得公众对房地产企业的好感，进而有助于潜在消费者对房地产的认可。

10.5.4 房地产公共关系策略的实施步骤

房地产公共关系策略的实施步骤主要包括确认公共关系策略目标与对象、制定并实施公共关系策略以及评价公共关系策略的实施效果等。

10.5.4.1 确定公共关系策略的目标

公共关系策略目标的确定要与企业在前期调查中所确认的问题联系起来。同时，公共关系策略的目标应与企业的整体目标相协调，并应当使目标具体化，即具备可操作性；此外，还要在多个目标之中分清轻重缓急，按重要程度和执行的先后排出一定的顺序。公共关系所要达到的目标，主要有以下几点：

1. 建立知名度 营销人员和公共关系人员可以利用媒介（即大众传播和人际交往）讲述一些故事，以吸引人们对本企业、产品、服务、组织或构思的注意力。例如在《房地产世界》杂志上刊登有关本企业的成长、发展经营之道及经营业绩等方面的文章，以扩大影响。

2. 建立信誉 公共关系可通过撰写新闻稿或文章来传递信息，以增强企业信誉度。

3. 激励销售人员和经销商 公共关系可以帮助提高销售人员和经销商的工作的热情。在某房地产项目上市之前宣传有关它的资料将有助于销售人员和经销商销售该产品。

4. 降低促销成本 应使公关费用低于广告等其他促销手段的费用。

10.5.4.2 确定公共关系策略的对象

公共关系策略的对象包括顾客、中间商、社区、政府以及新闻媒体等。为了使公共关系决策更加科学，可以将公众从不同的角度进行分类，从而使公共关系策略的实施更有针对性。如按公众对企业的态度，可以分为顺意公众（对企业持支持态度）、逆意公众（对企业持反对态度）以及独立公众（对企业的态度中立）三类；按公众与企业的密切程度，可以分成首要公众（与企业关系最密切，对企业影响最大）、次要公众以及边缘公众三类。

10.5.4.3 制定公共关系策略的实施计划

公共关系策略是一项整体的活动，它本身由一系列活动构成，这就要求去制定实施策略的具体计划。具体的公共关系实施计划，是指房地产开发企业为了实现公共关系策略的目标而采取的一系列有组织的活动，包括记者招待会、展览会和纪念庆祝会等。在制定公共关系策略时，还要充分考虑预算开支、所需的人力以及各种可控和不可控因素等。

10.5.4.4 实施公共关系策略

公共关系策略的实施基本上可以根据计划方案按部就班地进行下去。策略的实施需要借助公共关系人员与新闻传播媒体有关人士的私人交往和其他的社会关系来进行。但需要特别注意的是，当所进行的公共宣传涉及具有较大社会影响的事件时，要密切注意控制事态的发展变化，一旦出现不利的变化就必须做出适当的反应，提出切实可行的行动方案。

10.5.4.5 评价公共关系策略实施的效果

评价公共关系策略实施的效果，主要有以下几种方法：

1. 参与观察法　是房地产企业主要负责人亲自参加公共关系活动，观察实际情况并估计效果，然后与公共关系人员所提供的活动报告进行比较的一种方法。

2. 目标比较法　在制定计划时，就将公共关系策略的目标具体化，用可以度量的方式明确下来。在活动完成以后，将测算结果与原定目标相比较，并进一步进行评估。

3. 舆论调查法　这一方法是在公众中对公共关系策略实施前后进行一次舆论调查，然后根据有关舆论情况及其变化衡量和比较公共关系策略实施的效果。

4. 销售额和利润贡献法　这种方法是最令人满意的一种衡量方法。房地产企业在估计公共关系宣传对增加总销售额的贡献比例的基础上，测算公共关系策略实施的投资报酬率。

案　例　《中街北苑》报纸广告文案

主标：在中街北苑，我们用万米皇家园林震撼你的生活视界

副标：不惜浪费中街寸土寸金，传承皇家血脉缔造庭院生活

文案：中街北苑雄居百年中街，传承皇家尊贵血脉，造就万米皇家景观园林，“沐风长道”奏响美景乐章，“曲水流觞”畅谈风雅之作，“福池”清代皇家文化在这里传承，亭廊、水榭、涌泉、假山叠水……，皇家园林景观处处展现尊贵风姿，每一笔都是精心描绘，承诺无需等待，现房销售，一切眼见为实，中街北苑给您的是中心皇家园林景观生活。

附加信息：起价3 930元/m^2

购买中街北苑将赠送10平米实用储藏室

特别推荐户型130平米，样板间即将开放

常规卖点：

常规资料：

思考题

1. 影响房地产促销组合的因素有哪些？
2. 简述房地产广告的特点。
3. 简述房地产广告决策过程。
4. 选择广告媒体应考虑哪些因素？
5. 简述房地产人员推销的程序。
6. 房地产营业推广有哪几种策略？
7. 房地产公司开展公关活动有哪几种形式？
8. 简述公共关系策略的实施步骤。

实训题

1. 报纸广告欣赏。收集、分析、研究当地的房地产报纸广告，从中选择你认为最佳的一则广告。说明该广告的优点及不足，并提出修改方案。
2. 为研究楼盘（改名后的楼盘）设计广告宣传语；并选择某一促销方式，制订促销方案。
3. 参观房地产交易会。

附录10A　参观××市房地产交易会实训指导

1. 实训目的

通过参观××市房地产交易会，使学生了解××市房地产市场的基本现状，了解房地产交易会——这种市场促销手段的具体实施方法和实施过程。能够较直观地观察和分析房地产开发商的不同的促销方式，为课堂学习积累真实的素材和参考资料。

2. 实训形式

校外参观，分组进行

3. 考核要求

（1）每组完成一份资料汇总表。包括展会开发商的名称、参展房屋名称、类型、位置、起价、广告宣传语；中介公司的名称、服务内容、宣传口号等。

（2）每人选择一个最佳展台。从开发商的展位选择、整体布局、宣传画面、图案设计、工作人员素质等综合评价。

（3）每人选择一条最佳广告宣传语。注重简明性、准确性、针对性、生动独特等。

（4）注意观察工作人员的工作过程。观察他们的言谈、举止、衣着、打扮；可作为将来工作的借鉴。

（5）实训结束后，每位学生完成一份选择结果，附说明；一份实训报告；每组完成一份资料汇总表。

4. 实训步骤

（1）实训参观，收集资料，选择最佳。

（2）分组汇报完成任务情况及其选择。

（3）撰写实训报告。

5. 实训报告

附录10B 实训报告

1. 实训项目

2. 实训目的

3. 实训过程

4. 实训小结

第11章
房地产市场营销管理

学习目标

1.了解房地产市场营销计划、营销组织与营销控制的基本概念；

2.了解房地产市场营销组织设计的原则及常见的组织形式；

3.了解房地产市场营销控制的步骤与方法；

4.掌握房地产市场营销计划所包括的主要内容。

技能要求

1. 初步掌握房地产市场营销计划编制内容和方法；

2. 能够有针对地选择市场营销组织机构形式。

11.1 房地产市场营销计划

11.1.1 房地产市场营销计划的概念

制定营销计划是房地产企业管理者的首要工作，有了营销计划，企业的营销工作才能按部就班、循序渐进、高效率地进行。

房地产市场营销计划就是房地产企业为了达到市场营销目标而制定的一系列活动安排，包括房地产企业营销活动的目标以及实现这些营销目标的措施。

房地产市场营销计划的框架如表11-1所示。

表11-1 市场营销计划的步骤及目的一览表

计划步骤	目 的
1. 计划提要	对拟制定的计划进行概要说明
2. 营销现状	提供有关市场、产品、竞争、销售以及宏观环境等方面的资料

（续）

计划步骤	目的
3. SWOT分析	分析主要的机会、威胁、优势及劣势
4. 营销目标	确定有关销售量、市场份额、利润等要完成的目标
5. 营销策略	提出实现计划目标采取的主要营销手段
6. 行动方案	具体部署营销行动的内容、主题、时间及费用
7. 营销预算	预测计划实施所需的费用
8. 营销控制	说明如何监控计划的实施

11.1.2 房地产市场营销计划的内容

不同房地产企业的营销计划繁简程度不同。通常情况下，房地产市场营销计划应包括以下八个方面的内容。

11.1.2.1 计划提要

房地产市场营销计划首先要有计划提要，应对计划的主要内容作一个简明扼要的概括，以便房地产企业的决策者及有关人员能迅速把握计划的核心及主要内容。在提要之后附上营销计划的内容目录。

11.1.2.2 市场营销现状分析

这一部分应提供有关市场、产品、竞争、分销和宏观环境的背景资料。

1. 宏观环境及其趋势　对影响房地产企业及其产品的各种宏观环境因素进行分析，包括人口、经济、政治法律、科学技术、自然和社会文化等各方面的形势及发展趋势分析。

2. 目标市场分析　主要提供有关目标市场的现状分析。它包括目标市场规模、增长率、顾客需求和购买行为的发展趋势。

3. 产品分析　它包括对房地产过去几年的销售量、价格、利润、分销渠道等方面的分析。

4. 竞争对手分析　要识别主要的竞争对手，描述每个竞争对手在产品质量、定价、分销、促销等方面采取的策略，它们各自的市场占有率及变化趋势。

11.1.2.3 SWOT分析

1. 机会与威胁分析　机会是营销环境中对房地产企业有利的因素，威胁是营销环境中对房地产企业营销不利的因素。每个房地产企业都面临着若干市场机会和环境威胁，但并不是所有机会都有同样的吸引力，也不是所有的威胁都那么严重。因此，企业要对市场机会和环境威胁进行分析和评价。

对市场机会进行分析和评价借助的是市场机会矩阵图，对环境威胁进行分析和评价借助的是环境威胁矩阵图。详见本书第3章房地产市场营销环境分析。

应该注意的是，市场机会不等于房地产企业的机会。市场机会能否成为企业机会，还要看该市场机会是否与企业的任务和目标相一致；是否与企业的资源相一致；企业在利用这一机会时，是否比潜在竞争对手具有更大的优势，能否享受差别利益。房地产企业可以运用图11-1展示的方法评估市场机会。

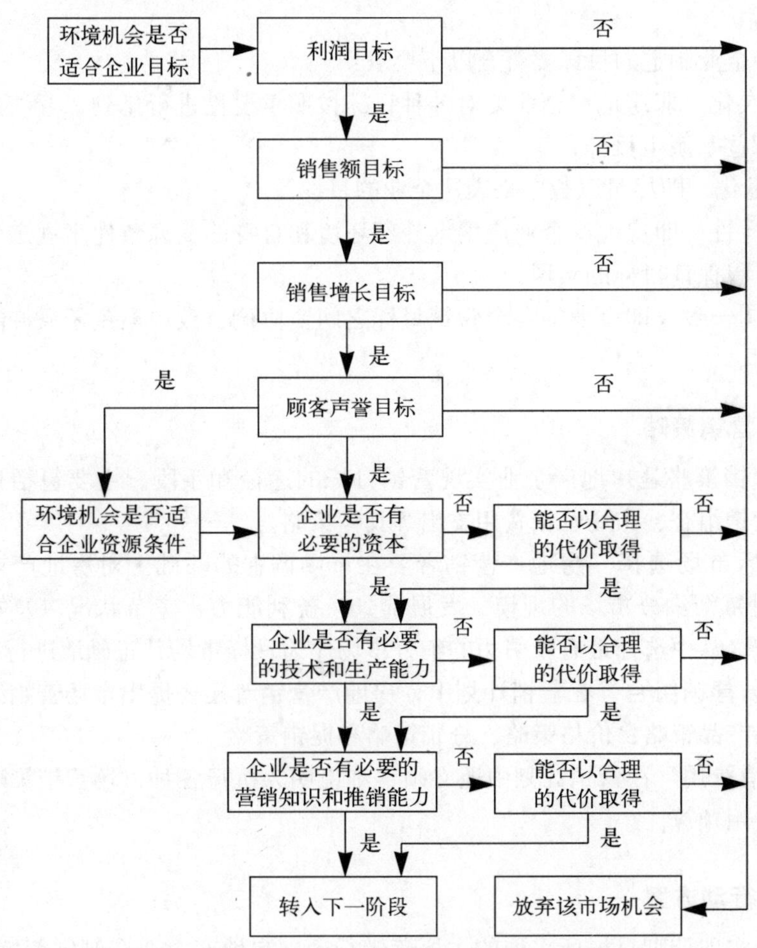

图11-1 房地产市场营销环境机会评价

2. 优势和劣势分析 除了对机会和威胁进行分析外，计划中还要对房地产企业自身的优势和劣势进行分析，以便企业扬其所长，避其所短。分析企业内部的各种影响因素，辨认企业能应用并获取成功的优势所在和需要加以弥补的不足之处。

3. 问题分析 利用前两项的分析结果，确定房地产企业所面临的主要问题。对这些问题的分析，是制定房地产企业目标、营销策略的基础。

11.1.2.4 目标

目标是营销计划的核心部分，是在分析营销现状并预测未来机会和威胁、发现企业的优势和不足的基础上制定的。主要包括财务目标和营销目标，财务目标是企业对计划期内具体产品确定的投资收益率、利润等其他财务指标。营销目标是由财务目标转化而来的，包括计划期内的销售规模、市场占有率、价格以及产品知名度等。

房地产企业制定的目标要符合以下要求：

1. 层次化　即房地产企业要对各种目标按照重要性进行排列，弄清楚哪些是主要目标，哪些是派生目标；

2. 定量化　即尽量以数字来表达企业的目标；

3. 可行性　即房地产企业应根据外部环境和自身的资源条件来规定切实可行的目标水平，以保证目标的实现；

4. 协调一致　即企业的各个营销目标之间要协调一致，避免矛盾冲突，以免互相抵消作用。

11.1.2.5 营销策略

市场营销策略是房地产企业实现营销目标的途径和手段。主要包括目标市场选择、市场营销组合、市场营销费用支出等具体策略。

1. 目标市场选择　房地产营销者要在市场调查的基础上对房地产市场进行细分，然后对每个细分市场的规模、发展前景、盈利能力、竞争状况以及本企业的优势进行分析，从中选择最有吸引力的细分市场作为目标市场并正确地进行市场定位。

2. 市场营销组合　在营销计划中，房地产营销者还要提出市场营销组合的具体策略，包括产品策略、价格策略、分销策略和促销策略。

3. 营销费用　在营销计划中还必须详细说明为执行各种市场营销策略所必需的市场营销费用预算。

11.1.2.6 行动方案

阐述为实现计划目标所采取的主要营销行动。房地产企业在制定营销策略之后，还要将它们转化成具体的行动方案，包括怎样具体地去做，何时完成，由谁负责执行，完成这些任务的花费是多少等。即主要完成5W1H（为什么做，做什么，什么时间做，在哪儿做，谁来做，怎么做）的工作。

11.1.2.7 预算

房地产营销者在确定了市场营销目标、营销策略及行动方案后，就要确定预算以保证方案的实施。预算采用的方法主要有销售百分比法和目标任务法。销售百分比法就是按照预测销售额的固定百分比进行市场营销预算。这种方法的优点是简便易行且比较准确，但是，此法存在逻辑错误。正常的逻辑是营销费用决定销售额，企业所花的营销费用越多则销售额越大。而销售百分比法按销售额的大小确定市场营销费用的多少，造成因果倒置。为了避免这一缺点，有些房地产企业在实际工作中常常采用目标任务法。首先，要确定企业的营销目标；其次，决定为了达到该目标而必须执行的工作任务；最后，估算执行这些工作任务所需的各种费用，这些费用的总和就是营销预算。营销预算确定以后要呈报企业的高层主管审查和批准，一经确定就作为营销活动的依据。

11.1.2.8 控制

控制是营销计划的最后部分。**房地产市场营销控制就是对营销计划的实施进行监督和评价，并对实施过程中出现的主要问题采取措施加以改进，保证营销目标的顺利实现。**实行房地产市场营销控制，有助于企业及早地发现问题并解决问题，防患于未然。

11.1.3 房地产市场营销计划的实施

彼得·德鲁克说："计划等于零，除非将它变成行动。"房地产企业在制定市场营销计划之后，还要花大气力去实施。

市场营销计划的实施是指房地产企业为了实现其战略目标，而将市场营销战略和计划变成具体营销方案的过程。制定营销计划只是解决了企业"应该做什么"，而市场营销计划的实施则是解决"怎样做"的问题。

房地产市场营销计划的实施包括以下步骤：

11.1.3.1 制订详细的行动方案

为了有效地实施房地产营销计划，需要制订详细的行动方案。这里的行动方案实际上是营销计划的具体执行计划，在该方案中要明确营销计划实施的关键性要求和任务，还要将这些行动和任务的责任落实到部门和个人，并明确具体的行动计划执行的时间表，定出行动的确切时间。

11.1.3.2 建立营销组织结构

房地产市场营销组织在市场营销计划的实施过程中起着决定性的作用，它是房地产企业市场营销活动得以顺利进行的组织保证。市场营销组织的建立，要与房地产企业战略、自身的特点和环境协调一致，以充分发挥营销组织的作用。此外，由于房地产企业中存在着正式组织和非正式组织，因而在充分发挥正式组织作用的同时，还要充分利用非正式组织的作用，使正式组织与非正式组织紧密结合，促进和保证营销计划的顺利实施。

11.1.3.3 设计决策和报酬制度

为了实施营销计划，还要设计相应的决策制度和报酬制度，它们直接关系到计划实施的成败。

在建立决策制度时，要根据房地产企业的规模、专业管理的性质、干部素质和企业管理水平等因素处理好集权与分权的关系。在建立报酬制度时，要充分体现公平和效率，以调动员工实现企业目标的积极性，促使员工行为合理化。

11.1.3.4 开发人力资源

房地产市场营销计划的实施，最终是通过企业的员工来实现的，因此，人力资源开发的好坏，直接影响到营销计划的实施效果。人力资源的开发包括人员的选拔、安置、考核、培训和激励等。

在人员选拔的过程中，要考虑是从内部选拔还是从外部招聘；在人员的安置中，要将适当的工作安排给适当的人员，做到人事相宜；在进行人员培训时，要对员工进行多方面的培训；在对员工进行激励时，要采用物质激励和精神激励相结合的激励机制，调动员工的工作热情。总之，房地产企业只有努力地开发人力资源，才能调动员工的积极性，为计划的实施提供必要的保证。

11.1.3.5 建立企业文化

企业文化是指房地产企业内部全体人员共同持有和遵守的价值标准、基本信念和行为准则。企业文化已成为企业的重要资源，成为市场竞争的重要手段。它对房地产企业经营思想和领导目标、对员工的工作态度和作用等方面起着决定性的作用。通过企业文化建设，逐渐形成共同的价值观和基本信念，从而形成强大的向心力和凝聚力，确保营销计划的顺利实施。

11.2 房地产市场营销组织

11.2.1 房地产市场营销组织的概念

房地产市场营销计划的执行以及各项营销工作的开展需要有科学合理、精干高效的营销组织作保证。

房地产市场营销组织是指房地产企业内部涉及市场营销活动的各个职位及其结构。即市场营销部门的组织形式。由于房地产企业的各项活动总是由人来承担的，房地产市场营销组织又可以理解为各个市场营销职位中人的集合。

房地产企业的市场营销部门是为了实现企业目标，实施市场营销计划，以市场为中心，以顾客为服务对象的职能部门，是企业内部连接其他职能部门的核心。

一个有效的房地产市场营销组织应具备灵活性、协调性和高效性等特征：

1. 灵活性　灵活性就是房地产市场营销组织能够根据营销环境、营销目标和营销策略的变化，迅速调整自己的行动。

2. 协调性 协调性要求房地产营销组织要与房地产企业的总体发展战略和经营目标相协调，与其他职能部门相协调，营销组织内部的各部门之间要相互协调，共同实现企业营销目标。

3. 高效性 高效性要求房地产市场营销组织要精干高效，能以较少的投入获得较大的产出。

11.2.2 房地产市场营销组织设计的原则

房地产企业在设计市场营销组织时，应遵循以下原则。

11.2.2.1 目标任务原则

任何一个房地产企业都有其特定的任务和目标，房地产营销组织结构必须服从于企业的任务目标，为实现企业的任务目标服务。目标任务原则要求企业在设计市场营销组织结构时，必须坚持以营销目标为导向，因事设职，因职设人。也就是说，任何一种职务和结构的设置都是实现营销目标所必需的。当企业的任务目标有重大变化时，市场营销组织结构也需要进行调整。因此，房地产企业的任务目标和战略是房地产营销组织设计的前提。同时，企业经营目标和战略的实现，又是检验市场营销组织结构是否合理、是否有效的最终标准。

11.2.2.2 分工协作原则

分工与协作是社会化大生产的客观要求。房地产企业在设计市场营销组织结构时，首先要实行专业分工，设置相应的专业机构，配备熟悉业务的专业人员来开展营销工作，这样做有利于提高房地产营销工作的质量和效率。但是，有分工就要求有协作，而且分工越细，各部门之间的协作关系就越密切。但分工要适度，不是越细越好。房地产营销组织的设计要从实际需要出发，对营销工作进行适当的专业分工，同时力求有利于加强协作。

11.2.2.3 精干高效原则

房地产企业市场营销组织机构越精简，人员越干练，营销工作的效率则越高；反之，机构臃肿，人浮于事，工作效率则低。因此，房地产营销组织的设计必须遵循精干高效原则。但精干高效不是人员越少越好，而应该是一个也不多，一个也不少。

11.2.2.4 统一指挥原则

统一指挥原则就是在房地产市场营销管理工作中实行统一指挥、统一领导，形成统一的指挥中心，不允许有多头指挥和指挥不灵的情况出现。统一指挥原则要求对房地产营销组织的设计要做到各管理层形成一条等级链，每一级只能有一个最高行政主管，统一负责本部门工作；下级只接受一个上级的指挥和命令；上级不能越级指挥下级；下级不能越级请示上级。

11.2.2.5 责权对等原则

职责是指某一职位的责任和义务。职权是指为完成某一职责所应具有的权力。房地产企业在设计营销组织结构时，既要明确规定各个职位的职责，又要明确规定各个职位的职权。有权无责将滥用权力，有责无权将负不起责任。因此，职责和职权应该同时产生、同时存在、同时消亡，要做到责权对等。

11.2.2.6 集权和分权相结合原则

集权是把权力集中于高层管理者，分权就是将权力分散于组织的各个层次。集权的优点是有利于对营销组织实行统一领导，加强对整个营销组织的控制；有利于协调营销组织的各项活动，提高工作效率；有利于发挥高层管理者的作用。缺点是基层管理者缺乏独立性和主动权，不利于调动他们的积极性；高层管理者负担重，不利于集中精力做大事。分权的利弊刚好相反。由于集权和分权各有利弊，因此，过于集权和过于分权都不利于发挥营销组织的作用。正确的做法是坚持集权和分权相结合，并把握好二者结合的度。

11.2.2.7 稳定与适应相结合的原则

房地产市场营销组织一经建立，必须保持一定的稳定性，才有利于提高营销工作效率和工作质量，频繁调整组织结构不利于开展营销工作。但是，当房地产企业的内外环境发生重大变化时，市场营销组织必须随之进行调整，要处理好稳定和适应的关系。

11.2.3 房地产市场营销组织的基本形式

为了实现房地产企业目标，必须选择合适的市场营销组织模式。房地产市场营销组织的形式很多，但基本形式主要有以下几种。

11.2.3.1 职能型组织

职能型组织是最古老也是最普遍使用的市场营销组织形式，它是按照不同的营销职能来设置组织结构（见图11-2）。

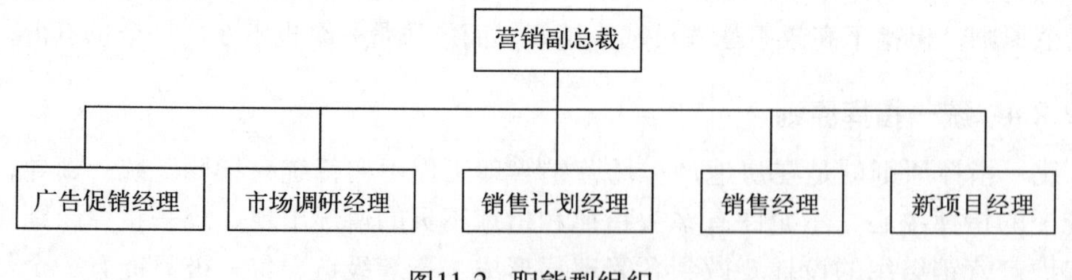

图11-2 职能型组织

这种组织形式的主要优点是结构简单，管理方便。当房地产企业只有一种或几种产品，或者房地产企业的市场营销方式大体相同时，采用该种组织形式较为有效。但是，随着产品品种的增多和市场范围的扩大，这种组织形式就会暴露出一些问题。如产品或市场无人负责，每个职能部门都从本位主义出发强调自己功能的重要性，相互竞争，不利于房地产企业内部的协调，从而影响房地产企业整体功能的发挥和房地产企业目标的实现。

11.2.3.2 产品型组织

当房地产企业经营多种产品而且各种产品之间差别很大时，往往建立产品型营销组织，即由营销副总裁统一领导，协调各职能部门的活动。其中，由产品经理管理若干产品线经理，产品线经理又管理若干产品项目经理。产品经理的主要任务是制定产品发展战略和营销计划，激励推销人员及经销商推销产品，监督产品计划的执行，促进产品改进和新产品开发，适应和满足市场需求（见图11-3）。

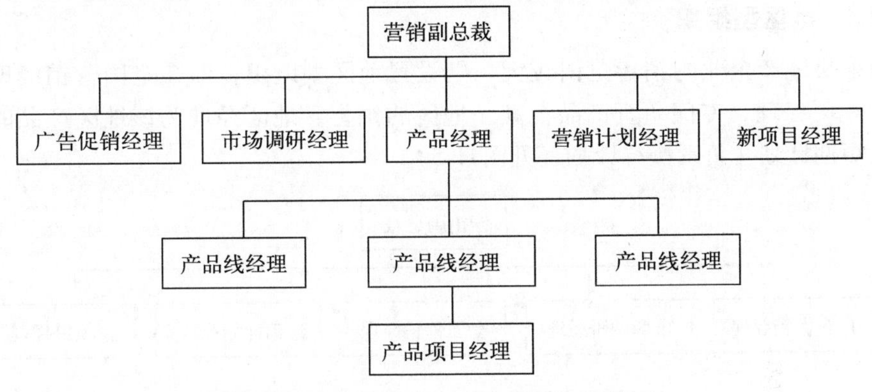

图11-3 产品型组织

产品型组织的优点是各类产品责任明确，由于每类产品都有专人负责，不仅能管好那些销售额较高的产品，那些较小品牌的产品也不会受到忽视；比较灵活，当企业增加新产品时，只需增加一个产品部即可。缺点是成本费用高，因为由专人负责一种或少数几种产品，会造成销售人员增加，从而增加费用开支，在一定程度上提高成本费用；缺乏整体观念，各位产品线经理只专注于具体产品的生产，易忽视整体市场需求；部门冲突，由于过多地强调产品销售的个人负责制，有时会造成推销与计划、促销等部门的冲突。

11.2.3.3 市场型组织

如果目标顾客可按其特有的购买习惯和产品偏好予以细分，就要建立市场型组织。市场型组织就是由市场主管经理管理若干个细分市场经理，细分市场经理要为自己负责的市场制定中长期营销计划和年度计划，分析市场趋势（见图11-4）。

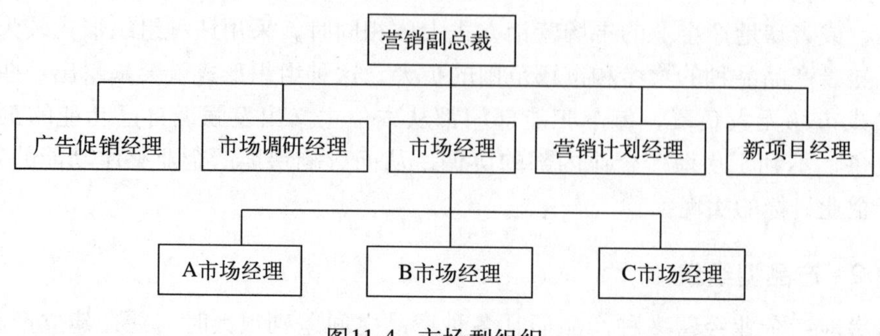

图11-4 市场型组织

市场型组织的优点是房地产企业围绕着指定顾客开展营销活动，可以满足不同顾客群的需要，充分体现了以顾客需要为导向的营销观念。但这种组织形式也存在一定的不足之处。当房地产企业生产多种产品时，易产生责权不清和多头领导等矛盾。

11.2.3.4 地区型组织

如果房地产企业的销售范围较大，则设置地区型组织，即在全国营销经理下设若干个地区经理，专门负责产品在某一地区的销售。地区经理为该地区产品的销售制定长短期计划并负责执行计划（见图11-5）。

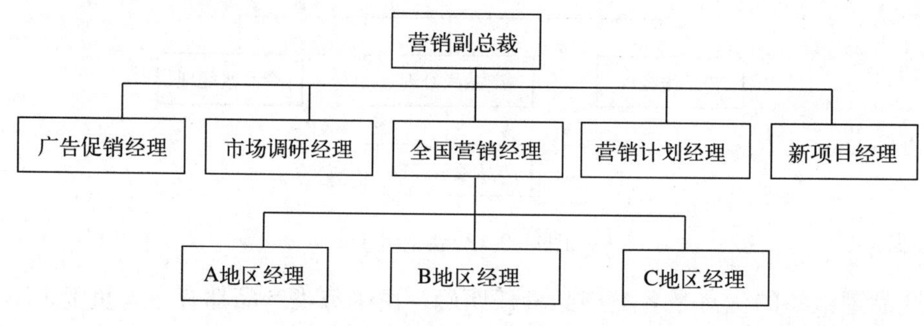

图11-5 地区型组织

地区型组织的优点是有利于发挥每个地区部门熟悉该地区情况的优势。缺点是当房地产企业经营的品种较多时，很难按照不同产品的使用对象来综合考虑，而且各地区的活动也难以协调。

11.2.4 影响房地产市场营销组织结构的因素

房地产企业在设置市场营销组织结构时，应综合考虑以下因素。

11.2.4.1 企业规模

一般来说，房地产企业规模越大，市场营销组织越复杂。大型房地产企业营销部门和营销人员多，管理层次也较多。而小型房地产企业营销部门的设置相应简单得多，只设少数几个营销部门或者没有营销部门，只派专人负责。

11.2.4.2 企业的经营目标与战略

市场营销组织是服务于企业经营目标和战略的，不同的经营目标和战略要求有不同的营销组织结构。企业的目标市场、战略重点都会对市场营销组织结构产生重大的影响。

11.2.4.3 产品类型

房地产企业的产品种类不同，市场营销组织结构也不同。如果企业生产的产品种类单一，可设置职能型组织结构；如果企业生产的产品种类繁多，可以设置产品型组织结构，设置产品经理，负责各类产品的销售；如果企业生产的主要产品是商品住宅，其销售对象主要是个人消费者，广告宣传和市场调研工作尤为重要，市场营销组织就必须设置广告部门、促销部门和市场调研部门；如果房地产企业生产销售的是工业厂房和写字楼，其主要销售对象是团体用户，则企业更多地依赖人员推销，产品销售部门就必须加强。

11.2.4.4 市场状况

如果房地产企业的市场规模大、范围广，则需要设置庞大的市场营销组织。反之，房地产企业的市场规模小、范围窄，则可设置简单的市场营销组织。如果房地产企业的市场可以根据消费者需求的差异细分成若干子市场，则应设置市场型营销组织；如果房地产企业的市场地理位置分散，则应设置地区型的营销组织；如果房地产市场稳定程度高，则市场营销组织也相对稳定。反之，房地产市场需求变化快、市场多变且不稳定，市场营销组织就越需要调整，稳定性也越差。

11.2.4.5 产品生命周期

产品的生命周期阶段不同，房地产企业的市场营销组织形式也不相同。在产品的介绍期，企业冒着很大的危险向市场投放新产品，往往建立临时性的营销组织，如销售小组，以便对市场做出快速反应；在成长期，市场需求扩大，利润上升，竞争加剧，企业要建立有效的市场营销组织，如复合型组织，以确定自己的竞争地位；在成熟期，需求稳定，利润下降，应建立高效率的营销组织，如职能型组织；在衰退期，需求减少，利润大幅度下降，应精简机构，建立临时性组织。

11.2.4.6 房地产销售方式

如果房地产产品以直销为主，则企业要自己负责市场调研、广告与促销、产品销售、物业管理等工作，营销组织的设置要全面复杂；如果将产品委托给代理商销售或由经销商销售，市场营销组织则要简单得多。

11.3 房地产市场营销控制

11.3.1 房地产市场营销控制的概念

由于市场营销计划在实施过程中总会发生一些意外的事情，营销部门必须对市场营销活动进行控制。所谓**市场营销控制是房地产企业市场营销管理过程的重要组成部分，是通过对市场营销计划执行情况的监督和检查，发现和提出计划实施过程中的问题和错误，提出纠正和防止错误重犯的对策建议，以保证市场营销目标的实现。**

房地产营销控制包括以下要点：

1. 制定标准　即确定营销控制的目标。营销控制就是监督任何偏离计划和目标的情况出现，因此，房地产营销控制的中心是目标管理。

2. 绩效测量　即房地产营销控制必须监督计划的实际执行情况。

3. 因果分析　即通过营销控制过程，找出偏离计划的行为产生的原因。

4. 改正行动　市场营销控制者必须采取改正行动，使房地产市场营销活动步入预定轨道，必要时需要改变行动方案，甚至改变目标本身。

实行市场营销控制的主要原因在于：

首先，营销计划与实施过程中遇到的现实不可能完全一致。未来环境多是未知的。计划通常是根据许多不确定因素制定的，在计划的实施过程中，这些因素可能会发生变化，计划和环境之间的相互作用往往也是难以预计的，这就需要通过控制对计划本身或计划的实施过程进行必要的调整。

其次，控制有助于房地产企业及早发现问题，防患于未然。

再次，控制起着监督和激励的作用。控制过程的本身就是监督过程，对成绩及时予以肯定和表扬，对错误及时予以批评和纠正，因而能激励市场营销人员更加努力地工作。

11.3.2 房地产市场营销控制的步骤

房地产市场营销控制主要有七个步骤组成。

11.3.2.1 确定控制对象

这是指确定应对哪些营销活动进行控制。房地产市场营销控制的范围很广，内容很多，而控制活动本身会引起费用的增加。因此，房地产市场营销控制首先要确定控制对象，使控制成本小于控制活动能带来的效益。最常见的控制对象是销售收入、销售成本和销售利润。此外，对市场调查、推销人员的工作、广告、新产品开发等营销活动也应通过控制加以评价。当然，在所界定的这些控制项目中，评价不应当是泛泛的，而应根据需要各有侧重。

11.3.2.2　设置控制目标

营销控制目标通常是指企业的主要战略目标以及为达到战略目标而规定的战术目标。如利润、销售额、市场占有率、顾客满意度等指标。不同房地产企业的控制目标不同，而且控制目标也不是固定不变的。总之，控制目标应根据企业的实际需要而设定。

11.3.2.3　确立控制标准

评价工作要有一个总的尺度，借以衡量营销目标和计划的完成情况。企业在制定目标和计划时，就要考虑到如何衡量完成工作的好坏。控制标准就是衡量尺度的定量化，它规定了控制对象的预期活动范围及要求。如推销人员绩效衡量的一个尺度是一年新增加多少客户。假设企业规定每个推销员一年新增客户50个，这就是控制标准。

确立控制标准通常要考虑三方面的因素：一是本企业的实际情况；二是同类企业的标准；三是市场环境因素。

需要注意的是：不同房地产企业有不同的控制标准。此外，控制标准也不是固定的，同一企业不同时期的控制标准可能不一样。总之，控制标准要根据具体情况需要而设立。

11.3.2.4　选择检查方法

选择检查方法就是选择评价房地产市场营销绩效的方法。最基本的方法是企业建立并积累营销活动及与此相关的原始资料，如营销信息系统中所储存的信息，包括各种资料、报告、报表、原始账单等。它们能准确、及时、全面、系统地记载并反映企业的营销绩效。此外，还可以通过直接观察法评价营销绩效。

房地产企业采用哪种检查方法，应根据实际情况而定。适当的检查方法对正确结果的获得是至关重要的，对下一步控制也起着十分重要的作用。

11.3.2.5　比较实绩与标准

比较实绩与标准就是将实际执行结果与控制标准进行比较。如果比较的结果是实绩与控制标准一致，则控制过程到此结束；如果不一致，则需要进入下一步骤。

11.3.2.6　分析偏差原因

产生偏差可能有两种情况：一是实施过程中出现了问题、发生了偏差；二是计划本身的问题，例如，某推销员未完成销售定额，可能是推销员自身原因造成的，也可能是销售定额过高造成的。

11.3.2.7　采取改进措施

通过对产生偏差的原因进行分析，就可以制定相应的改进措施，或者修订控制标准，或者制定补救措施。

企业在市场营销工作中，在履行市场营销控制职能时必须注意：

第一，控制必须与企业的组织系统相协调。营销活动几乎影响到企业的所有部门，而企业的各个组织系统又不一样，所以，控制要与企业的组织系统相协调，促使企业的各个部门都致力于企业整体的长远的利益。

第二，控制必须符合经济原则。营销控制要支出一定费用。实施控制后所获得的效益应远高于成本，如果得不偿失，控制活动就没有多大价值。

第三，控制必须客观。对企业营销业绩高低的检查与评价，必须注重事实，以事实为依据，千万不能先入为主或有任何偏见。

第四，控制必须着眼于未来，及时预测偏差，尽量使问题在还没有发生之前得到解决。

第五，控制的指标要有可比性。在运用各种指标进行分析比较时，必须有共同的比较基础。这是因为，基础不同的比较，所得的结论也是不同的。

第六，控制必须迅速报告差异。理想的控制是防患于未然。应将控制的结果及对差异的分析，迅速报告给主管人员，以便及时防止偏差。

第七，控制必须表明是否贯彻到行动上并使偏差得到纠正。如不能纠正偏差，控制也就失去了意义。因为控制不仅在于发现错误，重要的是及时改正错误。控制的重点应放在找出结果偏离绩效标准的原因，提出改进措施。

11.3.3 房地产市场营销控制方法

营销控制方法包括年度计划控制、盈利能力控制、效率控制等。

11.3.3.1 年度计划控制

年度计划控制是由房地产企业高层管理者和中层管理者负责控制的，其目的是确保年度计划所确定的销售、利润和其他目标的实现。年度计划控制的中心是目标管理，控制过程分为四个步骤：

第一步，管理者必须把年度计划分解为每个月、每个季度的具体目标；

第二步，随时掌握营销计划的实施情况；

第三步，及时发现实际工作与计划工作目标的差距，并找出产生差距的原因；

第四步，采取必要的补救或调整措施，以缩小实际与计划之间的差距。

年度计划控制的主要内容是对销售额、市场占有率、市场营销费用与销售额比率、顾客态度等进行控制和追踪分析。

1. 销售分析　销售分析就是衡量并评估实际销售额与计划销售额之间的差距。这种分析具体有两种方法：销售差距分析和个别销售分析。

（1）销售差距分析。这种方法主要用来衡量造成销售差距的不同因素的影响程度。

例如，假定年度计划要求在第一季度以4 000元/平方米的价格销售10 000平方米的商品住宅，预期销售收入2 000万元。但该季度末的实际销售情况是只以3 800/平方米的价格销售了8 000平方米，实际销售收入为3 040万元，比目标销售额减少了960万元，占预计销售额的24%。

问题是绩效的降低有多少归因于价格下降?有多少归因于销售量的下降?

分析计算方法如下：

因价格下降造成的差异：$(4\ 000-3\ 800)\times 8\ 000 = 160$ (万元)　占16.7%

因销售量下降造成的差异：$(10\ 000-8\ 000)\times 4\ 000 = 800$(万元)　占83.3%

由此可见，该房地产企业销售差额主要是由于销售面积下降所造成的。因此，企业应该认真调查销售面积下降的原因，切实采取有效的措施。

（2）个别销售分析。个别销售分析是分析个别房地产或地区销售额未能达到预期份额的原因。

例如，某房地产企业共开发三种房地产产品：普通住宅、写字楼和别墅。其年度计划销售收入分别为4 000万元、3 000万元和2 000万元，共计9 000万元，而企业的实际销售收入为4 200万元、2 300万元和1 200万元，共计7 700万元，占预期销售收入的85.6%。问题究竟出在哪种产品上?

就预期销售额而言，普通住宅的销售额完成了105%，超额完成5%；写字楼的销售额只完成了76.7%，未完成率23.3%；别墅的销售额只完成了60%，未完成率40%。显然，问题主要出在写字楼和别墅的销售上，尤其是别墅的销售方面。因此，企业要查明未完成年度计划目标的主要原因，并及时采取改进措施。

2. 市场占有率分析　销售分析不能反映出企业在市场竞争中的地位，而市场占有率是衡量竞争力的基本指标之一。通过市场占有率分析可以揭示出企业同其竞争者在市场竞争中的相互关系。如果企业的市场占有率升高，表明企业的营销绩效的提高，在市场竞争中处于优势；反之，如果企业的市场占有率下降，则说明企业营销绩效的下降，在竞争中失利。

市场占有率分析，首先必须明确市场占有率的度量方法，一般有以下四种不同方法：

（1）全部市场占有率。**以企业的销售额占全行业销售额的百分比来表示。**使用这种度量方法必须作两项选择：一是要以单位销售量或以销售额来表示市场占有率；二是正确认定行业的范围，即明确一行业所应包括的产品、市场等。

（2）可达市场占有率。**以其销售额占企业所服务市场的百分比来表示。**所谓可达市场一是企业产品最适合的市场；二是企业市场营销努力所及的市场。企业可能有近100%的可达市场占有率，却只有相对较小百分比的全部市场占有率。

（3）相对市场占有率（相对于三个最大竞争者）。**以企业销售额对最大的三个竞争者的销售额总和的百分比来表示。**如某企业有30%的市场占有率，其最大的三个竞争者的市场占有率分别为20%、10%、10%，则该企业的相对市场占有率是75%。一般情况下，相对市场占有率高于33%即被认为是实力较强的企业。

（4）相对市场占有率（相对于市场领先者）。**以企业销售额相对市场领先竞争者的销售额的百分比来表示**。相对市场占有率超过100%，表明该企业是市场领先者；相对市场占有率等于100%，表明企业与竞争者同为市场领先者；相对市场占有率的增加表明企业正接近市场领先者。

3. 市场营销费用与销售额比率分析　年度计划控制的任务之一，就是在保证实现销售目标的前提下，控制销售费用开支和营销费用的比率。市场营销管理人员的工作，就是密切注意这些比率，以发现是否有任何比例失去控制。当一项费用对销售额比率失去控制时，必须认真查找原因。

4. 顾客态度追踪分析　年度计划控制除了以金额、数量或相对值作为衡量标准外，还需要对市场营销的发展变化进行定性分析和描述。为此，企业建立专门机构来追踪其顾客的态度，对于营销控制过程中分析原因、寻找调整措施，将是十分必要的。一般可从以下三个方面进行顾客态度的追踪分析：

（1）建立听取意见制度。企业对来自顾客的书面的或口头意见应该进行记录、分析，并做出适当的反应。对不同的意见应该归类成册，对意见比较集中的问题要查找原因，加以改进。企业应该鼓励顾客提出批评和建议，使顾客经常有机会发表意见，这样可能搜集到顾客对其产品和服务反映的完整资料。

（2）固定顾客样本。有些企业建立由有一定代表性的顾客组成的固定顾客样本，定期地通过电话访问或邮寄问卷了解其需求、意见和期望。这种做法有时比听取意见更能代表顾客态度的变化及其分布范围。

（3）顾客调查。企业定期让一组随机顾客回答一组标准化的调查问卷，其中涉及的问题包括职员态度、服务质量等。通过对这些问卷的分析，企业可及时发现问题，并及时予以纠正。

通过上述分析，企业发现营销实际与年度计划指标差距较大时，可考虑采取调整市场营销计划指标或调整市场营销策略等措施。

11.3.3.2　盈利能力控制

除了年度计划控制之外，企业还需要衡量不同产品、不同销售区域、不同顾客群体、不同渠道以及不同购买规模的盈利能力。并在此基础上采取相应措施。对盈利能力可作如下具体分析：

1. 营销成本分析　**营销成本是指与营销活动有关的各项费用支出**。营销成本直接影响企业利润。因此，企业不仅要控制销售额和市场占有率，亦要控制营销成本。营销成本主要包括：

（1）直接推销费用。包括直销人员的工资、奖金、差旅费、培训费、交际费等；

（2）促销费用。包括广告媒体成本、产品说明书、印刷费用、赠奖费用、展览会费用、促销人员工资等；

(3) 其他市场营销费用。包括市场营销管理人员工资、办公费用等。上述成本连同企业的生产成本构成了企业的总成本，直接影响企业经济效益。

2. 盈利能力的指标考察 在对市场营销成本进行分析之后，还应考察如下盈利能力指标：

(1) 销售利润率。销售利润率是评估企业获利能力的主要指标之一。

销售利润率=本期利润／销售额×100%

但是，在同一行业各个企业间的负债比率往往大不相同，而对销售利润率的评价又常须通过与同行业平均水平来进行对比。所以，为了较准确地评价市场营销效率。在评估企业获利能力时最好能将利息支出加上税后利润，这样将能大体消除由于举债经营而支付的利息对利润水平产生的不同影响。计算公式为：

销售利润率=税后息前利润／产品销售收入净额×100%

(2) 资产收益率。指企业所创造的总利润与企业全部资产的比率。其公式为：

资产收益率=本期利润／资产平均总额×100%

与销售利润率的理由一样，为了在同行业间有可比性，资产收益率可以用如下公式计算：

资产收益率=税后息前利润／资产平均总额×100%

其分母之所以用资产平均总额，是因为年初和年末余额相差很大，如果仅用年末余额作为总额显然不合理。

(3) 净资产收益率。这是衡量企业偿债后剩余资产的收益率的指标，其公式为：

净资产收益率=税后利润／净资产平均余额×100%

其分子不包含利息支出，因为净资产已不包括负债在内。

(4) 资产管理效率。可通过以下比率来分析：

1) 资产周转率。该指标可以衡量企业全部投资的利用效率，资产周转率高，说明投资的利用效率高。公式为：

资产周转率=产品销售收入净额／资产平均占用额

2) 存货周转率。公式为：

存货周转率=产品销售成本／存货平均余额

这项指标说明某一时期内存货周转的次数，从而考核存货的流动性。存货平均余额一般取年初和年末余额的平均数。一般说来，存货周转率次数越高，说明存货水准越低、周转快、资金使用效率高。

资产管理效率与获利能力密切相关。资产管理效率高，获利能力相应也较高。这可以从资产收益率与资产周转率及销售利润率的关系上表现出来。资产收益率实际上是资产周转率和销售利润率的乘积：

资产收益率=产品销售收入净额/资产平均占用额×税后息前利润/产品销售收入净额 =资产周转率×销售利润

11.3.3.3 效率控制

如果盈利能力分析显示出企业关于某一产品、地区或市场所得的利润很差；那么，需要进一步分析和控制的便是有没有高效率的方式来管理销售人员、广告、营业推广等。具体分析如下：

1. 销售人员效率　企业的各地区的销售经理要记录本地区内销售人员效率的几项主要指标，这些指标包括：①每个销售人员每天平均的销售访问次数；②每次会晤的平均访问时间；③每次销售访问的平均收益；④每次销售访问的平均成本；⑤每次销售访问的招待成本；⑥每百次销售访问预订购的百分比；⑦每个期间增加的新顾客数；⑧每个期间流失的顾客数；⑨销售成本对总销售额的百分比。

这些分析可以发现一些非常重要的问题，如销售代表每天的访问次数是否太少，每次访问所花时间是否太多，是否在招待上花费太多，每百次访问中是否签订了足够的订单，是否增加了足够的新顾客并且留住了老顾客。如果企业重视这些问题，通常容易取得实质性的改进。

2. 广告效率　主要应统计和分析如下指标：①每一媒体类型、每一媒体工具接触每千名购买者所花费的广告成本；②顾客对每一媒体工具注意、联想和阅读的百分比；③顾客对广告内容和效果的意见；④广告前后对产品态度的衡量；⑤受广告刺激而引起的询问次数。

企业高层管理者可以采取若干步骤来改进广告效率，包括进行更加有效的产品定位；确定广告目标；指导广告媒体的选择；寻找较佳的媒体；进行广告效果测定等。

3. 营业推广效率　为了改善营业推广的效率，管理者应该对每一次营业推广的成本及其效果进行统计和分析。主要包括：①由于优惠而销售的百分比；②每一销售额的陈列成本；③赠券收回的百分比；④因示范而引起询问的次数。此外，还应观察不同营业推广手段的效果，并选择效果最佳的手段。

效率控制的目的在于提高人员推销、广告、营业推广等市场营销活动的效率，营销经理必须关注若干关键比率，这些比率表明上述市场营销组合因素的功能执行的有效性以及应该如何对执行情况加以改进。

案 例 ××嘉园项目全程计划书

第一部分 项目背景分析

1. 基地基本资料
2. 基地附近环境分析

第二部分 市场环境分析

1. 市场数据
2. 2000～2001年市场发展特点
3. 2002年××市房地产市场发展预测
4. 竞品个案分析

第三部分 产品SWOT分析

1. SWOT分析
2. 目标设定

第四部分 市场定位

1. 目标区域定位
2. 目标消费群体
3. 形象定位
4. 产品定位

第五部分 营销策略

1. 总体策略方针
2. 销售策略及推进
3. 价格策略及推进
4. 销售节奏控制

第六部分 广告策略与媒体行程计划

1. 总体策略方针
2. 广告推广主题（楼盘概念设计）
3. 广告口号（广告语）
4. 广告表现
5. 媒体策略与媒体组合
6. 广告推进
7. 媒体行程

第七部分 公关策略与活动安排

1. 总体策略与方针
2. 活动时机
3. 具体活动安排

第八部分 销售准备

1. 工地现场管理
2. 展示系统建立
3. 导视系统建立
4. 形象识别系统的建立
5. 销售资料制作
6. 示范单位建立
7. 统一销售流程

第九部分 营销控制

1. 广告效果评估
2. 客户访问统计与分析
3. 销售控制

第十部分 工作排期

思考题

1. 房地产市场营销计划包括哪些内容？
2. 实施房地产市场营销计划的步骤是什么？
3. 房地产市场营销组织形式有哪些？每种组织形式的优缺点及适用条件是什么？
4. 影响房地产市场营销组织结构的因素有哪些？
5. 简述房地产市场营销控制的步骤。
6. 房地产市场营销控制有哪几种方法？

实训题

为小组研究的楼盘撰写市场营销计划书。

第12章

房地产销售

学习目标

1. 了解房地产销售前需要做哪些准备工作及销售人员的培训内容；
2. 了解房地产销售的流程及销售管理；
3. 掌握房地产销售的策略和技巧。

技能要求

1. 能够较灵活地掌握房地产销售技巧；
2. 熟悉房地产销售流程。

12.1 房地产销售准备

12.1.1 项目合法的审批资料准备

国家按照未竣工项目和竣工项目的销售分别设定了不同的法律条件。

12.1.1.1 未竣工房地产项目销售

未竣工的房地产项目进入市场销售需要符合预售条件。目前，全国各地对项目预售的规定也不同。一般来讲，商品房预售条件及商品房预售许可证明的办理程序，按照《城市房地产开发经营管理条例》和《城市商品房预售管理办法》的有关规定执行。

商品房预售应当符合下列条件。

(1) 已交付全部土地使用权出让金，取得土地使用权证书；

(2) 持有建设工程规划许可证和施工许可证；

（3）按提供预售的商品房计算，投入开发建设的资金达到工程建设总投资的25%以上，并已经确定施工进度和竣工交付日期。

商品房预售实行许可制度。开发企业进行商品房预售，应当向房地产管理部门申请预售许可，取得《商品房预售许可证》。

未取得《商品房预售许可证》的，不得进行商品房预售。

12.1.1.2 竣工房地产项目销售

按建设部颁布的《商品房销售管理办法》规定，已竣工的房地产项目进入市场销售需要符合以下的条件。

（1）现售商品房的房地产开发企业应当具有企业法人营业执照和房地产开发企业资质证书；

（2）取得土地使用权证书或者使用土地的批准文件；

（3）持有建设工程规划许可证和施工许可证；

（4）已通过竣工验收；

（5）拆迁安置已经落实；

（6）供水、供电、供热、燃气、通讯等配套基础设施具备交付使用条件，其他配套基础设施和公共设施具备交付使用条件或者已确定施工进度和交付日期；

（7）物业管理方案已经落实。

符合法律规定可以进入市场销售的项目，开发商可以自销或委托代理销售公司进行销售。房地产销售代理公司必须具有承担该业务的合法资格，并与委托方签署正式委托销售合同。

12.1.2 销售资料的准备

销售资料的准备一般包括法律文件、宣传资料和销售文件的准备。

12.1.2.1 必要法律文件的准备

1. 建设工程规划许可证　根据相关法律规定，在城市规划区新建、扩建、改建建筑工程和市政工程应向市规划主管部门或派出机构领取《建设工程规划许可证》方可办理开工手续。《建设工程规划许可证》的附图和附件是该证的配套文件，具有同等法律效力。取得《建设工程规划许可证》后超过一年未开工的，《建设工程规划许可证》自行失效。

建设工程竣工后，建设单位或个人持建筑工程竣工测绘报告向原审批部门申请规划验收，未经验收或验收不合格的，不予发放《规划验收合格证》，不予房地产权登记，不得投入使用。

2. 土地使用权出让合同　土地使用权出让合同，由土地管理部门与土地使用者共同签订。土地使用者与土地管理部门签订或者变更土地使用权出让合同时，必须向土地管理部门交纳土地开发费与市政配套设施费。

3. 预售许可证　符合规定预售条件的，经主管机关核准后，发给《房地产预售许可证》。

4. 房地产买卖合同　当地国土房地产规划主管部门制定的标准合同文本。

对于现房的销售则需要“五证二书”。即建设用地规划许可证、建设工程规划许可证、建设工程施工许可证、国有土地使用证、商品房预售许可证、住宅质量保证书和住宅使用说明书。

12.1.2.2 宣传资料的准备

房地产销售的宣传资料有形象楼书、功能楼书、折页、置业锦囊、宣传单张等形式。在进行资料准备时，一般要根据项目具体规模、档次、目标客户群等来选择其中一种或多种组合使用。

1. 形象楼书　楼书是向消费者介绍楼盘产品特性的书面资料，它包括楼盘的地理位置、周边配套、小区配套、户型资料、交楼标准、物业管理等信息。一般楼书的具体内容有位置图、总体规划、楼体形象、代表户型图、会所、物管介绍。

在项目确定市场定位及形象定位后，形象楼书的风格及色调也同步基本确定。在形象楼书中一般要用较抽象的手法将项目的品牌、档次、给目标客户的生活和工作（写字楼）带来怎样影响、对未来生活的憧憬和事业的发展（写字楼）等表现出来，在展现项目卖点的过程中多采用图片及较易产生联想的语言来表述。如某房地产项目“阳光四季”在形象楼书中除用大幅图片表达项目的品牌、较高档次、未来生活外，主打语为“阳光有多好，你就有多好”；又如一座为“风和日丽”的房地产项目，用小主人公在大片绿地上淋浴阳光和放风筝来表现一种和谐的生活，其主打语为“和谐的民风，亮丽的日子”；另一楼盘“美庐锦园”则是用大幅图片表现蓝色大海、绿色高尔夫及华侨城景观等生活环境，配以“海风轻拂，芳草绿，悠然在我家”的主打语，使人浮想联翩，从而加深人们对楼盘的印象。

形象楼书，应给人很多回味及想象的空间，将项目与自己未来美好的生活联系在一起。

2. 功能楼书　功能楼书一般来说是对房地产项目各方面较全面的说明，可以理解为一本简单的“产品说明书”。它将楼盘的开发商、整体规划、交通、建筑特色、内部规划、各层功能分区，各种户型介绍等展现在客户面前。让客户看后应对楼盘整体素质有一个较全面的了解。

例如，某项目功能楼书，内容包括：1～2页，开发商实力背景；3～4页，建筑总体设计及总体规划资料；5～6页，楼盘地理位置及地段总体规划；7～8页，社区内环境园林介绍；9～10页，物业管理及服务介绍；11～12页，楼盘品质及交楼标准介绍；13～17页，各种户型介绍等。

3. 折页、置业锦囊、单张　折页主要是形象楼书和功能楼书的一种简要版本和补充。在折页上，外页用来表现形象包装的内容，而里页配以各种户型或楼盘的介绍，其他方面内容的介绍也可以采用插页夹在其中。置业锦囊则主要侧重于生活配套及目标客户关注问题的说明，有时可起到以小见大的效果。单张一般用于大量派送，如展销会或街头派送等。

上述资料不一定每一个项目都样样具备，一般可根据项目特点搭配使用，使其既能达到房地产项目的宣传效果，又能控制成本。以下是几种常见的搭配方案：①功能楼书+形象楼书+单页；②形象楼书+锦囊+折页；③形象楼书+功能楼书；④功能楼书+锦囊+单页等。

12.1.2.3 销售文件的准备

1. 客户置业计划　项目在推向市场时，不同的面积单位、不同的楼层、不同的朝向，总价都会不同。应事先制定出完善的客户置业计划，这样可以明确地告诉置业者不同付款方式和金额。下列是某项目的客户置业计划范本。

一次性付款______折：______
按揭付款________折：______
首期__________成：______
贷款__________成：______
__________年月供：______
__________年月供：______

2. 认购合同　在房地产销售过程中，当置业者选中了自己喜欢的单位，需交纳一定数量的定金来确定其对该房号的认购权，但此时还没有签定正式房地产买卖合同，这样就需签定认购合同来保障置业者和开发商双方的合法权利。

3. 购楼须知　房地产属于大宗消费品，购买过程复杂，为明晰置业者的购买程序，方便销售，事先应制定书面的购楼须知。购楼须知内容包括物业介绍、可购买对象、认购程序等。

4. 价目表　价格策略制定完成后要制做价目表，价目表可以按每套房的单价，也可以按每套房的总价或单价和总价同时编制。

5. 付款方式　房地产销售有不同的付款方式。如一次性付款、按揭付款、建筑分期付款等。按揭付款有不同按揭年限、按揭成数的付款。在项目准备阶段，应制定出开发商可接受的不同的付款方式，如表12-1所示。

表12-1　某项目付款方式一览表

付款方式	折扣率	备　注
一次性付款	0.88	15天内付30%，30天内付剩余70%
七成15～20年按揭	0.90	15天内付30%，45天内办理剩余70%的按揭手续
七成20年按揭	0.95	15天内付10%，45天内办理剩余的70%的按揭手续，入住前付20%
3年免息分期	0.98	15天内付30%，剩余70% 3年免息36期供完

6．其他相关文件 其他应准备文件可根据项目自身来确定，如办理按揭指引、需交税费一览表、办理入住指引等相关文件。

12.1.3 销售人员的准备

12.1.3.1 确定销售人员

房地产销售一般根据项目销售量、销售目标、广告投放等因素决定销售人员的人数，然后根据销售情况进行动态调整。

如某楼盘有500套房屋，按照三个月销售30%的目标，按8%的平均成交率计算，总共约需接待1 875批客户，因此正常销售期间每天必须保证接待21批客户，如按每个销售代表每天接待4～5批客户，每天大约需要5～6人上班，综合考虑调休等因素，该项目在此销售阶段需安排8～9名销售代表。

选择销售人员时，应注重他们的素质。首先要有良好的个人形象，其次还要有基本的专业素质和沟通能力，能为客户提供专业及优质服务。根据不同的房地产项目选择熟悉该地区、该类客户、该房地产类型的销售人员，为房地产销售打下良好的人员基础。

12.1.3.2 确定培训内容

为了达到一个预期的销售目标，在正式上岗前对销售人员的培训是非常重要的，同时在销售过程中也要不断结合销售中出现的新问题进行后续培训。对销售人员的培训一般有以下内容：

1．公司背景和目标 公司背景、公众形象、公司目标（项目推广目标及公司发展目标）；销售人员的行为准则、内部分工、工作流程、个人收入目标。

2．物业详情 项目规模、定位、设施、买卖条件；物业周边环境、公共设施、交通条件；该地区的城市计划，宏观及微观经济因素对物业的影响情况；项目特点，包括项目规划设计内容及特点（包括景观、立面、建筑组团、容积率等）；平面设计内容及特点（包括总户数、总建筑面积、总单元数、单套面积、户内面积组合以及户型优缺点、进深、面宽、层高等）；项目优劣势分析；竞争对手优劣分析及对策。

3．销售技巧 售楼过程中的洽谈技巧，以发问探寻客户需求、经济状况、期望等，掌握买家的心理；恰当使用电话；掌握推销技巧，语言技巧，身体语言技巧。

4．签订买卖合同的程序 ①售楼处签约程序；②办理按揭及计算；③入住程序及费用；④合同说明、其他法律文件；⑤所需填写的各类表格。

5．物业管理 ①物业管理服务内容、收费标准；②管理规则；③公共契约。

6．其他内容 包括销售人员的礼仪培训，建筑学基本常识、财务相关制度等等。

12.1.3.3 确定培训方式

1. 课程培训　讲解、传授内容包括国家及地区相关房地产业的政策法规、税费规定；房地产基础术语、建筑常识、识图、计算户型面积；心理学基础；银行的按揭知识，涉及房地产交易的费用；国家、地区的宏观经济政策、当地的房地产走势；公司制度、组织和财务制度等。

2. 销售摸拟　①以一个实际楼盘为例进行实习，运用全部所学方法技巧完成一个交易；②利用项目营销接待中心、示范单位模拟销售过程；③及时讲评、总结，必要时再次实习模拟。

3. 实地参观销售现场　结合现场销售流程进行实地讲解。

12.1.4 销售现场的准备

房地产销售现场的准备是销售前准备工作中非常重要的一环。诚意客户在接收到楼盘销售的信息后，决定来现场参观，现场状况的优劣将直接影响其购买行为。一般来说现场工作包括售楼处（模型）、看楼通道、示范单位、形象墙、户外广告牌、灯箱、大型广告牌、导示牌、彩旗、示范环境、施工环境等。

12.1.4.1 售楼处

售楼处又称销售中心，主要是向客户介绍楼盘和展示楼盘形象的地方，同时也是客户做出购买决定并办理相关手续的地方。因此，其地点的选择和装修设计风格都要精心安排。

1. 售楼处位置选择　应遵循以下原则：①最好迎着主干道（或主要人流）方向；有较好的环境和视线；②设在人车都能方便到达，且有一定停车位的位置；③设在能方便到达示范单位的位置；④设在与施工场地容易隔离、现场安全性较高的位置。

2. 售楼处的设计布置原则

（1）功能分区明确，一般设有：门前广场、停车场、接待区、洽谈区、展示区、放像区、办公区、客户休息室、儿童游戏区、卫生间、储藏室、更衣室等；

（2）进入销售中心前要有明确的导示，如挂旗、灯杆旗、彩旗、指示牌灯等，入口广场上要有渲染氛围的彩旗、花篮、气球、绿化等，在空间够大时，还可以布置水体、假山石、花架、休闲椅等；

（3）销售中心的内外空间要尽可能通透；室内灯光要明亮，重点的地方要有灯光配合作为强调，如展板、灯箱、背景板等；展示区要与洽谈区相临或融为一体；在必要的地方布置小饰品和绿色植物；

（4）在接待区要通过背景板营造视觉焦点，背景板可以展示楼盘的标识、名称，也可以用图片展示一种氛围；接待区的灯光要经特别处理，做到整体和局部的结合，天花板的造型要特别；接待区要布置在离入口处较近，且方便业务员看到来往客户的位置；

（5）主卖点要有明确的展示，如展板、图片及实体展示；要配合楼盘性质营造氛围，如普通住宅的温馨，高档住宅的尊贵豪华，写字楼的庄重等。

12.1.4.2 看楼通道

看楼通道是连接售楼处和示范单位（如样板房）之间的交通通道。看楼通道应注意以下几点：

（1）看楼通道的选择以保证线路尽可能短和安全通畅为原则；对于有转弯的地方或不符合人的行为功能的地方要有提示，如高低不平、顶梁过低等；

（2）要保证通道充足的采光或照明；在通道较长的条件下，要做到移步一景，要丰富而不单调；

（3）最好要有利于施工组织，尽可能不要形成地盘分割；

（4）一般排列的方式有：平列式、下走式、架空式。

12.1.4.3 样板房

房地产项目在预售时，由于置业者在产生购买行为时看不到完整的房屋状况，因此，样板房的制作主要是让客户在此之前对所购买物业有一个直观的感觉和印象。样板房装修布置应表现真实，同时在具体选择和装修上要注意以下原则：

1. 样板房选择的基本原则

（1）选择主力户型、主推户型；

（2）设在朝向、视野和环境较好的位置；

（3）设在可方便由售楼处到达的位置；

（4）多层期房尽可能设在一楼或低楼层；高层现房一般设在较高楼层；

（5）高层期房一般布置在4～6层。如果小区环境已做好或周边景观好，也可以利用施工吊笼或临时电梯作垂直交通工具布置在尽可能高的楼层。

2. 样板房装修原则

（1）装修应充分展示户型空间的优势；要有统一的标识系统（如门前户型说明、所送家具或电器的标识）；

（2）针对空间的使用要给客户进行引导（特别是难点户型和大面积户型）；

（3）装修的风格和档次要符合项目定位和目标客户定位。如经济型用房要着力展示空间的实际使用功能，小户型住宅可从空间的有效性和生活的情调两方面展示，高档物业着力表现其尊贵豪华和突出品位；内部展示的电器、家具、小饰品都应协调；

（4）色彩明快温馨，能煽情；光线要充足；家具的整体风格要统一，不可零乱；做工要精细；

（5）对于周边有安全网的样板房，其窗、阳台与围板间保留约30厘米的间隔，用以绿化；在样板房上两层阳台等入口处设挡板，以防施工掉物，给客户造成安全性不强的印象；

（6）样板房门前要设置鞋架或发放鞋套，最好可以让客户直接进入。

12.1.4.4 形象墙、围墙

（1）形象墙、围墙一般主要是用在分隔施工场地，保证客户看楼安全和视线整洁的地方；一般可用普通的砖墙、也可用围板；在客户视线可及的地方要进行美化和装饰；可以上裱喷绘也可用色彩直接上绘；

（2）墙上的内容可以仅仅是楼盘的Logo和售楼电话，也可以根据其墙所在的位置通过结合灯箱、广告牌来展示楼盘的形象和卖点，其风格和色彩应与整体推广相统一，具有可识别性。

12.1.4.5 示范环境

室外空间要进行专项环境设计，根据空间的大小可设置水体造型，如喷泉、叠泉等。水池要与环境结合紧密，也可结合假山石，休闲座椅、花架等；绿植和花草类一般都是必须在住宅开盘时最好多选择些时令花卉，以渲染气氛。

12.1.4.6 施工环境

施工现场应保持干净、整洁、有条理。施工现场的组织与管理水平直接代表着建筑施工公司的水平及实力，而建筑施工公司的水平及实力又直接影响着房地产产品的质量，因此在选择合格的施工公司后，对施工现场环境的维护和有序的管理，将直接影响到项目的形象和其在市场中的口碑，从而影响到消费者的购买信心。

12.1.4.7 模型

模型主要用于在无法完整直接地看到楼盘实际效果时，用来告之客户完成后楼盘的完整形象，同时，也方便业务员给客户讲解时指明具体户型的位置、方位。模型一般包括社区整体规划大模型、分户模型、局部模型、环境模型和区域模型。

整体规划模型用于表现项目的具体位置、周边的景观、配套和小区布局以及中心庭院等，整体楼盘模型的常规比例为1：150。

分户模型主要用在实体示范单位和交楼标准不能展示全部户型时，方便客户对户型的实际布局和户内空间大小尺寸进行了解，常规比例1：25。

局部模型主要用于楼盘现场及其他模型都不能充分表现的局部，可以是建筑的阳台、建筑的空中花园、建筑的屋顶或屋顶会所，也可以是建筑的一段外墙、建筑内墙、小区或户外的环境局部、会所的局部等；但这些往往是楼盘的主卖点或主要需要展示的地方，比例可以根据实际任意确定。

环境模型主要用在楼盘的环境面积较大或特色明显但通过现场又无法展示的情况下采用。

区域模型主要用在楼盘所在区域主要为规划中或建设中，而实际看到的现状相对零乱时采用。

12.1.4.8 广告牌、灯箱、导示牌、彩旗等

当项目位置处于非主干道或是销售中心位置不便发现时，广告牌、灯箱、导示牌、彩旗的作用就非常明显。一方面它们可以将项目的重要信息（如位置、咨询电话等）在更广阔的地域向外发布，更重要的是它们可以将客户从主干道或是其熟悉的地方引导至项目现场，同时对项目现场气氛起到烘托的作用。

12.2 房地产销售实施与管理

12.2.1 房地产销售实施

12.2.1.1 销售实施阶段的划分

销售实施阶段的划分是根据市场销售规律、工程进度及形象配合等因素进行。由于实际情况的不可预估性，后期的策略应根据本项目的实际销售情况、工程进度以及同期市场竞争状况再进行相应调整。

按项目销售时间及进度，可将房地产销售分为以下几个阶段：预销期、强销期、持续销售期、尾盘期，表12-2为一个销售期约12个月的项目划分。

表12-2 房地产销售阶段累计销售量

阶 段	时 间	累计销售量
预销期	开盘前第1～2个月	5%～10%
强销期	开盘后第1～2个月（2个月）	40%～50%
持续销售期	开盘后第3～6个月（4个月）	70%～80%
尾盘期	开盘后第7～10个月（4个月）	90%～95%

12.2.1.2 各销售阶段的策略

房地产项目进入销售阶段，通过前期市场定位及各销售阶段的总结，可得出下一阶段的销售策略。

1. 预销期的销售策略　房地产市场的发展越来越理性，置业者在购房时都会反复比较和挑选，寻求性能价格比最高的物业，注重眼见为实。对比于现楼，置业者对期房的信心相对不足。因此，入市的时机一方面取决于当时市场的竞争状况，更重要的取决于入市时的工程形象和展示是否到位。

一般来说，项目在正式进入市场前都要有一个预热及提前亮相的阶段，通常有以下几种作用：

（1）不具备销售条件，但需提前发布将要销售的信息以吸引客户等待；

（2）面对市场竞争日益激烈，提前预销可分流竞争对手的部分客户；

（3）为了在开盘时能达到开门红，先行在市场中建立一定知名度和客户基础；

(4) 对目标客户及市场进行测试，为正式开盘时的销售策略提供准确依据。

2. 强销期的销售策略　此阶段一般为项目正式进入市场开始销售，在此阶段项目会投入大量的广告费、推广费用，一般还配合有开盘仪式以及其他各种促销活动等，相应此阶段的销售数量及能力需求也较高。强销期内须注意以下问题：

(1) 顺应销售势头，保持较充足的房源供应量，否则有可能造成客户资源的浪费，如需保留房号，数量不宜超过总量的15%；

(2) 此阶段现场热销气氛非常重要，因此应加强促销，不要轻易停止，可根据实际情况变换不同方式，以保持热销场面；

(3) 价格调整一定不能一次太多，一般每次不应超过1%，但在客户可接受的前提下，可采用小步慢跑式（即可多次提价，但每次较少）；

(4) 此阶段为项目的最关键阶段，如在市场中成功建立入市形象及市场认同感，则为持续期及尾期奠定了较好基础。

3. 持续销售期的策略　当项目通过大规模广告及促销后，逐渐进入平稳的销售期，此阶段即为持续销售期。此期间上门客户量逐渐趋于平稳，广告量也不如前段那么大，因此该阶段应根据项目特点和所剩房源挖掘个性进行销售。

如某项目因其紧靠山景公园，楼盘最大卖点为山景高尚住宅，因此，朝向山景的单位在前期销售较好。销售在进入持续销售期后，剩余大量房源为无山景的住宅，此时及时挖掘这部分房的价值，发现住宅背山面水在风水上是大吉，故对此部分单位主推此卖点，吸引大量重风水的客户成交，很快取得效果。

4. 尾盘期的策略　项目进入尾盘，销售速度明显减缓，项目入住临近，销售问题尤其突出。一是剩余房号可供客户选择范围的少，剩余户型集中在户型设计相对不合理或总价较高部分，无市场竞争力；二是部分户型定位与区位环境不符合。进入尾期后，一般剩下的销售额即为开发商利润，因此解决此部分的销售对开发商特别关键，解决尾盘应注意：

(1) 既考虑售价，也要考虑时间。即尾盘不能追求高价格，因追求高价而不能变现，反而增大风险；

(2) 可多考虑现楼因素，多做促销。

12.2.1.3 销售业务流程

1. 寻找客户　要想把房子销售出去，首先要寻找到有效的客户。客户的来源有许多渠道，如咨询电话、房地产展示会、现场接待、促销活动、上门拜访、朋友介绍等。要了解不同来源客户的特点，做好接待工作。接听电话必须态度和蔼，语音亲切；客户在电话中问及价格、地点、面积、格局、进度、贷款等问题时，销售人员应扬长避短，在回答中将产品的卖点巧妙地融入。

需注意的问题有以下几点：

(1) 在与客户交谈中，设法取得有价值的资讯：第一要件，客户的姓名、地址、联系电话等个人背景情况的资讯，其中，与客户联系方式的确定最为重要；第二要件，客户能够接受的价格、面积、格局等对产品的具体要求的资讯。

（2）最好的做法是，直接约请客户来现场看房，约请客户应明确具体时间和地点。

（3）挂电话之前应报出业务员自己的姓名、手机号、联系电话，欢迎客户随时咨询，并马上将所得资讯记录在客户来电表上。

（4）接听电话时，尽量由被动回答转为主动介绍、主动询问。

（5）应将客户来电信息及时整理归纳，与现场经理、广告制作人员充分沟通交流。

此外，参加房展会，通过朋友或客户介绍客户等，都是较常见的寻找客户的渠道，要细心分析资料，收集信息，以找准目标客户。

2. 现场接待　现场接待作为销售环节中最为重要的一环，尤应引起销售人员的重视。所有的前期工作都是为了客户上门做准备。

（1）迎接客户，应仪表端庄，态度亲切，接待热情；

（2）介绍项目，可配合沙盘模型等做简单的项目讲解（如朝向、楼高、配置、周边环境等），使客户对项目形成一个大致的概念；

（3）带看现场，在售楼处作完基本介绍，并参观样板间后，主动带领客户参观项目现场。

3. 销售谈判

（1）初步洽谈。样板间及现场参观完毕后，可引导客户到谈判区进行初步洽谈，介绍客户中意单元的价格及付款方式、各种相关手续费用等；针对客户的疑惑点，进行相关解释，帮助其逐一克服购买障碍。适时制造现场气氛，强化其购买欲望。

（2）谈判。谈判是在客户已完全认同本物业各种情况之后进行的工作，其焦点主要集中在折扣及付款方式上。折扣问题上，应尽可能守住目前折扣，以留一些余地给销售主管，切忌一放到底；在付款方式上，一些客户会提出希望延迟交款或提交按揭资料时间，对此种要求，业务员应酌情处理，处理前应征求销售主管意见，无法解决时可由销售主管协助解决。

（3）暂未成交。若暂时没有达成协议，销售人员仍应态度亲切，始终如一；及时分析暂未成交或未成交的真正原因，记录在案；针对暂未成交或未成交的原因，报告现场经理，视具体情况，采取相应的补救措施。

4. 客户追踪

（1）填写客户资料表。无论成交与否，每接待完一组客户后，立刻填写客户资料表。填写的重点是客户的联络方式和个人资讯，客户对产品的要求条件，成交或未成交的真正原因。根据客户成交的可能性，将其分类为：A. 很有希望；B. 有希望；C. 一般；D. 希望渺茫，以便日后有重点的追踪询访。

（2）客户追踪。适时依客户等级与之联系对于A、B等级的客户，销售人员应列为重点对象，保持密切联系；将每一次追踪情况详细记录在案，便于日后分析判断；无论最后是否成交，都要婉转要求客户帮忙介绍客户。

5. 签约

(1) 收取定金。收取定金不在于金额大小，其主要目的是使客户关注该楼盘，因此当客户未带足资金时，鼓励客户支付小额定金是一个行之有效的办法；定单填写完后，应仔细检查户别、面积、总价、定金等是否正确；折扣或其他附加条件，应报现场经理同意备案；收取的定金须确实点收。

(2) 定金补足。定金补足交齐后，应在定金栏内填写实收补足金额；将签约日期和签约金填写于定单上；详细告诉客户签约时的各种注意事项和所需带齐的各类证件；填写完后，再次检查户别、面积、总价、定金等是否正确；将详尽情况向现场经理汇报备案。

(3) 换户。需换户者，在定购房屋栏内，填写换户后的户别、面积、总价，并注明何户换何户，收回原定单；应补金额及签约金若有变化，以换户后的户别为主；其他内容同原定单。

(4) 签订合约。签约时应验对客户身份证原件，审核其购房资格；出示商品房预售示范合同文本，逐条解释合同的主要条款；签约成交后，按合同规定收取第一期房款，同时相应抵扣已付定金；对签约后的合同，应迅速交房地产交易管理机构审核，并报房地产登记机构登记备案。

(5) 退户。遇到退户情况，应分析退户原因，明确是否可以退户；报现场经理或更高一级主管确认后，办理退户手续，结清相关款项，将作废合同收回留存备案；有关资金移转事项，均须由双方当事人签名认定；若有争议无法解决时，可提请仲裁机构调解或人民法院裁决。

6. 入住　客户凭入住通知书、身份证明、合同副本、交款证明到物业公司办理入住手续；发展商向客户出具房屋质量检验合格书、验收项目说明（可选项）、房屋使用说明书；客户补足房款总额；物业公司与客户签署物业管理公约；物业公司向客户提供物业管理收费标准；客户缴纳物业管理费、公共维修基金、车位租金（可选项）、装修质押金（可选项）；领取所购房屋钥匙。

12.2.2 房地产销售管理

12.2.2.1 销售日常管理

1. 人员管理　销售的日常工作可以划分为销售任务与服务任务两部分。执行销售任务的人员主要面对顾客、接待顾客、推荐楼盘、实现成交；执行服务任务的人员主要包括售楼经理、售楼主任及当值售楼人员、保安、财务等，为销售工作提供必要的后勤服务。

(1) 销售流程的设定。项目销售流程设计应该有条不紊、运作高效。

（2）销售会议。每天例行的早会和总结性晚会，互相交流，反馈信息，检查当天的工作情况。

（3）销售考勤。通过现场签到及电话抽查制度，保障销售考勤的严肃性。

（4）销售控制。采用隐含销控的方法，由专人负责，每天与发展商核对销控情况。

（5）销售制度。在分清职责的前提下，采用计划管理与目标管理双管齐下，用制度强化规范管理，减少人性偏差。

（6）激励机制。有奖有罚，以提高售楼人员的工作能动性，减少售楼人员挑客、争客的现象。如每月评选“最佳售楼人员”一名，每季评选“高额售楼人员”三名，报公司嘉奖；连续3个月销售排名倒数第一者予以辞退。

2. 物品管理　包括销售资料的管理（设立资料台账，专人管理，有计划派发，尽量做到有效利用，减少浪费），日用品的管理和样板房及示范单位的管理（专人管理，设立资产账，做好日常维护及每季盘点工作）。

3. 财务管理　及时完成催、收款事务，收款要完善签收制度及证明人制度；专人专档管理销售合同；客户定金应到财务交纳不得私自收取；临时定金收据应交销售主任签收保管，退订单据由销售人员签字证明。

12.2.2.2 销售人员薪酬管理

房地产产品价值得以最终实现，在于销售人员自身的努力和团队的协同作战，而这种努力和协作除了有好的组织架构来安排，更需要有合理的报酬激励制度来维护。现行营销人员的报酬制度，一般有薪金制、佣金制和底薪加奖金混合制三种。其中，底薪加奖金的混合制各取所长，弥补了薪金制和佣金的不足，目前采用较为普遍。底薪加奖金的混合报酬制度通常有以下四种形式，它们各自适合于不同的情况：

1. 高薪低奖　该报酬制度适合于工作二线的一般行政人员和刚进公司不久的新进人员。行政人员因为工作性质不同，个人主观能动的发挥与业绩成效关联不是最直接，高薪低奖可以调动其工作积极性；新进人员因为对业务不熟，工作开展尚有一段孕育期，高薪低奖可以稳定他们安心学习，迅速掌握工作技能。

2. 低薪高奖　该报酬制度适合于一线的销售人员。以低薪给予基本生活保障，让高额奖金刺激其扩大销售业绩。因为销售业绩的好坏直接和企业的收入多少、个人的奖金高低密切相关，所以低薪高奖是双方都乐意实行的一种薪金制度。

3. 高薪高奖　这是偏重于个人利益的一种薪金制度，除非经济发展景气很好，或是个人去留对公司至关重要，一般很少采用。

4. 低薪低奖　这是偏重于公司利益的一种薪金制度。但对于销售公司而言，不宜激励员工不断开拓的进取心，更不容易形成良性循环的工作绩效。除非经济发展不景气，企业需维持现状，一般很少采用。

必须强调的是，房地产销售是销售人员个人技能发挥的大舞台，同时又是一项团队的活动，它更需要相互间的支援合作。适当的激励机制应该是着重鼓励这种个人努力，并且保证这种个人努力与团队间的良好配合。因此，销售人员的个奖往往会提留一部分作为团奖的分发。事实证明，也只有这样，个人的努力才能充分发挥，团队的力量才能加强。

12.3 房地产销售技巧

12.3.1 与客户初步接触的技巧

接触的成功与否决定销售的胜败。在与客户的初步接触时，第一印象是非常重要的。

12.3.1.1 抓住接近的技巧

售楼人员在什么时候与客户进行第一次接触而不显得唐突，这是有讲究的。下面介绍几个接近客户的最好时机：

1. 当客户走进售楼中心的时候　如果客户走进售楼中心的时候，就开始东张西望，看上去似乎是在寻找什么，这一定是客户要寻求帮助。这时，售楼人员应该主动接近客户，并热情地同客户打招呼。

2. 当客户驻足观看的时候　一般来说，在大型的售楼活动时客户比较多，售楼人员在人群之中分清目标客户是有一定难度的。当看到有客户驻足观看或是很出神地观看房产模型和介绍书时，售楼人员应该抓住时机接近客户，他有可能就会成为你的客户。

12.3.1.2 做好开场白

开场白是售楼人员与客户进行接触的第一句话，这关系到客户对售楼人员的第一印象如何。因此，售楼人员必须做好开场白，赢得客户的好感，下面是一些开场白的方法：

1. 换位法　售楼人员如果只是为推销楼盘而过度吹嘘楼盘本身的话，那么他是很难吸引客户的。但是如果售楼人员站在客户的立场上，替客户设身处地着想的话，则会赢得对方的好感和信任。所以就应该从谈论客户本身需求与楼盘相关的信息入手，使客户对推销的产品产生兴趣。

2. 利益刺激法　客户购买楼房是因为楼房能满足他们的某些需要，因此售楼人员在与客户见面时即应告诉他，该楼盘能给他带来何种好处，能满足他的哪些需要，这样客户就会对楼盘发生兴趣。

3. 适度的赞美　人都有虚荣心，售楼人员贴切的赞美往往能引起客户的好感，但过度夸张的吹捧则会令人讨厌。所以售楼人员要把握住不同客户的心理需求，巧妙而得体地赞美客户，就能取得极佳的促销效果。例如，带小孩的年轻母亲，更喜欢别人夸她的小孩；未婚的女性，则喜欢别人夸她的男朋友；中年人喜欢夸他的事业和成就；老年人喜欢夸他的阅历和经验等。

12.3.1.3 注意礼节

售楼人员见到客户的第一件事就是向客户问候。一个恰到好处的问候，会给客户留下一个良好的印象。问候时要根据客户的身份、年龄、职业等特征，使用不同的称呼。称呼要恰当，使对方有亲切感。称呼客户随便一些还是郑重一些，要根据推销场合的不同而有所区别。如果不顾场合随便称呼，会给对方留下不好的影响，使工作前功尽弃。

另外，在向客户问候时，必须注意和客户在一起的其他人员，并且一一问候。因为这些人往往是客户的亲属、朋友、同学或同事。

其次，还要注意使用名片的礼节和握手的礼节。

12.3.2 说服销售的技巧

说服销售是售楼人员了解客户的需求，为客户需求匹配适当的利益，通过沟通技巧将客户的需求和能得到的利益介绍给客户并使他认可、购买的过程。

在所有销售过程中，客户开始和最终所期待和购买的东西不是产品，而是通过购买和使用产品能够给他带来什么好处。所以，说服销售开始于对客户的深入了解，了解客户的需求，才能有针对地提供客户所需要的服务和产品。

12.3.2.1 了解客户的需求

人们总是讨厌向他们推销，但又总是喜欢购买。当客户察觉到售楼人员是在向他推销时，他就会怀疑其真实意图，并且自然产生一种拒绝受支配的心态。

但是，如果当他看到自己自愿购买的行为时，他的心情是愉快的、兴致勃勃的，尤其是经过一番艰苦的讨价还价而购得所需物品时，其胜利者的心态更自不待言。

所以，成功的售楼员，就要设身处地想一想，自己和他人喜欢以何种方式进行购买。

在销售过程中，售楼员应该先让客户像观看广告一样来了解自己的需求，最后让他感到购买你的产品是一种明智的选择。

同时，售楼员须牢记：事前最好能对客户的需求和希望获得的感受有所预见。

只是了解客户的需求和希望是不够的，售楼员还应该将客户的需求和希望与自己的产品的特点、特征联系起来，那么，这样一个联系、介绍、沟通的过程就是说服销售。

如果要想深入、透彻地了解客户，则必须在日常的销售中牢记以下四件事情。

1. 了解客户的目标　这可以使我们以较好手段迎合客户。

2. 认识客户的观点　售楼员要积极、巧妙地了解客户对于行业发展的主要观点，以避免与客户在销售时发生概念上不必要的冲突，而产生出更多的异议和障碍。

3. 认识客户的现状　售楼员应全面掌握自己客户的现实状况，这需要能够仔细观察。

4. 认识产品在客户中的表现　对于落后品牌来讲，售楼员会提心吊胆地留意客户对自己品牌的每一细微态度和要求，但往往忽略了竞争对手在客户那里的表现，尤其是同一档次对手产品的表现，因此不能透过客户对产品的评价来迅速准确判定客户的要求和希望。

对于领先品牌来讲，其售楼员往往会忽视客户对产品的看法，而将客户先前的良好评价当作终身评价，这种想当然的做法亦令客户自觉不受重视而伤害其感情，导致客户转向其他楼盘，或增加了其他品牌拓展的机会。

12.3.2.2 说服销售的步骤

说服销售的步骤是根据对实际销售拜访的观察所发展出来的销售介绍步骤。这种步骤是被证实能提高成功的机会。

1. 陈述情况　必须使客户知道我们在提出建议时已经考虑并了解他的情况，最佳方法就是做一个简单的情况说明。

在这一步骤中，我们必须要做到引起客户的兴趣。如果客户对我们的陈述不感兴趣，我们必须运用沟通技巧，询问并了解客户真正的需要。如果客户表示感兴趣，我们便可继续下一步。

2. 陈述主意　我们陈述主意时，必须做到：简单、清楚，符合需要及机会。

3. 解释主意或产品的特征及利益

4. 建议容易的下一步（即达成协议）

12.3.2.3 说服销售的一般技巧

过分注重技巧是不好的，但有效的技巧依然是可用的。只要能够使用恰当，是能够使销售成功的。

1. 断言的方式　售楼员如果掌握充分的商品知识及确实的客户的情报，在客户面前就可以很自信地说话了。没有自信的话是缺乏说服对方的力量的。有了自信以后，售楼员在讲话的语尾可以作清楚的很强劲的结束。由此给予对方确实的信念。如“一定可以使您满意的！”此类语言就会使客户对你介绍的商品产生一定信心。

2. 反复　售楼员讲的话，不会100%地完全留在对方的记忆里。而且，很多时候就连你强调的部分也会只是通过对方的耳朵却不留下任何记忆的痕迹，很难如你所愿。

因此，你想强调说明的重点内容最好能反复说出，从不同的角度，一再说出。

这样，可以使客户相信并加深印象。

切记要从不同的角度、用不同的表达方式，使对方明白你重点说明的内容。

3. 感染 只依靠售楼员流畅的讲话水平及丰富的知识是不能说服所有客户的。

“太会讲话了！”

“这个业务员能不能信任呢？”

“这种条件很好，会不会是真的？”

客户的心中常会产生以上种种疑问和不安。

要消除不安和疑问，最重要的是将心比心，坦诚相待。因此，对于公司、产品、自己本身都必须应有自信去讲。这样的态度及语言表现出的内涵，自然会感染对方。

4. 做良好的听众 在销售过程中，尽量促使客户讲话，自己转为一名听众，且必须有这样的心理准备。让客户觉得是自己选择的，依自己的意志购买的，这样的做法才算是高明的销售方法。强迫销售、自夸的话只会使客户感到不愉快。必须有认真听取对方意见的态度，中途打断对方的讲话而自己抢着发言这种事要绝对避免，宁可巧妙地附和对方的谈话。

为了让对方顺利讲下去，也可以提出适当的问题。

5. 提问的技巧 高明的商谈技巧应使谈话以客户为中心而进行，为了达到此目的，你应该发问，售楼员的优劣可以决定发问的方法及使用好坏。

好的售楼员会采用边听也边让对方听的谈话方法。

通过技巧地提出问题，我们可以知道：

（1）从顾客有没有搭上你的话，可以猜到其关心的程度。

（2）以顾客的回答为线索，拟定下次访问的对策。

（3）顾客反对时，从“为什么？”“怎么会？”的发问了解其反对的理由，并由此知道接下去该如何做。

6. 利用在场的人 将客户的亲属、朋友、同事通过技巧的方法引向我们的立场或不反对我们的立场，会促进销售。事实也表明，让他们了解你的意图，成为你的朋友，对销售的成功有很大帮助。

优秀的售楼员会把心思多一些用在怎样笼络在场的客户的友人，如果周围的人替你说“这个户型不错，可以考虑考虑”的时候，那就不会有问题了。如果相反的说：“还是算了吧。”这么一来则一定完了。因此无视在场的人是不会成功的。

7. 利用资料 熟练准确运用能证明自己立场的资料。一般地讲，客户看了这些资料会对你销售的商品更加了解。

售楼员要收集的资料不限于平常公司所提供的内容，还有通过拜访记录，竞争对手、相关报道也应加以收集、整理成宗，在说明介绍时，拿出来利用，或复印给对方看。

8. 用明朗的语调讲话 明朗的人品是使对方对自己有好感的重要点。忠厚的人、文静的人在做销售时要尽量表现得开朗些。

售楼员在客户面前要培养成用专业的态度，以明朗的语调交谈，做好成功的铺垫。

9. 提出须特别回答的问题

“你对这套房子有兴趣吗？”“你是否现在就可以作决定？”

这样的话最好别说，因为会产生对售楼员不利的回答，也会因为谈话不能继续下去而出现沉默。

“你对这套房子感觉如何？”“如果现在就购买的话，还可以获得一个特别的礼品呢！”要用这样的话，去试探顾客的心理。

10. 心理暗示的方法　售楼员本身的心态会在态度上表现出来，不好的态度是不良心态的表现，而好的态度是良好的心态的证明。

业绩良好的售楼员在商谈时，常表现出肯定性的身体语言。当我们做出点头动作就是表示肯定的讯息，而向左右摇动即表示出否定的讯息，由于我们在商谈时，都希望使对方说“是”，所以这种点头或把整个身体向前后摇动的姿势，可以认为是一种催眠术，因而若站着商谈，要将脚平行地张开，使身体尽量向前后摇动，假如是坐在椅子上，则勿把身体靠住椅背。

一般来说，业绩不好的售楼员会有否定性动作出现，他们常不自觉或有意地向左右摇动着进行商谈，然后在结束商谈阶段，直接要求对方说：“请你买好吗？”这么一来，原本对方有心购买的也无法成交了。

在说服销售的过程中不仅仅是这些方法的应用，而且各种方法的组合、创新也会达到出人意料的效果。但熟悉固有的一般方法会对实际销售有所帮助和助益。

12.3.2.4 说服销售的要点

(1) 写下自己的目的，尽力向客户提供帮助和支援，使客户对自己所购买的产品及做出的购买选择能真诚的满意。

(2) 记住你的策略，引导客户理解并感受到你在销售准备时的构思。在销售介绍中，售楼员还要根据客户的需求变化随时调整自己的构思。

(3) 时刻牢记有四种情况会阻碍客户去购买他需要的东西：不信任、无需求、无帮助、不急需。

(4) 基于说服销售的方式，你应告诉客户，凡是你该做到的，你都能做到，并让客户仔细了解你的销售目的，清晰销售过程和他们的收益，以此建立客户对你的信任。

(5) 留心倾听和总结归纳，让客户知道你已明白他的想法。

(6) 根据客户需求，明确告之可帮助的与无能为力的事件。并将可提供帮助的事件，通过介绍类似事例加以强化。无能为力的事件应向客户提供可提供帮助的人选或方向。

(7) 告诉客户，采用何种方式是获得最大收益而风险最小的方式。

12.3.3 处理异议的技巧

被客户拒绝之后应该怎么办？有没有一种更好的方法可以避免发生异议？怎样利用解决异议来达成销售？每一个售楼员都或多或少的想过这些问题。有的人对此束手无策，有的人则视而不见，这些态度都不能帮助我们有效地处理异议，达成销售。

其实真正因为价格、质量等引发的异议只有很少一部分，大多数都是因为售楼员的表达方式，客户个人性格等引发沟通困难而造成了不良心理反应，表现到行为中造成的。

12.3.3.1 异议的产生

在销售实践中，恐怕每位售楼员都有过被拒绝的经历，也经常听到售楼员以各种方式和语言来形容他们对客户拒绝态度的气愤，但很少有看到因为拒绝而不干销售工作的售楼员。

一般来讲，异议是客户因为顾虑、某种理由或争论而对计划、意见或产品提出反对。

因此，虽然在日常销售过程中，我们一定曾遇到被拒绝或被客户提异议的事情。但这并不代表客户将不购买我们的产品或不接受我们所提供的计划和意见，而只是表示尚有些顾虑、想法。由此可以看出拒绝不仅不会阻碍销售，还可以使我们因循客户的拒绝找到成交的途径。

这个途径既复杂又简单，归结起来就是“扩大利益”，客户所提出的每一个异议也就是在进行自我保护，是自我利益的保护，他总是把拿得到的和付出的做比较。这里你唤起并扩大顾客利益就会大大削弱客户异议的能力。你心里想着客户的利益，去激发他的欲望，你就能使客户信服，对你及你的产品产生信心和兴趣，从而成功地使客户心里装进你的产品，进而成交。

售楼员有两种武器可以处理异议。

1. 减少发生异议的机会　这是最佳的手段。因为较少或没有拒绝的销售是每一位销售员都梦寐以求的。

这就要求对客户有充分的了解，使我们能预计拒绝发生的可能性。因此，在制定销售计划时，销售员应根据客户的情况、需要、限制和机会来选择合适的销售介绍。

因为被选择的销售介绍已包含答案，所以此举可以减少客户提出拒绝的机会。

但实践中，并非所有的异议皆可预知。经验告诉我们，无论售楼员的销售介绍是如何详细、专业，客户仍然会提出拒绝。

2. 有效地处理发生的异议　买卖双方本来就是站在不同的立场，发生争议是很正常的。有时你会觉得提出的意见实在是无中生有，有时你甚至会怀疑买主是不是在煞费心机难为你，故意为买卖设置重大的障碍。你仿佛看到，买主正站在那里，脸上带着似笑非笑的神色，洋洋得意地注视着你，心里还在想：这下我算是套住了你。顾客的这种态度是够麻烦的，你可能束手无策了，火气一上来，头脑就发热，想想还是换一个行当好。不过，只要不让买主的意见占上风，它是不会成为买卖的障碍的；若巧妙地回答并有效地处理买主提出的意见，反过来会使生意做得更牢靠。你知道，只要能妥善地消释顾客的异议，你就会改变他们对你的产品所持的看法和态度，任何情况下都不能让他们“看到你直冒汗”。这就是理性销售。

那么，怎样能做到这一点？你不能正面去顶撞顾客，否则只能引起他们的反感；也不能全盘肯定顾客的意见，否则也只能使顾客更加相信他们表达的意见是正确的。怎么办呢？你要做的事既不是去肯定也不是去否定顾客的说法，这里需要的是：“理解”。

你要让他们知道，你完全理解他们的感受，如果你处在他们的地位，你也会抱有同样的想法。不过……就是在说这个“不过”时，你要去消除这个障碍，应当向买主讲清楚购买你的产品对他以及他的家庭意味着什么。

12.3.3.2 处理异议的态度

售楼员有时会遇到这样的客户，你的每一个见解他都无动于衷，或每一个见解都点头称是，无论是沉寂的气氛还是轻松的气氛，结果都是销售失败。

有的售楼员，与客户聊起来津津乐道，长篇陈述产品的特点、结构、规划或销售方式、各种计划，根本就忽视了客户的反应，所以虽然售楼员自认为进行了全面的产品陈述，但依然是销售失败。

有的售楼员开始介绍产品时即遇到客户的问题和异议，因对方语态而自己表现出紧张、争辩、异议，结果不欢而散，销售失败。

基于以上原因，销售员应认真检讨自己对于客户异议的态度和感受。

那么什么样的态度才是处理异议的可接受的态度呢？

处理异议的态度。

1. 情绪轻松，不可紧张　销售人员要认识到异议是必然存在的，在心理上不可有反常的反应，听到客户的意见后应保持冷静，不可动怒或采取敌对态度，应当继续以笑脸相迎并对顾客的意见表示真诚的欢迎。一般多以“我很高兴你提出的意见”、“你的意见十分合理”、“你的观察很敏锐”等等应答。

当然，如果要轻松地应付异议，销售人员必须对商品、公司政策、市场及竞争者有深刻的认识。

2. 兴趣真诚，注意聆听　要注意聆听，不加阻挠；应认同异议的合理，表示尊重，便于客户接受你的相反意见。

3. 重述问题，证明了解　销售人员向顾客重述所提出的反对意见，表示已经了解。必要时可询问顾客重述是否正确，并选择反对意见中的若干部分予以诚恳的赞同。

4. 审慎回答，保持亲善　应以沉着、坦白、直爽的态度审慎回答顾客的异议；措辞恰当，语调缓和；不可“胡吹”。

5. 尊重顾客，圆滑应付　切记不可轻视或忽略顾客的异议，以避免引起顾客的不满或怀疑使交易谈判无法继续下去；不可赤裸地直接反驳客户；不可直指或隐指其愚昧无知，否则会使顾客受到伤害。

6. 准备撤退，保留后路　我们应该明白顾客的异议是不能轻而易举解决的，不过面谈时所采取的方法对于双方将来的关系都会有很大的影响。如果认为一时不能成交，那就应设法敲开今后重新洽谈的大门，以期再有机会去解决这些分歧。因此，要时时做好遭遇挫折的准备。如果还想得到最后胜利的话，在这个时候便应作“理智地撤退”，不可露出不快的神色。

如可以“也许这个楼盘项目不能满足您现在的要求，您能介绍一下您的亲戚或朋友中有谁需要我们的房子吗？如果有一天您要改变主意，希望您能与我们联络，我们会热情为您服务的。”光荣撤退。

当然，只有正确的态度是不够的，还应运用恰当的方法积极地处理出现的异议，巧妙地将异议转化成终结成交的铺路石。

12.3.3.3 处理异议的方法

1. 处理异议的一般性方法　首先将顾客可能提出的反对语列举出来，有针对性地各列三种反击的策略，确定可行之后就要牢牢记住并加以活用。

(1) 质问法。对客户的异议，可直接用问为什么来问其理由的方法。由此可以了解客户在想什么，并产生接下去的攻击方法。同时也可熟悉对方的反对究竟是借口还是真意。

客户：“这个房子太贵了！”

售楼员：“你认为多少合适？”

(2)“对……但是”法。先接受对方的反对，然后慢慢地转变为反击的方法。

(3) 引例法。对客户的异议，引用实例予以说服。

(4) 充耳不闻法。若完全把对方的话当真，并不一定有好处。为了避免落入对方的圈套以及缓和商谈时的紧张心情，对于对方的异议就采取这种方法，对新售楼员也很有效。

(5) 资料转换法。这是将顾客的注意力吸引到资料及其他销售用具方面的方法。也就是用资料来吸引客户的视线并加以说服。

(6) 否定法。这是当面对顾客所讲的话加以否定的方法。如“没有这回事”、“开玩笑！”这种方法如果用错了，会使对方感到不愉快，应该注意。

客户：“没有钱啊！”

售楼员：“爱开玩笑……嘴说没有钱的人，才是有钱的。”

(7) 回音式。就如同回音一样，将对方说过的话完全重复一次，这也是颇具经验售楼员经常使用的方法。

客户：“因为你的话不可靠。”

售楼员："咦，你所谓的'说话不可靠'是什么意思呢？"

此外，面对顾客不同的拒绝理由，可采用有针对性的策略。

2. 处理异议的其他策略　在实际销售介绍时，客户的确会提出许多异议，售楼员除了用先前介绍的一般方法外，也可据实际状况选择或组合以下策略。

下面是几种客户常用的拒绝口实及应对原则和方法：

(1) 价格太高。这是销售人员最常见的顾客异议，切忌回答"你不识货"，一般应对方法如下：

1) 比较的方法。售楼员可提出这样的问题：如"请问您是拿我们的房子和哪家做比较呢？"一定要令客户尽量说得具体，以便再说服。

2) 考虑价值的因素。"我相信价格是您购买的重要因素，但您以为价值是否也同样重要呢？让我给您讲讲我们的楼盘价值吧！"

先肯定他的异议，再提出我们的建议，创造说服的机会。

3) 询问支付能力的方式。"您认为价格多少比较合适呢？"

这样可以帮助我们确定对方的底线和购买可能性的大小。

4) 高价格的理由。售楼员此时应将心比心地提出这个问题，置换双方的立场来打动顾客。

"这个价格刚好是您为什么选购我们楼盘的理由。您对楼盘价值的赞赏和关切是完全合理的。"

5) 让对手自比。在基本了解竞争对手的产品品质和价格的基础上，售楼员可以以务实的态度向客户说出。

"我们的竞争对手可能知道他们的产品值多少。"

6) 阐述价值的方式。对于投资型用户，售楼员可以帮用户进行投资分析，打消其顾虑。

"您的投资额是每年××元——也就是每月××元。您每月的租金××元。经过计算，我估计您在××年内能挣回这笔投资。"

基于对客户的了解和正确地计算有关数据后，售楼员可用以上的方式阐述，会收到极好的效果。

7) 暗示后果的方式。对于那些优柔寡断的客户，售楼员可以在清楚地介绍产品特点，使用产品的意义和价值后，采用低调的威胁方式。

"上午有一对夫妇也看好了这套房子，回家和父母商量后作决定。如果您看好的话，我建议您尽早下决心，否则这套房子就有可能被别人买走了。"

8) 好货不便宜。这是谁都明白的道理，但除非你与客户的关系较密切或非常友善，否则不要使用此方法。以避免对方觉得你在暗示他的愚蠢。

"好货不廉，廉货不好。"

(2) 满意现状。此亦为常见的异议，顾客可能说"我完全满意目前所拥有的房产，无理由加以更换"，应付之道如下：

1）首先依照人际关系之策略，售楼员应对顾客这种忠诚态度表示敬意，同时暗示你亦旨在鼓舞及争取顾客对其本身企业的忠诚。

2）其次引出顾客对其房产所欣赏的是什么，可询问有关品质、服务，借以发现其满意中的漏洞，然后扩大此漏洞。并列举更多较佳理由，促使顾客改变其主张。换言之是令顾客相信，如购买本企业的房产，必将可获更大利益，而且更满意。

(3) 顾客有时以“目前经济不景气，想尽量削减开支，买房之事以后再谈”作拒绝借口，应付之道如下：

“事实上，我们也深切感到，经济不景气的压力，所以我们已为××产品制定了优惠价格。”

(4) 希望参考其他公司产品。售楼员最多的挫折经验是当顾客聆听介绍商品时频频点头，表示同意。但最后则谓购买前尚需参考其他公司的商品，可能就此一走了之。应付之道如下：

1）首先称赞顾客的小心谨慎，然后表示欢迎比较。顾客参考越多越能相信销售员的介绍，因而可达成交易目的。

2）当顾客参考后，售楼员再向他指出其所介绍乃基于楼盘所带来的好处。如他能购买此楼盘，保证可获以前所承诺的利益。

3）实用的帮助：

“为什么呢？您不放心什么？如能对我讲讲原因，我将十分感谢。”以此方式试探一下对方的真正用意，及参考其他楼盘的决心有多大。

“您感到在做决策前还需要更多的信息，是吗？我将非常高兴回答您的任何问题，这会节约您的时间和精力。我知道，我们讨论完您提的问题后，您决策起来就更放心了。”暗示他在这之后就可以做决定了，而且将是个正确的决定。

“还要与××公司比吗？真的合适吗？我们楼盘可是本市的明星项目啊！”消除最后的顾虑和犹豫。

(5) 我们已决定不买。经过一番介绍、商谈之后，客户明确地表达了拒绝购买的意思，此时不可就此甩手而去，必须采取下列应付方法：

1）以遗憾的语气表示此次不能为对方提供产品和服务非常可惜，希望再次考虑，仍有改变的可能。

2）强调本公司产品能带来的利益，会有恰当时机来合作。

3）实用的帮助：

“您的主意怎么改变了？是为什么？”将他定位于原来倾向我们产品的位置上，使对方产生不购买实在内疚的心理。

“您选中哪家楼盘？（等候回答）那家楼盘不错，不过，我当然认为我们的更好，因为……我想您肯定有时间认真考虑的，对吗？”不轻易放弃，再次强调我们的好处。

“谢谢您的意见，我们将不断改进产品，对于××公司的楼盘您最欣赏什么？我们正在准备开发下一个楼盘，您建议我们应做哪些改进呢？”了解客户对产品的看法，并为将来合作打下基础，一个好的结局。

（6）不作确定回答。顾客聆听售楼员介绍商品时假装有兴趣，但结果既无问题，也无异议或批评，只是瞪视着销售员，使售楼员不知所措。顾客此种无情缄默，很可能旨在迫使售楼员采取守势，希望于价格、付款条件等方面获得售楼员的特别让步，应付之道如下：

1）售楼员要不想继续唱独角戏，必须先行设法使顾客开腔，然后方有完成交易的可能。售楼员可直接提出与其所介绍商品有关的问题，并直等至得到回答为止，千万不要打破缄默，顾客可能因不耐长时间的静默而开金口。

2）可向顾客提出与交易无关而又为其乐于同答的有趣问题，如涉及其嗜好、运动、学校、社会活动、事业成就或子女等方面。例如：“您可在如此短暂时间内获得成功的秘诀？”或“您如何能在激烈竞争之中赢得领导地位？”顾客听到上述各问题后，就很容易眉飞色舞，而向售楼员倾吐一切，然后销售员就可乘机回到交易问题上，自不难如愿以偿。

（7）利用虚伪托词。若干顾客常利用一种似是而非或虚伪的托词拒绝售楼员。例如，“听说贵公司正有资金周转困难”，“听说贵公司对大顾客有特别优待”。

应付之道如下：

1）售楼员明知顾客的托词为一大谎言，但仍须予以原谅，千万不可激动，更不可反唇相讥。可如此回答：“我相信您可能已被谣言所困惑，我不知道您在何处获得此消息，但事实则为……”

2）对付谎言的最佳反驳为公布真相，对付误传的最佳回答为说明事实。当售楼员冷静沉着表白事实真相之后，可发挥一种无比力量以消除不负责任的反对，所谓拨云雾见青天，则有关交易的谈判自将迈进坦途。

（8）留待下次再谈。下次再淡合约，及稍后再行联络，此亦顾客常用的口头禅，其应付之道如下：

1）如此种推搪突然出现，则可能是因为售楼员的说明未能引起其兴趣，故不愿继续再谈。此时则不宜坚持己见，否则将使情形更坏，但可请顾客再加考虑，并约定时间再谈。这就是“光荣撤退”。

2）顾客可能一时难以决定，希望多加考虑再行定夺。售楼员如能判断其疑问所在，应就此再作保证，并列举更多理由，以着重其购买的利益，如该商品可能即将加价，或所剩不多，及早购买等。

3）有时顾客在刚听完售楼员的开场白后，即表示不想继续再听，可能其内心早有一种真正及合理的决定。售楼员挽救彻底失败的最佳办法，可直接坦诚相问，其失败之处何在？不能使顾客满意之处何在？这种希望于失败中获得教训的精神，有时可以感动顾客，使其表示真正拒绝的原因，然后售楼员再针对此原因采取适当的策略，反而会获得意想不到的成功。

(9) 坚持自己意见。有些顾客非常顽固，成见很深，不肯接受他人建议。售楼员如欲完成交易，必须采取下列应付方法：

1) 售楼员须先了解顾客固执的心理，其实是由其无知所致，故销售人员如能同情对方的自卑感，才有接近进言的可能。

2) 售楼员应尽量表现谦虚态度，并赞扬对方的见解与成就，借以掌握其心理，然后循序渐进，以达成交易谈判的目的。

总之，销售人员必须学会处理各种各样的拒绝，专业销售人员可将拒绝当作起点，通过提问找出真正的拒绝原因。让客户参与谈话，这样销售人员可以了解更多的东西。

需要记住的是：在介绍的过程中发现客户的兴趣所在，不要等客户提出拒绝，要在阐述每一点的同时，问他问题。

销售，就是必须跨越客户的推辞，向前逼近。因此，必须先研拟一套反驳客户的拒绝言辞，才能出奇制胜，你的销售工作也将会变得非常轻松。

12.3.4 终结成交的技巧

12.3.4.1 终结成交的时机

1. 利用暗示促使终结成交　当售楼员结束了对自己产品的销售介绍或已经就使用的许多细节问题与客户进行了讨论，并发现双方的让步都已经达到极限，无法再取得新的进展时，那么就该做出最后的决定——终结成交。

诚然，何时结束比较合适呢？这是需要靠自觉或事实来告诉我们的，重要的是双方的愿望都基本得到满足，条件基本谈妥，此时就可以成交了。

终结成交是销售过程中的自然结果，在对客户进行销售介绍时，客户一旦暗示他希望获得你的产品或服务，售楼员就应该立即准备终结成交。常常会有这样的情况，售楼员在销售前做了充分的准备和计划，并预见到了在销售介绍中客户可能提出的问题，对问题进行了充足的准备。而在面谈时，客户一开始就表现出极大的购买兴趣，可这位售楼员依然按惯性地使用销售程序，视客户的购买信号为对他成功介绍的嘉许，由于客户的热情被反复冲击，反而开始怀疑售楼员的目的与动机，甚至从售楼员的介绍中发现了自己原来未想到的几个问题，最终导致与客户成交失败。

总之，对于售楼员来讲，未能及时抓住终结成交的时机是十分可惜的，因此，售楼员在开始销售介绍时，就应留意客户的购买信号，一经发现立即终结成交。即使有认为非常重要的问题尚未与客户讨论时，也应终结成交。而在以后的见面中，以销售服务的方式向客户再进行阐述与指导，反而会增加与客户的关系。

售楼员应留意自己的顾客提供的以下购买信号。

(1) 当业务员将产品的细节、付款等详细说明后，如果你看到客户表现出认真的神态，售楼员应及时地用清晰的语气问："您希望购买哪一套呢？"然后闭上嘴，静静等待客户的回答。如果客户还提出什么异议，应技巧地消除他的顾虑，并再次试探终结成交。

(2) 在听完产品的介绍后，顾客们可能会彼此对望，通过眼神来传递对你介绍的产品或服务的看法，当你看到客户表现出向他人征求意见的情态时，就能较明确地分辨出决策者和对决策者有影响的人。如果我们的介绍和说明尚不能完全打动决策者，我们就应围绕有影响力的人聊一些事情，并设法让决策者加入进来，引起兴趣，气氛轻松后，再引入到交易中来，一般情况下，会顺利成交的。

如果面对的是购买小组，你更应仔细分辨每人不同的谈话角度，确定立场与你接近的人，先行攻克，但也不能冷落任何一人，这是应牢记的。

(3) 当你的销售介绍结束后，客户可能会把前倾的身体靠椅背、轻松地吐出一口气，眼睛盯着桌上的文件，这时售楼员应立即说："请您试选一套吧！"

(4) 当我们在销售介绍过程中，发现客户表现出神经质的举止，如用手抓头发，舔嘴唇，面色微红，坐立不安时，一般说明客户内心的斗争在激烈进行，售楼员应根据现实状况，提出几个可能是问题或异议的解决方案，把客户的忧虑或想做的事，明白地说出，那么成交就不远了。

(5) 当客户靠在座椅上，左右相顾突然双眼直视你的话，那表明，一直犹豫不决的人下了决心。

(6) 当客户在销售介绍时，反复询问有关房子的细节问题或反复阅读说明书时，表明客户不仅对该产品极感兴趣，而且也准备购买了。

(7) 如果在销售介绍时，你能明显的看到客户有类似孩童的兴奋反应，那表明客户也决定购买了。

(8) 如果一位口若悬河的客户，开始询问一些与产品相关的问题，并积极讨论，则表示该客户有购买意向。

(9) 如果一位专心聆听，寡言少问的客户，询问有关价格或付款的问题，那也表明该客户有购买意向。

(10) 售楼员在销售介绍时也可以用贴近客户的方式，获得客户的认同感，使之难以拒绝而购买。

总之，在销售过程中，客户会从表情、体态、语言三方面向售楼员暗示购买信号，抓住它，你的成功会多一些。

2. 对客户的购买欲进行测试　正如我们处理异议和拒绝一样，进行终结成交时，不断地提出试探性的问题，可以帮助售楼员了解客户的购买欲望和紧迫程度，也可以帮助售楼员测试客户的购买"温度"的高低，并帮助售楼员对客户的购买能力及潜力做出恰当的评估。

从销售的介绍一开始，就应不断地提出问题，观察客户的反应和回答，仔细地聆听并加上分析，如果客户的热情高涨，即使你提出终结成交的问题也不会引起尴尬的局面。即使客户拒绝，你反而可以透过拒绝获得更多的资料。

如果在销售介绍中，客户的态度并不十分积极，这也表示他的购买热情较低，那么你必须再进行一些说明和演示，谨慎地提高客户的热情，避免反感心态的产生或加重。

3. 懂得成交 所有的销售行为都是为终结成交而准备的。一家公司需要的不是沟通能手及处理客户异议的能手，而是需要能通过使用这些手段，有效快速达成终结成交的销售能手。

12.3.4.2 终结成交的策略

1. 有碍终结成交的言行举止

(1) 惊慌失措。由于终结成交的成功即将到来，销售人员表现出微汗、颤抖等神经质动作，会使客户重新产生疑问和忧虑，如果客户因此失去信心，那你会失去客户的信赖和订单。

(2) 多言无益。既然已经准备终结成交，说明客户的异议基本得到满意的解释，在此关键时刻，应谨言，以避免因任意开口导致客户横生枝节，提出新的异议而导致成交失败。

(3) 控制兴奋的心情。一般来讲，经过努力而获得成功是件兴奋不已的事情，但在硕果将出之时，喜怒不形于色，是非常重要的，讨价还价后签约是销售过程的一部分，此时的一颦一笑可能会使客户产生不良感受。尤其是新的销售员，如此时得意忘形，那无异于自酿苦酒。

(4) 不作否定性的发言。终结成交的时刻，应向客户传达积极的消息，使之心情舒畅地签约。

(5) 光荣引退。终结成交后，不要继续长时间留在客户处闲聊不走，以避免夜长梦多，应迅速离去。即使失败，也要不失体面地向客户道谢告别，以利于再造访客户时不致产生尴尬局面。

总之，终结时，应牢记以上诸点，善始善终，方能大获全胜。

2. 有效的成交策略

(1) 真诚建议法。“我真的希望与您达成协议，我们还需要做哪些方面的努力呢？”如果对方表现出较多的异议，这种方法可帮助售楼员明确客户的主要异议。

(2) 协商法。“我想在公司的顾客名单上也加上您的名字，您认为怎样做才能达到这个目标呢？”在对方仍稍有疑问时，即可使用。

(3) 角色互换法。“××先生，要是您来做我们的产品的推荐工作，您认为下一步怎样做，才能获得客户满意呢？”

(4) 利用形势法。“五一节快到了，如果今天不能签约，这一套房子的售出会给您带来很大的损失。”

(5)“假若……那么”法。“假若您很欣赏我们产品的这些优点，那么您会购买吗？”

虽然我们介绍了多种终结成交的方法和策略，但是要艺术地把握它们则是需要时间和经验的。但这不意味着有多么大的困难阻碍一位售楼员去掌握它。只要你是一位有心人，相信你能在短时期里，积累他人多年的经验，并不断进步。

案　例　某楼盘客户接待流程及要求

第一步，客户推开售楼处大门服务即开始：

在客户走近接待中心时，由销售代表主动上前，面带微笑，对客户问候“您好，欢迎光临”或“您好，欢迎参观”，并根据具体的接待顺序进行客户接待；

第二步，携带资料离座迎客：

第一时间起身迎接，将客户迎进销售现场时，同时问好、自我介绍；问候、自我介绍用语要规范：“您好！欢迎看房”。

第三步，介绍展板内容：

按次序进行介绍，尽量突出卖点；声音柔和，音调不宜过高；用语文明；介绍简单、专业。

第四步，请客入座，讲解楼书：

请客户在洽谈台旁稍坐，并迅速为客户斟水，并递上水杯，请客户稍坐片刻，使其心情平静下来；给客户递上资料，待客户心平气和后，给客户就项目的情况进行系统的讲解；当客户发出疑问时，应详细、耐心地倾听客户的疑问，并不断地点头表示清楚客户的疑问，在客户停顿时进行解答；

注意介绍要属实、详细、专业；不得诋毁别的楼盘。

第五步，带客户看房：

在对客户的疑问解答完毕后，应引领客户到样板房参观，一定亲自带客户看房；在参观过程中，使用规范用语：“请随我来”或“请往这边走”，走在客户前，替客户开门、操作电梯；在样板房将详细的楼盘情况和特点进行介绍；重点把握最大限度突出卖点；注意观察客户在参观过程中的反应，在内心深处对客户做出判断，并考虑客户的疑问点，并相应地予以解释，以消除客户的疑问，尽快促成成交。

第六步，替客户设计购买方案：

在客户看完样板房后，引领客户返回销售现场，注意将客户所喝的水杯中的水注满。在尊重客户的前提下，作消费引导，方案设计合理可行。同时询问客户采取的详细的付款方式，根据客户要求帮客户计算单套房的不同付款方式，并相应填写价格计算表。

第七步，做好客户登记：

请客户在客户登记表上进行尽可能详细的登记；客户执意不留电话，不得勉强；将客户特征及购买意向及时记录，以方便后续跟进。

第八步，礼貌送客至销售中心大门口：

在客户表示需要再考虑后，面带微笑，主动替客户开门，将客户送出门，对客户表示“请回去再考虑一下”，“请慢走”等话语。

第九步，如客户表达认购意向，则可以收取定金开具收据：

在客户表示满意后，销售代表应尽快促成客户落定。

定金一定由销售经理（或销售经理指定的销售人员）收取；定金一定要有两人以上核数；开出的收据一定注明房号、金额（大小写）、交款方式。

第十步，签署认购合同：

认购合同一般由销售代表填写；认购合同不得填写错误；填写完的认购合同一定要在其他人员审核无误后才能与客户签署。

第十一步，提醒客户交首期房款：

约定交款时间到期前，一般需提前几天提醒客户预备首期房款，提醒时注意方式和语气。

第十二步，签署商品房买卖合同：

买方签名一定是本人或有买方书面委托（必须是公证后的）代理人；客户领取合同一定要签名登记。

第十三步，通知办理按揭：

提前7天第一次通知客户，讲清客户必须携带的资料，办理的地方、时间；提前3天第二次提醒客户。

第十四步，协助办理入住手续：

态度热情主动，必要时亲自带往管理处；并向客户表示祝贺。

第十五步，随时向客户提供房地产市场信息：

客户入住后，了解他们的居住情况；有了新的房地产信息后，在客户不拒绝的前提下，可以向客户继续提供，保持长期联系。

思考题

1. 何谓“五证二书”？
2. 房地产销售前需做哪些准备工作？
3. 简述售楼处位置选择的基本原则。
4. 简述不同销售阶段的策略。
5. 简述销售业务流程。
6. 如何处理销售过程中的异议？
7. 有效的成交策略有哪些？
8. 简述房地产销售人员培训的基本内容。

实训题

1. 模拟填写商品房买卖合同（见附录D）；
2. 分组模拟销售本小组研究的楼盘。

附录12A 模拟售楼实训指导

1. 实训目的

通过模拟销售，熟悉房地产销售流程；掌握基本的售楼技巧；提高应变能力；了解购房者的消费需求；为以后从事房地产销售工作打下良好的基础。

2. 实训形式

校内实训室模拟训练

3. 考核要求

（1）以小组为单位，分别扮演售楼员和购房者；

（2）准备售楼所需的相关资料；

（3）了解售楼的工作流程和行为规则；

（4）分析不同身份购房者的消费需求特点；

（5）分组讨论。总结经验，检查不足及提出合理化建议。

（6）实训结束后，每位学生完成一份实训报告；每组完成一份楼盘介绍稿、一份售楼统一说词稿、一份购房询问问题稿。

4. 实训步骤

（1）在实训室或计算机房查询相关资料；

（2）结合扮演角色，拟定演习程序、说词等并写成书面材料；

（3）在实训室，轮换角色进行售楼演习。

附录12B 实训报告

1. 实训项目
2. 实训目的
3. 实训过程
4. 实训小组名单及任务分配
5. 本人承担任务及完成情况
6. 实训小结

附录A

《中华人民共和国城市房地产管理法》

（1994年7月5日第八届全国人民代表大会常务委员会第八次会议通过　根据2007年8月30日第十届全国人民代表大会常务委员会第二十九次会议《关于修改〈中华人民共和国城市房地产管理法〉的决定》修正）

第一章　总　　则

第一条　为了加强对城市房地产的管理，维护房地产市场秩序，保障房地产权利人的合法权益，促进房地产业的健康发展，制定本法。

第二条　在中华人民共和国城市规划区国有土地（以下简称国有土地）范围内取得房地产开发用地的土地使用权，从事房地产开发、房地产交易，实施房地产管理，应当遵守本法。

本法所称房屋，是指土地上的房屋等建筑物及构筑物。

本法所称房地产开发，是指在依据本法取得国有土地使用权的土地上进行基础设施、房屋建设的行为。

本法所称房地产交易，包括房地产转让、房地产抵押和房屋租赁。

第三条　国家依法实行国有土地有偿、有限期使用制度。但是，国家在本法规定的范围内划拨国有土地使用权的除外。

第四条　国家根据社会、经济发展水平，扶持发展居民住宅建设，逐步改善居民的居住条件。

第五条　房地产权利人应当遵守法律和行政法规，依法纳税。房地产权利人的合法权益受法律保护，任何单位和个人不得侵犯。

第六条　为了公共利益的需要，国家可以征收国有土地上单位和个人的房屋，并依法给予拆迁补偿，维护被征收人的合法权益；征收个人住宅的，还应当保障被征收人的居住条件。具体办法由国务院规定。

第七条　国务院建设行政主管部门、土地管理部门依照国务院规定的职权划分，各司其职，密切配合，管理全国房地产工作。

县级以上地方人民政府房产管理、土地管理部门的机构设置及其职权由省、自治区、直辖市人民政府确定。

第二章　房地产开发用地

第一节　土地使用权出让

第八条　土地使用权出让，是指国家将国有土地使用权（以下简称土地使用权）在一定年限内出让给土地使用者，由土地使用者向国家支付土地使用权出让金的行为。

第九条　城市规划区内的集体所有的土地，经依法征用转为国有土地后，该幅国有土地的使用权方可有偿出让。

第十条　土地使用权出让，必须符合土地利用总体规划、城市规划和年度建设用地计划。

第十一条　县级以上地方人民政府出让土地使用权用于房地产开发的，须根据省级以上人民政府下达的控制指标拟订年度出让土地使用权总面积方案，按照国务院规定，报国务院或者省级人民政府批准。

第十二条　土地使用权出让，由市、县人民政府有计划、有步骤地进行。出让的每幅地块、用途、年限和其他条件，由市、县人民政府土地管理部门会同城市规划、建设、房产管理部门共同拟订方案，按照国务院规定，报经有批准权的人民政府批准后，由市、县人民政府土地管理部门实施。

直辖市的县人民政府及其有关部门行使前款规定的权限，由直辖市人民政府规定。

第十三条　土地使用权出让，可以采取拍卖、招标或者双方协议的方式。

商业、旅游、娱乐和豪华住宅用地，有条件的，必须采取拍卖、招标方式；没有条件，不能采取拍卖、招标方式的，可以采取双方协议的方式。

采取双方协议方式出让土地使用权的出让金不得低于按国家规定所确定的最低价。

第十四条　土地使用权出让最高年限由国务院规定。

第十五条　土地使用权出让，应当签订书面出让合同。

土地使用权出让合同由市、县人民政府土地管理部门与土地使用者签订。

第十六条　土地使用者必须按照出让合同约定，支付土地使用权出让金；未按照出让合同约定支付土地使用权出让金的，土地管理部门有权解除合同，并可以请求违约赔偿。

第十七条　土地使用者按照出让合同约定支付土地使用权出让金的，市、县人民政府土地管理部门必须按照出让合同约定，提供出让的土地；未按照出让合同约定提供出让的土地的，土地使用者有权解除合同，由土地管理部门返还土地使用权出让金，土地使用者并可以请求违约赔偿。

第十八条 土地使用者需要改变土地使用权出让合同约定的土地用途的，必须取得出让方和市、县人民政府城市规划行政主管部门的同意，签订土地使用权出让合同变更协议或者重新签订土地使用权出让合同，相应调整土地使用权出让金。

第十九条 土地使用权出让金应当全部上缴财政，列入预算，用于城市基础设施建设和土地开发。土地使用权出让金上缴和使用的具体办法由国务院规定。

第二十条 国家对土地使用者依法取得的土地使用权，在出让合同约定的使用年限届满前不收回；在特殊情况下，根据社会公共利益的需要，可以依照法律程序提前收回，并根据土地使用者使用土地的实际年限和开发土地的实际情况给予相应的补偿。

第二十一条 土地使用权因土地灭失而终止。

第二十二条 土地使用权出让合同约定的使用年限届满，土地使用者需要继续使用土地的，应当至迟于届满前一年申请续期，除根据社会公共利益需要收回该幅土地的，应当予以批准。经批准准予续期的，应当重新签订土地使用权出让合同，依照规定支付土地使用权出让金。

土地使用权出让合同约定的使用年限届满，土地使用者未申请续期或者虽申请续期但依照前款规定未获批准的，土地使用权由国家无偿收回。

第二节 土地使用权划拨

第二十三条 土地使用权划拨，是指县级以上人民政府依法批准，在土地使用者缴纳补偿、安置等费用后将该幅土地交付其使用，或者将土地使用权无偿交付给土地使用者使用的行为。

依照本法规定以划拨方式取得土地使用权的，除法律、行政法规另有规定外，没有使用期限的限制。

第二十四条 下列建设用地的土地使用权，确属必需的，可以由县级以上人民政府依法批准划拨：

（一）国家机关用地和军事用地；

（二）城市基础设施用地和公益事业用地；

（三）国家重点扶持的能源、交通、水利等项目用地；

（四）法律、行政法规规定的其他用地。

第三章 房地产开发

第二十五条 房地产开发必须严格执行城市规划，按照经济效益、社会效益、环境效益相统一的原则，实行全面规划、合理布局、综合开发、配套建设。

第二十六条　以出让方式取得土地使用权进行房地产开发的，必须按照土地使用权出让合同约定的土地用途、动工开发期限开发土地。超过出让合同约定的动工开发日期满一年未动工开发的，可以征收相当于土地使用权出让金百分之二十以下的土地闲置费；满两年未动工开发的，可以无偿收回土地使用权；但是，因不可抗力或者政府、政府有关部门的行为或者动工开发必需的前期工作造成动工开发迟延的除外。

第二十七条　房地产开发项目的设计、施工，必须符合国家的有关标准和规范。

房地产开发项目竣工，经验收合格后，方可交付使用。

第二十八条　依法取得的土地使用权，可以依照本法和有关法律、行政法规的规定，作价入股，合资、合作开发经营房地产。

第二十九条　国家采取税收等方面的优惠措施鼓励和扶持房地产开发企业开发建设居民住宅。

第三十条　房地产开发企业是以营利为目的，从事房地产开发和经营的企业。设立房地产开发企业，应当具备下列条件：

（一）有自己的名称和组织机构；

（二）有固定的经营场所；

（三）有符合国务院规定的注册资本；

（四）有足够的专业技术人员；

（五）法律、行政法规规定的其他条件。

设立房地产开发企业，应当向工商行政管理部门申请设立登记。工商行政管理部门对符合本法规定条件的，应当予以登记，发给营业执照；对不符合本法规定条件的，不予登记。

设立有限责任公司、股份有限公司，从事房地产开发经营的，还应当执行公司法的有关规定。

房地产开发企业在领取营业执照后的一个月内，应当到登记机关所在地的县级以上地方人民政府规定的部门备案。

第三十一条　房地产开发企业的注册资本与投资总额的比例应当符合国家有关规定。

房地产开发企业分期开发房地产的，分期投资额应当与项目规模相适应，并按照土地使用权出让合同的约定，按期投入资金，用于项目建设。

第四章　房地产交易

第一节　一般规定

第三十二条　房地产转让、抵押时，房屋的所有权和该房屋占用范围内的土地使用权同时转让、抵押。

第三十三条 基准地价、标定地价和各类房屋的重置价格应当定期确定并公布。具体办法由国务院规定。

第三十四条 国家实行房地产价格评估制度。

房地产价格评估，应当遵循公正、公平、公开的原则，按照国家规定的技术标准和评估程序，以基准地价、标定地价和各类房屋的重置价格为基础，参照当地的市场价格进行评估。

第三十五条 国家实行房地产成交价格申报制度。

房地产权利人转让房地产，应当向县级以上地方人民政府规定的部门如实申报成交价，不得瞒报或者作不实的申报。

第三十六条 房地产转让、抵押，当事人应当依照本法第五章的规定办理权属登记。

第二节 房地产转让

第三十七条 房地产转让，是指房地产权利人通过买卖、赠与或者其他合法方式将其房地产转移给他人的行为。

第三十八条 下列房地产，不得转让：

（一）以出让方式取得土地使用权的，不符合本法第三十九条规定的条件的；

（二）司法机关和行政机关依法裁定、决定查封或者以其他形式限制房地产权利的；

（三）依法收回土地使用权的；

（四）共有房地产，未经其他共有人书面同意的；

（五）权属有争议的；

（六）未依法登记领取权属证书的；

（七）法律、行政法规规定禁止转让的其他情形。

第三十九条 以出让方式取得土地使用权的，转让房地产时，应当符合下列条件：

（一）按照出让合同约定已经支付全部土地使用权出让金，并取得土地使用权证书；

（二）按照出让合同约定进行投资开发，属于房屋建设工程的，完成开发投资总额的百分之二十五以上，属于成片开发土地的，形成工业用地或者其他建设用地条件。

转让房地产时房屋已经建成的，还应当持有房屋所有权证书。

第四十条 以划拨方式取得土地使用权的，转让房地产时，应当按照国务院规定，报有批准权的人民政府审批。有批准权的人民政府准予转让的，应当由受让方办理土地使用权出让手续，并依照国家有关规定缴纳土地使用权出让金。

以划拨方式取得土地使用权的，转让房地产报批时，有批准权的人民政府按照国务院规定决定可以不办理土地使用权出让手续的，转让方应当按照国务院规定将转让房地产所获收益中的土地收益上缴国家或者作其他处理。

第四十一条　房地产转让，应当签订书面转让合同，合同中应当载明土地使用权取得的方式。

第四十二条　房地产转让时，土地使用权出让合同载明的权利、义务随之转移。

第四十三条　以出让方式取得土地使用权的，转让房地产后，其土地使用权的使用年限为原土地使用权出让合同约定的使用年限减去原土地使用者已经使用年限后的剩余年限。

第四十四条　以出让方式取得土地使用权的，转让房地产后，受让人改变原土地使用权出让合同约定的土地用途的，必须取得原出让方和市、县人民政府城市规划行政主管部门的同意，签订土地使用权出让合同变更协议或者重新签订土地使用权出让合同，相应调整土地使用权出让金。

第四十五条　商品房预售，应当符合下列条件：

（一）已交付全部土地使用权出让金，取得土地使用权证书；

（二）持有建设工程规划许可证；

（三）按提供预售的商品房计算，投入开发建设的资金达到工程建设总投资的百分之二十五以上，并已经确定施工进度和竣工交付日期；

（四）向县级以上人民政府房产管理部门办理预售登记，取得商品房预售许可证明。

商品房预售人应当按照国家有关规定将预售合同报县级以上人民政府房产管理部门和土地管理部门登记备案。

商品房预售所得款项，必须用于有关的工程建设。

第四十六条　商品房预售的，商品房预购人将购买的未竣工的预售商品房再行转让的问题，由国务院规定。

第三节　房地产抵押

第四十七条　房地产抵押，是指抵押人以其合法的房地产以不转移占有的方式向抵押权人提供债务履行担保的行为。债务人不履行债务时，抵押权人有权依法以抵押的房地产拍卖所得的价款优先受偿。

第四十八条　依法取得的房屋所有权连同该房屋占用范围内的土地使用权，可以设定抵押权。

以出让方式取得的土地使用权，可以设定抵押权。

第四十九条　房地产抵押，应当凭土地使用权证书、房屋所有权证书办理。

第五十条　房地产抵押，抵押人和抵押权人应当签订书面抵押合同。

第五十一条　设定房地产抵押权的土地使用权是以划拨方式取得的，依法拍卖该房地产后，应当从拍卖所得的价款中缴纳相当于应缴纳的土地使用权出让金的款额后，抵押权人方可优先受偿。

第五十二条 房地产抵押合同签订后，土地上新增的房屋不属于抵押财产。需要拍卖该抵押的房地产时，可以依法将土地上新增的房屋与抵押财产一同拍卖，但对拍卖新增房屋所得，抵押权人无权优先受偿。

第四节 房屋租赁

第五十三条 房屋租赁，是指房屋所有权人作为出租人将其房屋出租给承租人使用，由承租人向出租人支付租金的行为。

第五十四条 房屋租赁，出租人和承租人应当签订书面租赁合同，约定租赁期限、租赁用途、租赁价格、修缮责任等条款，以及双方的其他权利和义务，并向房产管理部门登记备案。

第五十五条 住宅用房的租赁，应当执行国家和房屋所在城市人民政府规定的租赁政策。租用房屋从事生产、经营活动的，由租赁双方协商议定租金和其他租赁条款。

第五十六条 以营利为目的，房屋所有权人将以划拨方式取得使用权的国有土地上建成的房屋出租的，应当将租金中所含土地收益上缴国家。具体办法由国务院规定。

第五节 中介服务机构

第五十七条 房地产中介服务机构包括房地产咨询机构、房地产价格评估机构、房地产经纪机构等。

第五十八条 房地产中介服务机构应当具备下列条件：

（一）有自己的名称和组织机构；

（二）有固定的服务场所；

（三）有必要的财产和经费；

（四）有足够数量的专业人员；

（五）法律、行政法规规定的其他条件。

设立房地产中介服务机构，应当向工商行政管理部门申请设立登记，领取营业执照后，方可开业。

第五十九条 国家实行房地产价格评估人员资格认证制度。

第五章 房地产权属登记管理

第六十条 国家实行土地使用权和房屋所有权登记发证制度。

第六十一条 以出让或者划拨方式取得土地使用权，应当向县级以上地方人民政府土地管理部门申请登记，经县级以上地方人民政府土地管理部门核实，由同级人民政府颁发土地使用权证书。

在依法取得的房地产开发用地上建成房屋的，应当凭土地使用权证书向县级以上地方人民政府房产管理部门申请登记，由县级以上地方人民政府房产管理部门核实并颁发房屋所有权证书。

房地产转让或者变更时，应当向县级以上地方人民政府房产管理部门申请房产变更登记，并凭变更后的房屋所有权证书向同级人民政府土地管理部门申请土地使用权变更登记，经同级人民政府土地管理部门核实，由同级人民政府更换或者更改土地使用权证书。

法律另有规定的，依照有关法律的规定办理。

第六十二条　房地产抵押时，应当向县级以上地方人民政府规定的部门办理抵押登记。

因处分抵押房地产而取得土地使用权和房屋所有权的，应当依照本章规定办理过户登记。

第六十三条　经省、自治区、直辖市人民政府确定，县级以上地方人民政府由一个部门统一负责房产管理和土地管理工作的，可以制作、颁发统一的房地产权证书，依照本法第六十一条的规定，将房屋的所有权和该房屋占用范围内的土地使用权的确认和变更，分别载入房地产权证书。

第六章　法 律 责 任

第六十四条　违反本法第十一条、第十二条的规定，擅自批准出让或者擅自出让土地使用权用于房地产开发的，由上级机关或者所在单位给予有关责任人员行政处分。

第六十五条　违反本法第三十条的规定，未取得营业执照擅自从事房地产开发业务的，由县级以上人民政府工商行政管理部门责令停止房地产开发业务活动，没收违法所得，可以并处罚款。

第六十六条　违反本法第三十九条第一款的规定转让土地使用权的，由县级以上人民政府土地管理部门没收违法所得，可以并处罚款。

第六十七条　违反本法第四十条第一款的规定转让房地产的，由县级以上人民政府土地管理部门责令缴纳土地使用权出让金，没收违法所得，可以并处罚款。

第六十八条　违反本法第四十五条第一款的规定预售商品房的，由县级以上人民政府房产管理部门责令停止预售活动，没收违法所得，可以并处罚款。

第六十九条　违反本法第五十八条的规定，未取得营业执照擅自从事房地产中介服务业务的，由县级以上人民政府工商行政管理部门责令停止房地产中介服务业务活动，没收违法所得，可以并处罚款。

第七十条　没有法律、法规的依据，向房地产开发企业收费的，上级机关应当责令退回所收取的钱款；情节严重的，由上级机关或者所在单位给予直接责任人员行政处分。

第七十一条 房产管理部门、土地管理部门工作人员玩忽职守、滥用职权，构成犯罪的，依法追究刑事责任；不构成犯罪的，给予行政处分。

房产管理部门、土地管理部门工作人员利用职务上的便利，索取他人财物，或者非法收受他人财物为他人谋取利益，构成犯罪的，依照惩治贪污罪贿赂罪的补充规定追究刑事责任；不构成犯罪的，给予行政处分。

第七章 附 则

第七十二条 在城市规划区外的国有土地范围内取得房地产开发用地的土地使用权，从事房地产开发、交易活动以及实施房地产管理，参照本法执行。

第七十三条 本法自1995年1月1日起施行。

附录B

《城市房地产开发经营管理条例》

中华人民共和国国务院令

第248号

《城市房地产开发经营管理条例》已经一九九八年七月二十日国务院常务会议通过，现与公布施行。

中华人民共和国国务院总理　朱镕基

一九九八年七月二十日

城市房地产开发经营管理条例

总则

第一条　为了规范房地产开发经营行为，加强对城市房地产开发经营活动的监督管理，促进和保障房地产业的健康发展，根据《中华人民共和国城市房地产管理法》的有关规定，制定本条例。

第二条　本条例所称房地产开发经营，是指房地产开发企业在城市规划区内国有土地上进行基础设施建设、房屋建设，并转让房地产开发项目或者销售、出租商品房的行为。

第三条　房地产开发经营应当按照经济效益、社会效益、环境效益相统一的原则，实行全面规划、合理布局、综合开发、配套建设。

第四条　国务院建设行政主管部门负责全国房地产开发经营活动的监督管理工作。

县级以上地方人民政府房地产开发主管部门负责本行政区域内房地产开发经营活动的监督管理工作。县级以上人民政府负责土地管理工作的部门依照有关法律、行政法规的规定，负责与房地产开发经营有关的土地管理工作。

房地产开发企业

第五条　设立房地产开发企业，除应当符合有关法律、行政法规规定的企业设立条件外，还应当具备下列条件：

（一）有100万元以上的注册资本；

（二）有4名以上持有资格证书的房地产专业、建筑工程专业的专职技术人员，2名以上持有资格证书的专职会计人员。省、自治区、直辖市人民政府可以根据本地方的实际情况，对设立房地产开发企业的注册资本和专业技术人员的条件做出高于前款的规定。

第六条　外商投资设立房地产开发企业的，除应当符合本条例第五条的规定外，还应当依照外商投资企业法律、行政法规的规定，办理有关审批手续。

第七条　设立房地产开发企业，应当向县级以上人民政府工商行政管理部门申请登记。工商行政管理部门对符合本条例第五条规定条件的，应当自收到申请之日起30日内予以登记；对不符合条件不予登记的，应当说明理由。

工商行政管理部门在对设立房地产开发企业申请登记进行审查时，应当听取同级房地产开发主管部门的意见。

第八条　房地产开发企业应当自领取营业执照之日起30日内，持下列文件到登记机关所在地的房地产开发主管部门备案：

（一）营业执照复印件；

（二）企业章程；

（三）验资证明；

（四）企业法定代表人的身份证明；

（五）专业技术人员的资格证书和聘用合同。

第九条　房地产开发主管部门应当根据房地产开发企业的资产、专业技术人员和开发经营业绩等，对备案的房地产开发企业核定资质等级。房地产开发企业应当按照核定的资质等级，承担相应的房地产开发项目。具体办法由国务院建设行政主管部门制定。

房地产开发建设

第十条　确定房地产开发项目，应当符合土地利用总体规划、年度建设用地计划和城市规划、房地产开发年度计划的要求；按照国家有关规定需要经计划主管部门批准的，还应当报计划主管部门批准，并纳入年度固定资产投资计划。

第十一条　确定房地产开发项目，应当坚持旧区改建和新区建设相结合的原则，注重开发基础设施薄弱、交通拥挤、环境污染严重以及危旧房屋集中的区域，保护和改善城市生态环境，保护历史文化遗产。

第十二条　房地产开发用地应当以出让方式取得；但是，法律和国务院规定可以采用划拨方式的除外。

土地使用权出让或者划拨前，县级以上地方人民政府城市规划行政主管部门和房地产开发主管部门应当对下列事项提出书面意见，作为土地使用权出让或者划拨的依据之一。

（一）房地产开发项目的性质、规模和开发期限；

（二）城市规划设计条件；

（三）基础设施和公共设施的建设要求；

（四）基础设施建成后的产权界定；

（五）项目拆迁补偿、安置要求。

第十三条　房地产开发项目应当建立资本金制度，资本金占项目总投资的比例不得低于20%。

第十四条　房地产开发项目的开发建设应当统筹安排配套基础设施，并根据先地下、后地上的原则实施。

第十五条　房地产开发企业应当按照土地使用权出让合同约定的土地用途、动工开发期限进行项目开发建设。出让合同约定的动工开发期限满1年未动工开发的，可以征收相当于土地使用权出让金20%以下的土地闲置费；满2年未动工开发的，可以无偿收回土地使用权。但是，因不可抗力或者政府、政府有关部门的行为或者动工开发必需的前期工作造成动工迟延的除外。

第十六条　房地产开发企业开发建设的房地产项目，应当符合有关法律、法规的规定和建筑工程质量、安全标准、建筑工程勘察、设计、施工的技术规范以及合同的约定。

房地产开发企业应当对其开发建设的房地产开发项目的质量承担责任。

勘察、设计、施工、监理等单位应当依照有关法律、法规的规定或者合同的约定，承担相应的责任。

第十七条　房地产开发项目竣工，经验收合格后，方可交付使用；未经验收或者验收不合格的，不得交付使用。

房地产开发项目竣工后，房地产开发企业应当向项目所在地的县级以上地方人民政府房地产开发主管部门提出竣工验收申请。房地产开发主管部门应当自收到竣工验收申请之日起30日内，对涉及公共安全的内容，组织工程质量监督、规划、消防、人防等有关部门或者单位进行验收。

第十八条　住宅小区等群体房地产开发项目竣工，应当依照本条例第十七条的规定和下列要求进行综合验收：

（一）城市规划设计条件的落实情况；

（二）城市规划要求配套的基础设施和公共设施的建设情况；

（三）单项工程的工程质量验收情况；

（四）拆迁安置方案的落实情况；

（五）物业管理的落实情况。

住宅小区等群体房地产开发项目实行分期开发的，可以分期验收。

第十九条　房地产开发企业应当将房地产开发项目建设过程中的主要事项记录在房地产开发项目手册中，并定期送房地产开发主管部门备案。

房地产经营

第二十条　转让房地产开发项目，应当符合《中华人民共和国城市房地产管理法》第三十八条、第三十九条规定的条件。

第二十一条　转让房地产开发项目，转让人和受让人应当自土地使用权变更登记手续办理完毕之日起30日内，持房地产开发项目转让合同到房地产开发主管部门备案。

第二十二条　房地产开发企业转让房地产开发项目时，尚未完成拆迁补偿安置的，原拆迁补偿安置合同中有关的权利、义务随之转移给受让人。项目转让人应当书面通知被拆迁人。

第二十三条　房地产开发企业预售商品房，应当符合下列条件：

（一）已交付全部土地使用权出让金，取得土地使用权证书；

（二）持有建设工程规划许可证和施工许可证；

（三）按提供的预售商品房计算，投入开发建设的资金达到工程建设总投资的25%以上，并已确定施工进度和竣工交付日期；

（四）已办理预售登记，取得商品房预售许可证明。

第二十四条　房地产开发企业申请办理商品房预售登记，应当提交下列文件：

（一）本条例第二十三条第（一）项至第（三）项规定的证明材料；

（二）营业执照和资质等级证书；

（三）工程施工合同；

（四）预售商品房分层平面图；

（五）商品房预售方案。

第二十五条　房地产开发主管部门应当自收到商品房预售申请之日起10日内，做出同意预售或者不同意预售的答复。同意预售的，应当核发商品房预售许可证明；不同意预售的，应当说明理由。

第二十六条　房地产开发企业不得进行虚假广告宣传，商品房预售广告中应当载明商品房预售许可证明的文号。

第二十七条　房地产开发企业预售商品房时，应当向预购人出示商品房预售许可证明。

房地产开发企业应当自商品房预售合同签订之日起30日内，到商品房所在地的县级以上人民政府房地产开发主管部门和负责土地管理工作的部门备案。

第二十八条　商品房销售，当事人双方应当签订书面合同。合同应当载明商品房的建筑面积和使用面积、价格、交付日期、质量要求、物业管理方式以及双方的违约责任。

第二十九条　房地产开发企业委托中介机构代理销售商品房的，应当向中介机构出具委托书。中介机构销售商品房时，应当向商品房购买人出示商品房的有关证明文件和商品房销售委托书。

第三十条　房地产开发项目转让和商品房销售价格，由当事人协商议定；但是，享受国家优惠政策的居民住宅价格，应当实行政府指导价或者政府定价。

第三十一条　房地产开发企业应当在商品房交付使用时，向购买人提供住宅质量保证书和住宅使用说明书。

住宅质量保证书应当列明工程质量监督部门核验的质量等级、保修范围、保修期和保修单位等内容。房地产开发企业应当按照住宅质量保证书的约定，承担商品房保修责任。

保修期内，因房地产开发企业对商品房进行维修，致使房屋原使用功能受到影响，给购买人造成损失的，应当依法承担赔偿责任。

第三十二条　商品房交付使用后，购买人认为主体结构质量不合格的，可以向工程质量监督单位申请重新核验。

经核验，确属主体结构质量不合格的，购买人有权退房；给购买人造成损失的，房地产开发企业应当依法承担赔偿责任。

第三十三条　预售商品房的购买人应当自商品房交付使用之日起90日内，办理土地使用权变更和房屋所有权登记手续；现售商品房的购买人应当自销售合同签订之日起90日内，办理土地使用权变更和房屋所有权登记手续。房地产开发企业应当协助商品房购买人办理土地使用权变更和房屋所有权登记手续，并提供必要的证明文件。

法律责任

第三十四条　违反本条例规定，未取得营业执照，擅自从事房地产开发经营的，由县级以上人民政府工商行政管理部门责令停止房地产开发经营活动，没收违法所得，可以并处违法所得5倍以下的罚款。

第三十五条　违反本条例规定，未取得资质等级证书或者超越资质等级从事房地产开发经营的，由县级以上人民政府房地产开发主管部门责令限期改正，处5万元以上10万元以下的罚款；逾期不改正的，由工商行政管理部门吊销营业执照。

第三十六条　违反本条例规定，将未经验收的房屋交付使用的，由县级以上人民政府房地产开发主管部门责令限期补办验收手续；逾期不补办验收手续的，由县级以上人民政府房地产开发主管部门组织有关部门和单位进行验收，并处10万元以上30万元以下的罚款。经验收不合格的，依照本条例第三十七条的规定处理。

第三十七条 违反本条例规定，将验收不合格的房屋交付使用的，由县级以上人民政府房地产开发主管部门责令限期返修，并处交付使用的房屋总造价2%以下的罚款；情节严重的，由工商行政管理部门吊销营业执照；给购买人造成损失的，应当依法承担赔偿责任；造成重大伤亡事故或者其他严重后果，构成犯罪的，依法追究刑事责任。

第三十八条 违反本条例规定，擅自转让房地产开发项目的，由县级以上人民政府负责土地管理工作的部门责令停止违法行为，没收违法所得，可以并处违法所得5倍以下的罚款。

第三十九条 违反本条例规定，擅自预售商品房的，由县级以上人民政府房地产开发主管部门责令停止违法行为，没收违法所得，可以并处已收取的预付款百分之一以下的罚款。

第四十条 国家工作人员在房地产开发经营监督管理工作中玩忽职守、徇私舞弊、滥用职权，构成犯罪的，依法追究刑事责任；尚不构成犯罪的，依法给予行政处分。

附 则

第四十一条 在城市规划区外国有土地上从事房地产开发经营，实施房地产开发经营监督管理，参照本条例执行。

第四十二条 城市规划区内集体所有的土地，经依法征用转为国有土地后，方可用于房地产开发经营。

第四十三条 本条例自发布之日起施行。

附录C

《商品房销售管理办法》

中华人民共和国建设部令

第88号

《商品房销售管理办法》已于2001年3月14日经建设部第38次部常委会议审议通过，现予发布，自2001年6月1日起施行。

部长　俞正声

二〇〇一年四月四日

商品房销售管理办法

第一章　总　　则

第一条　为了规范商品房销售行为，保障商品房交易双方当事人的合法权益，根据《中华人民共和国城市房地产管理法》、《城市房地产开发经营管理条例》，制定本办法。

第二条　商品房销售及商品房销售管理应当遵守本办法。

第三条　商品房销售包括商品房现售和商品房预售。

本办法所称商品房现售，是指房地产开发企业将竣工验收合格的商品房出售给买受人，并由买受人支付房价款的行为。

本办法所称商品房预售，是指房地产开发企业将正在建设中的商品房预先出售给买受人，并由买受人支付定金或者房价款的行为。

第四条　房地产开发企业可以自行销售商品房，也可以委托房地产中介服务机构销售商品房。

第五条　国务院建设行政主管部门负责全国商品房的销售管理工作。

省、自治区人民政府建设行政主管部门负责本行政区域内商品房的销售管理工作。

直辖市、市、县人民政府建设行政主管部门、房地产行政主管部门（以下统称房地产开发主管部门）按照职责分工，负责本行政区域内商品房的销售管理工作。

第二章 销售条件

第六条 商品房预售实行预售许可制度。

商品房预售条件及商品房预售许可证明的办理程序，按照《城市房地产开发经营管理条例》和《城市商品房预售管理办法》的有关规定执行。

第七条 商品房现售，应当符合以下条件：

（一）现售商品房的房地产开发企业应当具有企业法人营业执照和房地产开发企业资质证书；

（二）取得土地使用权证书或者使用土地的批准文件；

（三）持有建设工程规划许可证和施工许可证；

（四）已通过竣工验收；

（五）拆迁安置已经落实；

（六）供水、供电、供热、燃气、通信等配套基础设施具备交付使用条件，其他配套基础设施和公共设施具备交付使用条件或者已确定施工进度和交付日期；

（七）物业管理方案已经落实。

第八条 房地产开发企业应当在商品房现售前将房地产开发项目手册及符合商品房现售条件的有关证明文件报送房地产开发主管部门备案。

第九条 房地产开发企业销售设有抵押权的商品房，其抵押权的处理按照《中华人民共和国担保法》、《城市房地产抵押管理办法》的有关规定执行。

第十条 房地产开发企业不得在未解除商品房买卖合同前，将作为合同标的物的商品房再行销售给他人。

第十一条 房地产开发企业不得采取返本销售或者变相返本销售的方式销售商品房。

房地产开发企业不得采取售后包租或者变相售后包租的方式销售未竣工商品房。

第十二条 商品住宅按套销售，不得分割拆零销售。

第十三条 商品房销售时，房地产开发企业选聘了物业管理企业的，买受人应当在订立商品房买卖合同时与房地产开发企业选聘的物业管理企业订立有关物业管理的协议。

第三章 广告与合同

第十四条 房地产开发企业、房地产中介服务机构发布商品房销售宣传广告，应当执行《中华人民共和国广告法》、《房地产广告发布暂行规定》等有关规定，广告内容必须真实、合法、科学、准确。

第十五条　房地产开发企业、房地产中介服务机构发布的商品房销售广告和宣传资料所明示的事项，当事人应当在商品房买卖合同中约定。

第十六条　商品房销售时，房地产开发企业和买受人应当订立书面商品房买卖合同。

商品房买卖合同应当明确以下主要内容：

（一）当事人名称或者姓名和住所；

（二）商品房基本状况；

（三）商品房的销售方式；

（四）商品房价款的确定方式及总价款、付款方式、付款时间；

（五）交付使用条件及日期；

（六）装饰、设备标准承诺；

（七）供水、供电、供热、燃气、通信、道路、绿化等配套基础设施和公共设施的交付承诺和有关权益、责任；

（八）公共配套建筑的产权归属；

（九）面积差异的处理方式；

（十）办理产权登记有关事宜；

（十一）解决争议的方法；

（十二）违约责任；

（十三）双方约定的其他事项。

第十七条　商品房销售价格由当事人协商议定，国家另有规定的除外。

第十八条　商品房销售可以按套（单元）计价，也可以按套内建筑面积或者建筑面积计价。

商品房建筑面积由套内建筑面积和分摊的共有建筑面积组成，套内建筑面积部分为独立产权，分摊的共有建筑面积部分为共有产权，买受人按照法律、法规的规定对其享有权利，承担责任。

按套（单元）计价或者按套内建筑面积计价的，商品房买卖合同中应当注明建筑面积和分摊的共有建筑面积。

第十九条　按套（单元）计价的现售房屋，当事人对现售房屋实地勘察后可以在合同中直接约定总价款。

按套（单元）计价的预售房屋，房地产开发企业应当在合同中附所售房屋的平面图。平面图应当标明详细尺寸，并约定误差范围。房屋交付时，套型与设计图纸一致，相关尺寸也在约定的误差范围内，维持总价款不变；套型与设计图纸不一致或者相关尺寸超出约定的误差范围，合同中未约定处理方式的，买受人可以退房或者与房地产开发企业重新约定总价款。买受人退房的，由房地产开发企业承担违约责任。

第二十条　按套内建筑面积或者建筑面积计价的，当事人应当在合同中载明合同约定面积与产权登记面积发生误差的处理方式。

合同未作约定的，按以下原则处理：

（一）面积误差比绝对值在3%以内（含3%）的，据实结算房价款；

（二）面积误差比绝对值超出3%时，买受人有权退房。买受人退房的，房地产开发企业应当在买受人提出退房之日起30日内将买受人已付房价款退还给买受人，同时支付已付房价款利息。买受人不退房的，产权登记面积大于合同约定面积时，面积误差比在3%以内（含3%）部分的房价款由买受人补足；超出3%部分的房价款由房地产开发企业承担，产权归买受人。产权登记面积小于合同约定面积时，面积误差比绝对值在3%以内（含3%）部分的房价款由房地产开发企业返还买受人；绝对值超出3%部分的房价款由房地产开发企业双倍返还买受人。

$$\text{面积误差比}=\frac{\text{产权登记面积}-\text{合同约定面积}}{\text{合同约定面积}}\times 100\%$$

因本办法第二十四条规定的规划设计变更造成面积差异，当事人不解除合同的，应当签署补充协议。

第二十一条　按建筑面积计价的，当事人应当在合同中约定套内建筑面积和分摊的共有建筑面积，并约定建筑面积不变而套内建筑面积发生误差以及建筑面积与套内建筑面积均发生误差时的处理方式。

第二十二条　不符合商品房销售条件的，房地产开发企业不得销售商品房，不得向买受人收取任何预订款性质费用。

符合商品房销售条件的，房地产开发企业在订立商品房买卖合同之前向买受人收取预订款性质费用的，订立商品房买卖合同时，所收费用应当抵作房价款；当事人未能订立商品房买卖合同的，房地产开发企业应当向买受人返还所收费用；当事人之间另有约定的，从其约定。

第二十三条　房地产开发企业应当在订立商品房买卖合同之前向买受人明示《商品房销售管理办法》和《商品房买卖合同示范文本》；预售商品房的，还必须明示《城市商品房预售管理办法》。

第二十四条　房地产开发企业应当按照批准的规划、设计建设商品房。商品房销售后，房地产开发企业不得擅自变更规划、设计。

经规划部门批准的规划变更、设计单位同意的设计变更导致商品房的结构型式、户型、空间尺寸、朝向变化，以及出现合同当事人约定的其他影响商品房质量或者使用功能情形的，房地产开发企业应当在变更确立之日起10日内，书面通知买受人。

买受人有权在通知到达之日起15日内做出是否退房的书面答复。买受人在通知到达之日起15日内未作书面答复的，视同接受规划、设计变更以及由此引起的房价款的变更。房地产开发企业未在规定时限内通知买受人的，买受人有权退房；买受人退房的，由房地产开发企业承担违约责任。

第四章 销 售 代 理

第二十五条 房地产开发企业委托中介服务机构销售商品房的，受托机构应当是依法设立并取得工商营业执照的房地产中介服务机构。

房地产开发企业应当与受托房地产中介服务机构订立书面委托合同，委托合同应当载明委托期限、委托权限以及委托人和被委托人的权利、义务。

第二十六条 受托房地产中介服务机构销售商品房时，应当向买受人出示商品房的有关证明文件和商品房销售委托书。

第二十七条 受托房地产中介服务机构销售商品房时，应当如实向买受人介绍所代理销售商品房的有关情况。

受托房地产中介服务机构不得代理销售不符合销售条件的商品房。

第二十八条 受托房地产中介服务机构在代理销售商品房时不得收取佣金以外的其他费用。

第二十九条 商品房销售人员应当经过专业培训，方可从事商品房销售业务。

第五章 交 付

第三十条 房地产开发企业应当按照合同约定，将符合交付使用条件的商品房按期交付给买受人。未能按期交付的，房地产开发企业应当承担违约责任。

因不可抗力或者当事人在合同中约定的其他原因，需延期交付的，房地产开发企业应当及时告知买受人。

第三十一条 房地产开发企业销售商品房时设置样板房的，应当说明实际交付的商品房质量、设备及装修与样板房是否一致，未作说明的，实际交付的商品房应当与样板房一致。

第三十二条 销售商品住宅时，房地产开发企业应当根据《商品住宅实行质量保证书和住宅使用说明书制度的规定》（以下简称《规定》），向买受人提供《住宅质量保证书》、《住宅使用说明书》。

第三十三条 房地产开发企业应当对所售商品房承担质量保修责任。当事人应当在合同中就保修范围、保修期限、保修责任等内容做出约定。保修期从交付之日起计算。

商品住宅的保修期限不得低于建设工程承包单位向建设单位出具的质量保修书约定保修期的存续期；存续期少于《规定》中确定的最低保修期限的，保修期不得低于《规定》中确定的最低保修期限。

非住宅商品房的保修期限不得低于建设工程承包单位向建设单位出具的质量保修书约定保修期的存续期。

在保修期限内发生的属于保修范围的质量问题，房地产开发企业应当履行保修义务，并对造成的损失承担赔偿责任。因不可抗力或者使用不当造成的损坏，房地产开发企业不承担责任。

第三十四条 房地产开发企业应当在商品房交付使用前按项目委托具有房产测绘资格的单位实施测绘，测绘成果报房地产行政主管部门审核后用于房屋权属登记。

房地产开发企业应当在商品房交付使用之日起60日内，将需要由其提供的办理房屋权属登记的资料报送房屋所在地房地产行政主管部门。

房地产开发企业应当协助商品房买受人办理土地使用权变更和房屋所有权登记手续。

第三十五条 商品房交付使用后，买受人认为主体结构质量不合格的，可以依照有关规定委托工程质量检测机构重新核验。经核验，确属主体结构质量不合格的，买受人有权退房；给买受人造成损失的，房地产开发企业应当依法承担赔偿责任。

第六章 法律责任

第三十六条 未取得营业执照，擅自销售商品房的，由县级以上人民政府工商行政管理部门依照《城市房地产开发经营管理条例》的规定处罚。

第三十七条 未取得房地产开发企业资质证书，擅自销售商品房的，责令停止销售活动，处5万元以上10万元以下的罚款。

第三十八条 违反法律、法规规定，擅自预售商品房的，责令停止违法行为，没收违法所得；收取预付款的，可以并处已收取的预付款1%以下的罚款。

第三十九条 在未解除商品房买卖合同前，将作为合同标的物的商品房再行销售给他人的，处以警告，责令限期改正，并处2万元以上3万元以下罚款；构成犯罪的，依法追究刑事责任。

第四十条 房地产开发企业将未组织竣工验收、验收不合格或者对不合格按合格验收的商品房擅自交付使用的，按照《建设工程质量管理条例》的规定处罚。

第四十一条 房地产开发企业未按规定将测绘成果或者需要由其提供的办理房屋权属登记的资料报送房地产行政主管部门的，处以警告，责令限期改正，并可处以2万元以上3万元以下罚款。

第四十二条 房地产开发企业在销售商品房中有下列行为之一的，处以警告，责令限期改正，并可处以1万元以上3万元以下罚款。

（一）未按照规定的现售条件现售商品房的；

（二）未按照规定在商品房现售前将房地产开发项目手册及符合商品房现售条件的有关证明文件报送房地产开发主管部门备案的；

（三）返本销售或者变相返本销售商品房的；

（四）采取售后包租或者变相售后包租方式销售未竣工商品房的；

（五）分割拆零销售商品住宅的；

（六）不符合商品房销售条件，向买受人收取预订款性质费用的；

（七）未按照规定向买受人明示《商品房销售管理办法》、《商品房买卖合同示范文本》、《城市商品房预售管理办法》的；

（八）委托没有资格的机构代理销售商品房的。

第四十三条　房地产中介服务机构代理销售不符合销售条件的商品房的，处以警告，责令停止销售，并可处以2万元以上3万元以下罚款。

第四十四条　国家机关工作人员在商品房销售管理工作中玩忽职守、滥用职权、徇私舞弊，依法给予行政处分；构成犯罪的，依法追究刑事责任。

第七章　附　　则

第四十五条　本办法所称返本销售，是指房地产开发企业以定期向买受人返还购房款的方式销售商品房的行为。

本办法所称售后包租，是指房地产开发企业以在一定期限内承租或者代为出租买受人所购该企业商品房的方式销售商品房的行为。

本办法所称分割拆零销售，是指房地产开发企业以将成套的商品住宅分割为数部分分别出售给买受人的方式销售商品住宅的行为。

本办法所称产权登记面积，是指房地产行政主管部门确认登记的房屋面积。

第四十六条　省、自治区、直辖市人民政府建设行政主管部门可以根据本办法制定实施细则。

第四十七条　本办法由国务院建设行政主管部门负责解释。

第四十八条　本办法自2001年6月1日起施行。

附录D

《商品房买卖合同》

辽宁省建设厅
监制
辽宁省工商行政管理局

商品房买卖合同说明

1. 本合同文本为示范文本，也可作为签约使用文本。签约之前，买受人应当仔细阅读本合同内容，对合同条款及专业用词理解不一致的，可向当地房地产开发主管部门咨询。

2. 本合同所称商品房是指由房地产开发企业开发建设并出售的房屋。

3. 为体现合同双方的自愿原则，本合同文本中相关条款后都有空白行，供双方自行约定或补充约定。双方当事人可以对文本条款的内容进行修改、增补或删减。合同签订生效后，未被修改的文本印刷文字视为双方同意内容。

4. 本合同文本中涉及到的选择、填写内容以手写项为优先。

5. 对合同文本【　】中选择内容、空格部分填写及其他需要删除或添加的内容，双方应当协商确定。【　】中选择内容，以✓方式选定；对于实际情况未发生或买卖双方不作约定时，应在空格部分打×，以示删除。

6. 在签订合同前，出卖人应当向买受人出示应当由出卖人提供的有关证书、证明文件。

7. 本合同条款由中华人民共和国建设部和国家工商行政管理局负责解释。

商品房买卖合同

（合同编号：　　）

合同双方当事人：

出卖人：______

注册地址：______

营业执照注册号：______

企业资质证书号：______

法定代表人：______ 联系电话：______

邮政编码：______

委托代理人：______ 地址：______

邮政编码：______ 联系电话：______

委托代理机构：______

注册地址：______

营业执照注册号：______

法定代表人：______ 联系电话：______

邮政编码：______

买受人：______

【本人】【法定代表人】姓名：______国籍：______

【身份证】【护照】【营业执照注册号】【 】______

地址：______

邮政编码：______ 联系电话：______

【委托代理人】【 】姓名：______国籍：______

地址：______

邮政编码：______ 电话：______

根据《中华人民共和国合同法》、《中华人民共和国城市房地产管理法》及其他有关法律、法规之规定，买受人和出卖人在平等、自愿、协商一致的基础上就买卖商品房达成如下协议：

第一条 项目建设依据。

出卖人以______方式取得位于______、编号为______的地块的土地使用权。【土地使用权出让合同号】【土地使用权划拨批准文件号】【划拨土地使用权转让批准文件号】为______。

该地块土地面积为______，规划用途为______。土地使用年限自__年__月__日至__年__月__日。

出卖人经批准，在上述地块上建设商品房，【现定名】【暂定名】______。建设工程规划许可证号为______，施工许可证号为______。

______

______

第二条 商品房销售依据。

买受人购买的商品房为【现房】【预售商品房】。预售商品房批准机关为______，商品房预售许可证号为 ____________。

第三条 买受人所购商品房的基本情况。

买受人购买的商品房（以下简称该商品房，其房屋平面图见本合同附件一，房号以附件一上表示为准）为本合同第一条规定的项目中的：

第____________【幢】【座】____________【单元】【层】____________号房。

该商品房的用途为____________，属____________结构，层高为____________，建筑层数地上____________层，地下____________层。

该商品房阳台是【封闭式】【非封闭式】。

该商品房【合同约定】【产权登记】建筑面积共_____平方米，其中，套内建筑面积___平方米，公共部位与公用房屋分摊建筑面积_____平方米（有关公共部位与公用房屋分摊建筑面积构成说明见附件二）。

____

____

____

____

第四条 计价方式与价款。

出卖人与买受人约定按下述第____种方式计算该商品房价款：

1. 按建筑面积计算，该商品房单价为（ __ 币）每平方米 __ 元，总金额（____ 币）千____ 百____ 拾____ 万____ 千____ 百____ 拾____ 元整。

2. 按套内建筑面积计算，该商品房单价为（____ 币）每平方米____ 元，总金额（_____ 币）千____ 百____ 拾____ 万____ 千____ 百____ 拾____ 元整。

3. 按套（单元）计算，该商品房总价款为（_____ 币）_____千 _____ 百_____ 拾万____千____ 百____ 拾____ 元整。

4. ____

____

____。

第五条 面积确认及面积差异处理。

根据当事人选择的计价方式，本条规定以【建筑面积】【套内建筑面积】（本条款中均简称面积）为依据进行面积确认及面积差异处理。

当事人选择按套计价的，不适用本条约定。

合同约定面积与产权登记面积有差异的，以产权登记面积为准。

商品房交付后，产权登记面积与合同约定面积发生差异，双方同意按第____种方式进行处理；

1. 双方自行约定：

（1）____

____；

（2）____

____；

（3）____

____；

（4）____

____。

2. 双方同意按以下原则处理：

（1）面积误差比绝对值在3%以内（含3%）的，据实结算房价款：

（2）面积误差比绝对值超出3%时，买受人有权退房。

买受人退房的，出卖人在买受人提出退房之日起30天内将买受人已付款退还给买受人，并按________利率付给利息。

买受人不退房的，产权登记面积大于合同约定面积时，面积误差比在3%以内（含3%）部分的房价款由买受人补足；超出3%部分的房价款由出卖人承担，产权归买受人。产权登记面积小于合同约定面积时，面积误差比绝对值在3%以内（含3%）部分的房价款由出卖人返还买受人；绝对值超出3%部分的房价款由出卖人双倍返还买受人。

$$\text{面积误差比}=\frac{\text{产权登记面积}-\text{合同约定面积}}{\text{合同约定面积}}\times 100\%$$

因设计变更造成面积差异，双方不解除合同的，应当签署补充协议。

第六条 付款方式及期限。

买受人按下列第_____ 种方式按期付款：

1. 一次性付款

____

____。

2. 分期付款

____

____。

3. 其他方式

____

____。

第七条 买受人逾期付款的违约责任。

买受人如未按合同规定的时间付款，按下列第____种方式处理：

1. 按逾期时间，分别处理（不作累加）

（1）逾期在 ___ 日之内，自本合同规定的应付款期限之第二天起至实际全额支付应付款之日止，买受人按日向出卖人支付逾期应付款万分之____的违约金，合同继续履行；

(2) 逾期超过____日后，出卖人有权解除合同。出卖人解除合同的，买受人按累计应付款____%向出卖人支付违约金。买受人愿意继续履行合同的，经出卖人同意，合同继续履行，自本合同规定的应付款期限之第二天起至实际全额支付应付款之日止，买受人按日向出卖人支付逾期应付款万分之____ （该比率应不小于第（1）项中的比率）的违约金。

本条中的逾期应付款指依照本合同第六条规定的到期应付款与该期实际已付款的差额；采取分期付款的，按相应的分期应付款与该期的实际已付款的差额确定。

2. ____。

第八条 交付期限。

出买人应当在___年___月___日前，依照国家和地方人民政府的有关规定，将具备下列第___种条件，并符合本合同约定的商品房交付买受人使用：

1. 该商品房经验收合格。

2. 该商品房经综合验收合格。

3. 该商品房经分期综合验收合格。

4. 该商品房取得商品住宅交付使用批准文件。

5. ____。

但如遇下列特殊原因，除双方协商同意解除合同或变更合同外，出卖人可据实予以延期：

1. 遭遇不可抗力，且出卖人在发生之日起______日内告知买受人的；

2. ____；

3. ____。

第九条 出卖人逾期交房的违约责任。

除本合同第八条规定的特殊情况外，出卖人如未按本合同规定的期限将该商品房交付买受人使用，按下列第___种方式处理：

1. 按逾期时间，分别处理（不作累加）

(1) 逾期不超过___日，自本合同第八条规定的最后交付期限的第二天起至实际交付之日止，出卖人按日向买受人支付已交付房价款万分之___的违约金，合同继续履行；

(2) 逾期超过____日后，买受人有权解除合同。买受人解除合同的，出卖人应当自买受人解除合同通知到达之日起____天内退还全部已付款，并按买受人累计已付款的____%向买受人支付违约金。买受人要求继续履行合同的，合同继续履行，自本合同第八条规定的最后交付期限的第二天起至实际交付之日止，出卖人按日向买受人支付已交付房价款万分之____（该比率应不小于第（1）项中的比率）的违约金。

2. ____。

第十条 规划、设计变更的约定

经规划部门批准的规划变更、设计单位同意的设计变更导致下列影响到买受人所购商品房质量或使用功能的，出卖人应当在有关部门批准同意之日起10日内，书面通知买受人：

（1）该商品房结构形式、户型、空间尺寸、朝向；

（2）________________________________；

（3）________________________________；

（4）________________________________；

（5）________________________________；

（6）________________________________；

（7）________________________________。

买受人有权在通知到达之日起15日内做出是否退房的书面答复。买受人在通知到达之日起15日内未作书面答复的，视同接受变更。出卖人未在规定时限内通知买受人的，买受人有权退房。

买受人退房的，出卖人须在买受人提出退房要求之日起______天内将买受人已付款退还给买还人，并按__________利率付给利息。买受人不退房的，应当与出卖人另行签订补充协议。

____。

第十一条 交接。

商品房达到交付使用条件后，出卖人应当书面通知买受人办理交付手续。双方进行验收交接时，出卖人应当出示本合同第八条规定的证明文件，并签署房屋交接单。所购商品房为住宅的，出卖人还需提供《住宅质量保证书》和《住宅使用说明书》。出卖人不出示证明文件或出示证明文件不齐全，买受人有权拒绝交接，由此产生的延期交房责任由出卖人承担。

由于买受人原因，未能按期交付的，双方同意按以下方式处理：

____。

第十二条 出卖人保证销售的商品房没有产权纠纷和债权债务纠纷。因出卖人原因，造成该商品房不能办理产权登记或发生债权债务纠纷的，由出卖人承担全部责任。

____。

第十三条 出卖人关于装饰、设备标准承诺的违约责任。

出卖人交付使用的商品房的装饰、设备标准应符合双方约定（附件三）的标准。达不到约定标准的，买受人有权要求出卖人按照下述第____种方式处理：

1. 出卖人赔偿双倍的装饰、设备差价。

2. ____。

3. ____。

第十四条 出卖人关于基础设施、公共配套建筑正常运行的承诺。

出卖人承诺与该商品房正常使用直接关联的下列基础设施、公共配套建筑按以下日期达到使用条件：

1. ____；
2. ____；
3. ____；
4. ____；
5. ____。

如果在规定日期内未达到使用条件，双方同意按以下方式处理：

1. ____；
2. ____；
3. ____。

第十五条 关于产权登记的约定。

出卖人应当在商品房交付使用后____日内，将办理权属登记需由出卖人提供的资料报产权登记机关备案。如因出卖人的责任。买受人不能在规定期限内取得房地产权属证书的，双方同意按下列第___项处理：

1. 买受人退房，出卖人在买受人提出退房要求之日起___日内将买受人已付房价款退还给买受人，并按已付房价款的___ %赔偿买受人损失。

2. 买受人不退房，出卖人按已付房价款的___ %向买受人支付违约金。

3. ____

____。

第十六条 保修责任。

买受人购买的商品房为商品住宅的，《住宅质量保证书》作为本合同的附件。出卖人自商品住宅交付使用之日起，按照《住宅质量保证书》承诺的内容承担相应的保修责任。

买受人购买的商品房为非商品住宅的，双方应当以合同附件的形式详细约定保修范围、保修期限和保修责任等内容。

在商品房保修范围和保修期限内发生质量问题，出卖人应当履行保修义务。因不可抗力或者非出卖人原因造成的损坏，出卖人不承担责任，但可协助维修，维修费用由购买人承担。

____

____。

第十七条 双方可以就下列事项约定：

1. 该商品房所在楼宇的屋面使用权 ________________________；

2. 该商品房所在楼宇的外墙面使用权 ________________________；

3. 该商品房所在楼宇的命名权 ________________________；

4. 该商品房所在小区的命名权 ________________________；

5. ____；

6. ____。

第十八条 买受人的房屋仅作 ________________ 使用，买受人使用期间不得擅自改变该商品房的建筑主体结构、承重结构和用途。除本合同及其附件另有规定者外，买受人在使用期间有权与其他权利人共同享用与该商品房有关联的公共部位和设施，并按占地和公共部位与公用房屋分摊面积承担义务。

出卖人不得擅自改变与该商品房有关联的公共部位和设施的使用性质。

____

____。

第十九条 本合同在履行过程中发生的争议，由双方当事人协商解决；协商不成的，按下述第 ____种方式解决：

1. 提交 ________________________ 仲裁委员会仲裁。

2. 依法向人民法院起诉。

第二十条 本合同未尽事项，可由双方约定后签订补充协议（附件四）。

第二十一条 合同附件与本合同具有同等法律效力。本合同及其附件内，空格部分填写的文字与印刷文字具有同等效力。

第二十二条 本合同连同附件共 ___ 页，一式___份，具有同等法律效力，合同持有情况如下：

出卖人___份，买受人___份，___________份，___________份。

第二十三条 本合同自双方签订之日起生效。

第二十四条 商品房预售的，自本合同生效之日起30天内，由出卖人向___________________申请登记备案。

出卖人（签章）： 买受人（签章）：

【法定代表人】： 【法定代表人】：

【委托代理人】： 【委托代理人】：

（签章） （签章）

年 月 日 年 月 日

签于 ________________ 签于 ____________

附件一：房屋平面图

附件二：公共部位与公用房屋分摊建筑面积构成说明

附件三：装饰、设备标准

1. 外墙：

2. 内墙：

3. 顶棚：

4. 地面：

5. 门窗：

6. 厨房：

7. 卫生间：

8. 阳台：

9. 电梯：

10. 其他：

附件四：合同补充协议

参 考 文 献

[1] 菲利浦·科特勒. 市场营销管理[M]. 郭国庆,等译. 北京: 中国人民大学出版社, 1997.

[2] 菲利浦·科特勒,等. 营销学导论[M]. 俞利军, 译. 北京: 华夏出版社, 1999.

[3] 姚玲珍. 房地产市场营销[M]. 上海: 上海财经大学出版社, 2004.

[4] 叶剑平. 房地产市场营销[M]. 北京: 中国人民大学出版社, 2000.

[5] 贾士军. 房地产项目全程策划: 理论、实操与案例[M]. 广州: 广东经济出版社, 2002.

[6] 蔡诗. 物业管理实务与操作[M]. 成都: 西南财经大学出版社, 2002.

[7] 楼江. 房地产市场营销理论与实务[M]. 上海: 同济大学出版社, 2003.

[8] 国宁. 房地产营销与策划[M]. 北京: 中国商业出版社, 2003.

[9] 麦德思销售顾问中心. 房地产业务员销售方法与技巧[M]. 广州: 广东经济出版社, 2005.

[10] 马洪波. 房地产销售代表培训教程[M]. 北京: 中信出版社, 2002.

[11] 陈放. 房地产营销[M]. 北京: 蓝天出版社, 2005.

[12] 于颖,周宇. 房地产市场营销[M]. 大连: 东北财经大学出版社, 2005.

[13] 方光罗. 市场营销学[M]. 大连: 东北财经大学出版社, 2004.

[14] 雷建. 房地产销售人员管理及培训工作手册[M]. 北京: 企业管理出版社, 2006.

[15] 王春生, 等. 房地产经济学[M]. 大连: 大连理工大学出版社, 2002.

[16] 周中元. 房地产市场营销[M]. 重庆: 重庆大学出版社, 2007.

[17] 后东升. 房地产销售代表培训手册[M]. 北京: 中华工商联合出版社, 2006.

[18] 邵鼎辉. 房地产营销36计[M]. 厦门: 厦门大学出版社, 2003.

[19] 陈春洁, 等. 房地产销售代表培训教程[M]. 北京: 京华出版社, 2005.

[20] 李伟. 物业营销[M]. 上海: 上海财经大学出版社, 2001.

[21] 李亚雄．物业营销[M]．北京：高等教育出版社，2003.
[22] 祖立厂．房地产营销策划[M]．北京：机械工业出版社，2004.
[23] 余凯．房地产市场营销实务[M]．北京：中国建材工业出版社，2004.
[24] 尹军，等．房地产市场营销[M]．北京：化学工业出版社，2005.
[25] 姚迎伟．房地产营销全攻略[M]．北京：经济管理出版社，2004.
[26] 余源鹏．房地产包装推广策划[M]．北京：中国建筑工业出版社，2005.
[27] 高炳华．房地产市场营销[M]．武汉：华中科技大学出版社，2004.
[28] 楼江．房地产市场营销理论与实务（修订版）[M]．北京：蓝天出版社，2005.
[29] 袁野．房地产营销学[M]．上海：复旦大学出版社，2005.
[30] 左斌．房地产营销与风险防范[M]．北京：中国建筑工业出版社，2006.

高职高专房地产类专业实用教材系列
高职高专精品课系列

课程名称	书号	书名、作者及出版时间	定价
居住区规划	978-7-111-42613-4	居住区规划（第 2 版）（“十二五”国家级规划教材）（苏德利）（2013年）	35
房地产投资分析	978-7-111-39877-6	房地产投资分析（第2版）（高群）（2012年）	30
房地产市场营销	978-7-111-29455-9	房地产市场营销实务（第2版）（栾淑梅）（2010年）	35
房地产市场营销	978-7-111-39068-8	房地产营销与策划实务（陈林杰）（2012年）	36
房地产开发	978-7-111-24092-1	房地产开发（张国栋）（2008年）	28
房地产经营与管理	978-7-111-31070-9	房地产开发与经营实务（第2版）（陈林杰）（2010年）	32
房地产经济学	978-7-111-43526-6	房地产经济学（第2版）（高群）（2013年）	29
房地产经纪	978-7-111-35080-4	房地产经纪实务（陈林杰）（2011年）	36
房地产估价	978-7-111-32793-6	房地产估价（第2版）（左静）（2011年）	31
房地产法规	978-7-111-43942-4	房地产法规（第 3 版）（“十二五”国家级规划教材）（王照雯）（2013年）	25
建筑工程造价	即将出版	建筑工程造价（第2版）（孙久艳）（2013年）	30
建筑工程概论	978-7-111-40497-2	房屋建筑学（第2版）（徐春波）（2013年）	35
建筑材料	978-7-111-42753-7	建筑材料（丁以喜）（2013年）	39
建设工程招投标与合同管理	978-7-111-30875-1	建设工程招投标与合同管理实务（第2版）（高群）（2010年）	29
工程经济学	即将出版	工程经济学（樊群）（2013年）	35
工程监理	978-7-111-38643-8	建设工程监理（王照雯）（2012年）	35
工商管理类专业综合实训	978-7-111-21236-2	工商管理类专业综合实训教程：工商模拟市场实训 （精品课）（阚雅玲）（2007年）	22
职业规划	978-7-111-26991-5	职业规划与成功素质训练 （精品课）（阚雅玲）（2009年）	34
网络金融	978-7-111-31072-3	网络金融（第2版）（精品课）（“十一五”国家级规划教材）（张劲松）（2010年）	34
统计学学习指导	978-7-111-22168-5	应用统计学习指导 （精品课）（孙炎）（2007年）	19
统计学	即将出版	应用统计（第2版）（精品课）（“十二五”国家级规划教材）（孙炎）（2013年）	30
统计学	978-7-111-21920-0	应用统计学（“十一五”国家级规划教材）（精品课）（孙炎）（2007年）	30
市场营销学（营销管理）	978-7-111-37474-9	市场营销基础与实务（精品课）（肖红）（2012年）	36
管理信息系统	978-7-111-23032-8	管理信息系统 （精品课）（郑春瑛）（2008年）	28

走向职业化高职高专规划教材系列

课程名称	书号	书名、作者及出版时间	定价
财务管理（公司理财）	978-7-111-23417-3	财务管理（刘云丽）（2008年）	30
财务法规	978-7-111-30914-7	财经法规与会计职业道德（第2版）（李立新）（2010年）	38
网络营销	978-7-111-27337-0	网络营销实务（高凤荣）（2009年）	32
电子商务网站规划	978-7-111-21907-1	电子商务网站规划与建设（王宇川）（2007年）	28
电子商务其他专业课	978-7-111-28750-6	电子商务综合实训（肖红）（2009年）	28
电子商务其他专业课	978-7-111-27212-0	计算机网络技术（余棉水）（2009年）	30
电子商务案例	978-7-111-29768-0	电子商务应用案例（邹德军）（2010年）	26
电子商务	978-7-111-39004-6	电子商务实用教程（谢金生）（2012年）	32
管理学	978-7-111-23215-5	管理基础与实务（朱权）（2008年）	30
管理学	978-7-111-38887-6	管理学基础（李立新）（2012年）	35
税收筹划	978-7-111-25764-6	企业纳税实务（曹利）（2009年）	28
审计学	978-7-111-35218-1	审计基础与实务（琚兆成）（2011年）	29
审计学	978-7-111-35453-6	审计实务（傅秉潇）（2011年）	32
会计专业英语	978-7-111-25001-2	会计英语（仇颖）（2008年）	24
会计学	978-7-111-35292-1	会计基础（李立新）（2011年）	34
会计学	978-7-111-33292-3	会计基础（刘志娟）（2011年）	29
高级财务会计	978-7-111-44076-5	高级会计实务（傅秉潇）（2013年）	35
成本（管理）会计	978-7-111-20491-6	成本会计（刘志娟）（2007年）	28
西方经济学	978-7-111-39029-9	经济学基础（第2版）（李海东）（2012年）	30
统计学	978-7-111-29041-4	应用统计基础（精品课）（曾艳英）（2009年）	38
经济法	978-7-111-13974-4	经济法基础与实务（黄瑞）（2008年）	32
旅游概论	978-7-111-27381-3	旅游概论（石强）（2009年）	28
旅游服务礼仪	978-7-111-24442-4	现代旅游服务礼仪（李丽）（2008年）	29
旅游法规	978-7-111-31434-9	旅游法规与职业素养（蒲阳）（2010年）	28
旅游地理	978-7-111-29023-0	中国旅游地理（余琳）（2009年）	32
旅行社运营管理	978-7-111-23283-4	旅行社运营管理（刘国强）（2008年）	28
饭店市场营销	978-7-111-27282-3	饭店市场营销（陈云川）（2009年）	26
饭店实用英语	978-7-111-24980-1	饭店实用英语（陈的非）（2008年）	38
饭店管理	978-7-111-23953-6	饭店前厅客房服务与管理（陈云川）（2008年）	28
导游业务	978-7-111-27084-3	导游业务（蒲阳）（2009年）	28
市场营销学（营销管理）	978-7-111-36268-5	市场营销基础与实务（第2版）（高凤荣）（2011年）	35
市场营销学（营销管理）	978-7-111-32795-0	市场营销实务（李海琼）（2011年）	34
市场调研与预测	978-7-111-33916-8	市场调研基础与实训（杨静）（2011年）	38
市场调研与预测	978-7-111-38774-9	市场调研与预测（第2版）（邱小平）（2012年）	29
公共关系学	978-7-111-39846-2	公共关系基础与实务（第2版）（朱权）（2012年）	30
公共关系学	978-7-111-36288-3	公共关系理论与实务（杨再春）（2011年）	36
供应链（物流）管理	978-7-111-26454-5	供应链管理（付平德）（2009年）	28
仓储与配送	978-7-111-27493-3	仓储与配送（李志英）（2009年）	30
信息管理学	978-7-111-28208-2	企业信息化应用（欧阳文霞）（2009年）	28
数据库原理及应用	978-7-111-29203-6	网络数据库应用（李先）（2010年）	28

教师服务登记表

尊敬的老师：

您好！感谢您购买我们出版的＿＿＿＿＿＿＿＿＿＿＿＿＿＿＿＿＿＿＿＿＿＿＿＿＿＿教材。

机械工业出版社华章公司为了进一步加强与高校教师的联系与沟通，更好地为高校教师服务，特制此表，请您填妥后发回给我们，我们将定期向您寄送华章公司最新的图书出版信息！感谢合作！

个人资料（请用正楷完整填写）

<table>
<tr><td>教师姓名</td><td></td><td>□先生
□女士</td><td>出生年月</td><td></td><td>职务</td><td></td><td colspan="2">职称：□教授 □副教授
□讲师 □助教 □其他</td></tr>
<tr><td>学校</td><td colspan="2"></td><td>学院</td><td colspan="3"></td><td>系别</td><td></td></tr>
<tr><td rowspan="2">联系电话</td><td rowspan="2" colspan="3">办公：
宅电：
移动：</td><td>联系地址及邮编</td><td colspan="4"></td></tr>
<tr><td>E-mail</td><td colspan="4"></td></tr>
<tr><td>学历</td><td></td><td>毕业院校</td><td></td><td colspan="2">国外进修及讲学经历</td><td colspan="3"></td></tr>
<tr><td>研究领域</td><td colspan="8"></td></tr>
<tr><td colspan="2">主讲课程</td><td colspan="3">现用教材名</td><td>作者及出版社</td><td>共同授课教师</td><td colspan="2">教材满意度</td></tr>
<tr><td colspan="2">课程：
□专 □本 □研 □MBA
人数： 学期：□春□秋</td><td colspan="3"></td><td></td><td></td><td colspan="2">□满意 □一般
□不满意 □希望更换</td></tr>
<tr><td colspan="2">课程：
□专 □本 □研 □MBA
人数： 学期：□春□秋</td><td colspan="3"></td><td></td><td></td><td colspan="2">□满意 □一般
□不满意 □希望更换</td></tr>
<tr><td colspan="9">样书申请</td></tr>
<tr><td>已出版著作</td><td colspan="4"></td><td>已出版译作</td><td colspan="3"></td></tr>
<tr><td colspan="4">是否愿意从事翻译/著作工作 □是 □否</td><td>方向</td><td colspan="4"></td></tr>
<tr><td>意见和建议</td><td colspan="8"></td></tr>
</table>

填妥后请选择以下任何一种方式将此表返回：（如方便请赐名片）

地　址：北京市西城区百万庄南街1号　华章公司营销中心　　邮编：100037

电　话：(010) 68353079 88378995　传真：(010)68995260

E-mail:hzedu@hzbook.com　markerting@hzbook.com　　图书详情可登录http://www.hzbook.com网站查询